# 文本革命：刘向、
# 《汉书·艺文志》与
# 早期文本研究

A Textual Revolution: Liu Xiang,
Hanshu Yiwenzhi, and the Study of Early Texts

徐建委　著

中国社会科学出版社

# 图书在版编目(CIP)数据

文本革命:刘向、《汉书·艺文志》与早期文本研究/徐建委著.
—北京:中国社会科学出版社,2017.9(2018.8重印)
ISBN 978-7-5203-0599-0

Ⅰ.①文⋯　Ⅱ.①徐⋯　Ⅲ.①《汉书艺文志》—研究
Ⅳ.①G257.2

中国版本图书馆 CIP 数据核字(2017)第 149052 号

| | |
|---|---|
| 出 版 人 | 赵剑英 |
| 责任编辑 | 熊　瑞 |
| 责任校对 | 赵雪姣 |
| 责任印制 | 李寡寡 |

| | |
|---|---|
| 出　　版 | 中国社会科学出版社 |
| 社　　址 | 北京鼓楼西大街甲 158 号 |
| 邮　　编 | 100720 |
| 网　　址 | http://www.csspw.cn |
| 发 行 部 | 010-84083685 |
| 门 市 部 | 010-84029450 |
| 经　　销 | 新华书店及其他书店 |
| 印　　刷 | 北京君升印刷有限公司 |
| 装　　订 | 廊坊市广阳区广增装订厂 |
| 版　　次 | 2017 年 9 月第 1 版 |
| 印　　次 | 2018 年 8 月第 2 次印刷 |
| 开　　本 | 710×1000　1/16 |
| 印　　张 | 23 |
| 插　　页 | 2 |
| 字　　数 | 412 千字 |
| 定　　价 | 96.00 元 |

凡购买中国社会科学出版社图书,如有质量问题请与本社营销中心联系调换
电话:010-84083683
版权所有　侵权必究

# 国家社科基金后期资助项目
# 出版说明

后期资助项目是国家社科基金设立的一类重要项目，旨在鼓励广大社科研究者潜心治学，支持基础研究多出优秀成果。它是经过严格评审，从接近完成的科研成果中遴选立项的。为扩大后期资助项目的影响，更好地推动学术发展，促进成果转化，全国哲学社会科学规划办公室按照"统一设计、统一标识、统一版式、形成系列"的总体要求，组织出版国家社科基金后期资助项目成果。

全国哲学社会科学规划办公室

# 目 录

前言 …………………………………………………………………（1）

## 上编　综论

周秦汉学术研究中的《汉志》主义及其超越 ……………………（3）
引言　简本《论语》与马王堆帛书《黄帝书》之疑问 ……………（3）
一　刘向校书与《汉志》新目 ………………………………………（6）
二　文本革命：从开放性到闭合性 …………………………………（10）
三　诸子传记文献中章的独立性 …………………………………（17）
四　公共素材 ………………………………………………………（25）
五　"公共素材"流传样态的改变及其意义 ………………………（29）
六　新定本文献的互摄与"书亡而文未亡" ………………………（32）
七　战国秦汉文本的综合性 ………………………………………（41）
八　古老文献的早期分立 …………………………………………（48）
九　文本中的学术史：战国秦汉间《春秋传》问题（一）…………（52）
十　文本中的学术史：战国秦汉间《春秋传》问题（二）…………（63）
十一　图像化与封闭性：《汉志》先天结构的形成 ………………（71）
十二　碎片重组：《汉志》的先天结构与学术幻景 ………………（73）
十三　学术史研究中的《汉志》主义及其超越（一）………………（76）
十四　学术史研究中的《汉志》主义及其超越（二）………………（81）
十五　学术史研究中的《汉志》主义及其超越（三）………………（83）

## 下编　考辨

### 第一章　石渠议经与《汉书·艺文志》五经文本入藏中秘考
——兼及《汉志》"六艺略"之特点 …………………………（91）
一　《汉志》五经今文本与宣帝时期的学官本 ……………………（92）

二　由刘向校书推及石渠诸经的入藏 …………………………（96）
　　三　刘向校书之原委 ………………………………………（100）
　　四　中秘书来源蠡测 ………………………………………（102）
　　五　刘向校书与复核石渠之议 ……………………………（105）
　　六　《汉志·六艺略》文献入藏时间拟测 …………………（108）

第二章　《诗》的编次与《毛诗》的形成 ……………………（115）
　　一　引言：问题的提出 ……………………………………（116）
　　二　《毛传》与《尔雅·释训》之关系 …………………（117）
　　三　三家、《毛诗序》中的《小雅》诗次问题 …………（124）
　　四　《春秋》学的自我建构：《诗》与《春秋》意义关联的形成 …（129）
　　五　《春秋》视域：季札论《诗》与大、小《雅》的对调 …（133）
　　六　《雅》在《风》前：《毛传》埋藏之《诗》古本编次 …（138）
　　七　从礼乐编次到《春秋》编次 …………………………（142）
　　八　结论 ……………………………………………………（145）

第三章　《风诗序》与《左传》早期史料来源关系考 ………（146）
　　一　引论 ……………………………………………………（147）
　　二　《风诗序》与《左传》史事的相关或联系 …………（153）
　　三　《左传》人物引《诗》赋《诗》与《诗序》的关联 …（166）
　　四　《国语》的旁证 ………………………………………（174）
　　五　结论 ……………………………………………………（179）

第四章　《史记·十二诸侯年表》与古本《左传》考论 ……（181）
　　一　小引 ……………………………………………………（183）
　　二　《十二诸侯年表》据《左氏春秋》所制辩 …………（187）
　　三　《十二诸侯年表》所见古本《左传》之异文 ………（197）
　　四　《史记·十二诸侯年表》史源略议 …………………（202）
　　五　张、贾本《左氏春秋》之史料特点之一：史料编年与历法 ……（205）
　　六　张、贾本《左氏春秋》之史料特点之二：材料分割 …（214）
　　七　张、贾本《左氏春秋》之史料特点之三：纪年方式 …（217）
　　八　张、贾本《左氏春秋》之史料特点之四：南方诸侯记事优于

  今本 …………………………………………………………（222）
 九 从《左氏春秋》到《左传》 ………………………………（233）
 十 《史记·十二诸侯年表》编纂过程拟测 …………………（237）
 十一 附论《春秋》三次日食错简与《春秋》编纂 …………（240）
 十二 结论 …………………………………………………（246）

## 第五章 战国秦汉间《论语》的流变与文献考古问题 …………（247）
 一 引子：定州本《论语》引出的问题 …………………………（247）
 二 《史记·孔子世家》与今本《论语》的异同 ………………（249）
 三 《论语》古本的源流 …………………………………………（253）
 四 从类型文献到单种古书——刘向校书与古文献的流变 …（260）
 五 《论语》古本问题的解决与文献考古问题 …………………（267）
 六 古文献关系网络中的《论语》及其成书的年代 ……………（270）
 七 附录：《说苑·修文》篇《齐论语》佚文蠡测 ………………（273）

## 第六章 孟子的圣人系谱及其知识背景
    ——兼窥战国秦汉间儒家知识系统的流变 ………………（283）
 一 尧、舜故事与《尧典》的流变 ………………………………（285）
 二 文王故事与文王《尚书》 ……………………………………（300）
 三 《孟子》与战国儒家《诗》学传统 …………………………（311）

## 第七章 刘歆援数术入六艺与其新天人关系的创建
    ——以《汉书·五行志》所载汉儒灾异说为中心 …………（321）
 一 《汉书·五行志》所录《洪范五行传》文本结构的调整 ……（322）
 二 刘歆引数术入六艺及其学术渊源 …………………………（329）
 三 《洪范五行传》与谶纬的兴起与流行 ………………………（335）
 四 从重人事到重天道——刘歆新天人关系的创建 …………（340）
 五 结论 ……………………………………………………………（344）

**参考文献** …………………………………………………………（346）
**后记** ………………………………………………………………（358）

# 前　言

　　本书的研究以《汉书·艺文志》为枢纽。《汉志》乃是刘向、刘歆父子所校"新书"之目录，而非西汉当世所传文献（或曰"旧书"）目录。《汉志》书目的实质，有两点尤为关键：其一，它记录了西汉末年有哪些文献的文本形式发生了革命性的变化，而非西汉末年曾有哪些书流传。其二，《汉志》更近于一部"类目"，而非"书目"，即它虽然不是当时所有文献的记录，但却可以反映当时世传文献的主体类型。这两个方面，前人多未加留意或重视不足，故对《汉志》有颇多误读之处。反观学术史、文学史、思想史诸领域，我们会发现迄今为止，周秦汉相关问题的研究多在《汉志》框架内展开，即便近几十年来大量出土文献的面世依然未改变《汉志》模式的主导地位。然而，致命的问题是，没有充分考虑上述两个方面，就将《汉志》的书目结构默认为周秦汉学术和文献的基础背景，虽是对《汉志》书目性质的轻微的误读，却使得我们对周秦汉文献的认识，以及对其的处理方式发生了比较严重的偏差，即便仅仅是学理性的偏差，对于整体的研究而言，也足以具有根本的破坏性了。因此，重视并明晰《汉志》的性质，并有效利用之，会在周秦汉学术、文学研究领域，促生一种新的问题方式，本书的研究就是循着这种思路展开的。

　　内容上，本书分上、下两编。上编为综论，乃是在下编专题研究的基础上所作，因此是本书最后成文的部分。这部分讨论了以下两个主要问题：其一，西汉末年的文本革命（这是笔者大胆的，甚至有些粗鲁的命名）具体如何发生，又如何影响文本的内部和外部，以及我们如何相对准确地认识和利用西汉以前的文本；其二，我们如何恰当地遵循文本内部不同层次的"适用限度"，在《汉志》的基础上，超越先前主导周秦汉学术研究的"《汉志》主义"（命名还是有些粗鲁），更新研究方式，发现文本中那些原本被遮蔽的问题。特别需要说明的是，因综论乃在下编专题研究基础上成文，故有个别地方因论述需要，略有重复，作者学力稚拙，目前也只能如此处理了。

下编乃是专题的研究，分别涉及《毛诗》、《左传》、《论语》、《孟子》、《汉书·五行志》、《汉书·艺文志·六艺略》等文献，其研究思路及基本内容，因每章均有导言，故于此不再赘述。

# 上 编

## 综 论

# 周秦汉学术研究中的《汉志》主义及其超越

## 引言　简本《论语》与马王堆帛书《黄帝书》之疑问

　　1973年，河北省定县发现了一座汉代古墓，墓主为西汉中山怀王刘修。刘修死于汉宣帝五凤三年，即公元前55年，故墓中器物的下葬时间可大体确定，当在公元前55年至公元前54年间。此墓最重要的发现之一，乃是一批被早期盗墓者火焚致残的竹简。整理者从中清理出《论语》、《文子》、《太公》等古书。其中《论语》简有620多枚，多为残简，简长16.2cm，宽0.7cm，满简20字上下，存7576字，不足今本二分之一，这就是著名的定州竹简本《论语》。定州本的分章、字数均与今本《论语》不同。如定州本《尧曰》篇末有一枚题记简记有以下文字："凡二章，凡三百廿二字。"而今本为三章343字，竹简本较今本少一章，但字数相若。总体来看，定州本章数多于今本，各章字数一般也多于今本。某些简本的章，今本则分作数章。因此其文本长度似要大于今本。① 整理小组详细比勘了竹简本与传世本的异同，认为竹简本包含了汉代《鲁论语》本来的一些东西，并暗示此本《论语》与萧望之奏议放在一起②，应该就是当时的《鲁论语》。

　　但是，从文字上，的确难以判断定州本是哪种《论语》，原因是简本《论语》有的异文与古文《论语》相同，如《为政》篇"毋违"，简本作"無違"，郑玄注曰"古文'毋'為'無'"；《八佾》篇"郁郁乎文哉"，简本作"彧彧乎文哉"，《说文》段玉裁注曰"今本《论语》'郁郁乎文哉'，古多作'彧彧'"。有的文字与《鲁论语》相同，如《阳货》篇

---

①　河北省文物研究所定州汉墓竹简整理小组：《定州汉墓竹简论语》，文物出版社1997年版。
②　与《论语》一同出土的还有萧望之奏议，据《汉书·艺文志》记载，萧望之传授的是《鲁论语》，汉宣帝五凤三年前后，望之时任太子太傅。

"恶果敢而窒者",《释文》曰"鲁读'窒'为'室'",是《鲁论》作"室",今本亦然;有的异文则与《鲁论语》不同,如《公冶长》"可使治其赋也",《释文》曰"梁武云:《鲁论》作'傅'";还有的文字明显与《鲁论语》不同,却与《鲁论语》传授中的音读相同,如《述而》"易可以毋大过矣","易"简本作"亦",郑玄注曰"鲁读'易'为'亦'";"正唯弟子弗能学也","正"简本作"诚",郑玄注曰:"鲁读'正'为'诚'";《卫灵公》"好行小慧","慧"简本作"惠",《释文》曰"鲁读'慧'为'惠'"等。①

竹简本的分章与今本差异颇大,如今本分作四十章以上的有《宪问》四十四章,《卫灵公》四十二章,但竹简本记录的四十章以上的章数则是四十七章和四十四章,未知属于哪两篇。据《汉书·艺文志》和《张禹传》,西汉时代《论语》主要有《齐论语》、《鲁论语》和《古论语》三种,今本《论语》乃是西汉张禹整理的《鲁论语》,后经何晏等人集解而传于世。皇侃《论语集解义疏序》曰:"今日所讲,即是《鲁论》,为张侯所学,何晏所集者也。"② 竹简本虽然文字、分章接近于今本,但因其异文,却难以与《鲁论语》画上等号。

《尧曰》篇今本有三章,竹简本《尧曰》篇虽附录了今本的第三章,但其"章数简"却记载此篇"凡二章,凡三百廿二字",与今本不同。康有为《论语注》认为今本第三章乃是《齐论语》所有,《鲁论语》实为两章。③ 又,《齐论语》多《问王》、《知道》二篇,竹简本无。且据何晏《论语集解序》记载,"《齐论语》二十二篇,其二十篇中,章句颇多于《鲁论》"④,但竹简本与今本在章句上还是比较接近,故竹简本也非《齐论语》。

何晏《论语集解序》称《古论语》"分《尧曰》下章'子张问'以为一篇,有两《子张》,凡二十一篇,篇次不与齐、鲁《论》同"⑤,竹简本《尧曰》下章"子张问"附录于篇后,因此,虽然竹简本有多处文字与《古论语》同,但它也不是《古论语》。

---

① 详参《定州汉墓竹简论语》。
② 皇侃:《论语义疏》,中华书局2013年版,第5页。
③ 康有为:《论语注》,中华书局2012年版,第298页。
④ (清)阮元校刻:《十三经注疏》,中华书局影印本1980年版,第2454页。
⑤ 同上书,第2455页。

那么，这个版本《论语》的《汉书·艺文志》失于记载？它是《齐论》、《鲁论》、《古论》之外的又一种《论语》，为刘向所不见？安徽省阜阳汉墓出土之《诗经》简，亦有类似疑问。上述两个问题的提出，实在是出于对《汉书·艺文志》的误读。何以言此？容后再明，此其一。

其二，马王堆汉墓帛书出土后，《老子》乙本卷前古佚书《经法》、《十大经》、《称》、《道原》四种，因内容涉及黄老学中的黄帝，而受到广泛的关注，其命名更是颇有争议。1975年第1期《历史研究》上刊载了高亨、董治安两先生的论文《〈十大经〉初论》，文中提到"《汉书·艺文志》'道家'一类，记有'《黄帝君臣》十篇'，《十大经》可能就是这部书"。同年第1期的《考古学报》发表了唐兰先生的《马王堆出土〈老子〉乙本卷前古佚书的研究——兼论其与汉初儒法斗争的关系》一文①，该文从内容、抄写时代和历史背景、传授源流和流传情况三个方面力图证明帛书《老子》乙本前的古佚书就是《汉书·艺文志》里的《黄帝四经》。唐文影响尤大，几被视为定论。之后的许多学术论文和著作都径直将马王堆《老子》乙本卷前古佚书称为《黄帝四经》，并以此作为研究汉初乃至战国末年黄老之学的主要典籍之一。其后，1993年出版的《道家文化研究》第三辑上刊出了裘锡圭先生的《马王堆帛书〈老子〉乙本卷前古佚书并非〈黄帝四经〉》一文，亦从学术特点等方面力辩此书非《黄帝四经》。裘先生其文雄深，发表以来，多为学者采信。但是，问题并未到此为止。

辨析《经法》、《十大经》、《称》、《道原》四篇是否为《黄帝四经》，或者《十大经》是否为《黄帝君臣》，其默认前提乃是：《汉书·艺文志》如同《隋书·经籍志》、《四库全书总目提要》，所载书目、卷帙乃两汉时代书籍存世、流传情况之记录，据之可见汉代典籍之大概。此乃学术常识，粗言之，当然正确。但若以此为前提来判断新出土文献与《汉志》书目之关系，则有极易忽视之"学术错位"。同理，以出土文献与传世文献的校勘为基础，讨论出土文献与《汉志》书目之关系，也误读了《汉志》的学术特点，出现判断上的"错位"。

何种"错位"？《汉志》乃新书目录，而《隋志》、《四库提要》则主要是旧书（旧有之书）目录也。所谓新书者，乃指刘向校雠重定之书。定州竹简本《论语》是刘向校书之前的《论语》形态，与《鲁论》、《齐

---

① 上述两文收入马王堆汉墓帛书整理小组《经法》，文物出版社1976年版。

论》、《古论》等新校书当然会有异同。从基本形制上说，定州简《论语》的确属于《鲁论语》这一大类中的一种。① 而《汉书·艺文志》所录《黄帝四经》亦为刘向新定之书。将新出战国秦汉简帛文献比附《汉志》群书，这是以"后名"命"前书"，故不可取。刘向校书与《汉志》之关系，为目录学常识，然其中的细节与意义，容易被忽略，所以还有陈述之必要。

## 一 刘向校书与《汉志》新目

汉成帝河平三年（前 26）至汉哀帝建平元年（前 6）之间的二十年，除了王氏家族逐渐掌控政局外，并无大事，放到前汉的历史中，远没有其他时段引人注意。但这二十年对于中国学术史来说，却意义非凡。其影响于中国学术，或只有孔子创论六艺之学可伯仲之。河平三年秋八月，雅好图书的成帝命光禄大夫刘向整理其秘府庋藏，兼派谒者陈农广收天下遗书，以供刘向校勘之用。此次校书的主要参与者还有步兵校尉任宏、太史令尹咸、侍医李柱国，他们分别负责校勘兵书、数术和方技三部分文献。另外，刘伋②、刘歆、杜参、房凤、苏竟、卜圭、富参、班斿、史丹、王龚、望、立③等人亦参与其中。这次的文献整理直到刘向辞世尚未完成。绥和二年（前 7）三月汉成帝崩，四月汉哀帝即位，复命刘歆卒其父业，"歆乃集六艺群书，种别为《七略》"。至此，这次大规模的校书事业才算功成，历时近二十年。因刘向约卒于绥和元年（前 8）前后，而《七略》成书于绥和二年至建平元年之间④，故这次校书已在刘向主持下接近完成。

刘向校书，每校一部，均会集众本，勘正讹误，重新缮写新校之书于简帛⑤，并作《叙录》一篇，上奏汉成帝，汇报此书的整理情况，绍介作

---

① 参下编第五章"战国秦汉间《论语》的流变与文献考古问题"。
② 据释道宣《广弘明集》卷三所录阮孝绪《七录序》曰："至孝成之世，命光禄大夫刘向及子俊、歆等雠校篇籍。"姚振宗《隋书经籍志考证》引孙星衍《续古文苑校文》曰："案俊当作伋，向本传云长子伋以《易》教授，官至郡守，不云曾受诏校书。阮此言疑出《别录》、《七略》也。"（《二十五史补编》第四册，中华书局影印本 1998 年版，第 5424 页）。
③ 二人失其姓氏。
④ 参见钱穆《刘向、歆父子年谱》，《两汉经学今古文平议》，商务印书馆 2001 年版。
⑤ 《风俗通义》："刘向为孝成皇帝校书籍，二十余年，皆先书竹，为易刊定，可缮写者，以上素也。"（王利器：《风俗通义校注》，中华书局 2010 年版，第 494 页）。

者及书之内容。南朝梁阮孝绪《七录序》云："昔刘向校书，辄为一录。论其指归，辨其讹谬，随竟奏上，皆载在本书。"验之宋刊《荀子》、《说苑》等古本，《叙录》正是附于新书目录之后，首卷之前。阮氏又云："时又别集众录，谓之《别录》，即今之《别录》是也。"① 故《别录》为刘向校书《叙录》之总汇。此书至唐尚有流传，宋以后亡佚，迄今相对完整的《叙录》仅存数篇而已，如《战国策叙录》、《荀子叙录》、《说苑叙录》等。

刘歆的《七略》就是在他父亲的《别录》的基础上成书的，班固《汉书·艺文志》曰：

> 每一书已，向辄条其篇目，撮其指意，录而奏之。会向卒，哀帝复使向子侍中奉车都尉歆卒父业。歆于是总群书而奏其《七略》，故有《辑略》，有《六艺略》，有《诸子略》，有《诗赋略》，有《兵书略》，有《术数略》，有《方技略》。今删其要，以备篇籍。②

所谓"总群书而奏《七略》"者，阮孝绪《七录序》称刘歆撮《别录》之指要而著之。《别录》、《七略》今俱亡佚，各数十百条遗文无足排比考辨，然阮氏得见二书，故其言当可信据。《隋书·经籍志》亦用阮氏之说乃又一证。回观《汉书》，汉哀帝命刘歆卒其父业，刘歆受命未久而书成，则《七略》乃《别录》之略可知。由此判断，《汉志》所云刘歆所总之"群书"，必非未校之书，而是乃父主持校订之新书也。

班固删裁《七略》而成《艺文志》，近乎完整保留《七略》脉络骨骼，仅增三家五十篇，省兵十家而已，连"六艺略"、"诸子略"之名，亦沿袭不改。则班《志》实刘向新校群书之目录也③，验之《别录》轶文更无疑矣。颜师古注即多引刘向《别录》注《艺文志》，如注《易》之《服氏》传曰："刘向《别录》云：服氏，齐人，号服光。"注《易》之《神输》曰："刘向《别录》云'神输者，王道失则灾害生，得则四

---

① 参见张舜徽《文献学辑要》，陕西人民出版社1985年版，第26页。
② （汉）班固：《汉书》卷30《艺文志》，中华书局1962年版，第1701页。
③ 参见拙著《〈说苑〉研究——以战国秦汉之间的文献累积与学术史为中心》之"绪论"，北京大学出版社2011年版。

海输之祥瑞'。"注《周书》曰:"刘向云:'周时诰誓号令也,盖孔子所论百篇之余也。'今之存者四十五篇。"注"入刘向《稽疑》一篇"曰:"此凡言入者,谓《七略》之外班氏新入之也。其云出者与此同。"注《礼》之《王史氏》曰:"刘向《别录》云六国时人也。"注《雅琴龙氏》曰:"刘向《别录》云亦魏相所奏也,与赵定俱召见待诏,后拜为侍郎。"凡此种种,不胜枚举,故足见班《志》实据《别录》而来者也。

唯需特别留意处,是《汉书·艺文志》乃新书目录,非旧书目录。新书相较于旧书有何种改变,不仅仅是文献学问题,更关涉周秦汉学术研究之根本。

一般常识而言,周秦汉之间历史、学术、文学与思想研究的关键,乃是古书文本问题,因战国秦汉古书文本之"构成"、写定、流变至今尚存诸多疑问未解。文本有疑,则论断难下。进而言之,战国秦汉古书文本问题的关键,乃是刘向的校书。刘向校书何以如此重要,因其为群书写定新本也。新书相较旧书,自然有变化,或正文字,或补脱文,或重订篇章等,不一而足。汉成帝河平三年至汉哀帝建平元年之间的这二十年,西汉以前所有的传世古文献的文本形式,几乎或大或小地改变了。举三例:

其一,《尚书》。《汉书·艺文志》曰:"刘向以中古文校欧阳、大小夏侯三家经文,《酒诰》脱简一,《召诰》脱简二。率简二十五字者,脱亦二十五字,简二十二字者,脱亦二十二字,文字异者七百有余,脱字数十。"①考今本《酒诰》、《召诰》,无脱简之迹,故知刘向用中古文《尚书》补足今文《尚书》之脱简。今文《尚书》经刘向之校,而增补数十字。

其二,《晏子》。刘向《别录》曰:"所校中书《晏子》十一篇,臣向谨与长社尉臣参校雠太史书五篇,臣向书一篇,参书十三篇,凡中外书三十篇,为八百三十八章。除复重二十二篇六百三十八章,定著八篇二百一十五章。……晏子盖短,其书六篇,皆忠谏其君,文章可观,义理可法,皆合六经之义。又有复重,文辞颇异,不敢遗失,复列以为一篇,又有颇不合经术,似非晏子言,疑后世辩士所为者,故亦不敢失,复以为一篇。凡八篇,其六篇可常置旁御观,谨第录。"② 则今本八篇之《晏子》乃刘向据中外各类"晏子书"重编者也。其每一篇皆为新编,故有七、

---

① (汉)班固:《汉书》,中华书局1962年版,第1706页。
② 张舜徽:《文献学辑要》,陕西人民出版社1985年版,第7页。

八两篇异文之存。

其三,《战国策》。刘向《别录》曰:"所校中战国策书、中书余卷,错乱相糅舛。又有国别者八篇,少不足,臣向因国别者略以时次之分别,不以序者以相补,除复重得三十三篇……中书本号或曰《国策》,或曰《国事》,或曰《短长》,或曰《事语》,或曰《长书》,或曰《修书》,臣向以为战国时游士辅所用之国,为之策谋,宜为《战国策》。"① 则此前并无《战国策》一书,此书乃刘向对一批策士简汇编,并命以新名。

上述三例由小到大,显示了古文献经刘向校书所发生的改变。今传绝大多数先秦至西汉文献,均见载于《汉志》,且其卷帙、编次亦祖《汉志》,即经刘向整理者也。如今本《尚书》、《毛诗》、《仪礼》、《论语》、《孝经》、《晏子》、《荀子》、《老子》、《韩非子》、《战国策》、《山海经》等,卷帙、编次均同《汉志》,而《孟子》、《庄子》、《管子》、《新书》等,则相较《汉志》,佚失部分篇章。要之,今传先秦至西汉中前期文献,主要是刘向所校新书。

我们据新书而研究旧书流行时代之问题,其间学术"错位"之大小,自然与新、旧文本差异之大小成正比。但真正的问题却是:学术研究的"错位"被普遍地忽视了。因为新、旧书之文本差异问题未得到足够重视,亦缺乏绵密深广的研究。

当然,六艺经传文本、少数子书及数术、方技类的部分古书,刘向之前或已基本写定,多数不入秘府,入秘府者,需校勘整理者亦少。如《易》、《书》、《诗》、《春秋》之经传,早已成为经典文本,需勘正的地方自然不会很多。即便如此,据马王堆帛书之《易传》,可知《易传》至迟在汉文帝时期还存在章次不同、文本结构有异的不同写本。据《汉志》小序,知刘向依据中古文《易》校补充了田何本《易经》"无咎"、"悔亡"数字②,从中古文《尚书》补充伏生本《尚书》"《酒诰》脱简一,《召诰》脱简二",且中古文与今文相异者七百余字,刘向校否未知。《礼》虽早已立于学官,然今本《仪礼》乃刘向重编本,唯《礼记》今传本仍为《小戴礼记》、《大戴礼记》,而非刘向重编一百三十一篇本。

---

① 张舜徽:《文献学辑要》,陕西人民出版社1985年版,第1页。
② 今传《易经》为魏晋以来之费氏本。

《隋书·经籍志》所载汉前古文献卷帙或同《汉志》，或在《汉志》所载卷帙基础上有所佚失、调整，但总归多以《汉志》本为源头。故知群书今本绝大多数以刘向校本为祖本也。由此，刘向校书之于中国学术之意义可见矣。

但是，秘府图书，非诏许外臣不得私窥①，刘向所校诸书均藏之秘府，它们如何流出并渐次取代当时的世传俗本呢？其一，天子有赐书之举，故刘向、刘歆等参与校书之人，多有秘书之副。此可见《汉书·叙传》所载班斿事迹："斿博学有俊材，左将军丹举贤良方正，以对策为议郎，迁谏大夫、右曹中郎将，与刘向校秘书。每奏事，斿以选受诏进读群书。上器其能，赐以秘书之副。时书不布，自东平思王以叔父求《太史公》、诸子书②，大将军白不许。"③ 其二，王莽摄政时期，曾开秘府，故秘书得以外传。《王莽传》载刘歆与诸博士之论议曰："摄皇帝遂开秘府，会群儒，制礼作乐，卒定庶官，茂成天功。"④ 有这两种情形，秘府已校善本流布于外，则不稀奇。

## 二　文本革命：从开放性到闭合性

自西汉惠帝四年（前191）三月甲子废挟书之律，至刘向校书前后，先秦古书的文本渐次写定，这期间实发生了一次古书文本的革命。除少数秘府无藏的书籍外，今传周秦古籍大多都经历了由开放性文本向闭合性文本的变迁。不同类型的文本，变化大小也不尽相同。日用及经典文本，如数术、方技类图书和《诗》、《书》、《春秋》诸经内容几无大变，而诸子文本则变化较大。

所谓开放性向闭合性的变迁，当有三个层面的意义。其一，规模相对成熟的古书，如《诗》、《礼》、《老子》、《论语》等，在西汉有多个传本，经刘向、刘歆父子校录、缮写，传本因此而单一，他本逐渐消失。如刘向校经书以石渠阁辩经诸家为主，《诗》即以齐、鲁、韩为主，兼及河

---

① 据《汉书·百官公卿表》，苏昌元凤四年履职太常，十一年"坐藉霍山书泄秘书免"。颜师古注曰："以秘书借霍山。"据《霍光传》附《霍山传》，霍山得罪即因私"写秘书"。相关考辨，详参余嘉锡《古书通例》，收入《余嘉锡说文献学》，上海古籍出版社2001年版。
② 事载《汉书》卷八十《宣元六王传》之《东平思王传》。
③ （汉）班固：《汉书》，中华书局1962年版，第4203页。
④ 同上书，第4091页。

间所献《毛诗》,诸如阜阳汉简本《诗》等他本,则渐不为后人所见。《老子》亦有多个传本,马王堆帛书《老子》甲、乙本,北大藏西汉竹简《老子》,严遵本《老子》均为西汉传本,其文本结构都是《德经》在前,《道经》在后,至于分章,则各有异同,与今传《老子》面目大异。据《混元圣纪》所引刘向《别录》,刘向校定本上、下经之次序,及八十一章的分章与今本正同,知今本源出刘向校本。刘向之后,《老子》传本逐渐单一,河上公本、魏晋王弼本结构均承刘向本,他本渐次失传,仅幸存半部严遵《老子指归》矣。若非地不爱宝,此种变化,恐难确知。

其二,内容、篇章大体成型,但尚未成为一部相对完整著作的一类古书,如《荀子》、《管子》、《晏子》、《庄子》、《韩非子》等,西汉时代之前流传于世的,是一些相对成熟的篇或篇组。如《管子》中的《轻重》、《九府》,《韩非子》中的《孤愤》、《五蠹》等,且各本特定某篇中,章数、章次、内容等互有异同。刘向校书时,这些以"孙卿子书"、"管子书"、"晏子书"等为名的篇或篇组,被汇总统一,去除重复,勘校成编,成为《孙卿子新书》、《管子新书》、《晏子新书》等卷帙、篇次、章次定型的书籍。此颇类后世之某氏全集。阅《孙卿子叙录》、《管子叙录》、《晏子叙录》等《别录》遗文,及《史记》相关记载,上述情形,清晰可见。

其三,还有一些单独流传的章或章组,虽具备单章或数章为一篇的形式,各章内容上亦大体相近,有的也有篇或章的题名,如马王堆帛书《老子》卷前四篇古佚书,但这些材料却不像"孙卿子书"、"管子书",没有一种共识的类名,即它们不是一部或几部书籍,而是一种无固定归属的材料类文献。刘向父子将这些材料以类相从,重编为一种全新的书籍,如《战国策》、《新序》、《说苑》、《百家》等,其篇次、章次等也为新定。阅《战国策叙录》、《说苑叙录》,亦可知矣。①

---

① 余嘉锡《古书通例》亦有类似述论:"向所编校,有但定其篇第者,如《管子》、《孙卿子》之类是也。有并改其章次者,如《晏子》是也。又有合同类之书数种,离合其篇章,编为一书者。《战国策书录》曰……此不但不出一人,亦本非一书。然向以其皆战国游士之策谋,便可都为一编(向所编《楚辞》,亦《国策》之类)。……将以防简策之散佚,而使后人有以窥见古人学术之全,合而编之,正辨章旧闻之大者。此所以《孙子兵法》八十三篇为一书,不以十三篇别著于《录》。而《谋》八十一篇,《言》七十一篇,《兵》八十五篇,同为《太公》二百三十七篇,而入之于道家也。"(第248—249页)

当然，上述论断是在不完全考辨的基础上得出的。首先，是因《汉志》图书多数散佚。"兵书略"录五十三家，七百九十篇，图四十三卷；"数术略"录百九十家，二千五百二十八卷；"方技略"三十六家，八百六十八卷。这三"略"二百七十九家，近四千卷（篇）文献中，除《吴孙子兵法》、《尉缭》、《山海经》、《黄帝内经》四部流传下来，《齐孙子》出土于银雀山汉墓外，其他尽数失传，或遗落于魏晋以后其他古书中，难以分辨了。"诸子略"、"诗赋略"中的图书十之七八亦遗失不传，上述结论仅据可考的"六艺略"、"诸子略"所载图书而言，故为不完全之考辨，亦为不完全之结论。

再者，刘向所校为秘府所藏，即中书。秘府无藏的图书其实不在刘向父子整理之列，秘府有藏，但为善本无需校雠者，刘氏父子亦不必画蛇添足。前者如中古文《易》，班固《汉志》明言刘向以之校今文三家，然并未见《汉志》。后者则更多，姚振宗《汉书艺文志拾补》所录数百部古书，均为刘向时代流传，多数亦为之所见，然《汉志》未录。斟酌《汉志》成书之例，此二类图书不入《汉志》可知矣。故文本革命之说，亦仅对《汉志》有录而言。王国维《汉书艺文志举例跋》曰"《汉志》本以中秘书目为国史书目"，此言得之。王氏后文列其"未达者"三事：

> 中秘书有不入《汉志》者，如"六艺略"《书》有《古文经》四十六卷，《春秋》有《古经》十二篇，《论语》有《古二十一篇》，《孝经》有《古孔氏》一篇，皆冠于诸家经之首。惟《易》、《诗》无古文经。然《志》言刘向以中古文《易经》校施、孟、梁丘《经》……是中书确有古文《易经》，而《志》仅录施、孟、梁丘三家《经》十二篇，与《书》、《礼》、《春秋》异例。此未达者一也。
>
> 又《别录》有与《汉志》歧出者……《录》与《略》，本不应有异。……王逸《楚辞章句序》云"刘向典校经书，分《楚辞》为十六卷"，旧本《楚辞》亦题"护左都水使者光禄大夫臣刘向集，校书郎臣王逸章句"，此当亦王逸所题。逸去刘向未远，其言当有所据。乃《志》不独无《楚辞》，亦无景差、东方朔赋。《东方朔传》具述刘向所录朔书，亦无《七谏》。此未达者二也。
>
> 《书》家之刘向《稽疑》一篇，"小学"之《扬雄》、《杜林》三篇，"儒家"之扬雄所序三十八篇，"赋家"《扬雄》八篇，皆班氏

所新入也。然班氏所见《七略》未录之书，固不止此。如《律历志》之刘歆《钟律书》、《三统历》，《天文志》之《甘氏经》、《石氏经》、《夏氏日月传》、《星传》，《五行志》之刘歆《洪范五行传》，皆班氏修书时所据者也。叔孙通《汉仪》十二篇，又班氏所亲上者也。既有新入之例，而或入或不入，其取舍之故如何，此其未达者三也。①

王国维所惑三事，除《楚辞》一书问题复杂，需深入考辨外②，未见

---

① 王国维：《观堂别集》卷四，《观堂集林》（外二种），河北教育出版社2001年版，第872—874页。
② 20世纪50年代初，朱东润《楚歌及楚辞》一文提出王逸的刘向编集《楚辞》之说有"六可疑"，并推测题称刘向所集，"也许是王逸假以自重"。蒋天枢《〈楚辞新注〉导论》（1960）之《〈释文〉本"篇第混并"或有其故》一节怀疑《楚辞》乃分阶段成书，其文虽甚简，然开《楚辞》分阶段附益成书说之端绪。汤炳正《楚辞编纂者及成书年代的探索》（《屈赋新探》）一文将《楚辞》的编纂分为五组，判断《楚辞》自宋玉至王逸，分五阶段成书。黄灵庚《〈楚辞〉十七卷成书考辨》（《复旦学报》，2008年第3期）一文对汤氏的分段法提出质疑，但也认为十七卷本大概出现在五代、北宋初期，尤其黄氏认为"刘向纂辑《楚辞》十六卷本并不存在"，其疑虑主要缘于"如果刘向真的纂辑过'楚辞'总集，则必定会在《诗赋略》中著录出来"。当然，这是黄先生未了解《汉志》性质所作的误判。
据《楚辞补注》所载《楚辞释文》，知宋以前《楚辞》文本结构不同于今本，其区别如下（据中国人民大学2012年刘益溦硕士论文《西汉楚辞的创作与编纂》所制之表）：

| 《释文》次第 | 对应作者 | 今本次第 | 对应作者 |
| --- | --- | --- | --- |
| 离骚第一 | 屈原 | 离骚经第一 | 屈原 |
| 九辩第二 | 宋玉 | 九歌第二 | 屈原 |
| 九歌第三 | 屈原 | 天问第三 | 屈原 |
| 天问第四 | 屈原 | 九章第四 | 屈原 |
| 九章第五 | 屈原 | 远游第五 | 屈原 |
| 远游第六 | 屈原 | 卜居第六 | 屈原 |
| 卜居第七 | 屈原 | 渔父第七 | 屈原 |
| 渔父第八 | 屈原 | 九辩第八 | 宋玉 |
| 招隐士第九 | 淮南小山 | 招魂第九 | 宋玉 |
| 招魂第十 | 宋玉 | 大招第十 | 屈原或景差 |
| 九怀第十一 | 王褒 | 惜誓第十一 | 贾谊 |
| 七谏第十二 | 东方朔 | 招隐士第十二 | 淮南小山 |
| 九叹第十三 | 刘向 | 七谏第十三 | 东方朔 |
| 哀时命第十四 | 严忌 | 哀时命第十四 | 严忌 |
| 惜誓第十五 | 贾谊 | 九怀第十五 | 王褒 |
| 大招第十六 | 屈原或景差 | 九叹第十六 | 刘向 |
| 九思第十七 | 王逸 | 九思第十七 | 王逸 |

旧本以《招魂》为界，分为两个主要的部分，足见其主要经过两次编纂之痕迹。
日本学者冈村繁《楚辞与屈原——论屈原形象与作者的区别》[《周汉文学史（转下页）

《汉志》之书,均为秘府不藏或无需校勘者,此亦《汉志》一例,读之者不可不知。

可再举董仲舒《春秋繁露》一书为例。《汉志》"儒家"类载《董仲舒》百二十三篇,《董仲舒传》曰:"仲舒所著,皆明经术之意,及上疏条教,凡百二十三篇。而说《春秋》事得失,《闻举》、《玉杯》、《蕃露》、《清明》、《竹林》之属,复数十篇,十余万言,皆传于后世。掇其切当世施朝廷者著于篇。"据《传》,则《闻举》等数十篇不在百二十三篇之列,即《春秋繁露》不在《董仲舒》中,史文清晰,并无歧义可循,故王先谦《汉书补注》即曰:"百二十三篇早亡,不在《繁露》诸书内也。"然学者惑于《汉志》体例,必以其为全书目录,而非中秘书整理目录,故多推测《春秋繁露》八十三篇当在百二十三篇之中。如梁启超《诸子略考释》曰:"《汉志》不应不著录其书,而其所著录者百二十三篇亦不应一字不传于后。疑今本《繁露》之八十三篇即在此百二十三篇中也。"①董仲舒本传称百二十三篇为"上疏条教",乃"明经术之意"的奏议,实《天人三策》之类,与《春秋繁露》体例不符。汉高祖至汉宣帝时期的诏令奏议,多见《汉志》,知诏令奏议可入秘府。而《繁露》之体在说《春秋》,且多先师旧说,绝不类上疏之文。故金德建《董仲舒的著作与春秋繁露》曰:"《春秋繁露》十七卷,最早著录见于《隋书·经籍志》。这十七卷,我以为就是汉代《董仲舒》百二十三篇之外的数十篇,后人把它集合起来,釐定为十七卷,题名为'春秋繁露'。仲舒本传称这数十篇内容为'说《春秋》事得失',显然和今本《春秋繁露》中敷说《春秋》大义得失的性质相等。"②《繁露》中的数十篇乃董仲舒私人著作,未呈纳秘府,故不为刘向所校,故亦未书于《汉志》。而其上疏,因

---

(接上页)考〕一文,利用《楚辞》中的类似句之间的关系,判断署名屈原的作品如《离骚》、《哀郢》乃是屈原死后,楚人怀念屈原托名而作的作品,并认为署名屈原的作品中可见楚辞自战国至西汉的发展过程。冈村氏之观点对传统学说有很大的破坏力,但其言之成理,启发我们楚辞其他的发展,楚辞的兴起,楚辞与汉赋的关系等问题,当有重新检讨之必要。此中关键,正是《楚辞》的编纂。今本《楚辞》是宋代以来的版本,据五代时期的《楚辞释文》,知古本《楚辞》篇章顺序与今本大异,并非按时代顺序编纂。其中除了版本问题外,古本《楚辞》的篇章次序还可能存在某种祭祀结构,这种结构显示《楚辞》是经过两次主要的结集成书的,这与冈村氏的观点是有联系的。此问题颇复杂,参见刘益澂《西汉楚辞的创作与编纂》第三章,硕士学位论文,中国人民大学,2009年。

① 梁启超:《饮冰室专集》之八十四《汉书艺文志诸子略考释》,中华书局1936年版,第16页。
② 金德建:《古籍丛考》,上海书店、中华书局1986年版,第110页。

呈天子，且为天子所重，故入秘府，刘向得以校雠之，《汉志》因有载录。"六艺略"尚有《公羊董仲舒治狱》十六篇，《后汉书·应劭传》载应劭建安元年之议曰："故胶东相董仲舒老病致仕，朝廷每有政议，数遣廷尉张汤亲至陋巷，问其得失。于是作《春秋决狱》二百三十二事，动以经对，言之详矣。"知其《决狱》，亦为应对天子，乃可入秘府者也。明此体例，王氏之疑可释。

由此，上文所谓文本"文本革命"者，乃不完全之结论，只因其与多数先秦文本的变迁，尤其是诸子书的编纂成书密切相关，触及战国秦汉学术之大局，且《汉志》中传流至今的文献，均为中国文化中最重要的那一部分原典，影响深远，故有大胆提出的必要。

许多前辈学者，均注意到了周秦文献的变迁，所论亦极精微。如刘汝霖《周秦诸子考》论《诸子书的性质》曰：

> 诸子的书，现在通行的本子，是经汉代人的编订，至于秦火以前的情形是怎样，是很难知道的。不过按书和著作人的关系分析看来，大约可分为直接、间接和代表三种：直接著作，是本人的意思又由本人亲手写出。如《史记·韩非传》载："或传其书至秦，秦王见《孤愤》、《五蠹》之书曰：'嗟乎！寡人得见此人与之游，死不恨矣。'李斯曰：'此韩非之所著书也。'秦因急攻韩，韩王始不用非。"这两篇既影响了时局，可断定是韩非所作，再无可疑的。间接著作，是本人的意思由关系最深的人记载下来。如《孟子》一书，《史记》虽载："孟轲退而与万章之徒序《诗》《书》，述仲尼之义，作《孟子》七篇。"但看书里面对公都子乐正子等都称子，可知决不是孟子亲手，只好定为间接著作一类。代表一类的著作，本不是一人的著作，是许多人共同研究成了一派学术，因为这一人最出名，就用这一人代表了。如《庄子·天下》的二十一事，《公孙龙子·白马论》，都是当时辩者共同讨论的问题，却被惠施公孙龙代表了。《墨经》也是墨子以后共同讨论的问题，却被墨子一人代表了。大约古代的书多用竹简写成，传钞不易，想得到一种全部的书很难，所以在民间多是单篇流传。秦火以后，书籍散亡，到汉代蒐求遗书许多篇集在官府，才算有了定本。但这种定本，已经把前三种性质的著作混在一起了。有了定本之后，别篇还是陆续出世，以直到刘氏父子校经传诸子时为止。

所以，司马迁所见的诸子篇数，和《汉志》所载不同。①

刘氏所论均平实可信，但他说先秦诸子书在秦火以后，汉代官府蒐求遗书，众篇集在官府，就有了定本，则略与史实不符，此上文已及之。

余嘉锡《古书通例》论古书别本单行曰：

> 别本单行者，古人著书，本无专集，往往随作数篇，即以行世。传其学者各以所得，为题书名。及刘向校定编入全书，题以其人之姓名，而其原书不复分著，后世所传，多是单行之本，其为刘向校本内析出，抑或民间自有古本流传，不尽行用中秘定著之本，皆不可知。②

不论是依据文献记载，还是近年出土文献所见战国文本的物质形式，都说明"别本单行"乃不刊之论。余氏对刘向汇集单行之篇，编为全书，并以学者姓名为题的判断，亦与《汉志》相符。然其"后世所传，多是单行之本"的话，着实是武断了的。以《诸子略》所录图书而言，《晏子》、《孙卿子》、《贾谊》、《盐铁论》、《管子》、《老子》、《庄子》、《文子》、《韩子》、《邓析》、《公孙龙子》《墨子》、《吕氏春秋》、《淮南内》，不管其是否有残佚，其文本结构均与今传本相同。《孟子》据赵岐《孟子题辞》，今本出于刘向校本的可能性也比较大。唯余先生所据《鬼谷子》乃单行之"苏秦书"的一种，此书单出于《苏子》，或本为单行之本，则不可考矣。今传《孙子兵法》十三篇，亦单出于《汉志》八十二篇本，因《隋书·经籍志》载《孙子兵法》三卷，而上卷即今本十三篇也。故后世图书，大多源出刘向校本，而原本单行者少。

又，《古书通例》之《叙刘向之校雠编次》一节，总结刘向校书之法曰：

> 凡经书皆以中古文校今文。其篇数多寡不同，则两本并存，不删除复重。

---

① 刘汝霖：《周秦诸子考》，北平文化学社1929年版，第9—11页。
② 余嘉锡：《古书通例》，中华书局2009年版，第200页。

> 凡诸子传记，皆以各本相校，删除重复，著为定本。

检《别录》佚文及《汉志》小序，余嘉锡先生的总结似合乎刘向校雠之规范。但六艺经书与诸子传记，在西汉时代的物质形态并不一样。六艺经书多为写定之文献，诸家经文本各有定见，已成不同家派之书籍，故不能统而校之，重写新本。诸子传记则多数以篇或篇组的形式存在，即以"类"的方式散布于中书、太常书、太史书、大臣书、民间书之中，并不存在规模各自确定的中书本《晏子》、太常本《晏子》、刘向本《晏子》、民间本《晏子》等，或者说，虽然"晏子书"一类文献流布颇广，但尚无通行的《晏子》，故刘向乃删除重复，定著新本。

因此，前辈学者虽多论及早期文献之流传方式与文本变迁，然终有未明晰之处，或亦未切中要害，此乃本书著论之由。

### 三　诸子传记文献中章的独立性

战国秦汉之际，六艺之传、说，与诸子著述中，具备独立性的、最小的文献单元乃是章。拙著《〈说苑〉研究——以战国秦汉之间的文献累积与学术史为中心》中，已有讨论，然不深入，且有不足，遂重述之。章的独立性可由以下三方面来说明。

其一，刘向《列子叙录》、《晏子叙录》、《说苑叙录》等书录，述及其校书之详情，从中可见章是他校雠诸子经传文本时的最小单元。如《晏子叙录》曰：

> 所校中书《晏子》十一篇，臣向谨与长社尉臣参校雠太史书五篇，臣向书一篇，参书十三篇，凡中外书三十篇，为八百三十八章。除复重二十二篇六百三十八章，定著八篇二百一十五章，外书无有三十六章，中书无有七十一章。[①]

此则书录，刘向述及《晏子》中、外书的差别时，使用的描述单元是章，而非篇，即刘向眼中的《晏子》是由二百一十五章组成的，他所校雠的对象也是以章为主。再如《列子叙录》曰：

---

[①] 张舜徽：《文献学辑要》，陕西人民出版社1985年版，第7页。

中书多，外书少。章乱布在诸篇中。①

《列子》书"章乱布在诸篇中"，刘向《列子新书》乃条理诸章次序而成可知矣，故其校雠此书的基本文献单元也是章。此点亦略见于《汉书·艺文志》。如《孝经古孔氏》一篇，班固注："二十二章。"《孝经》一篇，十八章。《公孙固》一篇，班固注曰："十八章。"《羊子》四篇，班固注曰："百章。"《铎氏微》虽无注，然《史记·十二诸侯年表》曰："铎椒为楚威王傅，为王不能尽观《春秋》，采取成败，卒四十章，为《铎氏微》。"② 可见《汉志》所载《铎氏微》三篇亦由独立的数十章组成。

刘向校雠诸子传记时，会对章的分合有所调整。可考者为《老子》。西汉时代传布之《老子》，今日可见者有严遵《老子指归》、马王堆帛书《老子》甲乙本，北京大学藏西汉竹简本《老子》等四种。马王堆两种没有分章，另两种《老子》的分章虽近于今本，却有数处不同。如严遵《老子指归》本上、下经七十二章，与今本八十一章不同。且其分章有理据，严遵序曰：

上经配天，下经配地。阴道八，阳道九，以阴行阳，故七十有二首。以阳行阴，故分为上下。以五行八，故上经四十而更始。以四行八，故下经三十有二而终矣。③

足见严遵本分章有数术背景。《道藏》载谢守灏《混元圣纪》卷三引《七略》云："刘向雠校中《老子》书二篇，太史书一篇，臣向书二篇，凡中外书五篇，一百四十三章。除复重三篇六十二章，定著八十一章。《上经》第一，三十七章；《下经》第二，四十四章。"④ 由此可知中秘本、太史本、刘向本老子各不相同，其中太史本《老子》不分上、下经，三种本子章数也不相同，各自更非八十一章。因若其中任何一种为八十一

---

① 张舜徽：《文献学辑要》，陕西人民出版社1985年版，第9页。
② （汉）严遵：《老子指归》，中华书局1994年版，第1页。
③ 《正统道藏》第17册，台湾艺文印书馆影印1977年版，第814页。
④ （宋）董思靖《道德经集解序说》引《七略》则云刘向："定著二篇八十一章，《上经》三十四章，《下经》四十七。"

章，则另两种总计只有六十二章矣，即每种三十章左右，不合情理。故知八十一章、上下经的结构，本自刘向校定。

另，若刘向所校三本分章相对平均，每本亦不过五十章上下，与严遵本、北大本、今传本的七八十章之结构，差异颇大。可知西汉早期所传《老子》章数接近西汉晚期传本的一半，则每章长度又近今本之一倍。严遵本七十二章的分法，有数术背景，考之刘向八十一章的分法，其上、下经之数，亦有数术依据。谢守灏于《七略》引文后曰：

> 此则校理之初，篇章之本者也。但不知删除是何文句，所分章何处为限。中书与向书俱云二篇，则未校之前已有定本。参传①称老子有八十一章，共云象太阳极之数，道经在上以法天，天数奇，故有三十七章。德经在下以法地，地数偶，故有四十四章。而葛洪等不能改此本章，遂灭道经"常无为"一章，继德经之末，乃曰：天以四时成，故上经四九三十六章，地以五行成故下经五九四十五章，通上下经以应九九之数。②

可见刘向定著八十一章应有数术依据。查《汉书·律历志》曰：

> 天之数始于一，终于二十有五。其义纪之以三，故置一得三，又二十五分之六，凡二十五置，终天之数，得八十一，以天地五位之合终于十者乘之，为八百一十分，应历一统千五百三十九岁之章数，黄钟之实也。
>
> 孟康注曰："十九岁为一章，一统凡八十一章。"③

故知《太初》、《三统》历法系统中，一统为八十一章，而日法亦为八十一。刘向曾于成帝时"总六历，列是非，作《五纪论》"④，他又有《说老子》一书，故笔者猜测他分《老子》为八十一章或与历法之学有关。

---

① 未知何传。
② 《道藏》，第 814 页。
③ 《汉书·律历志》，第 963 页。
④ 同上书，第 979 页。

北大汉简本《老子》亦为西汉晚期写本，时代或略早于刘向校书之时，上经四十四，下经三十三，作七十七章，分章与严遵本、刘向校本均不同，但章序三者一致。北大本的分章虽更整齐，但却很难判断其是否有数术背景。

汉成帝时代，以洪范五行之学为代表的灾异、数术、谶纬之学特别流行，严遵本、刘向本分章有数术依据，乃因时代风气熏习之故。同时，西汉时代《老子》的流传中，很可能由于章句之学的影响，致使其分章逐渐变细，章数渐次增多，至刘向虽定为八十一章，且成为后来《老子》的主流传本。

抛却对《老子》文本变化的推测，刘向校书中微调其分章，则是可下断语之事。故知章确为刘向校书之最小单元，实亦为《汉志》标著的最小单位。

其二，传世诸子传记多有互见文献，几乎全为章的互见。如《吕氏春秋》与《淮南子》，《韩诗外传》与《说苑》、《新序》，是战国秦汉之际文本关系最为密切的两组，其互见文献就几乎全部是以章的形式存在。汉前传世文献，除了《易经》、《尚书》、《诗经》、《仪礼》、《周礼》、《春秋》、《楚辞》等少数经典文本外，绝大多数的诸子传记都是以章为基本意义单元构成全书的。

同时，参考刘向校书之例，战国秦汉古籍的互见，正可显示此时代章的独立性。试以三例为证，以示章之独立性：

例一，桑谷生于殷庭故事，见于《书序》、《尚书大传》卷一、《吕氏春秋·制乐》、《韩诗外传》卷三、《史记·殷本纪》，《说苑》卷一亦载有此故事的两个版本，即第二十六章"殷太戊时"、第二十七章"高宗者武丁也"。上述诸古书所载为近源文献，区别是桑谷生于殷庭为何时，有三种版本，《说苑》所载有其二，分别为太戊时和武丁时。据屈守元《韩诗外传笺疏》，《书序》、《史记·殷本纪》、《史记·封禅书》、《汉书·五行志》、《汉书·郊祀志》、《群书治要》卷四十四引《新语》、《论衡·感类篇》、《诗商颂烈祖笺》、《孔子家语·五仪篇》、今本《竹书纪年》等皆以为在中宗太戊时；《尚书大传》卷一、《汉书·五行志》引刘向说、《说苑·敬慎篇》、《论衡·异虚篇》、《论衡·无形篇》、《论衡·恢国篇》皆以为在高宗武丁时；《吕氏春秋·制乐》、《韩诗外传》卷三则认为是在汤时。此是史实还是传说，实难缺考。然此故事在当时的知识界应当是个广泛地被熟知的故事,但秦以前文献中却见不到痕迹。但从其文本在西汉初年的多元性来看,这个故事也应出自战国以来的诸子传记。

例二,"宗卫相齐"故事。《战国策·齐策》、《韩诗外传》卷七、《新序·杂事二》、《说苑·尊贤》四部文献都有收录,但四个版本各不相同。区别主要有两个方面:一为人物姓名,《战国策》版本是管燕和田需,《韩诗外传》版本是宋燕和陈饶,《新序》版本则是燕相和其门下的一位大夫,《说苑》版本对话双方是宗卫和田饶;二为应对方的谈话内容有差异,《韩诗外传》版本和《说苑》版本的主要应对内容相同,文字差异较小,只不过谈话指出的宗卫(宋燕)的三个过失顺序有所不同;《战国策》版本和《新序》只提出了前两个版本所含的两个过失,文字差异较大。从四个故事的对比来看,《韩诗外传》版本和《说苑》版本最详,关系也最为接近,但二者应该没有承袭关系,是一个故事序列较近的两个不同的变体。二者所录的田饶(陈饶)的对话中,对自己所属的团体称为士大夫,在先秦历史类文献中,士人罕称自己为士大夫,只是在对秦末战争的历史记载中才频繁出现士大夫这个整体性称呼。先秦的文献记录中士人一般自称为士,就像《战国策》版本中记录的一样。那么,我们可以大胆推断,《战国策》版本在文献层上属于先秦部分,《说苑》版本和《韩诗外传》版本则可能是汉初人修饰后的版本形式。而《新序》版本似乎距原故事最远,变异最大,前三个版本都是齐国故事,而《新序》版本则成了燕相,大概是管燕或宋燕名字的讹变。四个版本虽有年代差,但却难寻传承关系。

例三,周公戒伯禽之语多见战国秦汉文献。如《文子》、《荀子·宥坐》、《韩诗外传》卷三、《淮南子·道应训》、《孔子家语·三恕》、《说苑·敬慎》所录"孔子观周庙"一章故事,就主要以此戒语为主。这几个版本互有不同:《韩诗外传》、《说苑》记为孔子观于周庙,而《荀子》、《淮南子》、《孔子家语》记为孔子观鲁桓公之庙。《文子》记为三皇五帝有戒之器,《荀子》、《韩诗外传》、《孔子家语》、《说苑》记载器物名为宥(右)坐(座)之器,《文子》、《淮南子》记为宥(侑)卮。故事中的对话双方,《荀子》、《孔子家语》为孔子、守庙者、孔子弟子,《淮南子》为孔子、子贡,《文子》中无对话人物,《韩诗外传》、《说苑》中的主要人物为孔子、子路。故事情节《荀子》、《韩诗外传》、《淮南子》、《孔子家语》、《说苑》一致,《文子》无故事。相互之间,《荀子》、

《孔子家语》接近,《韩诗外传》、《说苑》故事情节一致;孔子讲述的主要理论《荀子》、《孔子家语》相同,《淮南子》中的与《文子》中的论述几乎全同,《韩诗外传》与前四者措辞一致,论述内容有差异,《说苑》与前五者措辞不一致,内容差异较大。从文献关系上看,《孔子家语》采自《荀子》,《淮南子》、《文子》关系近,《韩诗外传》、《说苑》关系近。这个故事中孔子所述之理又与《荀子·非十二子》和《荀子·宥坐》相近,《韩诗外传》卷三"吾语子"章则与《荀子·非十二子》所载基本相同。《说苑·敬慎》篇中的"昔成王封周公"章,亦载有周公诫伯禽之语,亦与之极相近,此篇"高上尊贤,无以骄人"章后半部分"故士虽聪明圣智,自守以愚"与上述孔子所论也大体相同。故知"周公诫伯禽"之语在战国秦汉间有多个片断,以不同的形式在流传,《说苑》就保留了四种形式,即《说苑·尊贤》"周公摄天子位七年"章,《说苑·敬慎》"昔成王封周公"章,《说苑·敬慎》"孔子观于周庙而有欹器"章,《说苑·敬慎》"高上尊贤,无以骄人"章。另外《荀子·尧问》与《荀子·非十二子》中还有两个详细的片断。相较而言,《荀子》、《说苑》所载最为详细,《韩诗外传》所载"吾语子"一条则有可能来自《荀子·非十二子》"兼服天下之心"章。

上述三例显示的是短章来源的多元性,虽然互见于各本,但多数难以寻出转抄关系,它们共源,却各自独立流传,出现变体,并为不同古书所采录。

其三,出土文献中也有许多独立的短章。马王堆汉墓帛书、上海博物馆所藏战国楚竹书并没有分章,但郭店楚简出土古书部分文献有分章号、分篇号、句读号、重文号等,如《老子》甲乙丙组、《太一生水》、《缁衣》等篇均有分章号。夏含夷《重写中国古代文献》云:

> 许多早期文献由"章"这一基本单元构成。"章"在英语里通常翻译为"chapter",但像"segment"或"passage"这样更加普遍的翻译也许误导性更少;我觉得《圣经》研究里的"pericope"一词是个好用的翻译,并在整本书里使用它。大多数章都讲述一个单独的事件、引文或者谚语。许多章都很短,比如郭店和上博简《缁衣》里的二十三个章,每一个都包含孔子的一小段话以及某个儒家经典的一处或多处引文。很明显,某些章在编纂成书之前曾经独立流传;因此

《民之父母》里关于"五至"和"三亡"的章也出现在《礼记·孔子闲居》和《孔子家语》中。……尽管如此,郭店和上博简的《缁衣》在结构和内容上几乎相同。这说明在公元前3世纪之前,这样简短的一份章节汇编即使还没有成为定本,也已经有了明确的流通形式。

正如我们在《缁衣》的例子中所看到的,某些章节汇编或是完整的文章明显在当时独立流传着。它们通常被称作"篇",而单独的一篇也可能和其他篇编在一起。无论具体编联方式如何,正是这些篇的编联最终形成了中国古代的"书籍"。……谈到郭店简的时候,我指出《成之闻之》、《尊德义》、《性自命出》和《六德》这四份文献尽管在内容和风格上皆各自独立,但都抄于形制相同的竹简上。多数学者认为它们在下葬之前曾经编在一起,这说明它们的学说之间有某种联系。但我也指出,上博简里有另一个版本的《性自命出》(整理者题为《性情论》),但似乎没有郭店简里的其他三份文献。因此,至少这一份文献看上去是独立流传的,其他许多"篇"也同样如此。它们最终进入了某本书而成为其中的一章。①

李学勤《周易溯源》一书虽未直接论及文献流传中的章,但其论《易传》与《周易》卦序之关系,亦涉章之问题。书中谈及帛书《周易》八卦卦象时,称其依今本《说卦》"天地定位"章,而五代陈抟所创后天卦象则很像依了《说卦》"帝出乎震"章。此两章古人已见其体系之不相联属。由此李先生认为"天地定位"章和"帝出乎震"章来源不同,代表了两种《易》学思想,未知何时并入《说卦》。此亦证古书以章为单元流传的情况。② 美国学者艾兰《关于中国早期文献的一个假设》所陈亦十分明了、清晰:

出土竹简文本常常很短,类似于章或篇,而非历史上流传下来的多篇章长篇文献。这种以短篇占绝对优势的情形,也许是墓主亲属选择并请人抄录了长篇著作中的部分,以代表全文陪葬的结果。然而,

---

① [美]夏含夷:《重写中国古代文献》,上海古籍出版社2012年版,第46—47页。
② 李学勤:《周易溯源》,巴蜀书社2006年版,第310—315页。

这些篇章被抄录到竹简上的方式使得这种解释未必能成立。每个墓葬里的竹简的书法风格不一，显然是经过几个人抄录。因而，它们更有可能被理解为被墓葬主人生前出于对它们的喜爱而收集起来的，而非以陪葬为目的找专人抄录的书籍节本。此外，每组捆在一起的竹简之间也常常没有明显的关系。如果它们是从长文本中摘抄出来的，那么每组竹简应该和原书的篇章对应，但出土竹简平常没有此种关系。

尽管当今流传的早期中国古代文献以多章节、长篇为主，但其最显著的特征就是它们都由一些零星和片段的文字组成。这些组成部分被归到同一个文体或者被放在某个思想家名下，因而建立起联系（这些现象对于成长于另一个文化传统中的研究者而言，会显得更为令人惊异）。此外，构成这些长篇文本的各部分之间，往往缺少清晰的逻辑联系。而且，长篇文献的组成部分之间缺少相互引述，似乎某一片段的作者不知道其他篇章的存在。这一切都表明，这些流传已久的文献，当初并不是作为一个整体被创作，而是被后人收集、整理的结果。

……

我的假设是：中国早期文献最初以短章的方式流传，当时最普遍的传播媒介是木、竹质的简、牍和竹、木质简册。①

故知古代文献流传中，章的确是最小的单位，至少大部分的诸子传记，其各篇的构成单元是章。刘向校书有时乃是从各部分《晏子》书或《列子》书中，把相关章节搜罗齐备，再做篇的整理。李零《简帛古书与学术源流》论及古书的构成时说道："早期的古书多由'断片'（即零章碎句）而构成，随时所作，即以行世，常常缺乏统一的结构，因此排列组合的可能性很大，添油加醋的改造也很多，分合无定，存佚无常。……这使它的年代构成变得非常复杂。"② 刘向校雠《列子》书时，即有章的乱布。然即使其乱布，书的构成亦非完全混乱杂糅，因其构成文本基础的章，属于基本成型的部分，流传中的变化其实并不算大。在章这个单位的文献上，年代的构成可能比较单纯，其主体内容被改造的情况不会很多。

---

① ［美］艾兰：《关于中国早期文献的一个假设》，《光明日报》2012年1月9日第15版。
② 李零：《简帛古书与学术源流》，生活・读书・新知三联书店2004年版，第198页。

此战国秦汉之际,诸子传记文献中章之独立性也。

## 四 公共素材①

由章之独立性,可引申出战国秦汉之际"公共素材"的概念。因章具备了独立流传、可被采录入不同文本的特点,说明它们是一种"公共"资源,称为"公共素材"应该合适。

概而言之,战国秦汉之间存在三种类型的"公共素材":故事、说理和短语。它们以独立段落,或说短章的形式存在,是诸子取材的重要资源之一。

故事类"公共素材"主要是指存在于《左传》、《国语》、《战国策》、《管子》、《晏子春秋》、《荀子》、《韩非子》、《吕氏春秋》、《韩诗外传》、《淮南子》、《史记》、《说苑》、《新序》、《孔子家语》等文献中的历史或人物故事。这类故事有的属于《诗》、《书》、《春秋》之传,故知其来源与时代,如《左传》中有关《硕人》、《载驰》、《清人》、《黄鸟》四诗本事的记载就是如此。② 但绝大多数故事,我们无法准确判断其来源与时代,只能笼统地将其归之于战国时代。李零先生在《简帛古书与学术源流》一书中将其称为"故事类史书",分为"三皇五帝故事"、"唐虞故事"、"三代故事"和"春秋战国故事"。其中的"春秋战国故事",张政烺先生在整理马王堆帛书时,名之曰"事语"。马王堆《春秋事语》、《战国纵横家书》是出土最早的此类文献,"一直都是孤例,直到 90 年代,等到上博楚简发现,我们才意识到,这是古代史书中数量最大也最活跃的

---

① 柯马丁(Matin Kern)教授关于先秦文本的互文,有一个类似的概念,叫"文本库(Repertoire)",他在《我怎样研习先秦文本》(参见《黉门对话:中国古典文献的阅读与理解——中美学对话国际学术讨论会论文集》,北京大学,2015 年版)一文中说:"要思考文本互文性(intertextuality)的问题:为什么在不同语境下会存在同一故事或诗歌的多个版本?这对早期文本的稳定性和松散性意味着什么?像'复合文本'和'文本库'这样的概念是否可以变得意义深远?如果有这样一个人存在的话,是谁在控制和保护文本的整体性(显然不是其作者!)?""文本库"针对的是某一主题的文本,如《七月》、《大东》、《楚茨》、《信南山》、《甫田》、《大田》、《丰年》、《载芟》、《良耜》中的诗句就似乎来自一个有关周人田祭的文本库。因此,Kern 教授的这个概念与"公共素材"是近似的概念。笔者在写博士论文时,使用的是"通用素材"这个概念(《〈说苑〉研究——以战国秦汉之间的文献累积与学术史为中心》),意思也差不多。当然"公共素材"的抽象性要稍大一点,"文本库"则更加具体一点。
② 详参下编第三章"《左传》早期史料来源与《风诗序》之关系",此章原刊于《文学遗产》2012 年第 2 期。

一种"①。上博楚简中就有20种此类古书,这说明"语类或事语类的古书非常流行","同一人物、同一事件,故事的版本有好多种,这是当时作史的基本素材"②。这种故事也多为子书所采,如《韩非子·储说》、《说林》数篇,就是对此类故事的搜罗,以备韩子说理之用,这也正是"储说"二字之义。而《吕氏春秋》、《尚书大传》、《韩诗外传》、《淮南子》、《史记》、《新序》、《说苑》,更是网罗大量的此类故事,彼此之间亦多有互见重出的记载,然其故事的基本结构彼此往往不同,说明这些秦汉文献有更早期的史源,而非相互采择。

春秋战国故事数量最大,且具有以下三个特点。

第一,孔子及其弟子的故事、齐故事、三晋故事、楚故事在战国秦汉间流传最多。

第二,春秋末战国初的故事是这类故事的主体。

第三,春秋末期之前的故事,多见于《左传》、《国语》。

孔子故事多,春秋末战国亦多,《左传》、《国语》又成书于战国早期,说明此类故事"素材"多数出现于战国早期,也就是孔子卒后的"七十子"时期。它们随后在战国中期至西汉晚期这差不多三百年中,被反复征采和引用。

说理类"公共素材"是指存在于经传、诸子说理文中,被不同文献征引的独立段落(刘向称之为"章")。此类文献虽没有故事类庞大,但其数量也十分可观。有的说理短章非常古老,如见于《说苑·敬慎》篇中的"孔子之周"章,记录了刻在周太庙右陛前金人后背上的《金人铭》,此章又见《孔子家语·观周》篇。《大戴礼记·武王践阼》篇引《席铭》、《楹铭》与《金人铭》第三段接近或相同,《战国策·魏策》苏秦引《周书》,《太公兵法》引《黄帝语》亦与《金人铭》十分接近。《老子》第五、七、二十六、四十二、六十六、七十九章,均与《金人铭》有密切关系,或直接征引《金人铭》。③ 可见,至迟在老子时代,

---

① 李零:《简帛古书与学术源流》,生活·读书·新知三联书店2008年版,第294页。
② 同上书,第297页。
③ 参见[日]武内义雄《老子原始》,江侠庵编《先秦经籍考》(中册),上海文艺出版社1990年据商务印书馆1931年版影印;黄方刚《老子年代之考证》,《古史辨》第四册,上海古籍出版社1982年版;郑良树《〈金人铭〉与〈老子〉》,《诸子著作年代考》,北京图书馆出版社2001年版。

《金人铭》已经出现。而儒家文献征引的说理素材往往多产生于"七十子"时期,此种文献最集中的汇集者为《大戴礼记》、《小戴礼记》及贾谊《新书》等古书。如《缁衣》篇,郭店楚简已有二十三章的版本,《小戴礼记》则有二十五章的版本,且与郭店本非常接近。沈约称《子思子》中有《缁衣》,刘瓛则云《公孙尼子》作《缁衣》。《子思子》、《公孙尼子》今佚,但沈、刘二人所处时代,二书俱存,可知这二十多章的"子曰"即见《子思子》,又见《公孙尼子》。

相似的情况还有《乐记》。《礼记·乐记》、《史记·乐书》、《说苑·修文》等古书,都存录了古代儒家的论乐文献,内容多有重复互见之处,也互有对方未收之章,如"凡音者生人心者也"章均见于三书,而《说苑·修文》"凡从外入者,莫深于声音"章,就不见于《礼记》和《史记》。《礼记·乐记》所载古论乐文献也仅是古《乐记》的一部分内容,据孔颖达引《别录》,刘向所整理之二十三篇分别为:"《乐本》第一,《乐论》第二,《乐施》第三,《乐言》第四,《乐礼》第五,《乐情》第六,《乐化》第七,《乐象》第八,《宾牟贾》第九,《师乙》第十,《魏文侯》第十一,《奏乐》第十二,《乐器》第十三,《乐作》第十四,《意始》第十五,《乐穆》第十六,《说律》第十七,《季札》第十八,《乐道》第十九,《乐义》第二十,《昭本》第二十一,《昭颂》第二十二,《窦公》第二十三。"① 郑玄《礼记目录》所记前十一篇次序与《别录》一致,但与《礼记·乐记》十一章并不一致,他说:"盖十一篇合为一篇……今虽合此,略有分焉。"② 可见《礼记目录》所言篇次是依据了《别录》。刘向整理之《乐记》二十三篇章次与《礼记·乐记》并不一致,且有十二章为《礼记·乐记》所无,其原书恐怕郑玄也未及见。而《史记·乐论》的顺序是《乐本》、《乐论》、《乐礼》、《乐施》、《乐象法》第五段、《乐情》、《乐言》、《乐象》、《乐化》、《魏文侯》、《宾牟贾》、《师乙》,与《礼记》也不一致。张守节《史记正义》曰:"其《乐记》者,公孙尼子次撰也。为《乐记》通天地,贯人情,辩政治,故细解之。以前刘向《别录》篇次与郑《目录》同,而《乐记》篇次又不依郑目。今此文篇次颠倒者,以褚先生升降,古今乱也。"③ 古

---

① (清)阮元校刻:《十三经注疏》,中华书局影印本1980年版,第2527页上栏。
② 同上。
③ (汉)司马迁:《史记》,中华书局点校三家注本1982年版,第1234页。

《乐记》二十三篇之序乃是刘向所序，褚先生续补《史记》时，刘向还未整理中秘书，所以《史记·乐书》的章次反映了西汉时代另外一种古代论乐文献的排列次序。《礼记·乐记》章次的形成也当早于刘向校书，是不同于《史记·乐论》的另外一种章次。张守节认为《史记·乐书》的章次混乱是褚先生所改动，恐怕不确。但《礼记·乐记》与《史记·乐书》各章内容却基本相同，《说苑·修文》篇所录各章也与《乐记》、《乐书》所录基本相同，《史记·乐书》只有《乐象》章有混乱。可见三者各有上源，三者之间难寻传承关系，《乐记》诸章属战国秦汉儒家之"公共素材"，《礼记·乐记》、《史记·乐书》、《说苑·修文》的"作者"也就不可能是戴圣、褚先生或刘向。不论是《缁衣》还是《乐记》，其基本构成单位是章。不同古书收录的《缁衣》或《乐记》，整篇来对比，主要的区别就是章的次序不同，说明这些说理之篇的基本构成单位是章。这些章也被其他文献采入其中，如《尚书大传》、《韩诗外传》等。

短语类"公共素材"指散见于战国秦汉古籍的格言、谚语等说理短句。郭店楚简之《语丛》，马王堆汉墓帛书之《称》，《说苑·谈丛》篇，就是典型的短语集。从郭店楚简《语丛》亦可看出，短语早期是记录在一支或几支简上，独立表达某种义理的精辟语句。它们在春秋时代已被广泛使用，如《左传·僖公二年》晋借道于虞，宫之奇谏虞公，不听，宫之奇曰："语曰：'唇亡则齿寒。'其斯之谓与！"《左传·僖公五年》则有"谚所谓：辅车相依，唇亡齿寒"。此语又见《哀公八年》子洩之语，《公羊传》称之为"记"，《墨子·非攻》载称"古者有语"，《说苑·谈丛》收录作："唇亡而齿寒，河水崩，其怀在山。"这是一条春秋时代人们熟知的谚语，在战国秦汉时代又被反复引用。又如《谈丛》篇录有"初沐者必拭冠，新浴者必振衣"一条，这一条分别见于《楚辞·渔父》、《荀子·不苟》、《韩诗外传》、《新序·节士》等。《困学纪闻》云："《楚辞·渔父》：'吾闻之，新沐者必弹冠，新浴者必振衣。'《荀子》曰'故新浴者振其衣，新沐者弹其冠，人之情也。'岂用《楚辞》语耶？抑二子皆述古语也？"何焯云："曰吾闻之，则述古语也。"[①] 况且《不苟》篇也用"故"来引领这一句，更进一步说明这是一句古语。再如《史记·鲁仲连邹阳列

---

① 向宗鲁：《说苑校证》，中华书局1987年版，第396页。

传》、《正义》引《鲁连子》曰:"先生之言,有似枭鸣,出城而人恶之。"枭鸣典故见于《说苑·谈丛》。相似例子还有很多,文繁不录。故知《谈丛》一篇以汇录战国时代的短语为主。联系《语丛》、《称》,可知这类供人们使用的谚语集早在战国中期即已出现。这类短语也是战国秦汉诸子论说所采择的重要对象,如《荀子·劝学》篇就征引了数条。①

战国秦汉间"公共素材"的存在当无疑问,这从出土文献及传世文献的有限考证已可见一斑。它们是战国秦汉间十分重要的文献。故事类中多有情节叙事,是早期叙事文学的重要类型。说理、短语类中多精彩的议论,亦是先秦两汉说理文最为闪光的部分之一。这类素材的时限虽从西周至汉初,但多数已在战国初年形成并流传开来,成为诸子思想与学术的重要资源之一。我们今天据有限的出土和传世文献,就可以从《老子》、《孟子》、《荀子》、《韩非子》、《吕氏春秋》、《史记》等众多经典文献中发现相当数量的"公共素材"。那么,未知的此类文献又有多少呢?

这说明至少从孟子时代开始到刘向时代结束,这期间出现的典籍有共同的故事、说理、短语素材,且数量可观。那么,我们如何使用规范的学术史叙事模式来讲述这个时段内的故事?或者说,我们能否以"历史的"时间序列来描述这批材料,以及取材于此的那些经典文本?恐怕不能,这批"公共素材"与单线演进式的叙事结构很难相容。当我们面对一部西汉以前的文献时,那些精彩的叙事或说理段落,虽不排除其出于作者原创的可能,但也不能排除它们出于"公共素材"的可能。因此,战国秦汉间"公共素材"的存在,必然造成周秦汉学术史叙事中部分"作者"与其"作品"的不完全对应。

## 五 "公共素材"流传样态的改变及其意义

周秦汉作者与作品的对应,除了是现代学术史的基本叙事方式之外,也呈现于《汉书·艺文志》之中。可以说这是《汉书》以来就形成的"共识"。《汉书·艺文志》是后代人了解早期学术流变最为基础的文献,也是后世人勾勒、描述先秦学术、文学概貌的主要依据之一。20世纪以

---

① 徐建委:《〈说苑〉研究——以战国秦汉之间的文献累积与学术史为中心》,北京大学出版社2011年版,第277—280页。

来，周秦汉学术史、思想史、文学史的叙事结构，虽然受到了现代学术体系的规范，但最为基础的描述却还是以《汉书·艺文志》为原型的，即以"六艺"、"诸子"、"九流十家"等"图书或知识分类"为基本线条的叙事结构。可以说，《汉书·艺文志》对周秦汉图书的分类不仅在目录学上影响深远，更是直接构筑了周秦汉学术进程的想象基础。

但是，《汉书·艺文志》本身便隐含着文献的变迁问题，这是古今学者多有忽略的。正如上文所言，《汉志》基于刘向校书。这次校书改变了多数先秦古书的流传样态。《汉书·艺文志》所载，在可考证之范围内，多数古书均可看出刘向校书前后的流变的痕迹。出现于春秋或战国，写定于西汉，正是《汉书·艺文志》载录的多数图书成书的主要特点之一。这些古书经刘向等人整理后，在语言文字、篇章多寡、内部结构等方面与它们的早期传本有很多的不同。

至此，可对刘向校书与古文献流变之关系略作总结，简而言之，有以下六点。

其一，刘向以中秘书为整理对象，官府、大臣、民间之书，仅供参校，中书无有者，或中书本完善者，刘向并不做整理，自然无整理记录，因此亦不见载《七略》与《汉志》。故《汉志》未见之书，不能视为刘向未见之书。《楚辞》为刘向所编，中古文《易》、费氏《易》为刘向参用，《张侯论》为刘向所习见，均未见《汉志》也。

其二，刘向所校诸书，每种常有多个传本，传本之间差异颇大，每本所含篇数及篇次，每篇所含章数及章次、每章文字多有不同，因此刘向的校书几乎属于重编，特别是六艺经书之外的传、记、诸子与诗赋（兵书、数术、方技类图书分别由任宏、尹咸、李柱国负责）。

其三，刘向以恢复、保留文献原始面貌为目的，其对文本的改动，主要改正错讹字句，调整篇、章编次，对于明显的异文，则予以保留，《晏子》之编为其显例。因此，刘向校书的目的主要是整理出一部善本，结果亦是如此。这也是传世周秦文献主要以刘向校本为祖本的原因。

其四，《汉志》因据《七略》，《七略》出于《别录》。故《汉志》所载图书除班固新入三家五十篇外，均为刘向新校之书。新书相比于整理之前之旧书，面目已全然改观。《汉志》表面上虽然是考镜源流的目录，实则记录了有哪些文献在西汉末年发生了文本形式上的巨大变革。

其五，刘向之前，与篇的别行相似，以单章形式存在的文本也是当时主要的文献类型之一,有出土简帛为证。同时,章也是刘向校书中原则上不作改动的单元(讹字除外)。经由刘向对中秘书的整理,秘府所藏单章文献群被"归化"入诸子传记,作为独立文献类型存在的单章便在刘向的文献系谱中被"过滤"掉了。因后世文献以刘向校本为主,故单章形式的文献群逐渐失传。原本此类文献群乃是战国秦汉之间的"公共素材",因其消失,诸子传记之书失去了"第三方"文献证据,不利于后人对战国秦汉学术史的理解。又因各古书之间互见文献极多,失去单章文献群,极易误导后人依据古书之先后,重建一条本不存在的传承或代际之路。另外,因这类文献群的存在,也使得战国秦汉古书与其"作者"、"时代"的对应变得模糊。

其六,六艺、诸子、诗赋的整理情况并不相同,就六艺中的传记、诸子两大类文献而言,刘向整理出的文本,乃是一类文献的综合归束之本。即《汉志》六艺、诸子书目除六艺经本之外,多数书目标识或代表了战国秦汉的某一类文献,而非某一部书(汉代人所作传、记除外)。诸子书除《吕氏春秋》、《淮南子》外,此种特点尤为明显。

总之,《汉志》遵照中心与边缘的原则,以六艺为中心作了知识的区域划分,然后每一部类大体按照"作者"年代的先后排列文献,构成了上古图书的年代序列。但这个年代序列,并不能有效地概括西汉之前的文本的历史,因为纸面上的古书,并非就是之前存在过的那些。《汉志》的书单,就其性质而言,代表的往往不是一部部今天意义上的古书,而是一个个的庞杂的文献群落。这些群落在西汉以后,逐渐被优善的刘向校本所取代,文本逐渐单一化和经典化,完成了早期文本由类群向单书过渡的过程。

具体到本书所述的"公共素材",它们在刘向校书之前,应有三种存在样态:一是被采择进入某些古书,如《荀子》、《韩非子》、《吕氏春秋》等;二是单独以短章的形式流传,如郭店楚简之《太一生水》、《鲁穆公问子思》、《尊德义》等;三是结成"素材集",如刘向校理后的《韩非子·储说》、《说林》、《韩诗外传》等。刘向校书之后,被采择入古书和原本结集的部分得以流传下来,但短章的形式却大部分消失了,只有很少一部分被编入《新序》、《说苑》。

短章的消失,意味着战国秦汉各古书之间的互见段落失去了参照。这样一来,互见极易被我们理解为古书之间有转抄关系。诸子之间因这种

"转抄"，又很容易被构建出某种学术传承关系。如果独立短章流传至今的话，上述传承是否存在一定是可以重新讨论的。这就是独立短章的价值所在。从新出的战国秦汉简帛文献分析，这种独立流传的短章，也是我们所说的"公共素材"的主要形式之一，是战国乃至西汉初年文献流传的一种重要形态。这种短章的消失，直接影响到了我们对古书内容、体例及其成书的判断。这应是我们误读《汉书·艺文志》的主要原因之一。这种误读也就直接影响到我们以何种方式讲述那段学术史、思想史或文学史。

我们从"公共素材"的存在中，还可以发现古书的材料适用时限冲破了传统学术史结构的边界。当我们以《汉书·艺文志》奠定的图书或知识分类作为学术进程描述的依据，勾画出的是枝脉状图景，组成枝脉结构的是一部部图书以及其"作者"。在这种描述中，图书和作者往往是单一时间性的"点"，如孟子和荀子是战国时代继起的大儒，《孟子》也是早于《荀子》的著作，并代表了孟、荀不同的思想和儒学体系。二者文章的不同，除了个人风格的差异外，也被认为是文学变迁的证明。在这种表述中，二者有前后清晰的年代关系。这作为一般性的描述，是合理的。若作细密分析，则《荀子》中会有客观抄录的早期材料（即"公共素材"），其材料的适用时限不止于荀子及其时代，上限甚至逾越了孟子时代。如果再联系后人附益之内容，可以说《荀子》是有"长时段"适用性的文献，其中的材料有多个层次，分属不同时代。类似《荀子》的古书还有不少，如《左传》、《礼记》、《考工记》、《吕氏春秋》、《春秋繁露》、《韩诗外传》等。这些"长时段"适用文献放到枝脉结构的学术史模型中，必然会模糊各古书之间的年代关系，使得部分枝脉失去历时性"线"状"进程"，消解了这种结构的合理性。从《孟子》到《韩非子》，再到《淮南子》、《史记》，这些"公共素材"均被采用。它们的撰述时限及流变还有待研究，但基于其"长时段"的通用性，它们无法作为某一特定时期的材料来使用，同样无法适应枝脉结构的学术史描述。那么，关注某位"作者"，诠释"属于他的"作品，以及叙述其在时代中的变迁，此种叙述方式的适用度就遇到了挑战。

## 六 新定本文献的互摄与"书亡而文未亡"

战国秦汉之间的独立短章在刘向校书之后，被"收纳"、"绑定"在各类文献之中，因其公共资源的属性，于是，战国秦汉典籍之间就有了相互包含的关系。此种关系的形成，有的乃因后书对前书的征采，有的则属二者同源的各自独立的累积。

有关征采的例子，最重要的当然是《史记》对《左传》、《国语》、《战国策》、《楚汉春秋》、《世本》等文献的采录。班固《司马迁传赞》曰："司马迁据《左氏》、《国语》，采《世本》、《战国策》，述《楚汉春秋》，接其后事，讫于大汉。其言秦汉，详矣。至于采经摭传，分散数家之事，甚多疏略，或有抵梧。亦其涉猎者广博，贯穿经传，驰骋古今，上下数千载间，斯以勤矣。"① 司马迁亦于《十二诸侯年表》、《六国年表》等处言及其采撰，此例甚明，无须多言。故而《左传》、《世本》、《楚汉春秋》等文献中的许多内容亦见于《史记》。

至于二者同源的各自独立的累积，乃指某类"公共素材"在一段时段内被纳入不同的篇籍，各书之间可能有材料的互见，但却无明显的递抄痕迹，应属各自独立的对早期文献的"累积"。上文所举三例即是如此。又如《大戴礼记》有《礼察》篇，此篇篇首孔子曰句之后至"倍死忘生之礼众矣"，与《小戴礼记·经解》篇倒数第二章同，此章又见《汉书·礼乐志》，而《韩诗外传》引"丧祭之礼废，则臣子之恩薄，臣子之恩薄，则背死亡生者众"一句曰"传曰"；自"凡人之知"以下部分又见于《汉书·贾谊传》所载《陈政事疏》中，自为一章。此两章，当为儒家论礼的两个独立短章，为《大戴记》所收纳，且分别为《小戴记》、《韩诗外传》、贾谊所采，即各自独立采撰入书，难见递抄痕迹。王聘珍《大戴礼记解诂目录》曰此为古记，"大戴取之以为记，贾谊亦采以为书"者，是也。

再如，《礼记·缁衣》篇的情况亦如此。《隋书·音乐志》引沈约说，称《礼记》中的《中庸》、《缁衣》、《表记》、《坊记》四篇为子思所作。《经典释文》引刘瓛说，称公孙尼子作《缁衣》。在沈约、刘瓛的时代，《子思子》、《公孙尼子》都没有亡佚，且正如李零在《郭店楚简校读记》中提到的，《意林》、《文选》引《子思子》，郑樵《诗辨妄》引《公孙尼

---

① （汉）班固：《汉书》，中华书局1962年版，第2737页。文中"大汉"一语，杨树达《汉书窥管》以为无义，当作"天汉"，即武帝年号也，中华书局点校本据之而改，然仅以理据而校改古书之法，今日看来，并不足取，故不从。

子》","并有合于今《礼记·缁衣》者"。从《缁衣》篇的内容上看,"它的所有章节都是按同一格式,即'子曰'加《诗》、《书》引文。如果我们承认,这里的'子曰'是记孔子之言,《诗》、《书》是用来印证或发挥孔子的话,那么,我们就找不到任何余地可以留给子思子或公孙尼子"。因此李零提出这样一种观点:"《缁衣》可能被子思子和公孙尼子同时传述,并且分别收入以他们的名字题名的集子。"① 从刘向校书前后文献流传的情况来看,这个观点是符合当时情况的。类似还有上文所述《礼记·乐记》、《史记·乐论》互见的例子。若以《吕氏春秋》、《韩诗外传》、《说苑》等汇录早期文献为主的典籍为基点,反观战国秦汉文献之流变,会发现各自独立累积的类型是战国秦汉间古书"收纳""公共素材"的主要模式。

因"公共素材"的存在,古书之间就出现了相互包含的关系,包括三个层面的含摄:一是一部书几近完全纳入另一部书,如《楚汉春秋》、《世本》、《秦记》被采入《史记》;二是篇或篇组的互见,如《曾子》、《子思子》、《公孙尼子》与大、小戴《礼记》;三是章的互见,如《吕氏春秋》与《淮南子》。其中尤章的互见为多。虽如此,书与书的含纳,篇或篇组的互见,却更有非凡的意义。这意味着,战国秦汉时代的许多古文献,其书虽亡,其文可能未尽亡。简括言之,可有三类情况。

其一,古史书。古史书如《世本》、《秦记》、《楚汉春秋》之类,因其主要内容为《史记》所录,乃书虽亡,文未亡者之一类型。《史记》为先秦古史料之总汇,上古史料之面目,从中可见一斑。除《世本》、《楚汉春秋》等《汉志》著录文献外,《史记》还荟萃了许多其他文献,如《春秋历谱谍》②、《禹本纪》③、《世家》④、《秦记》⑤ 等。《史记》如何涵

---

① 上述引文均见《郭店楚简校读记》,中国人民大学出版社2007年版,第90页。
② 《史记·十二诸侯年表》:"太史公读《春秋历谱谍》,至周厉王,未尝不废书而叹也。"(第509页)
③ 《史记·大宛列传》:"太史公曰:《禹本纪》言'河出昆仑,昆仑其高二千五百余里,日月所相避隐为光明也。其上有醴泉、瑶池'。今自张骞使大夏之后也,穷河源,恶睹本纪所谓昆仑者乎?"(第3179页)
④ 《卫康叔世家》:"太史公曰:余读《世家》言,至于宣公之太子以妇见诛,弟寿争死以相让,此与晋太子申生不敢明骊姬之过同,俱恶伤父之志。然卒死亡,何其悲也!或父子相杀,兄弟相灭,亦独何哉?"(第1605页,标点略异)
⑤ 《六国年表》:"太史读《秦记》,至犬戎败幽王,周东徙洛邑,秦襄公始封为诸侯,作西畤用事上帝,僭端见矣。"(第685页)

容上述古书,则需明了。《世本》多为《十二诸侯年表》、《六国年表》所采,参前人之辑本,可知其书与《史记》之年表相类。加之《史记》又多据《左传》、《秦记》等补充世系、大事等材料,故其年表应优于《世本》。《秦记》多为《六国年表》所据,《秦始皇本纪》末附有其部分内容,合《秦本纪》、《秦始皇本纪》、《六国年表》观之,《秦记》之主要内容,亦当为《史记》所有。

《世本》、《秦记》相对简约,而陆贾《楚汉春秋》乃以记事为主,故其与《史记》的关系,可见《史记》对早期文献的采录特点。据《史记·高祖功臣侯年表》司马贞《索隐》注"侯第"曰:

> 姚氏云:"萧何第一,曹参二,张敖三,周勃四,樊哙五,郦商六,奚涓七,夏侯婴八,灌婴九,傅宽十,靳歙十一,王陵十二,陈武十三,王吸十四,薛欧十五,周昌十六,丁复十七,虫达十八。"《史记》与《汉表》同。而《楚汉春秋》则不同者,陆贾记事在高祖、惠帝时。《汉书》是后定功臣等列,及陈平受吕后命而定,或已改邑号,故人名亦别。且高祖初定,唯十八侯,吕后令陈平终竟已下列侯第录,凡一百四十三人也。①

据此知陆贾《楚汉春秋》记事止于汉惠帝时。《隋书·经籍志》、《旧唐书·经籍志》、《新唐书·艺文志》俱著录,知其唐时尚存,司马贞亦多引据,故知其所言不虚。《楚汉春秋》清人多有辑本,王利器《新语校注》据洪颐煊《经典集林》本校订者,最为完善。据之勘校《史记》,知汉唐之间的《楚汉春秋》传本虽与《史记》多有异文,但其主体已为《史记》所用。司马贞多以《楚汉春秋》校对楚汉之际《史记》文字,涉及《项羽本纪》、《高祖本纪》、《高祖功臣侯者年表》、《荆燕世家》、《留侯世家》、《绛侯周勃世家》、《黥布世家》、《淮阴侯列传》、《韩信卢绾列传》、《樊郦滕灌列传》、《傅靳蒯成列传》、《刘敬叔孙通列传》、《吴王濞列传》、《季布栾布列传》十四篇,可见楚汉之际的《史记》文本基本依据了《楚汉春秋》。《北堂书钞》、《艺文类聚》、《文选注》、《太平御览》所引《楚汉春秋》佚文,亦多与《史

---

① (汉)司马迁:《史记》,中华书局1982年版,第879—881页。

记》一致，如鸿门宴、高阳酒徒、丁公等事，《史记》采录《楚汉春秋》之迹甚明。考虑到类书、古注多删裁引文，《楚汉春秋》或为《史记》全录，亦非不可能之事（详参附表）。

其二，诸子说理书。大、小戴《礼记》乃孔门论学之渊薮，《夏小正》、《孔子三朝记》、《五帝德》、《帝系》等古文献基本被完整保留在《大戴礼记》中，而《曾子》、《子思子》、《公孙尼子》等亦有部分篇章见录于二戴《记》。不仅如此，王聘珍《大戴礼记解诂目录》曰："《白虎通·丧服》篇引《礼·曾子记》曰：'大辱加于身，支体毁伤，即君不臣，士不交，祭不得为昭穆之尸，食不得昭穆之牲，死不得葬昭穆之域也。'今案：大、小《戴记》中并无此文。则班氏所称'礼曾子记'者，自是《大戴》佚篇中文也。据此，则《曾子记》十八篇，大戴所取必不止此十篇，惜卷帙散亡，不可考矣。"① 当然，二戴《记》与上述古文献在西汉时同时流传，且二戴《记》与刘向整理的古文《礼记》非常接近，很可能源出于古文《记》，王聘珍就持此观点。故一如上文所述，二戴《记》与《曾子》、《子思子》等书为同源关系，而非转抄，其情形与《史记》不类。

其三，数术、方技一类古书，如《石氏星经》、《甘氏星经》、《颛顼历》、《黄帝杂子步引》一类古文献所载方技，于《史记·天官书》、《汉书·律历志》、《抱朴子内篇》等文献中亦可略窥其一鳞半爪。如目前记录禹步之法最早的文献是《抱朴子内篇》，但像禹步这样的日常生活中的方技，往往有长久的源流，而作为简单的或基础的巫术，在流传中变化是很小的。《荀子·非相》篇曰："禹跳汤偏。"杨倞注引《尸子》曰："禹之劳，十年不窥其家，手不爪，胫不生毛，偏枯之病，步不相过，人曰'禹步'。"《史记·夏本纪》太史公曰："禹为人敏给克勤，其德不违，其仁可亲，其言可信；声为律，身为度。"司马贞《索隐》释"身为度"曰："今巫犹称'禹步'。"扬子《法言》曰："昔者姒氏治水土，而巫步多禹。"故知禹步确为古老的技术，至迟在战国时代已经出现。出土文献亦见此种基本巫术，如睡虎地秦简《日书》甲种载曰："行到邦门囷，禹步三，勉壹步。"乙种亦有"投符地，禹步三"之记。而马王堆汉墓帛书《五十二病方》有"禹步三"七处，《养生方》两处。故知秦汉之际"禹步三"是一种标准的基础巫术。而其基本步法，却是见于《抱朴子内

---

① （清）王聘珍：《大戴礼记解诂》，中华书局1983年版，第4页。

篇》，如《仙药》篇曰：

> 禹步法：前举左，右过左，左就右。次举右，左过右，右就左。次举右，右过左，左就右。如此三步，当满二丈一尺，后有九迹。①

此步法非常简单，所模仿的正是《尸子》所谓"步不相过"的禹步，《登涉》篇所记与之小异，但三步之法，则无不同。简帛所谓"禹步三"者，正与此同。故《抱朴子》所记者，信为古法矣。

上文所涉三类文献，唐以后多失传，但因与《吕氏春秋》、《史记》、大、小戴《礼记》、《说苑》、《新序》等文献互见，故其书虽亡，部分内容却是可以见到的。至如《世本》、《曾子》、《子思子》、《公孙尼子》等古书，正因其内容又见《史记》、《礼记》等影响更大的古书，故其书才更易失传。

附　　《史记》与《楚汉春秋》佚文刊对表

| 《史记》 | 三家注及他书引《楚汉春秋》 |
| --- | --- |
| 《史记·项羽本纪》：梁父即楚将项燕，为秦将王翦所戮者也。 | 《索隐》：此云为王翦所杀，与《楚汉春秋》同，而《始皇本纪》云项燕自杀。不同者，盖燕为王翦所围逼而自杀，故不同也。 |
| 《项羽本纪》：会稽守通谓梁曰：…… | 《集解》：《楚汉春秋》曰："会稽假守殷通。" |
| 《项羽本纪》：陈婴者故东阳令史。 | 《正义》：《楚汉春秋》云东阳狱史陈婴。 |
| 《项羽本纪》：张良曰："谁为大王为此计者？"曰："鲰生说我曰'距关，毋内诸侯，秦地可尽王也'，故听之。" | 《集解》：瓒曰"《楚汉春秋》：鲰，姓也。" |
| 《项羽本纪》：项王闻之，烹说者。 | 《集解》：《楚汉春秋》、《杨子法言》云说者是蔡生，《汉书》云是韩生。 |
| 《项羽本纪》：汉王乃封侯公为平国君。 | 《楚汉春秋》云："上欲封之，乃肯见。曰：'此天下之辩士，所居倾国，故号曰平国君。'" |
| 《项羽本纪》：歌数阕，美人和之。 | 《正义》：《楚汉春秋》云："歌曰'汉兵已略地，四方楚歌声。大王意气尽，贱妾何聊生'。" |
| 《高祖本纪》：于是沛公乃夜引兵从他道还，更旗帜。黎明围宛城三匝。 | 《索隐》：《楚汉春秋》曰："上南攻宛，匿旌旗，人衔枚，马束舌，鸡未鸣，已围宛城三匝。" |
| 《高祖本纪》：诸将或言诛秦王。 | 《索隐》：《楚汉春秋》曰："樊哙请杀之。" |

---

① 王明：《抱朴子内篇校释》，中华书局1985年版，第209页。

续表

| 《史记》 | 三家注及他书引《楚汉春秋》 |
|---|---|
| 《高祖本纪》：或说沛公曰："秦富十倍天下，地形强。今闻章邯降项羽，项羽乃号为雍王，王关中。今则来，沛公恐不得有此。可急使兵守函谷关，无内诸侯军，稍征关中兵以自益，距之。" | 《索隐》：《楚汉春秋》云解先生云"遣守函谷，无内项王"。 |
| 《高祖本纪》：三老董公遮说汉王。 | 《正义》：《楚汉春秋》云："董公八十二，遂封为成侯。" |
| 《高祖功臣侯者年表》之侯第。 | 《索隐》：姚氏云："萧何第一，曹参二，张敖三，周勃四，樊哙五，郦商六，奚涓七，夏侯婴八，灌婴九，傅宽十，靳歙十一，王陵十二，陈武十三，王吸十四，薛欧十五，周昌十六，丁复十七，虫达十八。"《史记》与《汉书表》同。而《楚汉春秋》则不同者，陆贾记事在高祖、惠帝时。《汉书》是后定功臣等列，及陈平受吕后命而定，或已改邑号，故人名亦别。且高祖初定，唯十八侯；吕后令陈平终竟已下列侯第录，凡一百四十三人也。 |
| 《高祖功臣侯者年表》：定侯王吸元年。 | 《索隐》：《楚汉春秋》作"清阳侯王隆"。 |
| 《高祖功臣侯者年表》：阳陵。 | 《索隐》：《楚汉春秋》作"阴陵"。 |
| 《高祖功臣侯者年表》：壮侯陈濞元年。 | 《索隐》：《楚汉春秋》名隤。 |
| 《高祖功臣侯者年表》：圉侯蛊逢元年。 | 《索隐》：《楚汉春秋》云"夜侯蛊达"，盖改封也。夜县属东莱。 |
| 《高祖功臣侯者年表》：失此侯始所起及所绝。 | 《索隐》：案：《楚汉春秋》亦阙。《汉表》成帝时光禄大夫滕堪曰旁古验曰："邓弱以长沙将兵侯"，是所起也。 |
| 《高祖功臣侯者年表》：宣平。 | 《索隐》：《楚汉春秋》"南宫侯张耳"，此作宣平侯敖。 |
| 《荆燕世家》：燕王刘泽者，诸刘远属也。 | 《索隐》：《楚汉春秋》田子春说张卿云"刘泽，宗家也"。 |
| 《荆燕世家》：高后时，齐人田生游乏资，以画干营陵侯泽。 | 《集解》：晋灼曰："《楚汉春秋》田子春。" |
| 《留侯世家》：郦生。 | 《索隐》：臣瓒按：《楚汉春秋》郦生本姓解。 |
| 《绛侯周勃世家》：条侯亚夫自未侯为河内守时，许负相之。 | 《索隐》：姚氏按：《楚汉春秋》高祖封负为鸣雌亭侯，是知妇人亦有封邑。 |
| 《黥布世家》：布欣然笑曰："人相我当刑而王，几是乎？" | 《索隐》：《楚汉春秋》作"岂是乎"，故徐广云一作"岂"。 |
| 《淮阴侯列传》：常数从其下乡南昌亭长寄食。 | 《索隐》：《楚汉春秋》南昌作"新昌"。 |
| 《淮阴侯列传》：从间道萆山而望赵军。 | 《索隐》：《楚汉春秋》作"卑山"。 |
| 《淮阴侯列传》：其舍人得罪于信。 | 《索隐》：晋灼曰："《楚汉春秋》云谢公也。"姚氏案《功臣表》云慎阳侯乐说，淮阴舍人，告信反，未知孰是。 |

续表

| 《史记》 | 三家注及他书引《楚汉春秋》 |
| --- | --- |
| 《韩信卢绾列传》：韩王信者。 | 《集解》：徐广曰："一云'信都'。"《索隐》：《楚汉春秋》云韩王信都，恐谬也，诸书不言有韩信都。 |
| 《樊郦滕灌列传》：为沛厩司御。 | 《索隐》：案：《楚汉春秋》云滕公为御也。 |
| 《傅靳蒯成列传》：蒯成侯缍者。 | 《索隐》：姓周，名缍，音薛。蒯者，乡名。案：三苍云："蒯乡在城父县，音裴。"《汉书》作"蒯"从崩，从邑。今书本并作"营蒯"。音"奸"，非也。苏林音蒯催反。晋灼案：《功臣表》，属长沙。崔浩音簿坏反。《楚汉春秋》作"凭成侯"，则裴凭声相近，此得其实也。 |
| 《刘敬叔孙通列传》：叔孙通者。 | 《集解》：晋灼曰："《楚汉春秋》名何。" |
| 《刘敬叔孙通列传》：陛下必欲废适而立少，臣愿先伏诛，以颈血污地！ | 《索隐》：《楚汉春秋》："叔孙何云'臣三谏不从，请以身当之'。抚剑将自杀。上离席云'吾听子计，不易太子'。" |
| 《季布栾布列传》：季布母弟丁公为楚将。 | 《集解》：晋灼曰："《楚汉春秋》云薛人，名固。" |
| 《吴王濞列传》：孝文时，吴太子入见。 | 《索隐》：姚氏案：《楚汉春秋》云："吴太子名贤，字德明。" |
| 《项羽本纪》：项羽兵四十万，在新丰鸿门；沛公兵十万，在灞上。范增说项羽曰："沛公居山东时，贪于财货，好美姬。今入关财物无所取，妇女无所幸，此其志不在小。吾令人望其气，皆为龙虎，成五采，此天子气也。急击勿失！" | 《水经注·渭水注》引《楚汉春秋》曰："项王在鸿门，而亚父谏曰：'吾使人望沛公，其气冲天，五彩相纠，或似云，或似龙，或似人，此非人臣之气也，不若杀之。'" |
| 初，沛公引兵过陈留，郦生踵军门上谒曰："高阳贱民郦食其，窃闻沛公暴露，将兵助楚讨不义，敬劳从者，愿得望见，口划天上便事。"使者入通，沛公方洗，问使者曰："何如人也？"使者对曰："状貌类大儒，衣儒衣，冠侧注。"沛公曰："为我谢之，言我方以天下为事，未暇见儒人也。"使者出谢曰："沛公敬谢先生等，方以天下为事，未暇见儒人也。"郦生瞋目案剑叱使者曰："走！复入言沛公；吾高阳酒徒也，非儒人也！"使者惧而失谒，跪拾谒，还走，复入报曰："客，天下壮士也。叱臣，臣恐，至失谒。曰'走'复入言，而公高阳酒徒也'。"沛公遽雪足杖矛曰："延客入！" | 《书钞》卷一二二引《楚汉春秋》：上过陈留，郦生求见，使者入通。公方洗足，问："何如人？"曰："状类大儒。"上曰："吾未暇见大儒也。"使者出告。郦生瞋目按剑曰："入言，高阳酒徒，非儒者也。" |
|  | 《类聚》卷六引《楚汉春秋》：沛公西入武关，居于灞上，遣将军闭函谷关，无内项王。项王大将亚父至关，不得入，怒曰："沛公欲反耶？"即令家发薪一束，欲烧关门，关门乃开。 |

续表

| 《史记》 | 三家注及他书引《楚汉春秋》 |
|---|---|
| 《项羽本纪》：沛公已去，间至军中，张良入谢曰："沛公不胜杯杓，不能辞。谨使臣良奉白璧一双，再拜献大王足下；玉斗一双，再拜奉大将军足下。"项王曰："沛公安在？"良曰："闻大王有意督过之，脱身独去，已至军矣。"项王则受璧，置之坐上。亚父受玉斗，置之地，拔剑撞而破之。 | 《御览》卷三五二引《楚汉春秋》：沛公脱身鸿门，从闲道至军。张良、韩信乃谒项王军门曰："沛公使臣奉白璧一只献大王足下，玉斗一只献大将军足下。"亚父受玉斗，置地，戟撞破之。 |
| 《项羽本纪》：当此时，彭越数反梁地，绝楚粮食，项王患之。为高俎，置太公其上，告汉王曰："今不急下，吾烹太公。"汉王曰："吾与项羽俱北面受命怀王，曰'约为兄弟'，吾翁即若翁，必欲烹而翁，则幸分我一杯羹。" | 《御览》卷一八四引《楚汉春秋》：项王为高阁，置太公于上，告汉王曰："今不急下，吾烹太公。"汉王曰："吾与项王，约为兄弟，吾翁即汝翁，若烹汝翁，幸分我一杯羹。" |
| 《淮阴侯列传》：楚已亡龙且，项王恐，使盱眙人武涉往说齐王信曰："天下共苦秦久矣，相与勠力击秦。秦已破，计功割地，分土而王之，以休士卒。今汉王复兴兵而东，侵人之分，夺人之地，已破三秦，引兵出关，收诸侯之兵以东击楚。其意非尽吞天下者不休，其不知厌足如是甚也。且汉王不可必，身居项王掌握中数矣，项王怜而活之，然得脱，辄背约，复击项王，其不可亲信如此。今足下虽自以与汉王为厚交，为之尽力用兵，终为之所擒矣。足下所以得须臾至今者，以项王尚存也。当令二王之事，权在足下。足下右投则汉王胜，左投则项王胜。项王今日亡，则次取足下。足下与项王有故，何不反汉与楚连和，三分天下王之？今释此时，而自必于汉以击楚，且为智者固若此乎！"韩信谢曰："臣事项王，官不过郎中，位为过执戟，言不听，划不用，故背楚而归汉。汉王授我上将军印，予我数万众，解衣衣我，推食食我，言听计用，故吾得以至于此。夫人深亲信我，我背之不祥，虽死不易。幸为信谢项王。" | 《书钞》卷一三三引《楚汉春秋》：项王使武涉说淮阴侯，淮阴侯曰："臣故事项王，位不过郎中，官不过执戟，及去楚归汉，汉王赐臣玉案之食，玉具之剑，臣背叛之，内愧于心也。" |
| 《汉书·高惠高后文功臣表》：封爵之誓曰："使黄河如带，泰山若厉，国以永存，爰及苗裔。" | 《御览》卷五八九引《楚汉春秋》：高帝初封侯者，皆赐丹书铁券，曰："使黄河如带，泰山如砺，汉有宗庙，尔无绝世。" |
|  | 《文选·移让太常博士书》李善注引《楚汉春秋》：汉已定天下，论群臣破敌禽将，活死不衰，绛灌、樊哙是也。功成名立，臣为爪牙，世世相属，百世无邪，绛侯周勃是也。 |

续表

| 《史记》 | 三家注及他书引《楚汉春秋》 |
| --- | --- |
| 《季布栾布列传》：丁公为项羽逐窘高祖彭城西，短兵接，高祖急，顾丁公曰："两贤岂相厄哉！"于是丁公引兵而还，汉王遂解去。及项王灭，丁公谒见高祖。高祖以丁公徇军中，曰："丁公为项王臣不忠，使项王失天下者，乃丁公也！"遂斩丁公，曰："使后世为人臣者无效丁公！" | 《御览》卷三七三引《楚汉春秋》：上败彭城，薛人丁固追上，上被发而顾曰："丁公，何相逼之甚？"乃回马而去。上即位，欲陈功，上曰："使项氏失天下者是子也。为人臣用两心，非忠也。"使下吏笞杀之。 |
|  | 《御览》卷六四八引《楚汉春秋》：正疆数言事而当，上使参乘，解玉剑以佩之。天下定，出以为守。有告之者，上曰："天下方急，汝何在？"曰："亡。"上曰："正疆沐浴霜露，与我从军，而汝亡，告之何也？"下廷尉劓。 |
|  | 《御览》卷三九四引《楚汉春秋》：淮阴武王反，上自击之。张良居守。上体不安，卧辒车中，行三四里。留侯走，东追上，簪堕被发，及辒车，排户曰："陛下即弃天下，欲以王葬乎？以布衣葬乎？"上骂曰："若翁天子也，何故以王及布衣葬乎？"良曰："淮南反于东，淮阴害于西，恐陛下倚沟壑而终也。" |
|  | 《文选·咏霍将军北伐诗》李善注引《楚汉春秋》：黥布反，羽书至，上大怒。 |
|  | 《文选·五等论》李善注引《楚汉春秋》：下蔡亭长詈淮南王曰："封汝爵为千乘，东南尽日所出，尚未足黔徒群盗所邪？而反，何也？" |
| 《留侯世家》：四人从太子，年皆八十有余，须眉皓白，衣冠甚伟。 | 《后汉书·冯衍传》注引《楚汉春秋》：四人冠韦冠，佩银环，衣服甚鲜。 |
|  | 《类聚》卷三五引《楚汉春秋》：惠帝崩，吕太后欲为高坟，使从未央宫坐而见之。诸将谏，不许。东阳侯垂泣曰："陛下日夜见惠帝冢，悲哀流涕无已，是伤生也。臣窃哀之。"于是太后乃止。 |
|  | 《文选·关中诗》李善注引《楚汉春秋》：赵中大夫曰："臣闻：越王句践，素甲三千。" |

## 七　战国秦汉文本的综合性

刘向校书之前，古书多为开放性文本，因此西汉成帝之前流传的署名为汉人的典籍，其文并不仅限汉代文献，甚至不以汉代著作为主。纯然为汉人著作的，除了《楚汉春秋》、《盐铁论》等少数几部外，多数西汉文献实际上是战国秦汉文献的汇总，且以战国文献为主。艾兰在其《关于中国早期文献的一个假设》一文中说：

在春秋后期或战国时代，人们开始将同类文本进行归纳收集，其中包括《诗》、《书》、《礼》，门徒们也开始记录他们导师的言辞。这些收集起来的文本开始传播，特别是同一导师的门徒之间，并被聚集为规模更大的文集。这类的文集不一定有顺序。更为重要的是，它们的内容往往有一个开放性的结尾。我这么说是为了说明，有文集以后，更短的文集和单篇文章还同时流传，这些文本也被组合起来进行传播，也可能经过添加、删减或修订。而不同的人对于文本的收集与组合也不尽相同。例如，孔子的《书》和墨子的《先王之书》既有相互重合的地方，但又显示出差异。

……

这个推断的价值之一在于，它有助于解释自汉代以来一直困扰中国文献传统的真伪问题。此外，即使书写于帛卷上的版本在汉代变得明晰以后，仍然有简短的"古文"竹书和早期丝帛稿本流传，并被收藏于皇家图书馆。以上假设说明，这种松散的古文文献，来自学术气氛宽松活跃的战国时期。它们既是中国文献的最初形态，也是汉代新订隶书文本的来源。①

她的推断大体不差。除了《史记》和大、小戴《礼记》外，汉代几部重要的经传子书《新书》、《尚书大传》、《春秋繁露》、《韩诗外传》、《淮南子》、《说苑》、《新序》等也基本如此，乃某类或某几类战国秦汉文献的汇总。

同样地，《晏子》、《管子》、《荀子》、《庄子》、《韩非子》等战国诸子著作，因最终定本在汉成帝时期，其中若存有秦代或汉代文献短章、语句，亦属正常。总的来看，流传至今的先秦文本多数为综合性文本，或曰长时段文献，不能以作者的时代对应之。此问题前人多有注意，可不多言。但西汉文本的综合性问题，迄今并未引起学界足够之重视，尚需仔细讨论，姑以《春秋繁露·三代改制质文》篇为中心辨明之。

《春秋繁露·三代改制质文》开篇曰：

《春秋》曰："王正月。"《传》曰："王者孰谓？谓文王也。曷

---

① ［美］艾兰：《关于中国早期文献的一个假设》，《光明日报》2012年1月9日第15版。

为先言王而后言正月?王正月也。何以谓之王正月?曰:王者必受命而后王,王者必改正朔,易服色,制礼乐,一统于天下,所以明易姓,非继人,通以己受之于天也。王者受命而王,制此月以应变,故作科以奉天地,故谓之王正月也。"①

其后又曰:

其谓统三正者,曰:正者,正也,统致其气,万物皆应,而正统正,其余皆正,凡岁之要,在正月也。法正之道,正本而末应,正内而外应,动作举错,靡不变化随从,可谓法正也。故君子曰:"武王其似正月矣。"②

《说苑·君道》篇与之有非常相近的论述:

孔子曰:"文王似'元年',武王似'春王',周公似'正月'。文王以王季为父,以太任为母,以太姒为妃,以武王、周公为子,以泰颠、闳夭为臣:其本美矣。武王正其身以正其国,正其国以正天下,伐无道,刑有罪,一动而天下正:其事正矣。春致其时,万物皆及生,君致其道,万民皆及治,周公戴己,而天下顺之:其诚至矣。"③

这两部分文献都是对《春秋经》首句"元年春王正月"一句的诠解。《说苑·君道》篇"孔子曰"中的以"元年春王正月"配文王、武王、周公的解释方式,与《春秋繁露·三代改制质文》篇引述的"君子曰"取义路径颇为一致。《三代改制质文》引述作"君子曰",则此论非仲舒所创。另外,刘向与董仲舒同为《春秋》学大师,且刘向极为推崇仲舒④,因此如果《说苑》这一段出自董仲舒,刘向也不会不知,属作"孔子曰"当是原始材料如此。《公羊传》体系中的君子一般指孔子,实则董

---

① (清)苏舆:《春秋繁露义证》,中华书局1992年版,第184—185页。
② 同上书,第197页。
③ 向宗鲁:《说苑校证》,中华书局1987年版,第31页。
④ 《汉书·董仲舒传赞》引刘向评价董仲舒曰:"董仲舒有王佐之材,虽伊吕亡以加。管晏之属,伯者之佐,殆不及也。"

仲舒所见论述"武王"似"正月"的文献也署为"孔子"。另外《孔子家语·致思》篇也有相似记载，与《说苑》差异不大，正好从侧面印证这一段论述在早期材料中确实是署"孔子曰"。至于此"孔子"是谁，则难详考矣。

仔细对比《三代改制质文》篇与《君道》篇所论，有几点值得注意：

第一，从渊源上看，《春秋繁露》、《说苑》以"元年春王正月"配文王、武王、周公的记载属于同源，只不过《三代改制质文》篇所据是没有经过改动的版本。《春秋繁露》的断句沿袭了《公羊传》，即"王正月"为一个意义单元。从《春秋》原文来看，这也是比较合理的断句方式。但例外的是，《说苑》此章断为"元年"、"春王"、"正月"三个意义单元，目的在于附会文王、武王、周公这三位人物。然仔细阅读后，我们会发现，论述的顺序可能遭到了后人的篡改。《说苑》这一章在论述武王时，使用的是"武王正其身以正其国，正其国以正天下。伐无道，刑有罪，一动天下正，其事正矣"一句，突出的是"正"字，实则武王当配"正月"。"春致其时，万物皆及生；君致其道，万民皆及治。周公戴己行化而天下顺之，其诚至矣"一句描述周公之业，实则周公配"春"或"春王"。可见这一段的意思是"文王"配"元年"，"武王"配"正月"，"周公"配"春"或"春王"。与《三代改制质文》所引"故君子曰：'武王其似正月矣'"的搭配是相同的。所以，董仲舒所见的文献当与《说苑》所载同源，只不过是没有经过篡改的版本。《孔子家语·致思》篇所载与《说苑》基本相同，不同者正是开头一句，《致思》篇作"王者有似《春秋》"，没有《君道》篇开头一句。"王者有似《春秋》"在意思上正好是"文王似元年，武王似春王，周公似正月"的说明。联系董仲舒所见，此文献的开头似为"王者有似《春秋》，文王似元年，武王似正月，周公似春（或春王）"。就董仲舒的引述来看，这一段至少是战国时代《春秋》传述者们习见的文献，而且被认为是孔子的论述。《说苑》所载版本的记录者也许是为了顺应"元年"、"春王"、"正月"的顺序而将"武王"和"周公"互换了位置。

第二，《春秋繁露·三代改制质文》篇和《说苑·君道》篇均侧重对"元年春王正月"中"正"的阐发，与今本《公羊传》明显不同。除了解释方法上同具"亲周"色彩之外，《公羊传》对"正"并无过多的阐发，但《君道》此章却借"元年"、"正月"、"春王"比附文王、武王、周公的策略阐发了治国需"本美"、"事正"、"诚至"。而这几个概念都与今本《公羊传》及何休注侧重点不同,但与董仲舒著述中的理论相同。

《汉书·董仲舒传》载仲舒对武帝策问曰:"臣谨案《春秋》之文,求王道之端,得之于正。正次王,王次春。春者,天之所为也;正者,王之所为也。"① 再对比《三代改制质文》篇及策问,不难发现,《春秋繁露》所载文献,最为看重的是"正",这与《说苑》所载相同。如在《三代改制质文》篇云:"正者,正也,统致其气,万物皆应,而正统正,其余皆正,凡岁之要,在正月也。"②《王道》篇亦云:"春秋何贵乎元而言之?元者,始也,言本正也。道,王道也。王者,人之始也。王正则元气和顺、风雨时、景星见、黄龙下。王不正则上变天,贼气并见。"③ 策问中他也认为"求王道之端,得之于正","正"的地位要优先于"王"和"春"。这明显与董仲舒之后的《公羊》学重"始"不同。故知《春秋繁露》诸篇的看法恐代表了战国以来的《公羊春秋》学者的看法,而非仅为董氏个人之观点。

第三,《春秋繁露》和《君道》阐述"元年"的义理与今本《公羊传》及何休注也不同。董仲舒所著的各种传世文献对《春秋经》首句的劝解以"元"为本。《春秋繁露·立元神》篇曰:"君人者,国之元……君人者,国之本也。夫为国,其化莫大于崇本,崇本则君化若神。"④《玉英》篇曰:"谓一元者,大始也。知元年志者,大人之所重,小人之所轻……《春秋》变一谓之元。元,犹原也。其义以随天地终始也。故人唯有终始也,而生不必应四时之变。故元者为万物之本。"⑤《重政》篇:"故元者为万物之本。"⑥《繁露》诸篇在阐发"元"之义时,主要就侧重于"本",并认为"君人者,国之本"。这一点与《说苑》所载又是相通。《君道》篇"孔子曰"章使用的是"其本美"这句话,重点在"本"。"以王季为父,以太任为母,以太姒为妃,以武王、周公为子,以泰颠、闳夭为

---

① (汉)班固:《汉书》,中华书局1962年版,第2501—2502页。颜师古注"王次春"曰:"解《春秋》书'春王正月'之一句也。"(第2502页)
② (清)苏舆:《春秋繁露义证》,中华书局1992年版,第197页。
③ 同上书,第100—101页。
④ 同上书,第168页。
⑤ 同上书,第67—69页。
⑥ 同上书,第147页。

臣"实则是文王家、国之本皆美。而《公羊传》阐发"元年"义,使用的则是"始"这个概念。《公羊传·隐公元年》曰:"元年,春,王,正月。元年者何?君之始年也。春者何?岁之始也。"① 故有"五始之说",《春秋穀梁传》徐彦《疏》云:"何休注《公羊》,取《春秋纬》'黄帝受图立五始',以为元者,气之始;春者,四时之始;王者,受命之始;正月者,政教之始;公即位者,一国之始。五者同日并见,相须而成"②。可见,《说苑》此章论述"元年"义与何休所代表的汉代《公羊》学系并不一致。

《繁露》又曾引用过"孔子曰文王似元年"章的片段,所以说《说苑》此章与《三代改制质文》的理论属于同一系统。就对"元年"的阐发来看,《三代改制质文》的理论与今本《公羊传》及何休所代表的汉代《公羊》学体系有所差异。

第四,尤其值得注意的是,《三代改制质文》篇所引《春秋传》文与今本《公羊传》之对比见下表:

| 《春秋繁露·三代改制质文》 | 《公羊传·隐公元年》 |
| --- | --- |
| 《传》曰:"王者孰谓?谓文王也。曷为先言王而后言正月?王正月也。何以谓之王正月?曰:王者必受命而后王。王者必改正朔,易服色,制礼乐,一统于天下,所以明易姓,非继人,通以己受之于天也。王者受命而王,制此月以应变,故作科以奉天地,故谓之王正月也。"③ | 王者孰谓?谓文王也。曷为先言王而后言正月?王正月也。何言乎王正月?大一统也。④ |

就《三代改制质文》篇的断句来说,"《传》曰"是很难断到"何以谓之王正月"之处的,这句之前的部分也与今本《公羊传》几乎完全相同,可是到了回答这个问题时,虽然意思相同,但《三代改制质文》篇就要较今本《公羊传》详细很多。所以"《传》曰"的内容是应该断到"故谓之王正月也"处的。由此,本书有个大胆的推测,即《三代改制质文》篇所引"《传》曰"是古本《春秋传》或早期口传《公羊传》的文

---

① 《春秋公羊传注疏》,上海古籍出版社2014年版,第6—8页。
② 《十三经注疏》之《春秋穀梁传注疏》,第2365页上栏。
③ (清)苏舆:《春秋繁露义证》,中华书局1992年版,第184—185页。
④ 《春秋公羊传注疏》,上海古籍出版社2014年版,第9—12页。

字,今本《公羊传》"大一统也"的答案实际上是汉初《公羊传》著竹帛时因记忆不确而简略记录下的文字。

经过上文之比较,我们会发现一个问题,即董仲舒的《春秋繁露·三代改制质文》篇与《公羊传》相关部分有着很大的不同,不仅传文不同,其解释重点、理论思路也不一样。《三代改制质文》篇的记载反与刘向的《说苑》非常接近,甚至同源。我们知道,汉代《公羊春秋》有两家之说,分别为严彭祖、颜安乐所传的《严氏》、《颜氏》二家《春秋》。严、颜二人师从董仲舒再传弟子眭孟,故我们今天所见的《春秋公羊传》本出于董仲舒。而刘向所学乃是与《公羊传》有诸多差异的《穀梁传》。那么为何出现《三代改制质文》与《公羊传》不同,反与《说苑》接近之情况呢?

如果我们再扩大范围,对比《春秋繁露》与《公羊传》,会发现《春秋繁露》所显示的《春秋》经传虽然总体上与今本《公羊》基本相同,但在经文、传文上还是有许多差异。尤其值得注意的是,《繁露》所据传文,在记事上要较今本《公羊传》多和详;并有与《穀梁传》完全相同而与今本《公羊传》相异的内容。① 西汉立于学官的《公羊传》出自董仲舒的传授,而且西汉之后的《公羊传》流传有绪,出现大量传文脱漏

---

① 康有为《春秋董氏学·春秋口说第四》(楼宇烈整理,中华书局1990年版。)分析《春秋繁露》所载口说,有五种不同于《公羊传》的口说:与《穀梁》、何《注》同,出《公羊》外;与《穀梁》同,出《公羊》外;与刘向同(即《说苑》),出《公羊》外;与何《注》同,出《公羊》外;与汉儒所引同,出《公羊》外。如《春秋繁露·顺命》篇有两处文字几乎与《穀梁传》完全相同:

| 《春秋繁露·顺命》 | 《穀梁传》 |
| --- | --- |
| 天者,万物之祖,万物非天不生,独阴不生,独阳不生,阴阳与天地参然后生,故曰:父之子也可尊,母之子也可卑,尊者取尊号,卑者取卑号,故德侔天地者,皇天右而子之,号称天子…… | 独阴不生,独阴不生,独天不生,三合然后生。故曰:母之子也可,天之子也可,尊者取尊称焉,卑者取卑称焉。其曰王者,民之所归往也。(庄公三年) |
| 公子庆父罪亦不当系于国,以亲之故,为之讳,而谓之齐仲孙,去其公子之亲也,故有大罪不奉其天命者,皆弃其人伦。人于天也,以道受命,其于人,以言受命;不若于道者,天绝之,不若于言者,人绝之;臣子大受命于君,辞而出疆,唯有社稷国家之危,犹得发辞而专安之盟是也。 | 孙之为言犹孙也,讳奔也。接练时,录母之变,始人之也。不言氏姓,贬之也。人之于天也,以道受命;于人也,以言受命;不若于道者,天绝之也,不若于言者,人绝之也。臣子大受命。(庄公元年) |

的情况几乎不可能发生，今本《公羊传》与西汉武帝时期的《公羊传》，相信不会有太大的不同。如果《春秋繁露》中的《春秋》"传"为董仲舒亲见，那么《公羊传》恐怕就不是今本的样态了。

所以，康有为在《春秋董氏学》中提出的《春秋繁露》"皆孔子口说之所传，而非董子自为之"的观点就应当引起我们的重视。① 《论衡·超奇》篇曰："文王之文在孔子，孔子之文在仲舒。"② 也是此义。又皮锡瑞《经学通论》亦云："圣人之微言大义，得以命名于世，汉人之解说《春秋》者，无有古于是书。"③ 战国《春秋》师说流传、累积于西汉著作并不罕见，故虽然不能完全确定《春秋繁露》存录早期"师说"，即康有为所称的"七十子后学师师相传之口说"，但我们至少可以认为董仲舒的《春秋》之学与战国学术确有渊源。与此同理，刘向《说苑·君道》篇所载也当是战国《春秋》师说，与《春秋繁露·三代改制质文》篇同源，但经过了修改。

于此一篇之论，已见《春秋繁露》、《说苑》与战国学术之渊源，而其所录又均出于西汉《公羊传》之范围，乃知《三代改制质文》篇多录战国文献。由此，西汉文本之综合性可见一斑。

战国秦汉文本的综合性特点，从时间角度而言，乃是长时段之特点，故知此间多数文本不能将其限定于其"作者"的年代，彼此之间难有清晰的年代界限，不能完全以年代序列的逻辑梳理之。或者说，"考镜源流"的尝试恐不可取。

## 八　古老文献的早期分立

虽然战国秦汉之间的文本，并没有完全清晰的年代界限，但本书却不否定古书之间存在年代差这一事实。《汉书·艺文志》班固有简短的自注，当据《七略》，源出刘向之校录可知。从这些简注来看，古文《礼记》、《曾子》、《子思》等文献，刘向基本将这类著作与其"作者"联系起来，其《别录》佚文更可印证于此，因此刘向实际也有年代序列之认识。总体上看，《孟子》、《荀子》年代上当然早于《新语》、《新书》，只

---

① 《春秋董氏学·自序》，见其书《自序》，第2页。
② 黄晖：《论衡校释》，中华书局1990年版，第614页。
③ （清）皮锡瑞：《经学通论》之《春秋通论》，中华书局1954年版，第5页。

不过在其文本主体年代相对确定的情形之下，这些古书各自收录了或早或晚的一些材料，特别是那些以独立短章形式流布的公共素材。从上文对公共素材的简单整理可知，这些材料的主体，其年代恐怕要早于《孟子》，应在战国早期，因此，在这类早期材料的"覆盖"之下，《孟子》之后的著作，其年代序列自然不会特别清晰。或曰，战国秦汉文本年代序列之模糊，主要因早于诸子，并为诸子所通用的素材的存在。

故事类公共素材，因春秋末战国初故事比例最高，且战国中期以后的故事最少，甚至可忽略之，故知其初传年代当在战国早期。说理类素材却无时代特征，颇难判断。目前可见此类材料中的大宗，乃是各类文献中存录的各种类型的"孔子曰"或"子曰"。从《论语》与其他文献所录"孔子曰"之关系，倒是可以发现儒家文献在战国初年的形成及分立。

我们知道，《礼记》、《大戴礼记》多录"子曰"，但罕引《论语》。《荀子》中亦罕引《论语》。先秦文献引述《论语》最多的是《孟子》，有八处。顾炎武《日知录》卷七"《孟子》引《论语》"云：

> 《孟子》书引孔子之言凡二十有九，其载于《论语》者八，又多大同而小异。然则夫子之言，其不传于后者多矣。故曰："仲尼没而微言绝。"①

《孟子》中大多数的孔子言行不见于今本《论语》，说明其时有关孔子言行的记载非常丰富。孟子受业于子思之门人，且"私淑"于孔子，据此，《论语》当时很可能还没有形成今本样态，不然《孟子》不至于和我们今日所见《论语》有如此"稀疏"的关系。

即使是见于今本《论语》的孔子言行，《孟子》的引述也与今本不同，并非是"小异"，而是显示了早期《论语》材料的特点。如《公孙丑上》：

> "昔者子贡问于孔子曰：'夫子圣矣乎？'孔子曰：'圣则吾不能，我学不厌而教不倦也。'子贡曰：'学不厌，智也。教不倦，仁也。

---

① 陈垣：《日知录校注》，安徽大学出版社2007年版，第427页。

仁且智，夫子既圣矣。'"①

《论语·述而》作：

　　子曰："若圣与仁，则吾岂敢？抑为之不厌，诲人不倦，则可谓云尔已矣。"公西华曰："正唯弟子不能学也。"②

《吕氏春秋·尊师》则引作：

　　子贡问孔子曰："后世将何以称夫子？"孔子曰："吾何足以称哉？勿已者，则好学而不厌，好教而不倦，其惟此邪。"③

翟灏《孟子考异》据此云："《论语》'为之不厌，诲人不倦'，是向公西华言之，此向子贡言之。《日知录》谓孟子书所引孔子之言，其载于《论语》者，'我学不厌，而教不倦'，一也。今据《吕氏春秋》，则此实别一时语。"④

又如《滕文公下》：

　　阳货欲见孔子而恶无礼，大夫有赐于士，不得受于其家，则往拜其门。阳货瞰孔子之亡也而馈孔子蒸豚，孔子亦瞰其亡也而往拜之。当是时，阳货先，岂得不见？曾子曰："胁肩谄笑，病于夏畦。"子路曰："未同而言，观其色赧赧然，非由之所知也。"⑤

《论语·阳货》作：

　　阳货欲见孔子，孔子不见，归孔子豚。孔子时其亡也，而往拜

---

① （清）焦循：《孟子正义》，中华书局 1987 年版，第 213 页。
② 孙钦善：《论语本解》，生活·读书·新知三联书店 2009 年版，第 91 页。
③ 陈奇猷：《吕氏春秋新校释》，上海古籍出版社 2002 年版，第 209 页。
④ 焦循：《孟子正义》，中华书局 1987 年版，第 214 页。
⑤ 同上书，第 441—444 页。

之。遇诸涂。①

再如《离娄上》：

孟子曰："求也为季氏宰，无能改于其德，而赋粟倍他日。孔子曰：'求非我徒也，小子鸣鼓而攻之可也。'……"②

《论语·先进》作：

季氏富于周公，而求也为之聚敛而附益之。子曰："非吾徒也，小子鸣鼓而攻之可也！"③

当然，除了《孟子》外，西汉之前古文献与《论语》的关系过于"淡薄"。《礼记》、《孔子家语》、《说苑》、《韩诗外传》等都大量载录孔子的言行，有趣的是这些文献与《论语》的重合率非常低，它们之间的重合率则很高。鉴于存在与《论语》同源的独立短章，可以认为西汉之前的古书基本未引《论语》。这说明了什么问题呢？从逻辑上推断有以下三种可能。

其一，这种状况容易使人怀疑《论语》成书于汉武帝时代前后，这与王充在《论衡·正说》篇中的论述似又相符。即孔壁古文发现后，孔安国解读古文《论语》，并以教授，《论语》始传。④

---

① 孙钦善：《论语本解》，生活·读书·新知三联书店2009年版，第219页。
② 焦循：《孟子正义》，中华书局1987年版，第515页。
③ 孙钦善：《论语本解》，生活·读书·新知三联书店2009年版，第138页。
④ 《论衡·正说》篇曰："说《论》者，皆知说文解语而已，不知《论语》本几何篇；但[知]周以八寸为尺，不知《论语》所独一尺之意。夫《论语》者，弟子共纪孔子之言行，敕记之时甚多，数十百篇，以八寸为尺，纪之约省，怀持之便也。以其遗非经，传文纪识恐忘，故但以八寸尺，不二尺四寸也。汉兴失亡。至武帝发取孔子壁中古文，得二十一篇，齐、鲁二，河间九篇，三十篇。至昭帝女读二十一篇。宣帝下太常博士，时尚称书难晓，名之曰传；后更隶写以传诵。初，孔子孙孔安国以教鲁人扶卿，官至荆州刺史，始曰《论语》。今时称《论语》二十篇，又失齐、鲁、河间九篇。本三十篇，分布亡失；或二十一篇。[篇]目或多或少，文赞或是或误。说《论语》者，但知以剥解之问，以织微之难，不知存问本根篇数章目。温故知新，可以为师；今不知古，称师如何？"（《论衡校释》，第1135—1139页。)

其二，《论语》西汉之前虽然存在，但一直很少为儒家学者所知。

其三，《论语》与上述文献的主体出现于同一时期，且在较早时期就已独立成为一类文献，故为上述文献所不引。

当然，本书认为还是第三种推断较为合理，原因在于：

第一，孔壁古文若真，则战国晚期鲁国已经有《论语》。

第二，不论名称为何，若孔安国时代开始出现《论语》，则不应有《齐论》、《鲁论》之分。齐、鲁之别当有长久的学术传统，而非西汉始有。

第三，《论语》很少见于董仲舒以前文献，恰说明其他与孔子有关之记载产生时代与《论语》接近，二者因此少有交叉。

由此我们知道，孟子时代之前是《论语》各章及各类孔子故事大量出现，并分化的时期，即学术史上所谓的"七十子"及其后学的时期，这是中国学术史、思想史上极为关键的一个阶段，《春秋》三传、古《礼记》形成于这个时期，《诗》、《书》、《易》作为士人之学的早期传布也已开始，而上文所述战国秦汉间的"公共素材"多数也是在这一阶段形成的。

## 九　文本中的学术史：战国秦汉间《春秋传》问题（一）

当然，各类材料在分立时间上并不一致。儒家记言、记义、故事类文献之主体在战国初年基本完善且成熟，成为后来者引征、申论的资源。但如《春秋传》、《诗传》一类的文献，虽然成熟也在战国早期，但在战国秦汉之际，还经历了一次文献的分立，诸如三《传》、四家《诗》者是也。

因文献不足，涉及战国时代六艺之学的研究，往往推论居多，似不足凭。然上古学术本在极少文献上下功夫，其魅力恰在于依靠零星的信息，还原那些关键问题。况且，长久以来，汉前诸文本多被作为"理解"的对象，而非"研究"的客体而存在，使我们对其文本内部的歧录、无序、矛盾往往视而不见，甚或刻意弥合，研究的可能性与丰富性终被遮蔽，上古学术、思想与文学的色彩亦随之单一或弱化。因此，当我们留意于文本记录，就会发现原来那些"神圣"的文本中，还埋藏着许多学术史的问题，这些问题会激发许多原来无法预想的可能性，带我们抵达一些新的境地。

比如，在下编第二章，我们会发现这样的问题：若假定《毛传》总体上是遵循后注简省原则的——这从文本内部也可作判断——那么，《毛传》中必然保存了一部分古老的训诂材料，它们的存在，使得春秋时代

《诗》文本的编次问题浮出文本表层，让我们意识到春秋时代就很可能存在汉人意义上的《诗传》了。而那时的《诗》文本之编纂结构与次序，与汉代四家《诗》迥异。之后，还可能发生过几次编纂次序的改易，直到汉初毛公调整了《小雅》笙诗的位置，以足篇什之数，我们熟知的《毛诗》的次序才最终确定下来。三家《诗》的篇次虽然与《毛诗》有所不同，但恐怕大体一致。

通过汉代写定的文本来探索战国乃至春秋的学术问题，虽然艰难，却也充满了挑战性。相较于其他文献，《春秋》及三传的问题更为复杂，留下的文本线索也最为丰富，因本书尚未有专门的考证，故于此略略岔开主线，旁逸斜出。

《春秋》的意义甚大。《孟子·离娄下》载：

孟子曰："王者之迹熄，而《诗》亡，《诗》亡然后《春秋》作。晋之《乘》，楚之《梼杌》，鲁之《春秋》，一也。其事则齐桓、晋文，其文则史。孔子曰：'其义则丘窃取之矣。'"①

《淮南子·氾论》篇亦曰：

王道缺而《诗》作，周室废、礼义坏而《春秋》作。《诗》、《春秋》，学之美者也，皆衰世之造也，儒者循之以教导于世，岂若三代之盛哉！②

《孟子》与《淮南子》所论主旨基本相同，孟子谓《诗》乃王者之迹，而《淮南子》所载则将《诗》之作归之于"王道缺"，实则亦王道之迹也，只不过是"王道"衰败之迹。《说苑·君道》篇曰：

孔子曰："夏道不亡，商德不作，商德不亡，周德不作，周德不亡，《春秋》不作，《春秋》作而后君子知周道亡也。"③

---

① 焦循：《孟子正义》，中华书局1987年版，第572—574页。
② 刘文典：《淮南鸿烈集解》，中华书局1989年版，第427页。
③ 向宗鲁：《说苑校证》，中华书局1987年版，第31页。

此章或为战国旧说，亦将《春秋》视之为周德之继。而周之道、德，则见于《诗》，这正是《诗序》的基本思想，即以美刺见兴衰，一美一刺，周之历史可见矣。故知《诗序》与孟子所谓"王者之迹"乃一脉相承之说。《春秋》继周德之后，亦是世迹的记录，精神上同于《诗》。这一论述，乃是将《春秋》作为《诗》的延续，是否说明孔子《春秋》是继承周王官之《诗》学传统而为呢？

恐非。孔子之于《春秋》，乃是大创制。《孟子·滕文公下》载曰：

> 孟子曰："……世衰道微，邪说暴行有作，臣弑其君者有之，子弑其父者有之，孔子惧，作《春秋》。《春秋》，天子之事也。是故孔子曰：'知我者其惟《春秋》乎，罪我者其惟《春秋》乎？'……"①

据孟子的说法，《诗》与《春秋》在孔子那里并归入一个大的历史传统，兼历史的记录者和评判者。在周文明的历史传统发生崩裂之时，以宗周礼乐为基础的《诗》已经失去了生存的土壤，礼崩乐坏，则无《诗》矣。此时，孔子建立了《春秋》传统，以独立思想者的形式营造新的历史文化叙事系统，延续了周王朝遗失了的传统和意义。《诗》由周天子之王官编选，故为王者之事。孔子作《春秋》继承《诗》之精神，亦王者之事也。这似乎是一种自然的逻辑，但更可能是后世学者为孔子作《春秋》寻找合法性依据，将《诗》作为王道的体现。②

此种认知，影响甚大，及至西汉，素王之说，乃成共识。③ 如董仲舒《对策》云："孔子作《春秋》，先正王而系万事，见素王之文焉。"由此乃有孔子"知我者其惟《春秋》乎！罪我者其惟《春秋》乎"之语。所

---

① 焦循：《孟子正义》，中华书局1987年版，第452页。
② 详参下编第二章。
③ 杜预《春秋左氏传序》："说者以为仲尼自卫反鲁，脩《春秋》，立素王，丘明为素臣。"《正义》曰："麟是帝王之瑞，故有素王之说。言孔子自以身为素王，故作《春秋》，立素王之法；丘明自以身为素臣，故为素王作左氏之传。汉、魏诸儒，皆用此说。董仲舒对策云：'孔子作《春秋》，先正王而系以万事，是素王之文焉。'贾逵春秋序云：'孔子览史记，就是非之说，立素王之法。'郑玄六艺论云：'孔子既西狩获麟，自号素王，为后世受命之君，制明王之法。'卢钦公羊序云：'孔子自因鲁史记而脩春秋，制素王之道。'是先儒皆言孔子立素王也。孔子家语称齐太史子余叹美孔子言曰：'天其素王之乎！'素，空也，言无位而空王之也。彼子余美孔子之深，原上天之意，故为此言耳，非是孔子自号为素王，先儒盖因此而谬，遂言《春秋》立素王之法，左丘明述仲尼之道，故复以为素臣。其言丘明为素臣，未知谁所说也。"

谓知孔子者，知其撰《春秋》之用心也，知其以独立思想者的身份，继承遗失的王者之道，用以拨乱反正，旨求大同。所谓罪孔子者，罪其僭天子之事，以大夫身份当王者，以此视域，评骘历史，指明来路，非其事也。因此，西汉学者始有封祭孔子之议，《汉书·梅福传》载称"成帝久亡继嗣，福以为宜建三统，封孔子之世以为殷后"，其奏云：

> 今成汤不祀，殷人亡后，陛下继嗣久微，殆为此也。……孔子故殷后也，虽不正统，封其子孙以为殷后，礼亦宜之。……传曰"贤者子孙宜有土"，而况圣人，又殷之后哉！昔成王以诸侯礼葬周公，而皇天动威，雷风著灾。今仲尼之庙不出阙里，孔氏子孙不免编户，以圣人而歆匹夫之祀，非皇天之意也。今陛下诚能据仲尼之素功，以封其子孙，则国家必获其福，又陛下之名与天亡极。何者？追圣人素功，封其子孙，未有法也，后圣必以为则。不灭之名，可不勉哉！①

此议虽未被汉成帝采纳，但后世以隆重规制祭祀孔子，善待孔子后人，不能说与西汉学者对孔子"文化身份"的理解没有关系。

当然，孔子是否作《春秋》，宋代以后，多有非议。近代以来，《春秋》为鲁史官书的判断，成为主流观点。那么，战国秦汉间学者对孔子意义的建构，就失去了主要的文本资源。笔者仔细考验《春秋》经文及前人研究，发现其至少存在四处错简，分别是：鲁宣公八年"秋，七月甲子，日有食之"；鲁宣公十七年"六月癸卯，日有食之"；鲁襄公十五年"秋，八月丁巳，日有食之"；鲁襄公二十九年"阍弑吴子余祭"。特别是三条被前辈学者关注的日食错简，乃是年、月的数字"十"、"七"、"六"、"八"的错抄，说明这些日食记录是编纂者依据某独立的观测记录，二次誊抄入《春秋》稿本的，或者说，《春秋》日食记录为编者后加入的部分。"阍弑吴子余祭"也错提前了数十年。若非后加，则不可能出现误记。我们知道，日食观测和记录是史官的职责，若《春秋》为鲁史官所编，则其必有相对完善的日食记录。自鲁隐公元年至哀公十九年的247年中，曲阜可见的日食共98次。即使《春秋》所记多为大日食，且排除天气因素，失载于经文的日食也不在少数。因此，仅依据日食记录的

---

① （汉）班固：《汉书》，中华书局1962年版，第2925页。

不完整，也可以排除《春秋》为鲁国史官所修史书的可能性。若再联系上述三条误记，更可认为《春秋》至少是鲁国官修史书的二次编纂。因此，《春秋》确为编纂之作。那么，依据战国以来的记载，其编纂者应该就是孔子。

由此，战国秦汉学者关于孔子与《春秋》之论，非新起之论，而属孔门相沿之旧说，基本与事实相符。从孔门后人之论述看，孔子一生之事业，以《春秋》为重。《春秋》大义亦战国秦汉间儒者学说之主干。他至少依据三四类材料，对春秋历史文献进行了简约化、提纲化的淬炼，并贯之以王道意识。《孟子》引述孔子"知我者惟《春秋》乎，罪我者惟《春秋》乎"之感叹，虽未必是真实的孔子之语，但却非常符合孔子的"文化身份"。至于《春秋》编纂之问题，耐心的读者可参看《〈史记·十二诸侯年表〉与古本〈左传〉考论》一章，此处恕不赘论。接下来所要集中分析的，乃是《春秋》与三传之文本关系及三传的分合等学术关节。

战国秦汉《春秋》学之分合变迁，首要者乃《公羊》、《穀梁》、《左氏》之学同源共出，相互之间颇有关联，非《公羊》自公羊，《穀梁》自穀梁也。正如前文所论，《春秋》三传于战国秦汉之际，均属开放（非排他性）文本，一定范围内的增益或删减、改窜，并不意外。直到西汉，三传才经历写定与经典化，而成闭合文本。具体来说，《公》、《穀》于汉初写定，《左氏》于西汉末写定。写定之后，尚有一段时间的经典化，《公羊传》汉武帝时、《穀梁传》汉宣帝时、《左氏传》东汉初，大体完成经典化过程。经典化之后，三传之学术系统才具有排他性。在此之前，刻意于门户，则非切实之举也。

为了便于论述，我们从两个疑问开始。其一为战国秦汉间的诸子传记引述《春秋》时，往往不引《春秋》经文，而取三传之文、之义这一"非常怪事"①。康有为《春秋董氏学》云：

> 凡传记称引《诗》、《书》，皆引经文，独至《春秋》，则汉人所称，皆引《春秋》之义，不引经文。此是古今学者一非常怪事，而

---

① 战国秦汉间诸子引《春秋》多为《左传》，可参《左氏不传春秋辨》，《左庵集》卷二，收入《刘申叔先生遗书》，1934年宁武南氏校印本。

二千年来乃未尝留意。阁束传文,独抱遗经者,其文则史,于孔子之义无与。……盖《春秋》之义,不在经文,而在口说。①

崔适《春秋复始》亦注意到,西汉及其以前文献提到《春秋》时,多半指《春秋传》。刘师培《左氏不传春秋辨》则曰:"今考周季之书,所述《春秋》均指《左氏》。"②他以《韩诗外传》、《韩非子》、《战国策》、《吕氏春秋》所称《春秋》四证阐明"战国儒生均以《左传》即《春秋》"③。如《韩非子·奸劫弑臣》篇:

> 故《春秋》记之曰:"楚王子围将聘于郑,未出境,闻王病而反,因入问病,以其冠缨绞王而杀之,遂自立也。齐崔杼其妻美,而庄公通之,数如崔氏之室。及公往,崔子之徒贾举率崔子之徒而攻公。公入室,请与之分国,崔子不许;公请自刃于庙,崔子又不听。公乃走,踰于北墙。贾举射公,中其股,公坠,崔子之徒以戈斫公而死之,而立其弟景公。"④

这一段记载文体上就不同于《春秋经》,而且二事具不见载于今本《春秋》。楚事见于《左传·昭公元年》,齐事见于《左传·襄公二十五年》。《韩非子》此处之"春秋"当指《春秋》之"传",当然未必是《左传》。但《韩非子》中的《春秋》也有指今本《春秋经》的,如《内储说上》所载"鲁哀公问于仲尼曰:'《春秋》之记曰:冬十二月霣霜不杀菽,何为记此'"之"春秋",则确是《春秋经》。战国诸子类似之问题,亦颇普遍。

西汉文献也多《春秋》经传并称,如《春秋繁露》中有时"春秋"指《春秋经》,有时指《公羊传》。其《楚庄王》篇曰:"《春秋》曰:'晋伐鲜虞。'"此条见于《春秋·昭公十二年》,故此处《春秋》指《春秋经》。而下文"《春秋》尊礼而重信,信重于地,礼尊于身。何以知其

---

① (清)康有为:《春秋董氏学·春秋口说第四》,中华书局1986年版,第95页。
② 《左氏不传春秋辨》,《左庵集》卷二。
③ 同上。
④ (清)王先慎:《韩非子集解》,中华书局1998年版,第107页。

然也？宋伯姬疑礼而死于火，齐桓公疑信而亏其地，《春秋》贤而举之，以为天下法"。宋伯姬事见《公羊传·襄公三十年》，齐桓公事见《公羊传·庄公十三年》，并不见于今本《春秋经》，此处《春秋》指《春秋传》。

《史记·太史公自序》："《春秋》之中，弑君三十六，亡国五十二。"相同记载又见于《淮南子》、《春秋繁露》、《说苑》等著作，《春秋经》记载弑君不足三十六，亡国不足五十二，《左传》所记则基本与之同。金德建《司马迁所见书考》专门有《司马迁所称〈春秋〉系指〈左传〉考》、《司马迁所称〈春秋〉亦指〈公羊传〉考》二文，从题目即可见其义矣。①

故知康氏所谓有关《春秋》之非常怪事，于汉人则非怪。

其二为董仲舒、刘向这样的大儒，所引《春秋》经文及《公羊传》等传文，多与今本不同，此于前文已有论述。特别是董仲舒，其《春秋繁露》虽荟萃战国以来《春秋》师说，但毕竟各篇乃经仲舒写定，若其秉持门户观念，则《繁露》就不可能有今本《穀梁传》文及今本《公羊传》异文了。刘向亦然。

上述两个疑问若以后世学术之常识，如今古文、师法、家法等概念去分析，实难理解，亦毫无头绪。但若抛却固有之成见，仅据材料分析，便可发现：战国秦汉之际《春秋经》、《春秋》"义理"之传与"事迹"之传区分并不清楚，三者近乎混同。那么"春秋"二字在战国时代是否仅仅泛指历史之记，还是已经具备了特殊的用意？参之以文献层面，我们会发现至迟在孟子时代，若非加上前缀，"春秋"即已经特指《春秋经》，《墨子》中"春秋"的史书意义虽有沿袭，如"燕之春秋"云云，但此二字单独出现，其意义则已固定。《礼记·经解》、《坊记》、《大戴礼记·保傅》三篇述及《春秋》，已属经典化的"《春秋》"，而无泛泛之义。如《经解》曰：

> 孔子曰："入其国，其教可知也。……属辞比事，《春秋》教也。……其为人也……属辞比事而不乱，则深于《春秋》者也。"②

---

① 金德建：《司马迁所见书考》，上海人民出版社1963年版，第105—115页。
② （清）朱彬：《礼记训纂》，中华书局1996年版，第736—737页。

此章非常有名,乃是"六艺"之说盛行之后的产物,自然非夫子自道。孔子于鲁哀公十四年停止《春秋》的写作,至十六年卒,他几乎不可能有所谓"《春秋》教"之观念。《坊记》、《保傅》二篇亦然,应属孔子之后的观念,至于何时,则不能考。故至迟在孟子之后,诸子,尤其是儒家诸子所论及的"春秋",确为孔子《春秋》。

如此再看战国诸子所论"春秋",则混同经传,且以传为主,则差可案断。

战国以来诸子论议多以《春秋》事义为据,如《礼记》多与《公羊》有相通之义,段熙仲《春秋公羊学讲疏》有辑①,从中可见《公羊传》与孔门礼学之关系。简而言之,《春秋公羊传》所论春秋之礼,与《礼记》所讲,多有通处,故知二者虽各有增益删削,但均源出春秋战国之际,则无疑义。同理,《穀梁》、《左传》所论之礼,亦多有与《礼记》通者,不必深考,仅翻检《穀梁义疏》、《春秋左传正义》即可知矣。但三传之间,三传与《礼记》之间,论义也多有歧出,相互之间所记不同处很是不少。故四者之间若即若离,此儒门诸经之间文理之常态,故有石渠以来未断之争议历史。

秉持着从材料开始的路数,已可判断三传至少是部分的同源。以一条著名的记载为例。鲁僖公二年,晋假道虞而灭虢之夏阳,三传均有记事,《韩非子》、《吕氏春秋》亦有引录。排比于下,其间文本关系了然明矣。

《公羊传·僖公二年》:

> 虞师、晋师灭夏阳。虞,微国也,曷为序乎大国之上?使虞首恶也。曷为使虞首恶?虞受赂,假灭国者道,以取亡焉。其受赂奈何?献公朝诸大夫而问焉,曰:"寡人夜者寝而不寐,其意也何?"诸大夫有进对者曰:"寝不安与?其诸侍御有不在侧者与?"献公不应。荀息进曰:"虞、郭见与?"献公揖而进之,遂与之入而谋曰:"吾欲攻郭,则虞救之;攻虞,则郭救之。如之何?愿与子虑之。"荀息对曰:"君若用臣之谋,则今日取郭,而明日取虞尔,君何忧焉?"献公曰:"然则奈何?"荀息曰:"请以屈产之乘与垂棘之白璧往,必可得也。则宝出之内藏,藏之外府;马出之内厩,系之外厩尔,君何丧

---

① 段熙仲:《春秋公羊学讲疏》,南京师范大学出版社2002年版,第665—675页。

焉?"献公曰:"诺。虽然,宫之奇存焉,如之何?"荀息曰:"宫之奇知则知矣,虽然,虞公贪而好宝,见宝必不从其言。请终以往。"于是终以往。虞公见宝,许诺。宫之奇果谏:"记曰'唇亡则齿寒'。虞、郭之相救,非相为赐,则晋今日取郭,而明日虞从而亡尔。君请勿许也。"虞公不从其言,终假之道以取郭。还。四年,反取虞。虞公抱宝牵马而至。荀息见曰:"臣之谋何如?"献公曰:"子之谋则已行矣,宝则吾宝也。虽然,吾马之齿亦已长矣!"盖戏之也。夏阳者何? 郭之邑也。曷为不系于郭,国之也。曷为国之? 君存焉尔。①

《穀梁传·僖公二年》:

虞师、晋师灭夏阳。非国而曰灭,重夏阳也。虞无师,其曰师何也? 以其先晋,不可以不言师也。其先晋何也? 为主乎灭夏阳也。夏阳者,虞、虢之塞邑也。灭夏阳而虞、虢举矣。虞之为主乎灭夏阳何也? 晋献公欲伐虢,荀息曰:"君何不以屈产之乘、垂棘之璧,而借道乎虞也?"公曰:"此晋国之宝也。如受吾币而不借吾道,则如之何?"荀息曰:"此小国之所以事大国也。彼不借吾道,必不敢受吾币。如受吾币而借吾道,则是我取之中府,而藏之外府;取之中厩,而置之外厩也。"公曰:"宫之奇存焉,必不使受之也。"荀息曰:"宫之奇之为人也,达心而懦,又少长于君。达心则其言略,懦则不能强谏,少长于君则君轻之。且夫玩好在耳目之前,而患在一国之后,此中知以上乃能虑之,臣料虞君中知以下也。"公遂借道而伐虢。宫之奇谏曰:"晋国之使者,其辞卑而币重,必不便于虞。"虞公弗听,遂受其币而借之道。宫之奇谏曰:"语曰'唇亡则齿寒',其斯之谓与!"挈其妻子以奔曹。献公亡虢五年而后举虞。荀息牵马操璧而前曰:"璧则犹是也,而马齿加长矣。"②

《左传·僖公二年》:

---

① 《春秋公羊传注疏》,上海古籍出版社 2014 年版,第 378—382 页。
② (清)阮元校刻:《十三经注疏》之《春秋穀梁传注疏》,第 2391—2392 页。

晋荀息请以屈产之乘与垂棘之璧假道于虞以伐虢。公曰:"是吾宝也。"对曰:"若得道于虞,犹外府也。"公曰:"宫之奇存焉。"对曰:"宫之奇之为人也,懦而不能强谏。且少长于君,君昵之;虽谏,将不听。"乃使荀息假道于虞,曰:"冀为不道,入自颠軨,伐鄍三门。冀之既病,则亦唯君故。今虢为不道,保于逆旅,以侵敝邑之南鄙。敢请假道,以请罪于虢。"虞公许之,且请先伐虢。宫之奇谏,不听,遂起师。夏,晋里克、荀息帅师会虞师,伐虢,灭下阳。先书虞,贿故也。①

《韩非子·十过》:

奚谓顾小利?昔者,晋献公欲假道于虞以伐虢。荀息曰:"君其以垂棘之璧与屈产之乘赂虞公,求假道焉,必假我道。"君曰:"垂棘之璧,吾先君之宝也;屈产之乘,寡人之骏马也。若受吾币不假之道将奈何?"荀息曰:"彼不假我道,必不敢受我币;若受我币而假我道,则是宝犹取之内府而藏之外府也,马犹取之内厩而著之外厩也。君勿忧。"君曰:"诺。"乃使荀息以垂棘之璧与屈产之乘赂虞公而求假道焉。虞公贪,利其璧与马而欲许之。宫之奇谏曰:"不可许。夫虞之有虢也,如车之有辅,辅依车,车亦依辅,虞、虢之势正是也。若假之道,则虢朝亡而虞夕从之矣!不可,愿勿许。"虞公弗听,遂假之道。荀息伐虢之,还反处三年,兴兵伐虞又剋之。荀息牵马操璧而报献公,献公说曰:"璧则犹是也。虽然,马齿亦益长矣。"故虞公之兵殆而地削者何也?爱小利而不虑其害,故曰:"顾小利则大利之残也。"②

《喻老》:

晋献公以垂棘之璧假道于虞而伐虢,大夫宫之奇谏曰:"不可。唇亡而齿寒,虞、虢相救,非相德也。今日晋灭虢,明日虞必随之

---

① 杨伯峻:《春秋左传注》,中华书局1990年版,第281—283页。
② (清)王先慎:《韩非子集解》,中华书局1998年版,第60—61页。

亡。"虞君不听，受其璧而假之道。晋已取虢，还反灭虞。①

《吕氏春秋·权勋》：

> 昔者晋献公使荀息假道于虞以伐虢，荀息曰："请以垂棘之璧与屈产之乘，以赂虞公，而求假道焉，必可得也。"献公曰："夫垂棘之璧，吾先君之宝也；屈产之乘，寡人之骏也。若受吾币而不吾假道，将奈何？"荀息曰："不然。彼若不吾假道，必不吾受也。若受我而假我道，是犹取之内府而藏之外府也，犹取之内皂而著之外皂也。君奚患焉？"献公许之。乃使荀息以屈产之乘为庭实，而加以垂棘之璧，以假道于虞而伐虢。虞公滥于宝与马而欲许之。宫之奇谏曰："不可许也。虞之与虢也，若车之有辅也，车依辅，辅亦依车，虞、虢之势是也。先人有言曰：'唇竭而齿寒。'夫虢之不亡也恃虞，虞之不亡也亦恃虢也。若假之道，则虢朝亡而虞夕从之矣。奈何其假之道也？"虞公弗听，而假之道。荀息伐虢，克之。还反伐虞，又克之。荀息操璧牵马而报。献公喜曰："璧则犹是也，马齿亦薄长矣。"故曰小利，大利之残也。②

这数则文献并出一源可知，三传之间的记载是可以互补的，特别是《公羊》、《穀梁》二传，相互勘校，几乎就可以还原这个故事的原始版本。《左传》是一个简写本，略同于《穀梁》。但《穀梁》的结尾出现了记忆错误，将献公之言误作荀息，校之《韩非子》、《吕览》可知。

《公羊》、《穀梁》二传体例、文法均极接近，摒除师法陋见，仔细从首卷读起，就会发现这两部经典好似两个记忆互有差异的弟子，各自记下了一些老师的话语，参差但又互补。若将二者联系起来，有的部分可以补齐，显得相对完整。但有的部分，却因记忆的偏差，而出现了相异的解释。

《左传》与《公》、《穀》体例、文法不同，是不同性质的古书，但

---

① （清）王先慎：《韩非子集解》，中华书局1998年版，第162页。
② 陈奇猷：《吕氏春秋新校释》，第873—874页。此章与《韩非子·十过》篇所载同源，或袭自《十过》，陈奇猷先生即此见。

也有大义的阐发,这些阐发与《公》、《穀》类似,有的也极为接近。同理,《公》、《穀》也有记事,与《左传》相类,但也略有异同。此两类相关材料,因留存较少,较难判断。但西汉人记录的战国师说,却可清晰昭示三传的同源。因拙著《〈说苑〉研究——以战国秦汉之间的文献累积与学术史为中心》第三章《〈说苑〉与早期〈春秋〉学》有详细的考证,故此处不必空耗笔墨。

要之,《春秋》三传战国时代乃是同源。

## 十 文本中的学术史:战国秦汉间《春秋传》问题(二)

三传同源,如何歧出,抑或同归而殊途?此于文献几无可征,仅可玄测一二。

回溯上文所述,因有错简的存在,孔子编纂《春秋》之事实,几无疑问。孔子收笔于鲁哀公十四年,卒于十六年。在《春秋》完稿之前,孔子就应该开始讲授写作中的《春秋》了,不然暮年孔子难有太多关于《春秋》大义的阐发。郑良树《论孔子讲〈春秋〉》一文梳理《论语》和《春秋》三传所记载的孔子讲述《春秋》材料,发现三传有关孔子评论春秋时代人物及事件的内容,"大部分的评论都是针对《春秋》而发",《论语》所载孔子评论《春秋》与《左传》的记录更有惊人的"契合"之处,如:

《春秋》哀公十一年:齐国书帅师伐我。①

《论语·雍也》:子曰:孟之反不伐,奔而殿,将入门,策其马曰:"非敢后也,马不进也。"②

《左传》:师及齐师战于郊……右师奔,齐人从之……孟之侧入以为殿,抽矢策其马,曰:"马不进也。"③

"两文对读,即知《论语》所载乃孔子据《经》讲史文字,'不伐'是其评论,'奔而殿'是其讲述",故郑先生判断孔子讲述《春秋》确然

---

① 杨伯峻:《春秋左传注》,中华书局1990年版,第1657页。
② 孙钦善:《论语本解》,生活·读书·新知三联书店2009年版,第68页。
③ 杨伯峻:《春秋左传注》,中华书局1990年版,第1659—1660页。

可信,"讲评《春秋》是孔门的讲学习惯;孔子有此习惯,门下学生也有此嗜好","《论语》记载孔子评论春秋诸人物,正是孔子讲述《春秋经》的部分文字"①。

孔子如何讲述?必然是因事而议,不可能如《公羊传》般空发议论,议论背后,有史实之讲述是可以推想的。但弟子们记录更多的应是议论的部分,这部分是《公羊传》、《穀梁传》,以及《左传》"君子曰"一类材料的源头。这部分材料孔子在世时,并未整理出来,毕竟《春秋》完成两年以后,孔子就辞世了。同时,孔子以《诗》的手法写《春秋》,背后所依据的史料,不见于《春秋》。但这类材料不管是在口头,还是在简牍,孔子及其弟子是掌握的。只是在孔子生前,没有被系统地整理出来。

《春秋》在孔子讲授中,类似于今天的提纲,而三传中的许多义理阐述,则类似于听课笔记。孔子讲授的素材与内容,当以史事为主,此类材料,应是《左传》最早期的史料来源。司马迁《十二诸侯年表》曰:

> 孔子明王道,干七十余君,莫能用。故西观周室,论史记旧闻,兴于鲁而次《春秋》,上记隐,下至哀之获麟,约其辞文,去其烦重,以制义法,王道备,人事浃。七十子之徒口受其传指,为有所刺讥褒讳挹损之文辞不可以书见也。鲁君子左丘明惧弟子人人异端,各安其意,失其真,故因孔子史记具论其语,成《左氏春秋》。②

上文之玄测,即依太史公所述而来。前人考论《春秋》学史,刘知几《史通·惑经》篇以来,渐多怀疑乃至否定孔子与《春秋》之关系者,尤其是近代以来更是如此。但鉴于《公羊传》"不修《春秋》"等古老记载以及《春秋》中的几处错简③,孔子与《春秋》的关系,还是信从战国秦汉间的古说为好。孔子讲授《春秋》与其修《春秋》的记载往往是并生的,故亦当信从。若孔子讲授《春秋》之事实存在,那么,上文之

---

① 彭林主编:《中国经学》第二辑,广西师范大学出版社 2007 年版。
② (汉)司马迁:《史记》,中华书局点校三家注本 1982 年版,第 509—510 页。
③ 古老记载如《孟子·滕文公下》载孟子曰:"……世衰道微,邪说暴行有作,臣弑其君者有之,子弑其父者有之。孔子惧,作《春秋》。《春秋》,天子之事也。是故孔子曰:'知我者其惟《春秋》乎!罪我者其惟《春秋》乎!'……"《公羊传·庄公七年》:"不脩春秋曰:'雨星不及地尺而复。'君子脩之曰:'星霣如雨。'何以书?记异也。"

推断就是合理的。

三传同源，其源自然是孔子所讲之《春秋》事义。汉人追溯经传之源，多至子夏。《论语》有孔子与子夏论《诗》，《仪礼》有《子夏丧服传》，《说苑》载孔子与子夏论《易》，《乐记》有子夏论乐，故《后汉书·徐防传》载其上疏曰："臣闻《诗》、《书》、《礼》、《乐》，定自孔子；发明章句，始于子夏。"此为汉人共识，见于纬书，如《公羊注疏》引纬书曰："孔子使子夏等十四人求周史记，得百二十国书，九月经立。"而子夏与《春秋》学之关系，于文献亦有征，实为孔子弟子中与《春秋》关系最为密切者，所谓"《春秋》属商，《孝经》属参"也。如《韩非子·外储说右上》：

> 子夏曰："《春秋》之记臣杀君，子杀父者，以十数矣，皆非一日之积也，有渐而以至矣。"①

《春秋繁露·俞序》：

> 故卫子夏言，有国家者不可不学《春秋》，不学《春秋》，则无以见前后旁侧之危，则不知国之大柄，君之重任也。故或胁穷失国，挺杀于位，一朝至尔。苟能述《春秋》之法，致行其道，岂徒除祸哉！乃尧舜之德也。②

《史记·孔子世家》：

> 孔子在位听讼，文辞有可与人共者，弗独有也。至于为《春秋》，笔则笔，削则削，子夏之徒不能赞一辞。弟子受《春秋》，孔子曰："后世知丘者以《春秋》，而罪丘者亦以《春秋》。"③

司马贞《史记索隐》：

---

① （清）王先慎：《韩非子集解》，中华书局1998年版，第314页。
② （清）苏舆：《春秋繁露义证》，中华书局1992年版，第160—161页。
③ （汉）司马迁：《史记》，中华书局点校三家注本1982年版，第1944页。

> 子夏文学著于四科，序《诗》，传《易》。又孔子以《春秋》属商。又传《礼》，著在《礼志》。而此史并不论，空记《论语》小事，亦其疏也。①

故廖平有公羊、穀梁皆"卜商"一音之转说，其弟子杜钢百遂有《公羊、穀梁为卜商或孔商讹传异名考》为之鼓吹，杜氏考证详密，逻辑严整，允为佳构。② 杜氏此说梳理前人之说亦详，可参看。另，杜氏谓其有《春秋古传考》一文，论定先秦别有古传，笔者陋见幸与之同，惜未睹其文。

公羊、穀梁是否为卜商之音转，难以确证，但二传均源出子夏，则似可推定。子夏整理孔子讲《春秋》之传，即为战国古传，不仅有义理，亦有史事。逮至战国秦汉之间，经师递传，虽出现依不同方音而记录的齐、鲁之传。西汉初，两地经师分别依据记忆著之于竹帛，而出现了同中有异的《公羊传》和《穀梁传》。

《左传》成书问题极为复杂，洪业《春秋经传引得序》辨析极有条理，可参看。③ 另黄觉弘《左传学早期流变研究》汇集众说最富，且简约可观，亦颇具参阅价值。④ 要之，《左传》确非一次性成书之文本。其最早材料之来源，应为孔子编纂《春秋》时所据史料，太史公《十二诸侯年表序》所言，与史实应差距不大。

刘向《别录》所记《左传》传授系谱，应为汉人师说，较之《公羊》、《穀梁》二传的系谱，更为可信：

> 左丘明授曾申，申授吴起，起授其子期，期授楚人铎椒，铎椒作《钞撮》八卷授虞卿，虞卿作《钞撮》九卷授荀卿，荀卿授张苍。⑤

---

① （汉）司马迁：《史记》，中华书局点校三家注本1982年版，第2203页。
② 杜钢百：《公羊、穀梁为卜商或孔商讹传异名考》，《国立武汉大学文哲季刊》1933年第3卷第1期。参见晁岳佩选编《民国期刊资料分类汇编之春秋学研究》，国家图书馆出版社2009年版，第393—409页。
③ 洪业：《春秋经传引得序》，《洪业论学集》，中华书局1980年版。
④ 黄觉弘：《左传学早期流变研究》，中国社会科学出版社2010年版。
⑤ 《十三经注疏》之《春秋左传正义》，第1703页上栏。

其中，吴起成为《左传》学史上的一大关键。姚鼐《左传补注序》谓"《左氏》书非出一人，垒有附益"，引按刘向《别录》，而云"《左传》源流诚与吴起有关。吴起始仕魏，卒仕楚，故传言晋、楚事尤详"①。钱穆《先秦诸子系年考辨》又据顾炎武《日知录》、狩野直喜《左氏辨》之论，及《韩非子》"吴起，卫左氏中人也"、《说苑》"魏武侯问元年于吴子"诸文，而断《左氏》出吴起而非左丘明。②童书业《春秋左传研究》亦持大体相同之论。③

钱穆之考辨附一推测，极有理，云子夏居魏，晚年失明，所谓"左丘失明"，恐为子夏失明之误传，子夏又为《春秋》宗师，故《左氏》亦当源出子夏，此与上文三传同源之论正相应和。左丘明实有其人，亦可能与孔子有著史方面的交流，鲁国史料很可能就是来自左丘明。班固《汉书·艺文志》自注曰："左丘明，鲁太史。"此必汉人常识。《左传》以鲁国史料最为质古，尤近古史记载。此必与史源有关。孔子鲁人，左丘明鲁太史，鲁国史料之累积以孔子修《春秋》时为最佳时期，左丘明又与孔子相若，故《左传》之最早史料，应为左丘明提供，这也是后世传《左传》为左丘明所作之根本原因。

左丘明所提供之官方史料，经子夏讲论整理，与孔子口说相合，成为最早的《春秋传》。至吴起，又陆续添加了一大部分的晋国和楚国史料，故今本《左传》依然有添加传文的痕迹。如僖公二十七年《传》：

> 冬，楚子及诸侯围宋。宋公孙固如晋告急。先轸曰："报施、救患，取威、定霸，于是乎在矣。"狐偃曰："楚始得曹，而新昏于卫，若伐曹、卫，楚必救之，则齐、宋免矣。"于是乎蒐于被庐，作三军，谋元帅。赵衰曰："郤縠可。臣亟闻其言矣，说礼、乐而敦《诗》、《书》。《诗》、《书》，义之府也；礼、乐，德之则也；德、义，利之本也。《夏书》曰：'赋纳以言，明试以功，车服以庸。'君其试之！"乃使郤縠将中军，郤溱佐之。使狐偃将上军，让于狐毛，

---

① （清）姚鼐：《惜抱轩全集》，中国书店1991年版，第25页。
② 钱穆：《先秦诸子系年》第六十七条《吴起传左氏春秋考》，河北教育出版社2002年版，第223—226页。
③ 童书业：《春秋左传研究》附录之《春秋左传作者推测》，中华书局2006年版，第346页。

而佐之。命赵衰为卿,让于栾枝、先轸。使栾枝将下军,先轸佐之。荀林父御戎,魏犨为右。

晋侯始入而教其民。二年,欲用之。子犯曰:"民未知义,未安其居。"于是乎出定襄王,入务利民,民怀生矣。将用之,子犯曰:"民未知信,未宣其用。"于是乎伐原以示之信。民易资者,不求丰焉,明徵其辞。公曰:"可矣乎?"子犯曰:"民未知礼,未生其共。"于是乎大蒐以示之礼,作执秩以正其官。民听不惑,而后用之。出榖戍,释宋围,一战而霸,文之教也。①

此为经"冬,楚人、陈侯、蔡侯、郑伯、许男、围宋"之传。"于是乎搜于被庐"至"君其试之",以及"晋侯始入而教其民"至章末"文之教也"两部分,明显为后出之文,乃因后文城濮之战,而补充晋战胜之道也。但前半部分文字连接顺畅,乃较早添入者,而后半部言晋侯之教,乃为下文城濮之战伏笔,且称子犯而不称狐偃,故别有来源,能明显看出文字取材于语或说之类的公共素材。与论《诗》、《书》的文字在义理上相关性也不强,相对后加。

又如昭公二十年《传》:

十二月,齐侯田于沛,招虞人以弓,不进。公使执之。辞曰:"昔我先君之田也,旃以招大夫,弓以招士,皮冠以招虞人。臣不见皮冠,故不敢进。"乃舍之。仲尼曰:"守道不如守官。"君子韪之。

齐侯至自田,晏子侍于遄台,子犹驰而造焉。公曰:"唯据与我和夫!"晏子对曰:"据亦同也,焉得为和?"公曰:"和与同异乎?"对曰:"异。和如羹焉,水、火、醯、醢、盐、梅,以烹鱼肉,燀之以薪,宰夫和之,齐之以味,济其不及,以洩其过。君子食之,以平其心。君臣亦然。君所谓可而有否焉,臣献其否以成其可;君所谓否而有可焉,臣献其可以去其否,是以政平而不干,民无争心。故《诗》曰:'亦有和羹,既戒既平。鬷假无言,时靡有争。'先王之济五味、和五声也,以平其心,成其政也。声亦如味,一气,二体,三类,四物,五声,六律,七音,八风,九歌,以相成也;清浊、大

---

① 杨伯峻:《春秋左传注》,中华书局1990年版,第445—447页。

小、长短、疾徐、哀乐、刚柔、迟速、高下、出入、周疏，以相济也。君子听之，以平其心。心平，德和。故《诗》曰：'德音不瑕。'今据不然。君所谓可，据亦曰可；君所谓否，据亦曰否。若以水济水，谁能食之？若琴瑟之专壹，谁能听之？同之不可也如是。"

饮酒乐。公曰："古而无死，其乐若何！"晏子对曰："古而无死，则古之乐也，君何得焉？昔爽鸠氏始居此地，季蒯因之，有逢伯陵因之，蒲姑氏因之，而后大公因之。古若无死，爽鸠氏之乐，非君所愿也。"①

杨伯峻《春秋左传注》将此段分为三部分。第一部分"仲尼曰：'守道不如守官。'君子韪之"一句，依《左氏》文法，乃收束之语，即所述齐侯田猎之事已完结。故读《左》至此，正期待下一故事，却又见齐侯田猎，晏子对语之文，显为补入。且第一部分之事，又见《孟子·滕文公下》：

昔齐景公田，招虞人以旌，不至，将杀之。志士不忘在沟壑，勇士不忘丧其元。孔子奚取焉？取非其招不往也。如不待其招而往，何哉？且夫枉尺而直寻者，以利言也。②

所谓"孔子奚取"，正指"守道不如守官"一句，可见第一部分孟子时代已经作为孔子讲论《春秋》的史料，说明它是《左传》早期就有的内容。但第二、第三部分以晏子为主角，此类故事在战国秦汉之际曾大量流传，本出齐人之手。相较于鲁、晋、楚史料之丰富，齐作为东方大国，《左传》中的材料不连贯、不完整，唯多晏子之事，愈加使人怀疑晏子之事多为后来人补入。

当然，后来添加的文献，主要是晋、楚文献，尤其是有关战争的部分，似应为吴起所加。前人对《左传》成书年代的研究，多集中于公元前360年前后。如其中的天象材料，据新城新藏的研究，乃公元前365—前329年间，杨伯峻对书中预言的分析显示相关文献出现于公元

---

① 杨伯峻：《春秋左传注》，中华书局1990年版，第1418—1421页。
② 焦循：《孟子正义》，中华书局1987年版，第409—411页。

前403—前386年间，而刘汝霖则判断在公元前375—前340年间等，这正是吴起的年代。而晏子材料，应为战国晚期所加，考索刘向提供之系谱，或为荀子所加。此类推断虽无文献依据，难令人信服，但是《左传》一书代有增益则多无异议。到今天，很少有学者会主张《左传》成书于一时了。

今本《左传》最后由刘歆、尹咸写定，已与之前的古本有了较大的差异，原因在于刘歆、尹咸使用传世本《左传》校录秘府古文，而成今本，其文字、系年、详略等均与西汉传本有了许多不同，故可称西汉世传本为古本《左传》。司马迁《史记》所据，即为古本。刘逢禄《左氏春秋考证》以来，《左传》真伪之争，焦点之一即为《史记》春秋史料与今本《左传》之差异。持《左传》真者，谓太史公有讹误；持《左传》伪者，则据《史记》以证其伪。若明了古本、今本之差异，此经学史之大问题，则焕然消弭矣。真伪之辨，全然无法适合刘向校书之前文献，于上文已明。《左传》、《史记》间之差异，正是我们接近古本史料特点的途径，下编《〈史记·十二诸侯年表〉与古本〈左传〉考论》就是笔者的尝试，其中考论，必有异议，唯愿来哲批评教正。

另有两事可附论之。

其一，《孟子·离娄下》曰：

> 晋之《乘》，楚之《梼杌》，鲁之《春秋》，一也。其事则齐桓、晋文，其文则史。①

孟子是随便列举两三种史书，还是特有所指？传统理解当然是以《乘》、《梼杌》、《春秋》代指列国史书。然若将《左传》考虑进来，有趣的联系就出现了。孟子偶然提及的史事，如齐景公招虞人之类，可见其多以《左传》为据。此章所谓齐桓、晋文之事，也是与《左传》记事有关者。若孟子所谓晋之《乘》、楚之《梼杌》、鲁之《春秋》乃是与《春秋》有关之史籍呢？《左传》史料以晋、楚、鲁为最翔实。其中晋国史料以晋之战争为最详，文字数量占优。乘，兵车也，晋之《乘》，当与战事有关之史书，与《左传》晋之史料特点相合。梼杌，恶人也。《左传》中

---

① 焦循：《孟子正义》，中华书局1987年版，第574页。

最为翔实的叙事之一,乃是各国弑君之事,蔡、薛蕞尔小国,唯其君被弑乃有详细叙述,足见其弑君文献来源于某一类独立记载此类事件的文献,楚《梼杌》很可能就是这类史书。上文言鲁国史料最近史官之书,而鲁之《春秋》,正史官之书也。故孟子所言,当据古《春秋传》之主要史源而言,非随举二三。

其二,《史记·太史公自序》:

> 上大夫壶遂曰:"昔孔子何为而作《春秋》哉?"太史公曰:"余闻董生曰:'周道衰废,孔子为鲁司寇,诸侯害之,大夫壅之。孔子知言之不用、道之不行也,是非二百四十二年之中,以为天下仪表,贬天子,退诸侯,讨大夫,以达王事而已矣。'子曰:'我欲载之空言,不如见之于行事之深切著明也。'夫《春秋》,上明三王之道,下辨人事之纪,别嫌疑,明是非,定犹豫,善善恶恶,贤贤贱不肖,存亡国,继绝世,补敝起废,王道之大者也。……"①

《史记》自觉继承《春秋》之精神而作,此于《太史公自序》所言甚明。有趣的是,不知是否巧合,《史记》十二本纪的设计颇有数字上的意味,它与《春秋》十二公的世次是相同的,而且没有汉惠帝之本纪,虽有历史轴心人物之考虑,但留意于"十二"似也是太史公考虑之处。同时,《汉书》也是十二本纪,《高后本纪》的存在,同样值得注意,似也是为了十二之数。此纯属空说,附之此节之末,以资谈笑。

## 十一 图像化与封闭性:《汉志》先天结构的形成

《春秋》三传自汉代以来,似乎就是门户最为森严的学术领域。籍因门户之森严,遂使汉以前《春秋》学之历史就有了"逆推的"门户陋见。遗憾的是,由学派门户以观战国秦汉学术、思想之布局,几为学术史之习惯做法,不知遮盖了多少有意义的关联与互动,遂使我们的理解与历史的界面尚有如许距离,竟难以探入历史之水,感受其温度,触摸其流动,虽似近在咫尺,却又邈若天涯。分类,并上下探寻源流的做法,看上去是最可理解的学问之术,因为它把混沌的学术、思想、文化的历史,摘梳清

---

① (汉)司马迁:《史记》,中华书局点校三家注本1982年版,第3297页。

晰，使之条理分明，变得更加"可理解"、"可描述"，甚至为未来出现的新思想、新学术预留了"可追溯"、"可归宗"的出路。此种做法的底层动机，乃是对历史的"可视化"追求，或者说是满足一种对历史"看"的期待。过往的历史，如何看？唯有用"心"观之，其实就是想象。所谓想象，即在思想之域构建历史图像。能够想象的历史，自然是一种可理解的形式，而分类与源流之梳理，则是最具"可理解性"的范式之一，因为从根本上说，它不仅具备可视性，而且是一种几何意义上的图像表达。当我们以几何架构想象或描述战国秦汉学术史时，若"庄子"出现，与之关联的"老子"、"列子"、"文子"、"淮南子"等词语以及它们代表的意义也会随之出现，这就是图像化呈现的学术景观。

图像化早期学术史的范式，在《汉书·艺文志》中已然成熟，乃沿袭刘向。刘向在校书的过程中，对所校图书进行分类，并形成一种可理解的形式，是理所当然的。战国秦汉之际，类似的分类理解思想与学术的努力就已盛行，如我们熟知的《庄子·天下》篇、《荀子·非十二子》篇、《韩非子·显学》篇、司马谈《论六家要旨》篇等。刘向选择了司马谈的方式，这应是西汉学者普遍接受的一种分类，也最接近学术原貌。刘向在儒、墨、道、法的分类基础上，又增加了源流考辨，即诸子皆出王官之说。于是，学术和思想的平面图像具备了时间之维，变成流动的传统。

刘向的源流想象，其模式，恐与两周以来的世系、谱牒之学有关。我们看《史记》诸表及各本纪、世家，一代代的记录如此之清晰，文本中勾勒的是一条条王室、家族的"封闭式"的历史。这种形式的历史叙事，正是《汉书·艺文志》所体现的那种。故曰刘向"辨章学术，考镜源流"之术，实史家系谱之法也。世系、谱牒之学，导源于祖先祭祀之传统，因此自然要有基于血缘的历史系统的封闭性。刘向辨章之法，因沿袭这种传统，故亦有封闭性，只不过刘向把血缘家族的描述，转换成了思想家族的描述，这是《汉志》学术系谱的先天结构。

理解一时代之学术与思想，"当代性"要优先于"历史性"。"当代性"乃一学术或思想处于某时代的场域中，被时代浸润过的特征，它的意义是面对整个时代场域而生成的，因此具有开放性。而"历史性"，则是为学术或思想的当下形态，所寻获的遗传基因，它体现的是文本的内在规定性，由之而显示出"封闭"特征。学术，尤其是思想，都是面对当代问题而发，孔子制《春秋》乃是因时代秩序之崩毁，而寻求当下与未来之出路。鲁隐公以来的史料，在他的手中，更多的价值是其思想表达的载体，而非理解的客体。同理，汉人治《春秋》之学，亦非以理解过去为目的，而是要沟通天人，限制皇权的非道德化，目的是以天统人。宋人之《春秋》学亦然。这是浅白的道理，无须浪费笔墨。

《汉志》的学术系谱催生的却是对"历史性"的关注和对"当代性"的弱视。其叙事方式总体上是几何状的区域划分，即"六艺略"、"诸子略"、"诗赋略"等六略呈现的势力范围，而每一个区域又具有一个或多个能够形成系谱的学术或思想分支，构成一张张的"意义之网"，每一部文献的性质无形中被纳入周遭的意义关联之中，或者说单一文本的意义更多的是被外在的同类文献所赋予的。这种安排是以废弃学术或思想的"开放"特征为前提的，若秉持开放性，则无法做出泾渭分明的知识的区域划分。知识区域的划分，除了使读者有清晰的"分别"意识外，更多的是把读者的注意力引向每一片知识区域的内部，关注其内在的统一性。这是分类叙事方式的天然的或内在的缺陷，而且是无法避免的，它是一种有效的分析方式，同时也遮蔽或部分地遮蔽了知识或思想的开放性特征，即时代性和现实性。分类，是为了更好地理解，但却最容易掩盖学术或思想的最鲜活特征，这其实是传统主流学术叙事方式的真正吊诡所在。此乃《汉志》的遗产。

## 十二　碎片重组：《汉志》的先天结构与学术幻景

然后，我们由《汉志》的底层结构再回到文本的末端。《汉志》文本的末端，是我们从纸面上阅读到的东西，那是一部部的文献，以及与这些文献相关的"作者"。《汉志》首先遵照中心与边缘的原则，以六艺为中心作了知识的区域划分，然后每一部类大体按照"作者"年代的先后排列文献[①]，形成了一个个古书的年代序列。

当然，纸面上的古书，并非就是之前存在过的那些。上文已述，多数《汉志》著录的古书，若放到刘向之前，它代表的往往不是一部书，而是一类文献。有些文本，曾经是些分散的篇，甚至是分散的章或章组，它们的散漫状态最后被刘向主导的校书事业所终结，它们被重新整理——按照既有的或新设的结构，然后形成一部部体系完整的书。由此，《汉志》主

---

① 六艺诸经首列经传，随后才是说、记的年代排列。

要呈现的是战国秦汉文献的终点，而非起点和过程。那些古老的文本，曾经相互交叉，共同奔跑，交替领先，但最终却被裁判按照终点的排名，列出了一个次序。但是，需要我们注意的是，终点的名次并不能告诉我们哪怕是终点之前一秒的状态。比较极端的例子是《战国策》，在刘向着手整理秘府中那些战国策士的竹简文书之前，并不存在一部叫作《战国策》的古书。在一些此类文书的简上，有的题作"国策"，有的题作"长短书"等。竹简的长短也不同，这说明它们本不是一部书的各个部分，而是一些各自独立的书。刘向认为它们性质相近，都是战国策士们的"游说资料"或"学习资料"，因此把它们统一整合，按照国别分类，这就是《战国策》。从《史记》来看，此类策书，司马迁参考过许多，如荆轲故事就是依据此类材料写成。《战国策》与《刺客列传》的相关部分高度一致，虽然有后人依此校彼的可能，但也至少说明二者材料来源相近，或系出同源。马王堆汉墓那些被命名为《战国纵横家书》的文献，正是与刘向编纂《战国策》极为相近的材料，由之可见刘向当时面对的到底是一些什么样的东西。

几乎每一部被记录在《汉志》上的书，其文本内部多少都埋藏了某种规模或量级的学术史。这从《战国策》亦不难悉知。这些策书，是由哪些人写的？在哪些人中流传？地域特点如何？是臆造还是略有史实依据，或是实录？它们如何流传到西汉的？为什么在西汉的流传还如此广泛？这与汉代初年的思想或学术有何种关系？上述诸种问题，多数难以完美解答，甚至多数只能臆测，但是周秦汉研究的魅力，有时候就在此处，依靠极少的信息，还原那些最具"决定性"的时刻或历史现场。当下及未来，这种发现学术或思想"决定性"时刻的工作，已经到了深入文本，发掘其中埋藏的惊人秘密或宝藏的时候了。因为终点书单上的每一部书，都有一个到达终点的过程，这个过程在终点文本中多少都有痕迹，可以通过细密的考索追寻到一鳞半爪。比如《毛诗》，《毛传》字义解释的先后顺序中，隐藏着《诗》文本的变迁过程，当我们对此略有晓览之时，《诗》的学术史，甚至是战国的学术史，都突然间露出了我们未曾料想到的面目。但是，当我们仅仅阅读《汉志》的《诗》类名单，以及利用《诗》的终点形态来建构战国秦汉《诗》的学术史，要么无奈地述之阙如，要么就是对史籍的复述，难以切入肯綮，挥刀博观之，何谈游刃有余？

《汉志》的问题，还有一个重要的且易被忽视的环节，即它仅仅是一部整理目录，而非时代书目。它的终点名单，并不是全部古书的名单，而只是秘府藏书的记录。当然，这个名单代表了那个时代绝大部分的知识类型和古书类型。秘府作为天子的藏书处，其藏本的优善与齐备还是可以信赖的。即便如此，《汉志》的不完备性，甚至只是逻辑上的不完备性，仍然不能被约省，这是学术的原则。今略查前人之补遗，如姚振宗《汉书艺文志拾补》者，并概览出土文献之大概，便可知《汉志》书单，如楚之云梦，仅为七泽之一，或为其小小者矣。子虚先生可以举云梦之状以代楚之广袤，我们今人也可以《汉志》之书目，略论先汉学术之大概，但亦仅此而已。

然传统学术思想史之叙事，汉代以前之架构，基本凭依《汉志》而来。当我们阅读这些的时候，一个完整的、有条不紊的学术史、思想史，按照一种线条清晰的，如同河流或绿树般的图像伸展开来。对于知识的接受者而言，汉以前的学术与思想的历史一经阅读或聆听，便可形成图像化的认知：儒、墨、道、法诸家的并行；儒分为八；《诗》分为四；《春秋》三传；古文、今文等。诸种以几何原则安排的图像化历史，成为回忆、讲述、研究的基础模型，这是一种先天结构，早已深入学术的底层之中。

基于血缘系谱的学术系谱，以终点书目代替过程知识，整理书目以当整体目录，此三点乃是《汉志》影响到学术底层基建的最大因素，也是汉前学术思想史生长的基础原则和先天结构，更是其叙事有效性的最大陷阱。《汉志》书目，本是流传到汉成帝时期的知识"碎片"，它们仅是历史过程中经汰洗留存下的一部分文献，被刘向主持的工作团队按照司马谈以来的认识，重新编排整理，形成了可以理解的结构，以便文献归类与存储，同时也可以一种有条理的方式展开工作，并向汉成帝汇报进展。每一部整理出来的书，都是一部新书，其变化之大小各有差异而已。

比如原来世间存在多种《老子》的文本，其篇内结构互有不同，我们假设之前有《老子》A、《老子》B、《老子》C三个本子，经刘向工作团队整合三个本子，最后成为《老子》D，这个《老子》D就是《汉志》目录上的那个，但它与A、B、C之间是不同的，或者至少在"校勘原则"之下，它们是不同的。如果我们以《老子》D为基础来研究《老子》文本的历史、思想诸问题，那么之前《老子》A、《老子》B、《老子》C流传过的地区、阅读过的人、传承过的书籍等中的《老子》，统统被《老子》D 给取代了。A、B、C 之间本有许多差异的地方，这决定了其散播区域、学者群体、引述著作等也存在一些有力量的细节，这也是学术思想最细微、最精彩的段落，一旦被 D 覆盖，则泯然不存。从方法上分析，这种替换或覆盖，亦与学术原则不符。况且，我们并不知道在 A、B、C 之外，是否还有 E、F……版本的《老子》存在，刘向仅是依据 A、B、C 而整理出 D，但若还有 E、F 等，则 D 的面目还会变化。因此，以《老子》D 为基础开始研究，不仅仅是覆盖了 A、B、C，还存在遮蔽 E、F 等版本的可能。以《老子》D 为基石的有关《老子》的学术思想史，只能是以《老子》D 这部最晚的《老子》重构出来的、"后世视野"的伪学术思想史。故曰以《汉志》之新书目录而求旧历史之概貌，并按照新书目的逻辑进行，将新书当旧有文献，如此叙述出来的学术思想史，必然是以少概全，并按照后人逻辑重构的历史，实即碎片之重组，乃以后世之物与后世之理解，呈现出来的前世之幻景。

这如同造假山。自然大川中的美丽的石头被捡运而来，不同来源的石头按照功能或样貌，被分成可"制作"山峰、山脊、山谷、山坡的不同类型，按照主事者和设计者对"山"的理解，重新组装成一座"山"。没有见过"山"的观众，自然会按照这座假山的样子，去想象"山"的形与容。

《汉志》就是这样，它掩盖了早期文本流传及学术、思想史诸问题，同时，因其记载，又重构了一个战国秦汉的文本、学术、思想之景象。

## 十三 学术史研究中的《汉志》主义及其超越（一）

最后，可作一总结了。

海因里希·沃尔夫林（Heinrich Wölfflin，1864—1945）在其《美术史的基本概念》中提出了五对概念，形成其犀利的风格学主张，用以剖析绘画、雕塑和建筑，它们是：线描和涂绘；平面和纵深；封闭形式和开放形式；多样性和统一性；明晰和朦胧。当笔者想起这五对概念之时，已然行文至此。这五对概念，笔者借用过来，各取其一，略作转化，正好代表了《汉志》在传统学术思想史中的形象，以及我们超越《汉志》的五种维度和可能。

其一，线描和涂绘。刘向校书的种类划分原则，经刘歆《七略》的整理而成熟。《汉书·艺文志》继承了《七略》的这种基本架构，将刘向整理过的图书分作"六艺略"、"诸子略"、"诗赋略"、"兵书略"、"数术略"、"方技略"六类,并将《七略》中的总纲"辑略"分散插入六略之内,这很像毛公做过的事,即把《诗序》分散置于《诗》的每篇之首。如此一来,原来混乱的秘府藏书,一下子变得井井有条。同时,作为整体的前代文献,以及这些文献所代表的知识,开始出现了源流清晰的线状图谱。这样做不仅有利于图书的分类和整理,更有利于所有"可能的阅读者"的理解。

当然,刘向完全可以不按照学术特性来分类,而是依据时间或地域特性来分类,这样的话,就会有另外两种完全不同于今天的《汉志》面目:层叠式的文献层结构,或地域性的知识群落平面布局。事实上,类似的尝试有不少前辈做过,如蒙文通先生关于晚周史学三系的辨析,就是最为学者熟悉的此类研究之一。就目前所见传世文献与出土文献而论,以时间标尺划分出先汉各历史阶段的文献层,是一项几乎难以完成的工作,但又并非全无可能,毕竟《汉志》所载文献之间,总体上还是有时间的先后,比如战国晚期的文献,在《汉志》中就比较容易识别。而以地域论,则相对较易,甚至不比以学术特性分类为难。刘向之所以使用学术特征来梳理秘府图书,主要在于这是一种战国以来被普遍接受的分类观念,《庄子·天下》、《荀子·非十二子》、《韩非子·显学》、《论六家要旨》等文献,均以学术特性为分类标准,这说明,战国时代学派的存在的确是一个很明显的社会现象,至西汉此风犹存,故以此为标准作图书种类的划分,于刘向而言,自然是最合理的选择。

如上文所言,刘向在学术分类的基础上,有意嵌入了"考镜源流"的方法,使得其描述更加具有线条的特征。若仅以学术特质分类,每一部分文献更像是一个群组,当加入了源流思考,每一个群组内部就有了时间先后的文献排列,这就使得今天的《汉志》看起来,或想象起来,具有一定的线描特点。

在《汉志》式的线描结构中,就单一一部文献来说,其意义的获得,往往需要在时间链条中加以思考,这就是传统学术中特别突出的思考方式,至今仍深深地影响到学术史、文学史的问题方式。但是一部文献或一种思想,不仅仅是时间链条中的一环,它还是同时代不同类型的文献或思想中的一种,其主要的著述目的,依然可能是满足当代需求,而非建构完善的学术系谱。同时,它也是某一地域文化浸淫下的产物,虽然很多时候学术特质相近的著作或思想，往往产生地域也比较接近，但地域和学派划分毕竟是两个路数，因此线描结构下，地域性也是容易被遮蔽的特点。年代性、地域性仅仅是一部文献所可能呈现的部分特点，还有其他多种可能的特性存在。

由之，一部文献的意义的获得，乃是取决于我们以何种问题方式"观看"它，不同的"观看"方式，它会有不同的"显现"形态。若有数种问题方式叠加观之，则每一部文献都会有多种意义在其中"显现"，这如同不同的线条在同一幅画卷上的叠加，在达到一定数量之后，叠加的线条就变成了平涂。无限多的思考方式的叠加，会无限接近平涂，也就会无限接近历史的真实。

其二，平面和纵深。《汉志》书单中的每一部文献，都是刘向整理过后的终结版本，或者说，就是一个静态的文本，后世人自然会以单一文本视之。然而从传世的《别录》佚文细细推敲，事实恐非如此。刘向在整理图书时，会写一份报告给汉成帝，这就是后来《别录》的前身。他在其中会特别介绍所整理文本的"作者"以及与此"作者"相关的学术史知识。比如荀子，我们就可以在《孙卿子书录》看到与《史记·荀卿列传》大体一致的内容。这样做，除了可以特别明确文本的学术传统外，还利于规划或确定其"时间位置"、"地理位置"以及"学术位置"的归属。《汉书·艺文志》继承了这种做法，虽然不是每一部文献都可以找到"作者"，但却在线描图谱中给予了它"具体的"位置。后来的读者检索《汉志》，自然会参照《汉志》中的位置来理解某部文献。这个位置是固定的，属于某一"作者"或"时刻"。从这个意义上说，《汉志》书单在时间属性上，是平面的和"即时"的，即每一部文献都被"放置于"某一个固定的点，并因之"扁平化"，以适应其位置的即时性。

回溯前文，我们知道《汉志》上的每一部书，都是一个过程文本，从其出现到刘向校定，有的绵延数世纪，甚至有多个不同系谱文本的系统，比如《周易》，《左传》中的引述已见今本《周易》之仿佛，但《左传》中所使用者又与今本不同。从《汉书·儒林传》等传世文献以及新近之出土文献来看，至西汉时，尚有多个《周易》文本系统，卦序、《易传》等差异极大。每个文本系统之内，文本也是在变动当中，多数有增益，如《左氏春秋》就是在不断地增加新材料。但也有渐次删减者，如《论语》、《鲁论语》、《齐论语》经张禹删减而成《张侯论》。而像《尔雅》、《管子》、《战国策》、《山海经》等文献,各卷写成时代悬隔,原本就不是一部部预先设计好内容的书。《晏子》、《管子》等子书所代表的是某类文献,而非某部书籍。因此,《汉志》书单上的每一部书,其文本之中都埋藏了某种量级或大或小的学术史。从时间属性上看,它们是一卷卷纵深的文本,而非平面的"扁平"文本。

当后代的阅读者依据常规的阅读经验,将《汉志》书单当成一部部静态的、非过程性的文本之时,那些存在于文本纵深之中、生动而富于意义的学术历程就消失了。

其三,封闭形式和开放形式。《汉志》总体上呈现出一种封闭的形式,或者说它是以一种封闭的形式容纳和规范了前代的文献和知识,并为它们划出了泾渭分明的系谱。如上文所论,系谱本身就是一种封闭的形式。《汉志》六略,以及六略之内的各种知识类型和系谱的划分,不仅使得归入某一类的文献整体被限定或趋向于限定其学术特征,从而具备了一种外加的规定性,也使得每一部具体文献有了外加的、向其所在分类的趋同性。这是典型的封闭结构。

此种封闭结构可以《汉志·诗赋略》的分类问题做一说明。《诗赋略》缘何分为"屈原赋之属"、"陆贾赋之属"、"荀卿赋之属"、"杂赋"和"歌诗"五类,是一个不大不小的学术史疑案,困扰着辞赋研究者。有不少学者试图解释其中缘由,但因为文献阙如,多作猜测之语。不论何种猜测,总会有一些道理,也能解释一部分《汉志》分类的原因,或者说可能的原因。但是,不论何种解释,总是要去寻找"屈原赋"、"陆贾赋"和"荀卿赋"三类辞赋的内在统一性,即力图发现那些被归入以上三类辞赋作品的统一或相似特征,为《汉志》的归类寻找合理性依据,实质是按照分类之既定事实,去逆推其分类标准。此种做法,首先是以默认《汉志》有统一的分类标准为前提的。这就是《汉志》对我们今天研究者的潜在规范,《汉志》的封闭形式成为我们思考的起点,而非对象。

战国秦汉之时,由于大量公共素材的存在,使得整个知识体系和多数文献呈现开放的形式,虽然学派之间有着相对鲜明的学术主张和风格,但相互之间的交叉亦非罕见。《晏子》、《荀子》、《太公》、《管子》、《吕氏春秋》、《淮南子》等文献,均呈现出学术、文献取材的开放特征,并没有表现出彻底的排他性。比如《荀子》,《劝学》篇是荀子所著一般没有异议,但是其中的许多论述并非荀子自创,很可能采用了诸家皆用的公共素材。"假舆马者,非利足也,而致千里;假舟楫者,非能水也,而绝江河"一句又见《文子》,署之云"老子曰";"君子之学也,入乎耳,著乎心,布乎四体,形乎动静……"一句,见于《管子》;此篇尚多被其他文献称作"传"或"谚"的语句,如"故声无小而不闻,行无隐而不形"、"蓬生麻中,不扶而直;白沙在涅,与之俱黑"等,出于公共素材之可能性颇高。此乃今日可考见者,其他不可考者,想必尚不在少数。上述互见之记载,无法判断孰先孰后,最好以公共素材视之,此种知识背景下的文献,其文本形式上,至少是存在一定的开放性的。而学派之间,也难有泾渭分明的界限。

其四,统一性和多样性。此处的统一性和多样性指的是后人依据《汉志》对文本意义的理解。《汉志》著录文本流传于今日者,六略之内的传世比率几乎呈递减状态,"六艺略"内文献传世占比者最高,"诸子略"、"诗赋略"次之,"兵书"、"数术"、"方技"三略各自除一两部文献外,绝大多数文献不传于今。故而,本书所指之理解,主要针对前三略而言。

前三略中,情况也不一样。"六艺略"六经每经一编,《论语》、《孝经》、小学各一编,除小学类外,各编内均以经文本为中心,下列传、说、记各类,各编所列文本内容,往往比较单一而纯粹,比如《诗》类之《鲁故》,即《鲁诗》之训诂也;《论语》类之《鲁安昌侯说》,即张禹之《论语》说也。即便如此,经之外,传、说文本的内容也多呈现出多样性和开放性,这从《尚书大传》、《韩诗外传》和《左传》等文本中,均可看出。"诸子略"、"诗赋略"的文籍多数是重新整理的,因此刘向的归类方式对于文本意义的理解,就有一种相当重要的先导作用,上文所及"诗赋略"问题即是一例。

即便前三略的文献排布有较大不同,但总体上的分类安排,还是让后世趋向于按照其分类,以及每类的主题去理解文本的意义。《汉志》的此种安排,无形中把各个古籍文本纳入了其所属的"意义网"中,后人对其意义的理解往往要受到此无形之网的影响。如此一来,我们对文本意义的理解就趋向于从其类属的内在规定性和统一性,而非在一个开放的场域中去发现其意义的多元性。比如《左传》和《老子》,一属"六艺略"之《春秋》类,一属"诸子略"之"道家"类;汉代以后,《左传》之学乃经学之重要领域,而《老子》则为道家及道教之首要经典,各自源流清晰，但罕有交集。然《左传》中所记春秋时代的处世原则、策略等，却与《老子》思想有相通之处，可以说它们是一个思想背景下的产物，此可参杨宽《老子讲究斗争策略的哲理》①、高木智见《〈老子〉思想的历史研究》②。特别是后者，其第一章《〈老子〉思想的本质及其背景》有比较详细的讨论，令人信服。同样地，《老子》与《孙子兵法》亦存在类似问题。故而，若将时间限定在某一特定阶段，《汉志》不同分类中的同时段文献，其文本的意义若置于它们共同的、开放的知识背景之下，就会呈现多元的特点。

其五，明晰和朦胧。这是指学术史描述的清晰程度，此问题于拙著《〈说苑〉研究——以战国秦汉之间的文献累积与学术史为中心》已有详论，故简述之。《汉志》因其线描式的封闭形式，给我们描述了一幅清晰的学术史画面：六艺为宗，百家争流，诗赋附益，兵书、数术、方技为底色与补充。这是一幅井然有序、次第分明的学术流别图。在这样的叙事结构之中，那些无法判断年代的公共短章，因在各文献之间有互见，故而后人依据《汉志》系谱中的时间线索，很容易划出依附知识流传的图谱，且有"文献依据"。可以说，在《汉志》叙事中，公共素材的存在，使得各文献之间有了潜在的承袭关系。当然，早期文献之间存在一定的传承关系是必然的，比如《庄子》中的核心思想明显来自《老子》，《淮南子》与《吕氏春秋》颇有渊源，《史记》多采《左传》、《国语》、《战国策》、《世本》等，这种粗线条的文献流传是学术史的基本特点之一，早期文献影响晚期文本的事实，更是毋庸置疑。

## 十四　学术史研究中的《汉志》主义及其超越（二）

但是，相较其他时代，战国秦汉学术史的年代关系就显得模糊和朦胧的多，原因何在？大约可举三端：一者乃因时代久远，文献传世者万不及一，故难有确实之材料可供分析。二者春秋战国之际出现的一大批公共素材为后来文献所用，故战国秦汉文献存在这样一种情况：前端的公共素材"覆盖"于战国中期以后文本。因为这种覆盖，多数同类文献之间存在一

---

① 杨宽：《老子讲究斗争策略的哲理》，《复旦学报》1980年第4期。
② ［日］高木智见：《〈老子〉思想的历史研究》，《先秦社会与思想：试论中国文化的核心》，何晓毅译，上海古籍出版社2011年版。

类相同或相近的论述，又无专书存录此类文献，故难以判断此类材料在不同文本中的先后，于是那些引录公共材料的文献之间，在一定范围之内，其学术年代关系是模糊的。三者则可称之为末端文本写定的收束问题，即本书的核心问题之一，刘向所主持的校书写定了诸文本，故而曾经大量流传的公共短章在此时代之后湮灭不见，多数虽然被"固定于"各古籍中，但却无法判断这些互见短章之间的关系了。①

要之，继承刘向校书遗产的《汉书·艺文志》，不仅是我们了解西汉以前文献与知识情况的主要文本，同时它的文本结构也是规范我们思考先汉问题的"前在结构"。在其规范之下，多层面的、流动的和开放的文本，变为平面的、静止的和闭合的文本，模糊的学术史变成了清晰的学术史。同时学术史"可理解的形式"出现了，它所建立的图像化的学术史叙事范式，直到今天依然是我们最主要的问题方式之一。

《汉志》所体现的刘向父子"辨章学术、考镜源流"的基本问题方式，是传统文献学的基石之一，为多数文献学与学术思想史研究者所遵循，或以其为研究的重要归指。如章学诚《校雠通义》曰：

> 校雠之义，盖自刘向父子部次条别，将以辨章学术，考镜源流；非深明于道术精微、群言得失之故者，不足于此。后世部次甲乙，纪录经史者，代有其人；而求能推阐大义，条别学术异同，使人由委溯源，以想见于坟籍之初者，千百之中，不十一焉。②

章氏谓千百年以来得刘向父子校雠之形者多，而得其神者少，其神即"辨章学术，考镜源流"之义也，此非深通《汉志》者不能得。而作为确立典范的《汉志》，一直是历代文献整理与学术辨章的首要参考对象。中国人对学术史的理解，刘向父子所垂示的结构是主要的法门之一。特别是关涉到先秦乃至西汉学术时，《汉志》图谱更是绕不开的剑门关。可以说，我们今日借以描述先秦学术的核心观念和形式，依然处于刘氏父子的

---

① 虽然那个时代没有著作权属的观念，诸子著说又多以事功为归，因切于实用，故采撷前代文献多断章取义或因需改文。但从诸文本之互见来看，《诗》、《书》等经典文本和一些短章在如此变动不居的口传、抄写背景下，还是有相对稳定的流传，其讹变往往不应随意或故意，而以不经意致误者居多。

② （清）章学诚：《文史通义校注附校雠通义》，中华书局1985年版，第945页。

规范之内，甚至有一定程度的排他性，即其他可能的理解是被无意中排斥的，故而当我们看到蒙文通"晚周史学三系"的新划分之时，会有极为新鲜的感觉。

由此，笔者突然想到一个词语，叫作"《汉志》主义"，用以概括历代对先秦学术叙事所秉持的基本规范、结构或者默认体系。主义是一个外来词，英语中以-ism后缀的形式出现，或独立成词（isms），据雷蒙·威廉斯（Raymond Williams）《关键词：文化与社会的词汇》（Keywords：A Vocabulary of Culture and Society）一书的介绍，ism本为希腊文后缀，"在英文里是一个表示行动的名词（baptism——受洗）；一种行为（heroism——英雄行为）；某种团体所具有的信仰与行动（Atticism——雅典风格，Judaism——犹太教）；流派（Protestantism——新教教义；Socialism——社会主义）或是学派（Platonism——柏拉图主义）"①，总的来说，"主义"一词在现代汉语中的词义大体源出西文，主要用以表示某种特定的思想、宗旨、学说体系或理论，所持有的系统的理论和主张。而笔者所谓的"《汉志》主义"乃是指我们理解西汉以前学术史时所持的基于《汉志》的学说体系，应无大错。

《汉志》主义基于刘向父子的校雠之法与叙事结构，它是后人极佳的理解先秦至西汉学术的门径，但也成为一种理解和表述的"禁锢"，限制了对学术史其他可能的思考。

## 十五　学术史研究中的《汉志》主义及其超越（三）

那么，将如何基于《汉志》，又超越于《汉志》呢？

我们不妨从《剑桥中国文学史》第一章《早期中国文学：开端至西汉》的内容谈起。这一章的作者是柯马丁（Martin Kern）先生，杰出的汉学家，他将早期中国文学的下限定在西汉时代，是颇具卓识的。在他所写的这一章中，特别单列了一节，内容是"战国文本谱系的汉代建构"，他认为司马谈、刘向、刘歆、班固等汉代学者依据精英阶层的看法，将战国时代的单部作品归入具体的思想流派之中。因此《汉书·艺文志》"并不是不偏不倚地收藏、描述所有已知作品，而是对文本遗产采取了一种选

---

① [英]雷蒙·威廉斯：《关键词：文化与社会的词汇》，刘建基译，生活·读书·新知三联书店2005年版，第251页。

择性的、规范化的视角，并将之叠加在战国时期作品中那个更为折中、不那么泾渭分明的世界之上"①。于是，"汉代的皇家目录，甚至包括我们对前帝国时代传统的整体视野，因此都成了早期帝国的思想产品"。② 当然，柯马丁并没有界定，《汉志》的选择性视角，并非一种主动的选择，而是工作性质使然。刘向并非为编目录而校书，而是为校书而制目录，故此"选择性"，乃是一种无目的的"选择"，非有意为之。柯马丁在此章中，明显高估了汉代人的建构雄心，以及汉代人的典籍整理对早期文本的改变程度。

其实，早于柯马丁，熊铁基先生的《汉代对先秦典籍的全面改造》③、《刘向校书析论》④、《再谈汉人改造先秦典籍》⑤ 等论文中已提出类似看法，如其《刘向校书析论》曰：

> 刘向等人按照当时的"主流"思潮，按照他们自己的见识、理解对几乎所有的图书，施行了一次大手术——整编乃至改编，并且精心细致做了校雠工作。我们没有理由也不必武断地说他们会有意篡改、作伪，但也不能忽视他们的主观校定在所校古籍上留下时代痕迹，也会有某些牵强附会的内容。

其实刘向校书与先秦典籍文本变迁之问题，在刘汝霖、余嘉锡诸先生的问题视野中已然存在，只不过未明确提出而已。当我们意识到西汉学者的文献整理与文本变迁之关系时，除了明确提出此一现象外，更为重要的问题是：我们该如何处理先秦乃至西汉文本，以及如何描述刘向校书之前的学术史？

笔者认为，关键在于明晰传世文本中材料的适用限度，即我们需要确定所面对的文本，在哪一个层面上属于西汉建构，在哪一个层面上具有流动性，在哪一个层面上年代适用的限度相对较小（或者说可以确定为西汉之前某一时期的材料）。

---

① 《剑桥中国文学史》，生活·读书·新知三联书店2013年版，第90页。
② 同上书，第94页。
③ 柯马丁、熊铁基：《汉代对先秦典籍的全面改造》，《光明日报》2005年7月19日第7版。
④ 《刘向校书析论》，《史学月刊》2006年第7期。
⑤ 《再谈汉人改造先秦典籍》，《光明日报》2009年8月4日第12版。

一般而言，西汉之前的传世文献在整部书的层面，往往具有西汉时代的建构特征。《诗》、《书》、《春秋》一类经典文本，全书结构的完成自然在西汉之前，但除了《春秋》外，《诗》、《书》在西汉之初，依然有细微的调整。比如《诗·小雅》之篇章次序，《毛传》诗次就与战国时期形成的《诗序》诗次有所不同，而三家《诗》之《小雅》次序也与《毛诗》有异，故《诗》之文本至汉初尚未最后写定，四家按照其理解而有改动。《书》因为散佚的问题，伏生重编本与原来的百篇亦会有不同。至如《周易》、《仪礼》、《礼记》则西汉中期尚有多个不同结构的文本。子书更是如此，多数传世战国秦汉子书均是刘向重编之本，即便是成型颇早的《孟子》亦复如此。《史记·孟子荀卿列传》太史公曰："余读孟子书，至梁惠王问'何以利吾国'，未尝不废书而叹也。"梁惠王之问乃是今本《孟子》之第一篇，太史公不至于开卷即以废书而叹，故知其时《孟子》书结构与今不同。唯《公羊传》、《穀梁传》、《吕氏春秋》、《淮南子》、《太史公书》等少数几部书的整体结构在其成书时已经具备，刘向重编的可能性甚小。因此，从整体结构的角度分析，先秦至西汉的古书，绝大多数能够显现出一种编纂和理解（或阐释）意义上的特征，且主要是西汉知识阶层的建构。

在篇的层面，文本往往具有流动性。除了《晏子》、《战国策》、《说苑》、《新序》这样刘向完全重编的文本外，多数传、记、诸子文献中的篇，在战国时代已经出现，但流传中续有增益、删削，直至西汉方才写定。比如今传大、小戴《礼记》和贾谊《新书》中的多数篇，战国时代就已经有了，篇名多已具备。最具说服力的例子就是《缁衣》、《乐记》等篇，特别是《缁衣》，因为出土文献的存在，使得我们可以大体了解战国至西汉不同时期的几个《缁衣》篇，以及它们具有的不同特点。但是我们不能假定出土的战国时代的《缁衣》是西汉《缁衣》的早期阶段，或者说早期形态，因为无法判断二者是否在一条线状的虚拟系统中依次出现。西汉时代的《缁衣》很可能源出于一个战国时代的优善版本，而出土的那篇也有可能只是一篇抄录不精当的文本。或者，西汉《缁衣》乃是综合各种战国版本的善本，而竹简《缁衣》仅是上述版本中的一种，或其外的一种。当然，二者也可能具有先后的传承关系。上述诸种假设，皆因为我们无法见到战国秦汉时代其他版本形态的《缁衣》，而仅仅是几种"机会均等"的可能。由此，在篇的层面，多数文本是具有流动性的，其时代、传承、正讹等很难判断,尤其不能以出土文献为准来"约束"传世文献,反之亦然。故而篇的年代适用限度不好确定,多数具有很宽阔的内容空间,无法作为某一特定年代的材料来使用,同时也无法通过一两条问题的考证来确定整篇的年代。进一步讲,从方法论意义上看,篇只能作为长时段适用文献来认识和使用。20世纪以来,古书年代问题之判断,多以篇为基本单位,是有很大问题的。

比篇再小一级的文献类型是章。章是刘向校书时对一些组成篇、具备独立性的文献片段的称呼,它们是刘向校书时最小的单元,也是古书互见的最常见形式,更是出土文献中最基础的类型。小的章,可以有几个字,如郭店楚简的《语丛》、马王堆汉墓的《称》和《说苑·谈丛》,都是一些格言谚语,形制自然短小。大的章也可以有千字以上,如《左传》、《战国策》中的一些详细的叙事片段。正如前文所述,章是年代属性相对单一的文献类型。在抄写流传过程中,同一内容的章也会发生更改或变异,但因为独立短章是战国秦汉古籍之间互见记载最为常见的形式,因此它依然可以在相互比勘中"识别"出年代特征。就此而言,章是可以被视作闭合性文本来对待的文献形式,其年代的适用限度最为狭窄、单一,因此最适于作为某一特定年代研究的有效支点。但问题是,现存文献中的那些章,还是作为书或篇的内容而存在的,它们在研究中的独立意义至今未受到足够的重视。

或者说,我们是否完全受到西汉学者文献整理的束缚,取决于研究者使用文献的层级是否合理。或有疑问:西汉学者在文献整理中是否有意无意地参与到了章的改定之中?若是这样,章岂非也变成了流动性的文本?此虽有理,但亦无须过分存疑。原因有二:其一,西汉学者改动章的内容确有其事,如《列女传》中的那些故事,多数被刘向做过细微的改动,但这种主动的改动并未发生于其校书过程中。刘向校书往往以保存古文献为主要的目的之一,其改动多为一些明显的误字,如《战国策叙录》就叙述过一些。但对于记载互异的同一故事或论述,他往往并存之,如《晏子》第七、八两卷就是由与前六卷有互见亦互异的一些章组成,刘向保存这部分文献的目的显然是不想这些异载失传。同样,其所编《说苑》中,往往同时保存一个故事的多个版本,大约也出于这样的目的。或者说,刘向等西汉学者整理文献的目的并不是要重新创造一个个旧文本的新变体,而是要复制旧有的文本,其校雠的目的往往是要还原文本的理想的原貌，而非人为修补文本的破碎之处。就其时代来说，尽可能复原战国文本的尝试还是颇为可行的。其二，虽然存在流传中有意无意改动的情形，但因为战国秦汉文献之间互见的章非常多，大多差异很小，并不影响我们对其基础内容的了解。对于那些有异载的章，反可以通过勘对而发现文本背后的早期面目和思想景观。

总之，在不同的文本层面，文献材料的适用限度有所区别，研究者应该具有非常明确的自律意识，在书、篇、章的不同层面使用不同的问题方式和研究策略，以确保其研究目的之明晰，研究过程之有效和学理之严谨。

当我们将章纳入研究视野之时，我们才有可能建立与年代有对应关系的学术与文学的史的基础。若非如此，则只能将战国至西汉晚期视作一个长时段，那些出现于此间的作为书或篇存在的文本，面对的将是这个长达三四百年的历史时期，而不能将《汉志》所"固定"的每一部书对应它的"作者"所属的时代。它们文献的有效性或适用性因此变得极为宽泛。

若有意识地以章为基点开始战国秦汉研究，那么，一种新的研究范式必然应运而生，同时这一时期的研究基础也将会得以重建。由此在《汉志》的粗线条之下，诸文本因为章的存在而呈现出新的知识之网，新的研究的可能性也会纷纷出现，这或许是对《汉志》的超越吧。

# 下编

# 考 辨

# 第一章 石渠议经与《汉书·艺文志》五经文本入藏中秘考
## ——兼及《汉志》"六艺略"之特点

### 导 言

《汉书·艺文志》之"六艺略"所录诸经文本的一个显要特点是，《易》、《书》诸经多非汉初经师的传本，甚至也不是汉代诸经传述史上最重要的大师之本。这是一个甚为明显的问题，或因笔者之鄙陋，并未见到有关此问题的特别关注。事实上，除了《诗》、《春秋》，《汉志》所录《易》、《书》、《礼》三经都是汉宣帝以后的文本，这是很值得注意的。而《诗》、《春秋》在西汉以初传之名分家，如《诗》为齐、鲁、韩，《春秋》为公羊、穀梁，并未采用后起经师之"师法"名经，如《欧阳尚书》、《戴氏礼》之类，特别是《穀梁春秋》本在汉宣帝时才成显学，故此二经之文本，也未必是汉初传本。诸经汉武帝时期均已列于学官，彼时倪宽、董仲舒、孔安国等大师均已名家，故若从官学定本的角度来理解《汉志》的著录，实难贯通。因《汉志》著录的诸经文本大体同时，这很容易让人想到，《汉志》之所以如此著录，并非这些汉宣帝时期的经书有何特殊性，恐因其大体在同时入藏中秘。若联系汉宣帝甘露三年之石渠议经，则此问题便豁然开朗了：《汉志》五经文本应以参与议经的诸家为主。

于是，这便涉及了《汉书·艺文志》的收录范围与原则等基础问题，同时也会将西汉图书藏录情况等问题一并勾连出来，关涉重大，因此石渠议经与《汉书·艺文志》五经文本入藏中秘之关系问题，是值得费一番工夫梳理清晰的。

## 一 《汉志》五经今文本与宣帝时期的学官本

《汉书·艺文志》"六艺略"乃其首略，体例与"诸子略"、"诗赋略"均有不同。这三"略"均为刘向亲自参与校雠的部分，故其源流之梳理，亦刘氏父子之首功，班固踵武其后而已。今阅其体例，乃是先有五经书目，目标注以今文经书的家派，如《易》经十二篇，标注曰"施、孟、梁丘三家"，尔后乃是传、说、记一类文籍。书目之后是小序，简述五经的渊源流变，其中特别涉及西汉学官所立之学，这也是家派。书目大体是刘向校雠的成果，班固于小学一类略有增加。《小序》叙事仅及汉元帝时期之学官设置，故亦当据《别录》或《七略》之文，但班固亦有增补（见下文）。

唯需特别留意处，乃是五经书目后的标注部分。如果书目各家仅是标示学官之学，而不区别版本的话，那么书目标注的"施、孟、梁丘三家"之类，则非三个不同经书文本，而是同一《易》经十二篇之下的三家之学。但《易》类小序云"刘向以《中古文易经》校施、孟、梁丘经，或脱去'无咎'、'悔亡'"，据此知"施、孟、梁丘三家"当指文本，而非学术。《易》类小序称"《易》十三家，二百九十四篇"，据顾实《汉书艺文志讲疏》，家数、篇数均需将施、孟、梁丘经单独统计，才可凑足十三家、二百四十九篇之数。《书》、《诗》、《礼》、《春秋》之统计也类似。① 另外，《书》大、小夏侯与欧阳卷数不同，《诗》三家、《春秋》二家经更是有异文。故书目所列虽与学官所习有关，但主要还是指经书版本。

然若仔细对比"六艺略"之目录与小序，我们会发现二者所述竟不一致：

| 《汉书·艺文志》目录 | 《汉书·艺文志》小序 |
| --- | --- |
| 《易》经之本为"施、孟、梁丘三家"。 | 《易》类小序云："讫于宣、元，有施、孟、梁丘、京氏列于学官。" |
| 《书》经今文本为大、小夏侯与欧阳。 | 《书》类小序云："讫孝宣世，有欧阳、大、小夏侯氏，立于学官。" |
| 《诗》经今文本为齐、鲁、韩三家。 | 《诗》类小序云："三家皆列于学官。" |
| 《礼》经今文本为后氏、戴氏二家。 | 《礼》类小序云："鲁高堂生传《士礼》十七篇。讫孝宣世，后仓最明。戴德、戴圣、庆普皆其弟子，三家立于学官。" |

---

① 顾实：《汉书艺文志讲疏》，上海古籍出版社 1987 年版。

续表

| 《汉书·艺文志》目录 | 《汉书·艺文志》小序 |
|---|---|
| 《春秋》经今文本为公羊、穀梁二家。 | 《春秋》类小序云:"《公羊》、《穀梁》立于学官。" |

五经之中,《书》、《诗》、《春秋》书目与小序一致,但《易》、《礼》不同。小序所言学官中所习《易》经有京房一家,但书目不载;《礼》经是大、小戴和庆氏三家,但书目却为后氏、戴氏二家。小序在五经之后,并于五经之末均云"某某立于学官",似刘氏父子所校经书与学官所立之学有关。然《易》、《礼》书目与小序的差异似乎说明,书目又似与小序无关。

不过,考案《汉书》,我们会发现上述《易》、《礼》今文经家学之数,书目与小序的不同,与各家学问立于学官时间先后还是存在联系。《汉书·儒林传赞》曰:

> 自武帝立《五经》博士,开弟子员,设科射策,劝以官禄,讫于元始,百有余年,传业者寖盛,支叶蕃滋,一经说至百余万言,大师众至千余人,盖禄利之路然也。初,《书》唯有欧阳,《礼》后,《易》杨,《春秋》公羊而已。至孝宣世,复立大、小夏侯《尚书》,大、小戴《礼》,施、孟、梁丘《易》,《穀梁春秋》。至元帝世,复立《京氏易》。平帝时,又立《左氏春秋》、《毛诗》、逸《礼》、古文《尚书》,所以罔罗遗失,兼而存之,是在其中矣。①

又《汉书·宣帝纪》甘露三年:

> 诏诸儒讲《五经》同异,太子太傅萧望之等平奏其议,上亲称制临决焉。乃立梁丘《易》,大、小夏侯《尚书》、穀梁《春秋》博士。②

《汉书·刘歆传》载《让太常博士书》:

---

① (汉)班固:《汉书》,中华书局1962年版,第3620—3621页。
② 同上书,第272页。

> 往者博士《书》有欧阳,《春秋》公羊,《易》则施、孟,然孝宣皇帝犹复广立《穀梁春秋》,梁丘《易》,大、小夏侯《尚书》,义虽相反,犹并置之。①

《后汉书·章帝纪》建初四年十一月诏:

> 孝宣皇帝以为去圣久远,学不厌博,故遂立大、小夏侯《尚书》,后又立《京氏易》。至建武中,复置颜氏、严氏《春秋》,大、小戴《礼》博士。②

据此,知西汉五经博士所教习之经典,武帝至宣帝时期为齐、鲁、韩三家《诗》,欧阳《尚书》,后氏《礼》,杨氏《易》,《公羊春秋》。宣帝时期又立大、小夏侯《尚书》,施、孟、梁丘《易》,《穀梁春秋》。其中《穀梁》,梁丘《易》,大、小夏侯《尚书》四种为甘露三年诸儒讲《五经》同异后立。那么,施、孟《易》学在甘露三年之前已立于学官。元帝时,京氏《易》又立,《汉书·艺文志》小序所言正是至此时而止。如《易》类小序称"讫于宣、元",《书》类小序称"讫孝宣世",《礼》类亦称"讫孝宣世"。《汉书·宣帝纪》与刘歆《让太常博士书》均未称宣帝时立大、小戴《礼》,《艺文志》小序亦未明言。据汉章帝建初四年诏书,知《礼》大、小戴乃是汉光武帝建武年间所立,典章诏令可信度当胜于传赞,因此班固《儒林传赞》所述恐怕有误。

如此,则《汉志》小序所载五经立学情况,除《礼》三家未知外,其他经学乃是迄于元帝之时。相比于小序,《汉书·艺文志》书目部分的记载则止于汉宣帝之时,因甘露三年所立诸经已著录于目,而元帝所立京氏《易》则不在目中。

但是除了上述诸家文本外,西汉武帝、昭帝时代学官中还有其他的经文在讲习,这些文本并未载录于《汉志》。学官之外的经文本更是多不见录。

先看《易》。西汉《易》学传自田何,田何授周王孙、王同、丁宽等人。王同传淄川杨何。杨何之学,汉武帝至汉宣帝时为学官所习。

---

① (汉)班固:《汉书》,中华书局1962年版,第1971页。
② (南朝)范晔:《后汉书》,中华书局1965年版,第137—138页。

《史记·儒林传》云:"然要言《易》者本于杨何之家。"当指学官所习以杨何之本为主。《汉书·儒林传赞》亦称武帝至宣帝期间,学官中《易》学只有杨氏一家,此时,当有杨氏《易》经之本。

《易》为卜筮之书,民间传本得以避过秦火,故当不止有田何一家之传本。查《艺文志》,《易传》有"《周氏》、《服氏》、《杨氏》、《蔡公》、《韩氏》、《王氏》、《丁氏》",韩氏当指韩婴,他并非田何弟子或再传弟子,韩氏学有传,则其必有经。韩氏《易》经的情况已不可考,但此本必属于田何传本之外的本子。

除了韩氏《易》,西汉时期淮南地区的《易》学也不出于田何一系,《艺文志》著录有《淮南九师道训》,刘向《别录》曰:"淮南聘善为者九人,从之采获,故中书署曰《淮南九师书》。"此九人亦非田何一系也。

又,《史记索隐》引刘向《别录》曰:"《易》家有救氏注。"① 更知《易》本非仅田何一系。

《艺文志·六艺略》小序又曰:"汉兴,田何传之。讫于宣、元,有施、孟、梁丘、京氏列于学官,而民间有费、高二家之说,刘向以《中古文易经》校施、孟、梁丘经,或脱去'无咎'、'悔亡',唯费氏经与古文同。"故知中秘尚有《易》中古文本,学官尚有京氏本,民间尚有费氏本、高氏本。

故西汉时《易》经本至少有:中古文本、杨氏本、施氏本、孟氏本、梁丘氏本(三家皆祖田王孙)、京氏本、韩氏本、费氏本、高氏本、淮南本、救氏本十一个。这十一个传本,都不难见到。且除杨氏本、韩氏本外,其他各本刘向校书时都校雠过。但列于《汉书·艺文志》书目的只有施、孟、梁丘三家。

再看《尚书》。《史记·儒林列传》记载倪宽"以文学应郡举,诣博士受业,受业孔安国",倪宽师从孔安国,则当时五经博士中的《尚书》博士乃是孔安国。② 孔安国非伏生一系学者,学官中当有《尚书》

---

① (汉)司马迁:《史记》,中华书局点校三家注本1982年版,第3097页。
② 《史记·儒林列传》公孙弘议曰:"为博士官置弟子五十人,复其身。太常择民年十八已上,仪状端正者,补博士弟子。郡国县道邑有好文学,敬长上,肃政教,顺乡里,出入不悖所闻者,令相长丞上属所二千石,二千石谨察可者,当与计偕,诣太常,得受业如弟子。"此议即是立五经博士之事。而倪宽"以文学应郡举,诣博士受业"当属于"受业如弟子"的乡里好文学子弟。

孔氏本。①

此外，西汉中秘尚藏有中古文本《尚书》，见于《汉书·艺文志》小序。② 可知除欧阳本、大小夏侯本、孔壁古文本外，西汉时至少还有孔安国本、中古文本。

《礼》经之本，书目载"后氏"、"戴氏"二家。后氏，即后苍（或后仓），因善《诗》、《礼》而为博士。《汉书·百官公卿表》载汉宣帝本始二年（前72），后苍由博士迁任少府，本始三年（前71）离任，当卒于任上。本始二年距汉武帝建元五年（前136）有六十多年的历史，故而武帝至宣帝时期学官的《礼》学尚有许多博士主持过，也当有《礼》经的某家学官之本，且非后氏本。

《汉书·儒林传》又载后苍弟子有闻人通汉、戴德、戴圣、庆普，其中只有戴圣曾任博士，"小戴，以博士论石渠"。由此推断，《艺文志》书目所说的戴氏，当是戴圣本《礼》经。

总而言之，《汉书·艺文志》并未将西汉五经的各个版本全部载录，而是仅著录了与汉宣帝时期学官所立有关联的五经版本。武帝时期的杨氏《易》、昭帝时期的后氏《礼》和元帝时期的京氏《易》，这些都是武、昭、元时代学官中讲习的版本，但《艺文志》均未载录。

## 二　由刘向校书推及石渠诸经的入藏

若《汉书·艺文志》书目部分著录西汉学官所立五经版本，那么，像杨氏《易》这样的早期学官本当载录于《志》。宣帝之后，元帝、平帝时学官所立，《汉志》亦不录。东汉十四博士之学，《汉志》中也未见反映。③ 若从班固立场着眼，杨氏《易》、京氏《易》、大戴《礼》、庆氏《礼》是当载于《志》的。由此可见，《汉志》五经文本的记录，还是以刘向、刘歆父子的校书记录为主。刘氏父子校书时，并没有综合采集学官所习五经的各个版本。另外，刘向父子校书时校雠中使用过的五经文本有

---

① 《史记·儒林列传》曰："孔氏有古文尚书，而安国以今文读之，因以起其家。"故知孔氏本乃是以今文录孔壁古文《尚书》之本。
② 中古文本与孔壁古文本并非一个本子，参见徐建委《中古文〈尚书〉与秦府图籍、〈七略〉关系蠡测》，《鲁东大学学报》2009年第6期。
③ 东汉经学《春秋》学设立严、颜二氏之学，均属《公羊》学，故相比西汉后期，《春秋》学中剔除了《穀梁》学。

## 第一章 石渠议经与《汉书·艺文志》五经文本入藏中秘考

的也未著录于《志》，如《易》中古文本、费氏本、高氏本，《尚书》中古文本等。

由此可见，《汉书·艺文志》既未全部载录学官中所习五经众本，也未全部载录刘向校雠过的各本。这应该与刘向校书的实际情况有关。

刘向是以中秘书为主，参校以官府书、大臣书和民间书三种不同来源的文本。《汉书·成帝纪》河平三年记载："命刘向校中秘书。"颜师古注曰："言中以别外。"《汉书·楚元王传》记载汉成帝"方精于《诗》、《书》，观古文，诏向领校中《五经》秘书"，即汉成帝在阅览中秘古文之后，诏命刘向整理中秘书。两处记载都说明汉成帝要刘向整理的对象是中秘书。从目前传世刘向《别录》佚文分析，也是如此。刘向所述各典籍来源中，有的没有官府书（如《说苑》、《邓析子》、《申子》），有的没有大臣书（如《申子》、《山海经》），有的没有民间书（如《晏子》、《老子》、《管子》、《列子》、《邓析子》、《山海经》），但是没有哪部书没有中秘书，《淮南九师道训》、《孙卿子》、《战国策》甚至只利用了中秘藏书。故王国维有"班《志》全用《七略》，即以中秘书目为国史书目"的论断。① 此目录乃是中秘书的整理目录，即刘向校雠并撰写提要的中秘书目录。

那么，《汉书·艺文志》所录五经诸本，当是西汉秘府所藏并经刘向校雠之本，范围相当有限。因此，西汉时期其他五经文本不见于《汉志》就不奇怪了。像《易》中古文本、费氏本、高氏本，《尚书》中古文本这样的文献，虽然刘向在校雠其他文本时使用过，但未将其作为工作对象进行校雠，故无校书之《录》，也就不可能入《七略》，并见载于《汉志》了。②

前文已提及，《汉志》所录五经文本乃是以甘露三年前后学官所习为特点的。《易》为施、孟、梁丘三家，这三家都是宣帝时期所立，其中最后立者为梁丘《易》，时间是甘露三年。《尚书》宣帝之前有欧阳《尚书》，甘露三年立大、小夏侯《尚书》。《诗》三家均在宣帝之前立。《礼》宣帝之前有后氏，《志》载后氏、戴氏二家。《春秋》宣帝之前只

---

① 王国维：《观堂集林·〈汉书艺文志举例〉后序》，河北教育出版社 2001 年版。
② 余嘉锡：《汉书艺文志索隐》："凡《七略》著录者，皆向、歆校订后，杀青缮写奏进之书。此古文《易》藏于中秘者，犹是先秦人手写古文旧书，向、歆未尝别写，故不著录。"

有《公羊》，甘露三年立《穀梁》。

学官指博士讲学之所，隶属太常，本属外府管辖。① 博士弟子所学为何会入藏中秘？这又可从甘露三年石渠会议来解释。特别是在《汉书·艺文志》《书》、《礼》、《春秋》、《论语》、《孝经》各类文献的经、传、说之后，均有石渠《议奏》存录，显示出经部文献是以石渠会议的条奏为总结的结构特点。

《尚书》类文献中，经、传、章句、解故、说义之后，便是石渠《议奏》。最后是班固新入的刘向《稽疑》一篇。所收文献中刘向、许商的《五行传记》属于成帝时期的文献②，其他的当均在石渠之前。

《礼》类以石渠《议奏》作为最后一家，之前的文献除了《周官传》外③，也多在石渠之前。

《春秋》类最值得注意，在《春秋》经、传文献之后，是石渠《议奏》。《议奏》之后，又列《国语》、《新国语》、《战国策》、《太史公》等《春秋》经传之外的文献，尤其说明石渠《议奏》乃是作为经、传文献的综论（条奏各家异说而判之）存在的。

《论语》类与《春秋》类类似，传、说之后是《议奏》，《议奏》之后又列与《论语》接近的《孔子家语》、《孔子三朝》和《孔子徒人图法》。

《孝经》类在传、说之后，列石渠《五经杂议》，可说是对五经各家异义的辑录。

石渠会议乃是宣帝"诏诸儒讲《五经》同异"之会，由"太子太傅萧望之等平奏其议"，并且"上亲称制临决"，即石渠之议要上呈汉宣帝决议。既然是辩经，则各经文本及传、记也当与《议奏》一并上呈，这也就是为什么宣帝时期立于学官的诸经文本得以入藏中秘的原因。

据《汉书》记载，曾参与石渠会议的学者有：萧望之、韦玄成、刘向、薛广德等二十三人。他们所学如下表：

| 萧望之 | 齐《诗》 |
| --- | --- |
| 韦玄成 | 鲁《诗》 |

---

① 参见徐建委《〈说苑〉研究——以战国秦汉之间的文献累积与学术史为中心》，北京大学出版社2011年版。
② 见下文注。
③ 《周官传》未详所出。

续表

| | |
|---|---|
| 薛广德 | 鲁《诗》 |
| 张长安 | 鲁《诗》 |
| 施雠 | 施氏《易》 |
| 梁丘临 | 梁丘《易》（本传谓"专行京房法"） |
| 欧阳地余 | 欧阳《尚书》 |
| 林尊 | 欧阳《尚书》 |
| 周堪 | 大夏侯《尚书》 |
| 张山拊 | 小夏侯《尚书》 |
| 假仓 | 小夏侯《尚书》 |
| 戴圣 | 小戴《礼》 |
| 闻人通汉 | 后氏《礼》 |
| 严彭祖 | 公羊《春秋》 |
| 申挽 | 公羊《春秋》 |
| 伊推 | 公羊《春秋》 |
| 宋显 | 公羊《春秋》 |
| 许广 | 公羊《春秋》 |
| 尹更始 | 穀梁《春秋》 |
| 刘向 | 穀梁《春秋》 |
| 周庆 | 穀梁《春秋》 |
| 丁姓 | 穀梁《春秋》 |
| 王亥 | 穀梁《春秋》 |

除《孟氏易》、《韩诗》外，上述学者所习五经正好与《汉书·艺文志》所载文本的家派相符。

由此判断，刘向所校五经文献，多数是在石渠会议之后，入藏中秘。或者说，刘向所校五经秘书主要是石渠会议所集、所议、所藏之本。《汉书·艺文志》曰："迄孝武世，书缺简脱，礼坏乐崩，圣上喟然而称曰：'朕甚闵焉！'于是建藏书之策，置写书之官，下及诸子传说，皆充秘府。"[①] 可知汉武帝时曾有大量图籍入藏秘府，但《六艺略》部分的主要文本却是汉宣帝时入藏，这是深可注意的。

---

① 此当据刘歆《七略·辑略》。

## 三 刘向校书之原委

有关刘向校书的最原始的记载有两处:

《汉书·艺文志》:"汉兴,改秦之败,大收篇籍,广开献书之路。迄孝武世,书缺简脱,礼坏乐崩,圣上喟然而称曰:"朕甚闵焉!"于是建藏书之策,置写书之官,下及诸子传说,皆充秘府。至成帝时,以书颇散亡,使谒者陈农求遗书于天下。诏光禄大夫刘向校经传诸子诗赋,步兵校尉任宏校兵书,太史令尹咸校数术,侍医李柱国校方技。"①

《汉书·楚元王传》:"上方精于《诗》、《书》,观古文,诏向领校中《五经》秘书。"②

它们各自记载了成帝诏命刘向校书的两个缘起:一为"书颇散亡";二为成帝"方精于《诗》、《书》,观古文"。

其一涉及西汉中前期的藏书情况。从汉初开始,西汉中央就着力收集各种典籍,所谓"汉兴,改秦之败,大收篇籍,广开献书之路"是也。到汉武帝时,"建藏书之策,置写书之官",这是有意识地对"书缺简脱"的整理行为。整理缮写完毕后,这些新抄写的书籍"皆充秘府"。故汉武帝时秘府所新入藏的典籍应是经过整理和抄写的新帛或新简。就这个角度而言,汉武帝之后秘府的藏书应该以新书为主,当然也包括一部分先秦典籍,如古文《易》。然《汉志》云"至成帝时,以书颇散亡,使谒者陈农求遗书于天下",武帝至成帝,短短的五十四年,中间没有战乱,汉宣帝、汉元帝均为重视文化之天子,又有"藏书之策"、"写书之官",书籍怎会"散亡"?

这要从刘向领校秘书的第二个原因说起。《汉书·楚元王传》记载汉成帝"方精于《诗》、《书》","观古文",乃"诏向领校中《五经》秘书"。由观书而命刘向校书,则成帝所观之书必散乱而不可观,这恐怕就是《艺文志》所言的"书颇散亡"了。由此,成帝命陈农访书民间,内

---

① (汉)班固:《汉书》,中华书局1962年版,第1701页。
② 同上书,第1950页。

中原委亦可晓知。那么，秘府藏书的"散亡"，具体为何种情形？诵刘向之叙录可见一二：

《晏子叙录》：所校中书《晏子》十一篇，臣向谨与长社尉臣参校雠太史书五篇，臣向书一篇，参书十三篇，凡中外书三十篇，为八百三十八章。除复重二十二篇六百三十八章，定著八篇二百一十五章，外书无有三十六章，中书无有七十一章……皆已定以杀青，书可缮写。……其六篇可常置旁御观。

《孙卿子叙录》：《孙卿书》凡三百二十三篇，以相校，除重复二百九十篇，定著三十三篇，为十二卷题曰《新书》。

《管子叙录》：所校雠中《管子》书三百八十九篇，太中大夫卜圭书二十七篇，臣富参书四十一篇，射声校尉立书十一篇，太史书九十六篇，凡中外书五百六十四篇，以校，除复重四百八十四篇，定著八十六篇。杀青而书，可缮写也。……《九府》书民间无有。

《列子叙录》：所校中书《列子》五篇，臣向谨与长社尉臣参校雠太常书三篇，太史书四篇，臣向书六篇，臣参书二篇，内外书凡二十篇。以校除复重十二篇，定著八篇。中书多，外书少。章乱布在诸篇中。或字误以尽为进，以贤为形，如此者众。及在新书有栈，校雠从中书，已定皆已杀青，书可缮写。

（以上为《师石山房丛书》本《别录》佚文）①

《说苑叙录》：所校中书说苑杂事，及臣向书、民间书，诬校雠，事类众多，章句相溷，或上下谬乱，难分别次序。除去与《新序》重复者，其余者浅薄，不中义理，别集以为《百家》，后令以类相从，一一条别篇目，更以造新事十万言上，凡二十篇，七百八十四章，号曰《新苑》，皆可观。（宋本《说苑》）②

不难发现，刘向所校图书来源有四：中书（未央宫秘府藏书）、官府藏书（太常、太史藏书）、大臣藏书（刘向、富参等）、民间书。刘向未校之前，一部书总的篇数虽多，但重复率高，即便如此，各篇之间也是一

---

① 参见张舜徽《文献学辑要》，陕西人民出版社1985年版。
② 南宋咸淳本、元大德云谦本、明钞本均有。

个互通有无的关系。《晏子叙录》云"定著八篇二百一十五章，外书无有三十六章，中书无有七十一章"者，正是中、外书互补而成新书。如此看来，秘府藏书虽经武帝时期的重新缮写，重复率却很高，而且也不完整，不便于选择和阅读。秘府藏书重复、散乱，或因这些文籍为王国、官员或民间不时所献，随献随录，没有统一对勘，也没有系统整理，故难免重复，虽为新抄，仍难称善本。值成帝观书，秘府藏书问题突显出来，于是就有了河平三年的刘向校书。

刘向校书的基本操作是，以中书为底本，参校大臣书、民间书，为中书写定一个善本。即以外书校中书也。秘府不藏的图书，并不在刘向校雠之列。① 一般而言，中书优于外书，故《列子叙录》云"校雠从中书"也。当然，也有一些篇章，民间传本要优于秘府藏本，唯其占比极小而已。不然，外书也就失去了参校的价值。

又：

《晏子叙录》曰：其六篇可常置旁御观。
《说苑叙录》曰：号曰《新苑》，皆可观。

所谓"御观"、"可观"，乃呈天子之文。这也从另一个角度说明，刘向校书之缘起，乃在成帝之"观"书秘府。

### 四 中秘书来源蠡测

刘向《别录》屡言"中书"，颜师古曰"中书"乃天子之书。"中"是西汉官制常用之号，所谓"侍中"、"中两千石"者是也。中官，即供职于未央宫之官，为天子属官。以此类推，"中书"亦为未央宫之藏书。《汉书》如淳注引刘歆《七略》曰："外则有太常、太史、博士之藏，内则有延阁、广内、秘室之府。"故"中书"当为"延阁、广内、秘室"之藏。然"中书"来源于何处，包括哪些典籍诸问题，尚有模糊之处，因为行文、考论的需要，特需明晰之。此处最为切要的问题，乃在于刘向所校中书，不仅其卷帙富于外书，篇、章亦多为外书所无。如诸子书中的很多篇，民间未有流布，其来源颇可思量。但是，因文献阙如，下文所述，

---

① 参见余嘉锡《古书通例》，《余嘉锡说文献学》，上海古籍出版社2001年版，第169—172页。

仅为推测。

《史记》云萧何入关,"独先入收秦丞相御史律令图书藏之。沛公为汉王,以何为丞相。项王与诸侯屠烧咸阳而去。汉王所以具知天下阨塞,户口多少,彊弱之处,民所疾苦者,以何具得秦图书也"。史载仅及律令户籍等文献,秦官府所藏的其他典籍是否在萧何收集之列,则不可知。然《三辅黄图》曰:"石渠阁,萧何造,其下礲石为渠以导水,若今御沟,因为阁名。所藏入关所得秦之图籍,至成帝又于此藏秘书焉。"汉宣帝甘露三年于此诏群儒论五经之异同,石渠阁所藏似应有经传诸子文献。

《史记·六国年表》曰:

> 秦既得意,烧天下诗书,诸侯史记尤甚,为其有所刺讥也。诗书所以复见者,多藏人家,而史记独藏周室,以故灭。惜哉,惜哉!独有《秦记》,又不载日月,其文略不具。①

《秦记》是秦的官方记录(据近年新出土的秦简显示,统一六国前后的秦国地方行政单位的行政财政等记录已经相当规范,因此司马迁提到的不规范的《秦记》应该是秦国早期的官方记录,因此必然是作为重要的典籍来收藏的),能够流传到西汉太史令处,可证秦之藏书流入了西汉。

再者,司马迁曰:"余读管氏《牧民》、《山高》、《乘马》、《轻重》、《九府》,详哉言之也。"刘向《管子书录》则云:"《九府》书民间无有。"据此可推知《九府》书非民间所献。此类书当与《秦记》相似,乃秦书,并至少是以副本的形式藏于太史处。《汉书·艺文志》又曰:"刘向校书得《乐记》二十三篇,与禹不同。"王禹《乐记》二十四篇为河间献王与毛公等人采古籍所制,辗转传至汉成帝时期王禹之手,禹献于成帝。刘向所得中秘《乐记》,必非民间所献,来源于秦书的可能性较大。

另外,刘向在校书与撰写《别录》时,多参据《太史公书》,但刘向所见中秘典籍篇章常多于司马迁所读,《孟子》即为一例。刘向定为十一篇,包括内篇七,外篇四,司马迁所见仅为内七篇。相似情况还有很多,如《列子》、《晏子》、《管子》、《孙子》等均类《孟子》,这再一次说明中书别有来源,非全部为民间所献,不然其篇章不可能为外书所无。

---

① (汉)司马迁:《史记》,中华书局点校三家注本1982年版,第686页。

故曰,西汉秘府中书,至少有自秦中秘藏书或太常藏书而来者。再扩而大之,王充、刘勰都云秦虽无道,焚书不及诸子①,联系中秘本诸子多外书所无的篇章,故中秘诸子不全是民间所献,其大部分应来源于秦之藏书。

《汉书·艺文志》曰:"汉兴,改秦之败,大收篇籍,广开献书之路。迄孝武世,书缺简脱,礼坏乐崩,圣上喟然而称曰:'朕甚闵焉!'于是建藏书之策,置写书之官,下及诸子传说,皆充秘府。"故而,汉成帝时中书应有一部分来自民间,如王禹《乐记》者是也。如此,成帝时期之中书来源主要有二:一为秦之藏书;二为汉初以来大臣、民间所献之书。

然则,何以太史公所阅群书,不及刘向所校之富?一则刘向所校,尚有武帝之后陆续入藏者;二则中秘书人臣非受诏,不得观之。余嘉锡《古书通例》释之曰:

> 汉中秘所藏,臣下见之至为不易故也。《汉书叙传》曰:"斿与刘向校秘书,以选受诏进读群书,上器其能,赐以秘书之副。时书不布,至东平思王以叔父求太史公诸子书,大将军白不许。"是则向所校之书,当时不许传布,班斿得之,以为异数。考《霍光传》云:"山又坐写秘书,显为上书献城西第,入马千匹,以赎山罪,书报闻。会事发觉,山自杀。"而《百官公卿表》云:"蒲侯苏昌为太常,坐籍霍山书,泄秘书免。"师古曰:"以秘书借霍山。"此可见汉法之严矣。成帝时秘书之不得传布,以此也。扬雄《答刘歆书》云:"有诏令尚书给笔墨,得观书于石室。"(见《方言》卷首)然则中秘之藏,人臣非受诏不得观矣。《叙传》又言班嗣家有赐书,桓谭欲借之而嗣不许,亦可见其时士大夫得之之难。未几而值王莽之乱,秘书并从焚尽(见《隋书·牛弘传》),故今人得见秦、汉古书者,刘向之功也。②

故知西汉中秘藏书的管理非常严格,因此之故,除掌管中秘的太常,

---

① 《论衡·书解篇》:"秦虽无道,不燔诸子,诸子尺书,文篇具在,可观读以正说,可采掇以示后人。"《文心雕龙·诸子篇》:"烟燎之毒,不及诸子。"
② 余嘉锡:《古书通例》,中华书局2009年版,第250—251页。

外臣一律不得私窥。但自刘向、刘歆父子参与中秘书的校雠之后，其校定的中书的副本，以及其不必参校的中秘孤本之副本，开始在参与校书或接近于皇帝的重要文臣之间存在，王莽又曾开秘府，这使得西汉末年战乱之后，一些古籍得以传世。所以"今人得见秦、汉古书者，刘向之功也"的评论，还是非常公允的。

## 五　刘向校书与复核石渠之议

石渠议经之后入藏的五经文本当属完善的书籍，自甘露三年（前51）至河平三年（前26），其间不过25年，这部分文献不至于像《战国策》、《晏子》、《荀子》等古书那样错乱杂糅，那么刘向校雠的目的何在？

这或许与汉成帝这位年轻的皇帝的知识兴趣有关。《汉书·成帝纪》记载："元帝即位，帝为太子。壮好经书，宽博谨慎。"汉成帝刘骜是史籍记载雅好经书的天子之一，即位后，更是一度专务于此，《汉书叙传》称"时，上方乡学，郑宽中、张禹朝夕入说《尚书》、《论语》于金华殿中"，可见刘骜对五经之学曾十分热衷。正如上文之推断，刘向的校书即与此有关。

如前所述，汉武帝时秘府所新入藏的典籍都是经过整理和抄写的新帛或新简。就这个角度而言，汉武帝之后中央的藏书应该以新书为主（当然也包括一部分保存完好的先秦时期的典籍）。宣帝时期的石渠诸经也是如此。这样的话就与"至成帝时，以书颇散亡，使谒者陈农求遗书于天下"在表面上存在一定的矛盾。那么责成刘向校五经秘书的主要原因恐怕首先是成帝刘骜个人对于五经的兴趣。

考案《汉书》，成帝的老师有韦玄成、严彭祖、匡衡、郑宽中、张禹、张谭等人，其中韦玄成传《鲁诗》、《鲁论语》，严彭祖传《公羊春秋》，匡衡传《齐诗》，郑宽中传《小夏侯尚书》，张禹传《梁丘易》、《齐论语》、《鲁论语》，张谭未知所学。成帝为太子及初即位时期，当时著名学者还有欧阳地余（传《欧阳尚书》）、尹更始（传《穀梁春秋》）、刘向等人。刘歆称"往者博士《书》有欧阳，《春秋》公羊，《易》则施、孟，然孝宣皇帝犹复广立《穀梁春秋》，梁丘《易》，大、小夏侯《尚书》，义虽相反，犹并置之"。成帝所学诸经，在很多方面存在"义相反"的情形，这对于"好经书"的成帝而言，会有疑问。

除了上述学问外，成帝还发秘府，观古文。所谓"古文"应包括中古文《易》、中古文《尚书》、《古五子》、《春秋古经》、《左氏春秋》等文献，这些古文献无疑是散乱杂糅的。

因此，成帝在热衷于五经之时，诏命刘向校中五经秘书，目的可能有二。

其一，复核石渠之论，考案秘府所藏五经文本的字句、篇章、义理及传、说、章句的异同，梳理西汉五经各家之渊源脉络。

《别录》佚文及《汉书》的记载可证此论不虚。《艺文志·六艺略》、《诸子略》、《诗赋略》小序均是对此类文献渊源流派的介绍，这些小序依据了刘歆《七略·辑略》，当据《别录》。《艺文志》又曰："刘向以中《古文易经》校施、孟、梁丘经，或脱去'无咎'、'悔亡'，唯费氏经与古文同。""刘向以中古文校欧阳、大小夏侯三家经文，《酒诰》脱简一，《召诰》脱简二。率简二十五字者，脱亦二十五字，简二十二字者，脱亦二十二字，文字异者七百有余，脱字数十。"这些都是刘向对五经文本字句异同的复核。

如上文所述，石渠之《议奏》在《汉志》目录中是作为五经经、传、说、记或章句的"总结"出现的，这也显示刘向校书是将石渠之议作为重要的"校雠"对象。即其校书从石渠诸经开始，下及其传、记、章句，最后归之于当时之《议奏》。这个过程在一定程度上就是复核当日所论、所议。

再者，《汉书·儒林传》曰：

> 刘向校书，考《易》说，以为诸《易》家说皆祖田何、杨叔元、丁将军，大谊略同，唯京氏为异，党焦延寿独得隐士之说，托之孟氏，不相与同。①

刘向《别录》云：

> 左丘明授曾申，申授吴起，起授其子期，期授楚人铎椒。铎椒作《抄撮》八卷，授虞卿；虞卿作《抄撮》九卷，授荀卿；荀卿

---

① （汉）班固：《汉书》，中华书局1962年版，第3601页。

授张苍。①

何晏《论语集解序》曰：

汉中垒校尉刘向言《鲁论语》二十篇，皆孔子弟子记诸善言也。大子大傅夏侯胜、前将军萧望之、丞相韦贤及子玄成等传之。《齐论语》二十二篇，其二十篇中，章句颇多于《鲁论》。琅邪王卿及胶东庸生、昌邑中尉王吉皆以教授。故有《鲁论》、有《齐论》。鲁共王时，尝欲以孔子宅为宫，坏，得古文《论语》。《齐论》有《问王》、《知道》，多于《鲁论》二篇。《古论》亦无此二篇，分《尧曰》下章"子张问"以为一篇，有两《子张》，凡二十一篇。篇次不与《齐》、《鲁论》同。②

上述三则文献，都是刘向对西汉五经文本渊源、家派、异同的梳理。因此，对于那些完善的五经今文本而言，刘向校书的主要目的之一是梳理经学之脉络，即所谓"辨章学术，考竟源流"。这一点与《史记·儒林传》在意旨上非常接近。刘向《别录》佚文曾提及所见书与太史公的异同③，可见此是其用心处。也是其对武帝至成帝时期经学文本、源流的复核、考订。

其二，刘向校书的第二个目的当是清理秘府所藏散乱杂糅的文献。中秘书存在篇章重复、杂糅之现象。因此，成帝需要刘向将其整理成便于观阅的善本，并介绍其学术特点及源流。现存几篇《别录》及佚文均体现了上述目的。这一问题比较明显，无需赘论。

综合来看，刘向校雠五经诸本主要是复核石渠之议，因此是以辨识经义为主。这是西汉经学史上对五经字句、义理的又一次辨析。

另，《隋书·经籍志》有《五经通义》八卷（梁九卷），未著撰人，新旧《唐志》则曰刘向撰。唐以前此书多次被征引，往往与《白虎通

---

① 《十三经注疏》之《春秋左传正义》，第1703页上栏。
② 《十三经注疏》之《论语注疏》，第2454—2455页。
③ 如《史记集解》引刘向《别录·申子》曰："今民间所有上下二篇，中书六篇，皆合二篇，已备，过于太史公所记也。"（中华书局点校本《史记》，第2146页）

义》、《五经异义》并提,应是汉人之作。此书唐代有传,且复梁代之旧,为九卷。① 新旧《唐志》载称刘向撰,似可采信。若此书确为刘向所作,则很可能是刘向校雠五经今文本的成果之一。

### 六 《汉志·六艺略》文献入藏时间拟测

确定了五经及其主要的传、说、记、章句入藏中秘的时间,《汉志·六艺略》其他文献可能的入藏时间也较易确定了。本书以时间为序,粗略梳理如下(为了行文简省,部分史料及考证放入注中):

第一,可能为萧何所收秦御史的藏书:

《古五子》十八篇。

《古杂》八十篇。

《杂灾异》三十五篇。

《神输》五篇,图一。

《周书》七十一篇。

《礼记》百三十一篇。

《明堂阴阳》三十三篇。

《王史氏》二十一篇。

《军礼司马法》百五十五篇。

《古封禅群祀》二十二篇。

《乐记》二十三篇。

《春秋古经》十二篇。

《左氏传》三十卷。

《左氏微》二篇。

《铎氏微》三篇。

《虞氏微传》二篇。

《国语》二十一篇。

《新国语》五十四篇。

《世本》十五篇。古史官记黄帝以来讫春秋时诸侯大夫。②

---

① 参见(清)姚振宗《隋书经籍志考证》,中华书局影印《二十五史补编》第四册,第5186页。
② 《史记索隐》引刘向《别录》曰:"《世本》,古史官明于古事者之所记也。录黄帝已来帝王诸侯及卿大夫系谥名号,凡十五篇也。"由此看来,班固小注多依《别录》。

《战国策》三十三篇。①

《奏事》二十篇。秦时大臣奏事,及刻石名山文也。

《太古以来年纪》二篇。

《孔子家语》二十七卷。

《孔子三朝》七篇。

第二,汉初至武帝时期所藏:

《传》四十一篇。②

《楚汉春秋》九篇。陆贾所记。

《张氏微》十篇。③

第三,武帝时所藏:

《易传》,《周氏》二篇,《服氏》二篇,《杨氏》二篇,《蔡公》二篇,《韩氏》二篇,《王氏》二篇,《丁氏》八篇。④

---

① 刘向《战国策书录》云:"所校中战国策书、中书余卷,错乱相糅舛。又有国别者八篇,少不足,臣向因国别者,略以时次之,分别不以序者以相补。除复重,得三十三篇……中书本号,或曰《国策》,或曰《国事》,或曰《短长》,或曰《事语》,或曰《长书》,或曰《修书》,臣向以为战国时游士辅所用之国,为之策谋,宜为《战国策》。"《战国策》的原始材料是秘府所藏的一批战国时代的策书,有国别的仅有八篇,重复的篇章也不少。各种策书、帛书的名称也不一致。这种错乱杂糅的情况不符合汉代书籍入藏的特点,因此当属汉前文献直接入藏者。

② 郑玄《尚书大传序》曰:"伏生为秦博士,至孝文时,年且百岁。张生、欧阳生从其学而受之。音声犹有伪误,先后犹有差舛,重以篆隶之殊,不能无失。生终后,数子合论所闻,以己意弥缝其阙;而又特撰其大义,因经属指,名之曰《传》。刘向校书,得而上之,凡四十一篇。"(引自姚振宗《汉书艺文志条理》,原载《玉海》,见《二十五史补编》第二册第1541页。)郑玄所述《尚书大传》的源流,当据刘向《别录》,因此才会有"刘向校书,得而上之"的话。根据郑玄的叙述,《传》乃是张生、欧阳生从伏生处所习得,伏生卒后,他的学生们把各自所学的《传》合在一块,并依据自己的理解把某些缺失弥合,又单独撰写了大义,依照《尚书》今文经,将《传》归入各篇,以明其所解篇目。由此推之,《尚书大传》乃是文景之时入藏。

③ 张氏,北平侯张苍,故为汉初。

④ 《汉书·儒林传》载田何"授东武王同子中、雒阳周王孙、丁宽、齐服生,皆著《易传》数篇",其中丁宽乃是至杜县从田何学,学成后又至雒阳问古学于周王孙,故知王同、周王孙从学田何在丁宽前。丁宽景帝时为梁孝王将军,率军距吴、楚。王同又淄川杨何,武帝元光中征为中大夫。上述《易传》明显属于一组,它们是田何之后的著作。但因《杨氏易》属武帝立学之后的本子,《韩氏易》很可能是最早的五经博士本,且其后的《淮南道训》也当是武帝时期入藏,故本书认为这批《易传》有的(如《周氏》、《服氏》、《王氏》)虽可能在武帝之前入藏,但作为《汉志》相对集中地记录的《易传》,它们还更可能是武帝立五经博士之后入藏的文本。

《淮南道训》二篇。①

《尚书古文经》四十六卷。②

《毛诗》二十九卷。③

《毛诗故训传》三十卷。

《礼古经》五十六卷。

《周官经》六篇。

《封弹议对》十九篇。武帝时也。

《汉封禅群祀》三十六篇。

《太史公》百三十篇。

《论语》古二十一篇。出孔子壁中，两《子张》。

《孝经古孔氏》一篇。二十二章。

《凡将》一篇。司马相如作。

第四，宣帝时所藏：

《雅琴赵氏》七篇。④

《雅琴师氏》八篇。⑤

《雅琴龙氏》九十九篇。⑥

第五，宣帝甘露三年所藏：⑦

《易》，经十二篇，施、孟、梁丘三家。

《章句》施、孟、梁丘氏各二篇。

《尚书今文经》二十九卷。大、小夏侯二家。

《欧阳经》三十二卷。

《欧阳章句》三十一卷。

大、小《夏侯章句》各二十九卷。

---

① 当为淮南王入长安时所献。

② 《尚书》古文经、《礼》古经、古《论语》、古《孝经》为孔安国家于天汉末年所献，前三者出于孔壁。

③ 《毛诗》、《周官》为河间献王所献。

④ 《艺文类聚》卷四十四引刘向《别录》曰："赵氏者，渤海人赵定也，宣帝时，元康、神爵间，丞相奏能鼓琴者渤海赵定、梁国龙德，皆召，入见温室，使鼓琴待诏。"《汉书·艺文志》："名定，勃海人，宣帝时丞相魏相所奏也。"

⑤ 前后两家均汉宣帝时入藏，此介于中间，亦当此时也。

⑥ 《汉书·艺文志》："名德，梁人。"即上注所引《别录》中提及的梁国龙德。颜师古注曰："刘向《别录》云亦魏相所奏也。与赵定俱召见待诏，后拜为侍郎。"

⑦ 这一部分文献的传、说、章句的入藏时间不好确定，姑系与本经之下。

大、小《夏侯解故》二十九篇。

《欧阳说义》二篇。

《议奏》四十二篇。

《诗经》二十八卷，鲁、齐、韩三家。

《鲁故》二十五卷。

《鲁说》二十八卷。

《齐后氏故》二十卷。

《齐孙氏故》二十七卷。

《齐后氏传》三十九卷。

《齐孙氏传》二十八卷。

《齐杂记》十八卷。

《韩故》三十六卷。

《韩内传》四卷。

《韩外传》六卷。

《韩说》四十一卷。

《经》十七篇。后氏、戴氏。

《曲台后仓》九篇。

《中庸说》二篇。

《明堂阴阳说》五篇。

《议奏》三十八篇。石渠。

《经》十一卷。公羊、穀梁二家。

《公羊传》十一卷。

《穀梁传》十一卷。

《邹氏传》十一卷。

《夹氏传》十一卷。有录无书。

《公羊外传》五十篇。

《穀梁外传》二十篇。

《公羊章句》三十八篇。

《穀梁章句》三十三篇。

《公羊杂记》八十三篇。

《公羊颜氏记》十一篇。

《公羊董仲舒治狱》十六篇。

《议奏》三十九篇。石渠论。

《齐》二十二篇。多《问王》、《知道》。

《鲁》二十篇。

《传》十九篇。

《齐说》二十九篇。

《鲁夏侯说》二十一篇。

《燕传说》三卷。

《议奏》十八篇。石渠论。

《孝经》一篇，十八章。长孙氏、江氏、后氏、翼氏四家。

《长孙氏说》二篇。

《江氏说》一篇。

《翼氏说》一篇。

《后氏说》一篇。

《杂传》四篇。

《五经杂议》十八篇。石渠论。

第六，汉元帝时期入藏：

《孟氏京房》十一篇。

《灾异孟氏京房》六十六篇。

五鹿充宗《略说》三篇。①

《京氏段嘉》十二篇。②

《急就》一篇。元帝时黄门令史游作。

第七，汉成帝时期入藏：

刘向《五行传记》十一卷。③

--------

① 五鹿充宗，梁丘贺弟子，习《梁丘易》、《齐论语》，善辩，汉元帝曾称赞道："心辨善辞，可使四方，少府五鹿充宗是也。"充宗为汉元帝时佞臣中书令石显友人，且元帝对其所学与其辩才颇为赏识，故充宗显贵当时，先为尚书令，建昭元年（前38）迁为少府。元帝曾令充宗与各《易》学儒生辩论，因其显贵且善辩，皆称疾不敢会。后被朱云折服。由此推知五鹿充宗《略说》为元帝时所论，并上呈元帝的。

② 京氏《易》元帝时期立于学官，段嘉为京房弟子，亦在元帝时期著称，见上文。

③ 《汉书·刘向传》曰："上（汉成帝）方精于《诗》、《书》，观古文，诏向校中《五经》秘书。向见《尚书·洪范》，箕子为武王陈五行阴阳休咎之应。向乃集合上古以来历春秋六国至秦、汉符瑞灾异之记，推迹行事，连传祸福，著其占验，比类相从，各有条目，凡十一篇，号曰《洪范五行传论》，奏之。"

许商《五行传记》一篇。①

《王禹记》二十四篇。②

冯商所续《太史公》七篇。③

《论语鲁安昌侯说》二十一篇。④

《论语鲁王骏说》二十篇。

《孝经安昌侯说》一篇。

《元尚》一篇。成帝时将作大匠李长作。

第八，未知年代：

《周官传》四篇。

《雅歌诗》四篇。

《汉著记》百九十卷。

《汉大年纪》五篇。

《孔子徒人图法》二卷。

《古今字》一卷。

《弟子职》一篇。

《说》三篇。

《尔雅》三卷二十篇。

《小尔雅》一篇。

《史籀》十五篇。周宣王太史作大篆十五篇，建武时亡六篇矣。

《八体六技》。

《苍颉》一篇。上七章，秦丞相李斯作；《爰历》六章，车府令赵高

---

① 《汉书·沟洫志》曰："成帝初，清河都尉冯逡奏言……事下丞相、御史，白博士许商治《尚书》，善为算，能度功用。遣行视，以为屯氏河盈溢所为，方用度不足，可且勿浚。后三岁，河果决于馆陶及东郡金堤，泛滥兖、豫，入平原、千乘、济南，凡灌四郡三十二县……后二岁，河复决平原，流入济南、千乘，所坏败者半建始时，复遣王延世治之。杜钦说大将军王凤，以为：'……宜遣焉及将作大匠许商、谏大夫乘马延年杂作。……'后九岁，鸿嘉四年……是岁，勃海、清河、信都河水溢溢，灌县邑三十一，败官亭民舍四万余所。河堤都尉许商与丞相史孙禁共行视，图方略。"

② 《汉书·艺文志》："禹，成帝时为谒者，数言其义，献二十四卷记。"

③ 《汉书·赵尹韩张两王传赞》："自孝武置左冯翊、右扶风、京兆尹，而吏民为之语曰：'前有赵、张，后有三王。'然刘向独序赵广汉、尹翁归、韩延寿，冯商传王尊，扬雄亦如之。"知冯商《续太史公书》言及王尊。据《汉书·百官公卿表》，尊于汉成帝建始四年（前29）为京兆尹，其卒当在河平、阳朔间。故知冯商所续之书，当在汉成帝时入中秘。

④ 《汉书·叙传》记载成帝初年"上方乡学，郑宽中、张禹朝夕入说《尚书》、《论语》于金华殿中"。

作；《博学》七章，太史令胡母敬作。

第九，班固补入：

刘向《稽疑》一篇。

《训纂》一篇。扬雄作。

《别字》十三篇。

《苍颉传》一篇。

扬雄《苍颉训纂》一篇。

杜林《苍颉训纂》一篇。

杜林《苍颉故》一篇。

# 第二章 《诗》的编次与《毛诗》的形成

## 导 言

《毛传》为何时所撰,似无异议,故古今均视之为汉初经学训诂之代表,也是汉初流传至今最为完整的训诂文本。但是,若不因其"作者"或写定者的时代来"规定"《毛传》的时代,而是用长时段的标尺来度量这些附在《诗》下的简古的训诂文字,我们有理由怀疑毛公所传训诂仅为毛公汉初之文,并无古源可循这样的结论。特别是因《尔雅》的存在,使得这种怀疑有了颇为有力的佐证。而所谓经师口说的传统,更是可以将汉初经师著述的渊源上溯到战国时代。就今日所见《尔雅》与《诗》、《书》传疏而言,《尔雅》一书乃是依据古老的《诗》、《书》训诂而编纂,此论殆无疑义。且其《释训》一篇几为解《诗》而作,与《毛诗》取义基本一致,然其取义方式却不同于《毛传》,反近于《毛序》,故知《尔雅》、《毛传》至少有相当的部分各有渊源,非转抄承袭者也。故其与《毛传》之先后关系姑可置之不论,仅就《尔雅》诸篇与《毛传》大量的互见文字而论,就已经不能忽视《毛传》可能存在古老的上源这一问题了。

如此一来,春秋至汉初的《诗》学的历史,就可以经由《毛传》而部分地得以展开了,而这种展开可以说几乎要改变传统《诗》学研究的全部基础,而《诗》之基础问题的重置,则必然会波及整个东周秦汉学术之大局,故可见此问题之重要了。

此章是从《毛诗序·六月序》、《仪礼·乡饮酒礼》、《汉书·谷永传》、郑玄《毛诗谱》等文献所记载的《诗》的编次问题开始的。据上述诸文献所记,知周礼的诗次、《诗序》诗次、《毛传》诗次和三家诗次略有不同。以《左传》所载季札论《诗》、《尔雅·释训》

与《毛传》关系、《毛传》上源等问题为基础,亦可发现《毛传》内部埋藏了孔子时代之前的《诗》的文本特征。结合季札之论,本书判断孔子重构了三百篇的序列和结构,使之更符合周之礼乐制度。子夏时代,又受《春秋》学之陶冶,子夏或其后学对调了《大雅》和《小雅》的部分诗篇,使二《雅》皆有美刺。这大概是《诗》文本至战国初年所发生的最具革命意义的两次重编。在第二次重编之时,仿效《春秋》精神的《诗小序》基本完成,然《小雅》正经依然遵循了周礼之诗次,至毛公作《毛诗故训传》,始成今本面目。

## 一　引言:问题的提出

《毛传》是一部依附于《诗》的训诂著作,《诗》中难解的古字、古词多重出,故《毛传》必然面临重复注释的问题。它如何避免重复?只要稍稍熟悉注释之过程就会知道,在一个字(或词)第一次出现的时候注释,之后为了简洁,往往不必再注,我们可以称之为后注简省原则。此非绝对,有时因为经文浩瀚,某一字前后相隔较远,后文往往也会作注。但一般而言,前文已注者,后文往往不注。读古书,发现这一基本做法是很容易的。那么《毛传》是否整体上遵循后注简省原则呢?答案是肯定的。

一般而言,《毛传》重复出现的字词,《国风》若有注,《雅》、《颂》一般不注。如"施"见于《葛覃》、《兔罝》、《硕人》、《东山》、《頍弁》、《旱麓》,仅于《葛覃》有注。如果重复出现的字词与通俗意义有别,对其意义的理解特别容易出错,同时初次的解释又与后来的篇章离得较远,这时往往出现重复注释,如"言"字见于《葛覃》至《駉》等二十余首诗,《毛传》分别于《葛覃》、《彤弓》、《文王》三首作注,三注分别见《国风》、《小雅》和《大雅》。

还有一些重复出现的字、词,《风》不注,《雅》、《颂》出注,或《风》的注释以《雅》、《颂》的注释为基础。此种类型数量虽不占优,但却也不少,足以说明问题了。仅举数例:

(1)"以"字见于《谷风》、《大东》、《载芟》,《载芟》出注。即《周颂》有注,而《国风》、《小雅》未注。

(2)《王风·黍离》"彼黍离离","离离"《毛传》未注。而《小雅·湛露》"其实离离",《毛传》曰:"离,垂也。"

(3)《邶风·击鼓》"平陈与宋","平"字《毛传》未注,《大雅·绵》"虞芮质厥成",《毛传》曰:"质,成也。成,平也。"此训又见《尔雅·释诂》:"质,平,成也。"

(4)《淇奥》"赫兮咺兮",《毛传》曰:"赫,有明德赫赫然。"但对"赫赫"并未进一步作注,因"赫赫"之义已见于《小雅》之《传》。《出车传》曰:"赫赫,盛貌。"《节南山传》亦曰:"赫赫,显盛貌。"

(5)《氓》"其叶沃若",沃若,《毛传》曰:"犹沃沃然。"但"沃"字何义,此处未言。而《小雅·隰桑》"其叶有沃"一句,《毛传》曰:"沃,柔也。"

(6)《芄兰》"芄兰之叶,童子佩韘",《毛传》曰:"韘,玦也。能射御则佩韘。"但"玦"是什么?《小雅·车攻》"决拾既佽,弓矢既调",《毛传》曰:"决,钩弦也。"决即玦也。

同时,今本编次极为相近的诗篇之间,有一些重复字词有注、无注的先后顺序,竟也会与今本诗篇顺序不同,如上文之"言"字。"言"在今本《小雅》中出现于编排相近的《出车》和《彤弓》之中,《出车》在《彤弓》之前,但《毛传》于《彤弓》注之,而于《出车》则未注。又如"愿"字,先后出现于《终风》、《二子乘舟》和《伯兮》,其义均为"每",《毛传》于《二子乘舟》作注,而非首见之《终风》。

上述有异于今本《毛传》编次的注或不注,及有注、无注顺序的现象,若纳入今本《毛诗》编纂次序中观察,则显得错乱而无序,亦不可理解。如果我们联想到《毛传》可能有古老的《诗》学渊薮的话,则此种无序与错乱,顿然显现出不可估量的学术价值。

从注释顺序观察,《毛传》字、词训诂之中,也许埋藏的是一种不同于其表面次序的诗篇编次,这种结构一定是早于毛公的时代的。《毛诗》由汉初之毛公写定,此后其文本次序与结构得以确立,即今日所见之本。《毛传》本为毛公所作,为何能够传递早期《诗》文本的信息呢?汉人经说非独立创制,有其师承和上源,即所谓先师说,这是常识。故《毛传》这部西汉文献是否学有师承,或者,是否存在先秦的《诗传》就是此问题的关键了。

## 二 《毛传》与《尔雅·释训》之关系

《毛传》中埋藏的另一种更加迥异于今本的诗次,是否形成于先秦?

抑或这种前后错乱的注释顺序本就是说诗者随文释训、无有定式的特点所致？这取决于两个问题：其一，《毛传》是否整体上遵循后注简省原则；其二，《毛传》主体训诂文字产生于哪个年代。第一个问题留待后文，此节先就《毛传》原始训诂之年代疏证一二。

《毛传》写定于西汉初年，由毛公编定。《毛诗》三百篇之次，即《毛传》编次，当毛公所为，时间上晚于《诗序》，故有与《毛诗谱》、《六月序》编次相异之问题。《毛传》不同于魏晋时代的《史记音义》、《汉书音义》等著作，它的传文附经而行，故《汉书·艺文志》载曰"《毛诗》二十九卷"、"《毛诗故训传》三十卷"。《毛传》传文精简，相比于《毛诗》，字数较少而卷数反多，故知传附经也。王引之推测"《毛诗》经文当为二十八卷，与齐、鲁、韩三家同。其《序》别为一卷，则二十九矣"。此郑玄所谓毛公未分置《诗序》于篇首之文本，实即《毛诗》之原始文本也，《诗序》独为一卷。至于"《毛诗故训传》三十卷"，王引之曰："《经》二十八卷，《序》一卷，是二十九卷也。毛公作《传》，分《周颂》为三卷，又以《序》置诸篇之首，是三十卷也。"《毛诗》二十九卷不传于今，今所见即《毛诗故训传》，简称之曰《毛传》。

文本写定于汉初，其训诂未必作于汉初。《尔雅》与《毛传》有大量重文，其中卷三《释训》一卷几乎全与《毛诗》相关，正是解决《毛传》是否存在上源的关键文本。

《尔雅》成书于何时，古来多有异说①，考张揖《上广雅表》引《礼·三朝记》曰：

> 哀公曰："寡人欲学小辨，以观于政，其可乎？"孔子曰："《尔

---

① 如郑玄曰"孔子门人所作，以释六艺之旨"，郑玄距汉初未久，且著有《毛诗谱》与《毛诗笺》，所谓"孔子门人所作"之语，当为汉代相沿之旧说。若《尔雅》据《毛传》而成，郑玄岂能不知？故郑玄此语虽不能全遵，但《尔雅》主体乃战国以来之旧，则可大胆断定。张揖《上广雅表》称周公作，陆德明《经典释文》据张揖《表》，断《释诂》周公作，《释言》以下，"或言仲尼所增，子夏所足，叔孙通所益，梁文所补"。《四库提要》据《毛传》、《郑笺》谓《尔雅》成书乃在《毛传》之后。内藤虎次郎（即内藤湖南）《尔雅之新研究》（见江侠庵编《先秦经籍考》）借助细密的文本考证，发现《尔雅》中最古老的部分《释诂》成书时，《尧典》、《春秋》尚未成立，故判断《尔雅》深有古源。周祖谟《尔雅校笺序》则曰："《尔雅》这部书大约是战国至西汉之间的学者累积编写而成的。"此乃采择众家之说的平允之论。

雅》以观于古，足以辩言矣。"①

《三朝记》乃古《礼记》，见于《汉书·艺文志》，《三国志》裴松之注引《七略》曰："孔子三见哀公，作《三朝记》七篇，今在《大戴礼》。"② 故知《三朝记》虽非孔子言行实录，然亦为源出战国的文献。其中引及《尔雅》，知其战国时期或已有流传。赵岐《孟子章句》称汉文帝置《尔雅》博士，此时《毛诗》尚未名世，汉武帝时犍为舍人又为之作注，《尔雅》主体为先秦书亦可得知。故即便最为保守的学者，也会判断《尔雅》中最古的《释诂》、《释言》、《释训》三篇成书于先秦。或者更为稳妥地说，战国时代前三卷的主体部分业已出现。③

《释训》一卷与《诗》关系最密。其一百多条训诂中，只有七条未见今本《毛诗》，其余一百一十条均为释《诗》之文，有数十条更是显然据《诗》之某篇、某句而训。如：

颙颙、卬卬，君之德也。④

此见《大雅·卷阿》："颙颙卬卬，如圭如璋。"此句正是形容"君之德"。《毛传》则曰："颙颙，温貌；卬卬，盛貌。"与《释训》不同，再如：

丁丁、嘤嘤，相切直也。⑤

此见《小雅·伐木》："伐木丁丁，鸟鸣嘤嘤。"又如：

蔼蔼、萋萋，臣尽力也。噰噰、喈喈，民协服也。⑥

---

① （清）阮元校刻：《尔雅注疏》，嘉靖二十年刊本，中华书局2009年影印本，第4页上栏。
② 然因《大戴记》散佚严重，张揖所引并不在今本之中。
③ 详参［日］内藤湖南《尔雅之新研究》，江侠庵编《先秦经籍考》（中册），上海文艺出版社1990年据商务印书馆1931年版影印，第162—184页。
④ （清）阮元校刻：《尔雅注疏》，嘉靖二十年刊本，中华书局2009年影印本，第57页下栏。
⑤ 同上。
⑥ 同上。

此见《卷阿》:"蔼蔼王多吉士……萋萋菶菶,雝雝喈喈。"《毛传》曰:"臣竭其力,则地极其化,天下和洽,则凤皇乐德。"① 正是民协服之义。

"如切如磋,道学也"一条之后,则更是直接训解《诗》文。如此一整篇全与《诗》相关,若非录自古老《诗传》,则绝难想还有其他来源。

那么,《释训》是否录自今本《毛传》? 整体而言,可能性极低。原因在于,因二者解释虽多相同或相近,但二者取义方式多有不同。《释训》多从诗句,甚至诗篇取义,故其解释颇类《毛诗序》,而不类《毛传》。前引三条,"君之德也"、"相切直也"、"民协服也"、"臣尽力也",均是对整章或整句的意义的截取,而非直接训诂词义。比如"颙颙"、"卬卬",《毛传》分别训为"温貌"、"盛貌",取两词之基本意义,而《释训》所谓"君之德"的取义,乃来自"颙颙卬卬,如圭如璋"一句,亦为《卷阿》第六章之主题。《诗序》曰:"《卷阿》,召康公戒成王也。言求贤用吉士也。"② 全篇均为对吉士的赞美,此正为"君之德"的体现。故《释训》此条取义,亦取全篇之旨。再如:

晏晏、旦旦,悔爽忒也。③

此条训释据《卫风·氓》"总角之宴,言笑晏晏,信誓旦旦"一句。晏晏、旦旦,《毛传》曰:"晏晏,和柔也。信誓旦旦然。"④ 所谓"悔爽忒",乃《氓》全篇之义也。《释训》"如切如磋"一条之后,始多具体字义之训诂,但毕竟数量不多。

故《释训》并非拘于字义、词义之训,而是多取句义、篇义,整体的取义更近《诗序》。退一步说,虽然《释训》很可能并非一次性文献,而是历数代而成,或有西汉人据《毛传》而补入者(如"如切如磋"一条之后的文字就很像后来补入),但《释训》全据《诗》而训,则其原始必亦释《诗》。既然如此,《释训》一篇就不可能摘自今本之《毛传》,

---

① 《毛诗注疏》,第 629 页上下栏。
② 同上书,第 626 页上栏。
③ (清)阮元校刻:《尔雅注疏》,嘉靖二十年刊本,中华书局 2009 年影印本,第 58 页上栏。
④ 《毛诗注疏》,第 136 页下栏。

不然不会与《毛传》有"方向性"的差异。换句话说，《释训》应有更古老的训诂来源。《释训》写定年代并不可考，但不会晚于汉初。它与《毛传》均有早期《诗》学渊源，但又不相互转抄，则二者之上源必为先秦《诗》之《传》、《说》一类文献。

相较《释训》，《释诂》一篇更加古老。内藤湖南《尔雅新研究》谓《释言》、《释训》仿效《释诂》之体，成篇乃在《释诂》之后，其论平实可从。《释诂》、《释言》中与《诗》相关的文字不少，但难以判断是否据《诗》而为，故可不论其先后。不过，《毛传》训诂之取义方式，却与《释诂》一致，这是深可注意的。《释诂》或春秋时代就已存在，此篇若据《诗传》而成，则其所据《诗传》则更加古老，甚或在孔子之前。鉴于《毛传》与《释诂》的互见，及其与《释训》的疏离，可知《毛传》上源的确为一部《诗传》，甚至是一部《春秋》时代的传。

即使不考虑《毛传》、《尔雅》的关系，仅就《毛传》与《礼记》的互见亦可保守地见其战国上源。如《礼记·大学》载曰：

> 《诗》云："瞻彼淇澳，菉竹猗猗。有斐君子，如切如磋，如琢如磨。瑟兮僩兮，赫兮喧兮。有斐君子，终不可喧兮。"如切如磋者，道学也。如琢如磨者，自修也。瑟兮僩兮者，恂栗也。赫兮喧兮者，威仪也。有斐君子，终不可喧兮者，道盛德至善，民之不能忘也。①

此条亦见《尔雅·释训》，与《毛传》相同。此训诂互见于三种不同经学体系、不同流传路径中的古老文献，那么它必非西汉人之作，此可确知也。又《乐记》载魏文侯、子夏论乐，子夏曰：

> 《诗》云："肃雍和鸣，先祖是听。"夫肃肃，敬也；雍雍，和也。夫敬以和，何事不行？②

---

① （清）阮元校刻：《礼记注疏》，嘉靖二十年刊本，中华书局2009年影印本，第983页下栏。
② 同上书，第692页下栏。

《释训》曰："穆穆、肃肃，敬也。"① 又曰："廱廱、优优，和也。"②《思齐传》曰："雝雝，和也。肃肃，敬也。"③ 三者亦互见。可见战国时代之《诗》，已有与今本《毛传》极相类之训诂。

就常理而言，《诗》既为春秋时代贵族子弟教育之基础文本，初编之时，自当有简单的疑难字句的解释。待其作为周文化经典为孔子所重，并用作讲授之时，亦当有字句、名物之训诂。这些应该是后代字、句训诂的源头。《毛传》及《韩诗》佚文，字、词的训诂较多，个别训诂有古老上源，是可判断的。而《毛传》中字词训诂之后的补充训诂，多数恐相对比较晚。如《皇皇者华》"皇皇者华，于彼原隰"一句，《毛传》曰："皇皇，犹煌煌也。高平曰原，下湿曰隰。忠臣奉使，能光君命，无远无近，如华不以高下易其色。"④"忠臣奉使"以下，已不是诗句之义，而为补充之政治伦理之论，晚出痕迹比较明显。又如《四牡》："四牡騑騑，周道倭迟。"《毛传》曰："騑騑，行不止之貌。周道，歧周之道也。倭迟，历远之貌。文王率诸侯抚叛国，而朝聘乎纣，故周公作乐，以歌文王之道，为后世法。"⑤"文王"以下，是对诗篇背景的补充，必为《诗序》体系成熟之后的文字。

另外，《毛传》还存在这样的情况，即不同时代的材料组成一条训诂，如《豳风·七月》"一之日"，《毛传》：

> 一之日，十之余也。一之日，周正月也。⑥

这一条传文颇具代表性，它先后两次对"一之日"进行了解释。"十之余"的意思不是很明确，而"周正月"的解释则相对清晰。加之后文对"二之日"、"三之日"、"四之日"的解释分别是"殷正月也"、"夏正月也"、"周四月也"，可知"周正月"之训与后三种乃同一体系。而"十之余"则与之不同，从整个《七月传》亦看不出其准确所指。陈久金

---

① （清）阮元校刻：《尔雅注疏》，嘉靖二十年刊本，中华书局2009年影印本，第55页上栏。
② 同上。
③ 《毛诗注疏》，第562页下栏。
④ 同上书，第318页下栏。
⑤ 同上书，第317页上栏。
⑥ 同上书，第280页上栏。

《论〈夏小正〉是十月太阳历》在考订《夏小正》、《管子·幼官》为十月太阳历的基础上，判断《毛传》"十之余"即"一年过完十个太阳月之后所剩下的余日"，"一岁为三百六十五日，以每月三十六天计，十个月为三百六十日，其余的五至六日便为余日。五至六日放在十月后的岁终，称为过年日。这十月以后的年终五至六日便是《七月》篇中所说的'×之日'"。① 将《七月》中的历法理解为十月太阳历，在此诗中某几处诗义的解释上的确更为合适，若如陈先生所论，《七月》就可避免诗中存在两个岁末的问题。《七月》第一章曰："一之日觱发，二之日栗烈。无衣无褐，何以卒岁？"则在二之日之后为岁终。第五章曰："十月蟋蟀入我床下。穹窒熏鼠，塞向墐户。嗟我妇子，曰为改岁，入此室处。"末章亦在十月之后，跻彼公堂，故知此两章所述岁终在十月至十一月间。若"二之日"为殷正月，即夏正十二月，则岁终在十二月末。如此首章岁终与五章岁终就差两个月。可知"二之日"解释为"殷正月"确实不合适，而解释为十月之余日则可通。故陈久金先生认为《毛传》"十之余也"的解释"可能是最原始的释文"。若此判断成立，则此条训诂至少可以追溯到春秋中期以前。即使不考虑历法问题，此条《毛传》集前后两次注释而成，且"十之余"的训释比"周正月"的训释更加古老，也不难看出。

可见，与《毛诗序》有"首序"、"续序"情况相类，《毛传》亦有"首传"、"续传"之别也。要之，《毛传》虽为汉初写定，但其中多有古老训诂，尤其是字、词训诂多同《尔雅》，二者之间又无转抄之关系，可知其源出某古老的《诗》学渊薮。

要之，《毛传》虽为汉初写定，但其中多有古老训诂，尤其是字、词训诂多同《尔雅》，二者之间又无转抄之关系，可知其源出某古老的《诗》学渊薮。这是一个长久以来被忽视的问题，但却事关《毛诗》文本诸问题的根本，甚至关乎整个《诗经》学之早期历史。

先秦《诗》的编次的问题就是《毛传》文本中潜藏的重要问题之一。自然，《毛诗》诗次并不是一个新问题。今日《毛诗》三百篇之次序与《毛诗序》、三家《诗》之诗次本有不同。这诸家诗篇次序的差异，就已经隐约透露出汉初以前，《诗》文本在不同阐释体系下的不同样貌，以及其背后的思想痕迹了。

---

① 陈久金：《论〈夏小正〉是十月太阳历》，《自然科学史研究》1982年第1卷第4期。

## 三 三家、《毛诗序》中的《小雅》诗次问题

先看三家《诗》与《毛诗》文本编次的差异。四家编次的最大不同在《小雅》部分，即《毛诗·小雅》无厉王诗。郑玄《诗》学，弃韩从毛，标举毛公之学而光大之，为之作《笺》，并制《毛诗谱》。但若依《毛诗序》，《毛诗》之编次存在一个难以解释的大问题，郑玄又不能回避：《小雅》何以无厉王诗？孔颖达《毛诗正义》录郑玄《毛诗谱》曰：

> 又问曰："《小雅》之臣何也独无刺厉王？"曰："有焉。《十月之交》、《雨无正》、《小旻》、《小宛》之诗是也。汉兴之初，师移其第耳。师所以然者，《六月》之诗自说多陈《小雅》正经废缺之事，而下句言'《小雅》尽废，则四夷交侵，中国微矣'，则谓《六月》者，宣王北伐之诗，当承《菁菁者莪》后，故下此四篇，使次《正月》之诗也。乱甚焉。既移文，改其目，义顺上下，刺幽王亦过矣。"①

《十月之交》郑《笺》又曰：

> 当为刺厉王。作《训诂传》时移其篇第，因改之耳。《节》刺师尹不平，乱靡有定。此篇讥皇父擅恣，日月告凶。《正月》恶褒姒灭周，此篇疾艳妻煽方处。又幽王时，司徒乃郑桓公友，非此篇所云番也，是以知然。②

《诗谱》中郑玄论及《小雅》何以无厉王诗，谓《十月之交》、《雨无正》、《小旻》、《小宛》四首诗本属刺厉王之作，汉代初年，经师移其篇第于《六月》之后。个中缘由，乃是《六月序》为总说《小雅》兴废之事，《六月》之前为正经，故《六月》应承《菁菁者莪》之后，经师

---

① （清）阮元校刻：《毛诗注疏》，嘉庆二十年刊本，中华书局 2009 年影印本，第 313 页上栏。此段《诗谱》文字与《正义》文字相混，"师所以然者"至"使次《正月》之诗也"多被当作《疏》文，据冯浩菲《郑氏诗谱订考》之考订，可以断定此六十余字本属谱文（上海古籍出版社 2008 年版，第 166—170 页），故从之。

② （清）阮元校刻：《毛诗注疏》，嘉庆二十年刊本，中华书局 2009 年影印本，第 405 页上栏。

以此移其位置。据此，郑玄以为《十月之交》四篇原在《六月》之前。移之者谁？郑玄曰"师"，《正义》疏之曰"毛公"，《十月之交》、《笺》文曰"作《训诂传》时移其篇第，因改之耳"，故知此"师"正为毛公。毛公移之，则三家《诗》未移。

这两条文献亦可证明三家《诗》编次与《毛诗》基本相同。《汉书·艺文志》三家《诗》经义二十八卷，《毛诗》经文二十九卷，王引之《经义述闻》曰："《毛诗》经文当为二十八卷，与齐、鲁、韩三家同。其《序》别为一卷，则二十九矣。"① 其说甚是，四家卷数不同，差在《毛诗序》单独成卷。然三家《诗》亦有诗序之说，如蔡邕《独断》列宗庙所歌诗之别名，实乃整卷《周颂》，此卷诗次与《毛诗》全同，且有序说，故知《鲁诗》亦有序也。故三家诗次除《小雅》四篇外，应与《毛》同。②

《汉书·谷永传》载其对策曰：

昔褒姒用国，宗周以丧；阎妻骄扇，日以不臧。③

褒姒用国，乃《正月》经文所述。阎妻骄扇，乃《十月》经文所述。两者分而言之，当指两代君主，前者为幽王无疑，后者自当为厉王。故颜师古注引《鲁诗》曰："言厉王无道，内宠炽盛，政化失理，故致灾异，日为之食，为不善也。"可知三家《诗》中，《十月》四篇确属刺厉王之作，故当在《六月》前。

《毛诗谱》中郑玄言诗次"乱甚焉"，乃由《毛诗》之《小雅》无厉王诗而发，此为《毛诗》之一大疑问，郑玄不得其解，故据三家而谓《毛诗》"乱甚"。然《雨无正》、《小旻》、《小宛》虽不好确定，但《十月之交》为周幽王六年十月之后的作品，此则可以考实。诗中咏及的日

---

① （清）王引之：《经义述闻》，江苏古籍出版社影印道光七年寿藤书屋刊本 2000 年版，第 181 页。
② （宋）王应麟《困学纪闻》卷三引曹粹中《诗说》云："《齐诗》先《采蘋》后《草虫》。"陈乔枞《诗经四家异文考》亦据《仪礼》演乐之次，谓古《诗》《采蘋》先《草虫》。胡平生、韩自强《阜阳汉简诗经研究》据叠压墨迹推断阜阳简《诗》之编次，亦与《毛诗》不同，但就目前文献分析，各家《诗》虽各有编次，互有差异，但总体次序应大体一致。
③ （汉）班固：《汉书》，中华书局 1962 年版，第 3444 页。

食,"梁虞𠞞、隋张胄元、唐傅仁均、一行、元郭守敬并推定此日食在周幽王六年十月建酉辛卯朔日入食限"①。据现代学者所编天文日食表,可知公元前776年9月6日上午8点52分前后,黄河流域可见一次日环食。此年正为幽王六年。若以周历建子推算,则其十月为夏历八月,约为今日公历之九月。故《十月之交》所记日食与现代天文演算结果一致。而厉王时期却没有符合"十月"的可见日食,此其一。其二,诗云"百川沸腾,山冢崒崩。高岸为谷,深谷为陵",与《国语·周语》"幽王二年,西周三川皆震","三川竭,岐山崩"的记载一致,故《十月之交》为幽王时期之诗几无疑义。三家《小雅》之诗序反为错乱。《毛诗》《十月之交》处《节南山》之后,《节》所述与《十月》相似,因此《毛诗》之《小雅》次序并无大错,它很可能保留了战国早期的诗次,而三家诗则改动了《小雅》诗次,以确保《小雅》中有厉王诗。

问题之二,乃《小雅》正经与《毛诗序·六月序》之诗次何以不同?除了《十月之交》四篇时代及编次问题,《小雅》还存在另外一个诗次的变动,如治《诗》者所知,此问题隐藏于《六月》之《序》中:

《六月》,宣王北伐也。《鹿鸣》废则和乐缺矣。《四牡》废则君臣缺矣。《皇皇者华》废则忠信缺矣。《常棣》废则兄弟缺矣。《伐木》废则朋友缺矣。《天保》废则福禄缺矣。《采薇》废则征伐缺矣。《出车》废则功力缺矣。《杕杜》废则师众缺矣。《鱼丽》废则法度缺矣。《南陔》废则孝友缺矣。《白华》废则廉耻缺矣。《华黍》废则蓄积缺矣。《由庚》废则阴阳失其道理矣。《南有嘉鱼》废则贤者不安,下不得其所矣。《崇丘》废则万物不遂矣。《南山有台》废则为国之基坠矣。《由仪》废则万物失其道理矣。《蓼萧》废则恩泽乖矣。《湛露》废则万国离矣。《彤弓》废则诸夏衰矣。《菁菁者莪》废则无礼仪矣。《小雅》尽废,则四夷交侵,中国微矣。②

《六月序》综述《小雅》正经废则如何如何,涉及《小雅》前二十二首诗。其中自然有《毛诗序》所依据的《小雅》编次,此编次与今本

---

① (清)阮元:《揅经室集》,中华书局1993年版,第83、84页。
② 《毛诗注疏》,第357页上栏。

有异。《六月序》所展现的诗次，首先是《六月》接于《菁菁者莪》之后，与三家《诗》确乎不同。其次，《华黍》之下先后为《由庚》、《南有嘉鱼》、《崇丘》、《南山有台》、《由仪》，而今本《毛诗》则是《南有嘉鱼》、《南山有台》、《由庚》、《崇丘》和《由仪》。郑《笺》和《毛诗谱》未对此做出解释，陆德明《经典释文》曰：

> 依《六月序》，《由庚》在《南有嘉鱼》前，《崇丘》在《南山有台》前。今同在此者，以其俱亡，使相从耳。①

陆氏认为，《由庚》、《崇丘》、《由仪》三篇与《南陔》、《白华》、《华黍》三篇均存其目而亡其辞，故今本《毛诗》因其亡，而合并编于《南山有台》之下。这种解释其实不通，若因俱亡而合编，为何不将六篇合编，而分隔两处，以《南陔》三首处《南有嘉鱼》之前，而以《由庚》三首处《南山有台》之后？这恐怕还是《诗序》诗次与《毛传》诗次的差异所导致的。郑玄释《南陔》三首之序曰：

> 此三篇者，《乡饮酒》、《燕礼》用焉，曰"笙入，立于县中，奏《南陔》、《白华》、《华黍》"，是也。孔子论《诗》，雅、颂各得其所，时俱在耳。篇第当在于此，遭战国及秦之世而亡之，其义则与众篇之义合编，故存。至毛公为《训诂传》，乃分众篇之义，各置于其篇端云。又阙其亡者，以见在为数，故推改什首，遂通耳，而下非孔子之旧。②

《释文》亦持相似意见：

> 此三篇，盖武王之时，周公制礼，用为乐章，吹笙以播其曲。孔子删定在三百一十一篇内，遭战国及秦而亡。子夏序《诗》，篇义合编，故诗虽亡而义犹在也。毛氏《训传》，各引序冠其篇首，故序存而诗亡。③

---

① 《毛诗注疏》，第418页上栏。
② 同上书，第482页下栏、483页上栏。
③ 同上书，第483页上栏。

此两处材料可说明《诗序》与《毛诗》本为两编，汉初毛公将其合并，将序冠于每篇之首。如此，则今本《毛诗》诗篇先后为《毛传》之次，而非《诗序》之次也。郑玄明确说《毛诗》《华黍》以下非孔子之旧，当为毛公改动之，而《六月序》则未经毛公改动，故《序》、《传》诗次之不同得以浮现。

《乡饮酒礼》、《燕礼》中保留了周礼之诗次，与《六月序》之诗次接近：

> 工歌《鹿鸣》、《四牡》、《皇皇者华》，卒歌，主人献工，工左瑟一人拜，不兴受爵。……笙入堂下，磬南北面立，乐《南陔》、《白华》、《华黍》。……众笙则不拜受爵，坐祭立饮，辩有脯醢不祭，乃闲歌《鱼丽》，笙《由庚》；歌《南有嘉鱼》，笙《崇丘》；歌《南山有台》，笙《由仪》。①（《仪礼·乡饮酒礼》，《燕礼》次序与之同）

周礼之诗次，《鱼丽》、《由庚》、《南有嘉鱼》、《崇丘》、《南山有台》、《由仪》六篇，应是先后相次的。《六月序》中，除了《鱼丽》和《由庚》之间夹着《南陔》三篇，其他的次序与周礼诗次相同，故知《诗序》《小雅》部分很可能也是按照周礼之礼乐程序来编排的。朱熹《诗集传》就改变了《毛诗》的编次，将《南陔》三篇置于《鱼丽》之前，《鱼丽》至《由仪》则按周礼之次序编排，似乎是一种更为合理的安排。对于这种调整，朱熹解释说：

> 毛公以《南陔》以下三篇无辞，故升《鱼丽》以足《鹿鸣》什数，而附笙诗二篇于其后，因以《南有嘉鱼》为次什之首。今悉依《仪礼》正之。②

当然，上述讨论的重心，不是《鱼丽》诸篇该如何编排，而是在于阐明《诗》之文本，在战国至西汉之间，其编次有不同版本，《毛诗》相

---

① （清）阮元校刻：《仪礼注疏》，嘉庆二十年刊本，中华书局 2009 年影印本，第 92 页上栏、93 页上下栏。
② （宋）朱熹：《诗集传》，中华书局 1958 年版，第 109 页。

较于其战国上源文本,或也发生了变化。在编次上,《诗序》与《毛传》有所不同,三家与《毛诗》也有所不同。

附表 1 　　　《毛诗》、三家《诗》之《小雅》诗次异同

| 《毛诗》 | 《鹿鸣》至《菁菁者莪》十六首、《六月》至《无羊》十四首、《节南山》、《正月》、《十月之交》、《雨无正》、《小旻》、《小宛》、《小弁》、《巧言》…… |
|---|---|
| 三家《诗》 | 《鹿鸣》至《菁菁者莪》十六首、《十月之交》、《雨无正》、《小旻》、《小宛》、《六月》至《无羊》十四首、《节南山》、《正月》、《小弁》、《巧言》…… |

附表 2 　　　《毛传》、《毛诗序》、周礼之《小雅》诗次异同

| 《毛传》 | 《鱼丽》、《南陔》、《白华》、《华黍》、《南有嘉鱼》、《南山有台》、《由庚》、《崇丘》、《由仪》 |
|---|---|
| 《毛诗序》 | 《鱼丽》、《南陔》、《白华》、《华黍》、《由庚》、《南有嘉鱼》、《崇丘》、《南山有台》、《由仪》 |
| 周之礼 | 《南陔》、《白华》、《华黍》、《鱼丽》、《由庚》、《南有嘉鱼》、《崇丘》、《南山有台》、《由仪》 |

## 四　《春秋》学的自我建构:《诗》与《春秋》意义关联的形成

紧跟着的问题是,西汉初年的《诗》的编纂次序是如何形成的?因外围文献无足征引,只能从《毛诗序》的叙述中窥其仿佛了。《毛诗序》之所以成为辨析汉初《诗》之编次的关键文献,乃因《毛诗》、《毛诗序》、三家《诗》所显示的诗次虽小有差异,但是它们总体上还是属于同一种编纂体系。毕竟除了《小雅》数首外,它们有着共同的文本顺序。三家《诗》对每首诗旨的解释,与《毛诗序》相比,亦相异者寡,而相同或相近者众。可以说,西汉初年诸家《诗》学,有着共同的战国《诗》学上源,属于同一种解释体系,只因流传中的变化而微有歧异。它们应当有共同的编纂意旨,但三家《诗》或残缺或散佚,只能从《毛诗序》窥其大概。据《毛诗序》以讨论四家编纂义理之整体概貌,相对于三家《诗》学,虽然可能有偏差或讹误,但整体上应无大错。

那么,我们能从《毛诗序》中看出什么义理呢?就其大者而言,《诗序》之整体思想与《春秋》非常相似。是《诗序》影响了《春秋》,或是《春秋》影响了《诗》的解释体系,抑或二者是共生关系呢?

孔子论《诗》并无《春秋》之义。虽然《诗》中不乏颂美与怨刺之作,其古义从《左传》所载春秋时代人的引述亦隐约可见,且多同于《毛诗》之说,然而,将三百五篇视为一个与周王朝兴衰相关的整体文

本，并从中解读出历史大义，在孔子论《诗》，以及其所论礼乐遗文中，却难窥痕迹。只有到了《孟子》，我们才能看到如斯义理。如《论语》载孔子论《诗》曰：

> 子曰："《诗》三百，一言以蔽之，曰：'思无邪。'"①（《为政》）
> 子曰："小子何莫学夫诗？诗，可以兴，可以观，可以群，可以怨。迩之事父，远之事君。多识于鸟兽草木之名。"②（《阳货》）
> 子谓伯鱼曰："女为《周南》、《召南》矣乎？人而不为《周南》、《召南》，其犹正墙面而立也与！"③（《阳货》）
> 子曰："诵《诗》三百，授之以政，不达；使于四方，不能专对；虽多，亦奚以为？"④（《子路》）

孔子言诗，有论其诗心者，有着眼于伦理立身者，有出于实用有补事功者。综而观之，《论语》言《诗》，实与士人日常伦理言行及其政治事功相关，总体上归于礼、乐之域，《泰伯》篇谓"兴于《诗》，立于礼，成于乐"者，是也。孔子还于《诗》中看到了人生的准则，故敦敦言之于孔鲤，曰"不学《诗》无以言"、"不学《诗》无以立"。《八佾》篇载：

> 子夏问曰："'巧笑倩兮，美目盼兮，素以为绚兮'何谓也？"子曰："绘事后素。"曰："礼后乎？"子曰："起予者商也，始可与言《诗》已矣。"⑤

孔子言《诗》之用心，乃是借乐之用而言礼之体，故当子夏问"礼后乎"，孔子大赞之。我们今日所见乃《诗》之文本，但在孔子的年代，这些作品乃是一首首活的乐歌，这些乐歌中的一部分，是周代礼乐的重要组成。礼的演行，必有乐歌，故《诗》乐背后，是礼的追求。从《礼记》

---

① （清）阮元校刻：《论语注疏》，嘉靖二十年刊本，中华书局2009年影印本，第19页上栏。
② 同上书，第156页上栏。
③ 同上。
④ 同上书，第116页上下栏。
⑤ 同上书，第26页下栏、第27页上栏。

所记孔子言《诗》遗文,亦可见其眉目。

综合《论语》、《礼记》所载孔子(或托名于孔子)言论的记载,其引《诗》论《诗》,罕见《春秋》大义。上海博物馆所藏《孔子诗论》,亦仅就《诗》文本之义而言。故战国早期之前文本所记孔子论《诗》,几乎不见历史大局的视野,也没有美刺兴衰的《春秋》之义。

至迟于孟子之时代,《诗》与《春秋》开始有独特关联,两个文本之间有着一以贯之的精神传统,甚至成为战国秦汉间学者的常识。《孟子·离娄下》载:

> 孟子曰:"王者之迹熄而《诗》亡,《诗》亡然后《春秋》作。晋之《乘》,楚之《梼杌》,鲁之《春秋》,一也。其事则齐桓、晋文,其文则史。孔子曰:'其义则丘窃取之矣。'"①

《淮南子·泛论》篇亦曰:

> 王道缺而《诗》作,周室废、礼义坏而《春秋》作。《诗》、《春秋》学之美者也,皆衰世之造也。儒者循之以教导于世,岂若三代之盛哉!②

《孟子》与《淮南子》所论主旨基本相同,孟子谓《诗》乃王者之迹,而《淮南子》则将《诗》之作归之于"王道缺",实则亦王道之迹也,只不过是"王道"衰败之迹。《说苑·君道》篇曰:

> 孔子曰:"夏道不亡,商德不作,商德不亡,周德不作,周德不亡,《春秋》不作,《春秋》作而后君子知周道亡也。"③

此章至少乃战国旧说,亦将《春秋》视为周德之继。而据孟子所言,周之道、德,则见于《诗》。这正是《诗序》之基本思想,即以美刺正得

---

① (清)阮元校刻:《孟子注疏》,嘉靖二十年刊本,中华书局2009年影印本,第146页下栏。
② (汉)刘安撰,何宁集释:《淮南子集释》,中华书局1998年版,第922页。
③ (汉)刘向撰,向宗鲁校证:《说苑校证》,中华书局1987年版,第31页。

失,故有"至于王道衰,礼义废,政教失,国异政,家殊俗,而变风、变雅作矣。国史明乎得失之迹,伤人伦之废,哀刑政之苛,吟咏情性,以风其上,达于事变而怀其旧俗者也"之论。由此可知,《诗序》与孟子所谓"王者之迹"属一脉相承之说。

据孟子以来的说法,我们可以这样理解战国中期以后知识世界中的《诗》与《春秋》:在孔子那里,它们一并归入一个大的历史传统,兼历史的记录者与评判者。当周文明的历史传统发生崩裂之时,以宗周礼乐为基础的《诗》已经失去了生存的土壤,它对历史的记录与评判便也失去意义。此时,孔子建立了《春秋》传统,以独立思想者的身份营造新的历史文化叙事系统,延续了周王朝遗失了的传统和意义。《诗》由周天子之王官编选,故为王者之事。孔子作《春秋》继承《诗》之精神,亦王者之事也。由此乃有孔子"知我者其惟《春秋》乎!罪我者其惟《春秋》乎"之语。所谓"知我者",知其撰《春秋》之用心也,知其以独立思想者的身份,继承遗失的王者之道,用以拨乱反正,旨求大同。所谓"罪我者",罪其僭天子之事,以大夫身份当王者,以此视域,评骘历史,指明来路,非其事也。

此种表述,实非突出《诗》的意义和价值,而是为《春秋》的合法性寻找传统资源。《孟子》一书是先秦古籍中年代相对纯粹的一部,其中所记孟子之语也多可信。此时,已经有了《春秋》延续周《诗》传统的认识。孟子眼中的《诗》,虽具备美刺兴衰的意味,但孟子所言,其特别强调的却是《春秋》之意义,即其"王者之事"的重量。如前所述,孔子时代并无关于《诗》的历史意义的整体性理解,可以发现,孟子时代《诗》的意旨,是在《春秋》大义被充分阐发的背景下出现的,属于《春秋》学发展的结果。《诗》被赋予的意义,成了《春秋》的前统,并使《春秋》意义的合法性有了更长久的依托。因此,《诗》被描述成为周王道之迹,此种解释意图,体现了《春秋》学为自我建构传统的用心。

以今本《诗序》观诗,会发现《诗》以歌咏的方式,完美地呈现了周王朝由兴起到衰落的过程。所谓"正风"、"正雅"以及《周颂》,无论其经文还是《小序》,向我们展开的是周初武王、成王时期的礼乐制作与演行。此中所见,正是周承天之命,奄有四海的王道与大德。而"变雅",则是幽厉之后,周德既衰的怨刺之诗。"变风"则主要是东周初年王城、诸侯乱季之作品。① 此虽《诗序》之说，实则暗含编诗之旨。此种编诗意与《春秋》之笔意正相应和。

由此，《诗序》总体上遵循着《春秋》的维度，以孔子《春秋》所秉持的历史哲学来解《诗》。虽然其中多有古义，但将三百篇作为一个整体来营造的《诗序》，所用的绝非周、鲁太师之义，而是源出孔子、子夏之学。就大局而言，毛公自道远承子夏之学，则不吾欺也。故可下一推论，《诗序》乃是《春秋》学影响下的产物。因此，齐、鲁、韩、毛四家《诗》所继承的战国《诗》，其整体结构的完成，应在孔子之后、孟子之前，当为七十子之徒发挥《春秋》精神以治《诗》的结果。联系孔门学术之发展，谓子夏或其后学所为，似为允当。

## 五 《春秋》视域：季札论《诗》与大、小《雅》的对调

《诗序》上源于孔子、子夏之学，由此观察子夏时代《诗》之编次，似与汉初四家在整体结构上有重大差异。此种判断，基于对《左传》所保留吴公子季札赴鲁观周乐之材料。表面上看，这则材料保留了另外一个与今本大体相同的次序，但细细推敲，恐是不然。

鲁襄公二十九年，《左传》载季札赴鲁观周乐之事，并着重录其论《诗》之语。治《诗》者将其作为孔子之前，《诗》已初步编成的证据，以此否定《太史公书》孔子删诗之说。而治《左传》者，则往往从季札之语，推断此章的写作年代，由此作为《左传》成书于公元前四世纪的预言材料之一。《左传》年代研究诸发现说明，这段记载不能作为孔子之前《诗》文本编纂的证据，因为此段论述虽出季札之口，且载录于鲁襄公二十九年，却未必是当时的材料，亦未必为实录，而很可能是后人补述。故只能粗略地将其定为春秋战国之际，即公元前五六世纪之交的材料。

若仔细分析季札所论，还会惊讶地发现：春秋末战国初年的《诗》，虽然在其体制上已与今本相当，但在文本结构上竟与今本大为不同。其文曰：

> 请观于周乐。使工为之歌《周南》、《召南》，曰："美哉！始基之矣，犹未也，然勤而不怨矣。"为之歌《邶》、《鄘》、《卫》，曰：

---

① 《豳风》、《魏风》、《桧风》除外。

"美哉渊乎！忧而不困者也。吾闻卫康叔、武公之德如是，是其卫风乎！"为之歌《王》，曰："美哉！思而不惧，其周之东乎！"为之歌《郑》，曰："美哉！其细已甚，民弗堪也。是其先亡乎！"为之歌《齐》，曰："美哉，泱泱乎！大风也哉！表东海者，其大公乎！国未可量也。"为之歌《豳》，曰："美哉，荡乎！乐而不淫，其周公之东乎！"为之歌《秦》，曰："此之谓夏声，夫能夏则大，大之至也，其周之旧乎！"为之歌《魏》，曰："美哉，沨沨乎！大而婉，险而易行，以德辅此，则明主也。"为之歌《唐》，曰："思深哉！其有陶唐氏之遗民乎！不然，何忧之远也？非令德之后，谁能若是？"为之歌《陈》，曰："国无主，其能久乎！"自《郐》以下无讥焉。为之歌《小雅》曰："美哉！思而不贰，怨而不言，其周德之衰乎？犹有先王之遗民焉。"为之歌《大雅》，曰："广哉，熙熙乎！曲而有直体，其文王之德乎！"为之歌《颂》，曰："至矣哉！直而不倨，曲而不屈，迩而不逼，远而不携，迁而不淫，复而不厌，哀而不愁，乐而不荒，用而不匮，广而不宣，施而不费，取而不贪，处而不底，行而不流。五声和，八风平。节有度，守有序，盛德之所同也。"①

季札所论，有利于判断年代者，乃关于郑、陈之亡，及魏有明主的论断。郑亡于周安王二十六年（前376），陈亡于鲁哀公十七年（前478）。季札云郑恐先亡，则郑或未亡、或已亡；陈不能久，则陈已亡。据前辈学者讨论《左传》年代所持预言之说，此段文献似写定于陈亡之后，郑亡之前，即公元前478—前376年间。而魏有明主之语，则更利于此段文献年代之推断。《诗》中之魏，本姬姓之国，鲁闵公元年（前661）为晋献公所灭，史籍未见此国之盛，故季札称颂魏有明主，当指此段文献写定之日，魏有明主，联系陈、郑亡国之间，魏之主为魏文侯，确为明主。魏文侯二十二年（前424）始列为诸侯，子夏之徒会集于此，讲论礼乐，一时盛事也。而在《左传》传授史上，恰有在魏地传授的记载，即刘向《别录》所称"左丘明授曾申，申授吴起"，吴起在魏武侯时期，直接承接的正是魏文侯时代的儒学传统。《乐记》亦有魏文侯、子夏论乐之记载，故儒门所称"明主"，似应为魏文侯。据此，季札观周乐这一章材料，虽可

---

① 杨伯峻：《春秋左传注》，中华书局2009年版，第1161—1165页。

能以史官所记为基础，然其写定或在魏文侯时期，即公元前 424—前 396 年间，写定之人或为子夏之俦。

不管季札观乐的故事是虚拟抑或实录，季札所观必非全乐，今本《毛诗》三百一十一首，必非一时一日所能尽，故鲁乐工当择其要者而歌之，所选或为每一部分的首篇。即非如此，亦当为每部分之代表诗篇。因此，季札进行评论，当据某一篇或某数篇而言。而其评论范围，却当为每一部分的整帙整卷。原因在于，季札论乐并非就乐论乐，而是一种外交辞令（或拟外交辞令），此段对话的目的，在于显示"作者塑造的"季札的知识修养。故季札所论，必为每一部分诗篇的主旨或大概，其内容也是当日贵族阶层知识结构的重要组成部分。当然，此段记录可能是春秋时代的（公元前 6 世纪），也可能是战国早期的（公元前 5 世纪），时代难以准确判断。然《左传》之主体材料形成于战国初，且多据鲁国史料，因此，即便此段文字写定于战国初期，其主体材料还是可以反映春秋末年的编《诗》情况，尤其是与列国无关的《雅》、《颂》及古乐材料。唯其列国赞辞，如《魏风》之赞辞，则恐有后人润色。

季札论乐与《诗》文本之关系，最可注意者为《小雅》、《大雅》。季札曰："美哉！思而不贰，怨而不言，其周德之衰乎？犹有先王之遗民焉。"此其对《小雅》之评价。又曰："广哉，熙熙乎！曲而有直体，其文王之德乎！"此其对《大雅》之评价。若鲁工所歌为今本大、小《雅》之首篇，则当为《鹿鸣》和《文王》，后者符合季札对《大雅》之评价，但前者不符。[①] 若两句评价是分别针对《小雅》、《大雅》，则均不符合。原因何在？据《毛诗序》及郑玄《毛诗谱》，《小雅》《鹿鸣》至《菁菁者莪》为颂美之诗，乃文王、武王时期之作品，其气质、语辞亦颇相符。而《六月》之后，则为宣王、幽王时期作品，所谓"变小雅"，纔是蕴含"周德之衰"的作品。《大雅》《文王》至《卷阿》，确在彰显"文王之德"，但《民劳》之后，主要为怨刺幽、厉之作。当然，二编之中，尚有颂美宣王之作，属于"变雅"。总之，今本《小雅》不全是忧思"周德之衰"，而《大雅》亦非全为颂美"文王之德"。

---

① 据（清）王先谦《诗三家义集疏》，《史记·十二诸侯年表》、《太平御览》卷五百七十八引蔡邕《琴操》，均以《鹿鸣》为刺诗，与毛、齐、韩诸家说异。王氏已辩，汉代三家诗学者亦不从之。

若鲁工仅歌一首，而季札仅评一首，则彼时《小雅》与今本《小雅》编次不同。此种可能相对较低。若鲁工歌一首，而季札评全编，则彼时《小雅》、《大雅》与今本编次皆不同。此种可能性较高。若季札确就全编立论，则当日《大雅》主要载录周初作品，而《小雅》载录厉王之后作品。《小雅》《鹿鸣》至《菁菁者莪》计十六首，《大雅》《民劳》至《召旻》为十三首，二者相当。以季札对二《雅》的评价推测，前者十六首在春秋战国之际似不属《小雅》而属《大雅》，而后者十三首似不属《大雅》而属《小雅》。

据此，在公元前6世纪、5世纪之时，《诗》文本至少有一个重要的版本与今本编次不同。这个本子中的《大雅》全部是周初作品，而《小雅》则全部是西周晚期的作品。季札论《诗》编入《左传》，可知此本为当日通行之本或重要传本。

据季札评语推测，相较春秋战国之际的《诗》文本，今本有两处重要的变化：其一，《豳风》移于《国风》之末，介于《风》、《雅》之间，此为可确证之事；其二，古本《大雅》十六篇，今本移至《小雅》，作为《小雅》的起始部分；古本《小雅》十三篇，今本移至《大雅》，作为《大雅》的后半部分。这两个重要的变化都显示了《春秋》的取义方式。至于原本《大雅》和《小雅》的诗次，则不可推知。譬如，今本《大雅》之"变雅"部分包括厉王、宣王、幽王三王之诗，若径将今本《大雅》后半部分移至《小雅》《菁菁者莪》和《六月》之间，则《瞻卬》、《召旻》两首幽王诗在《六月》等十四首宣王诗之前，诗的时代次序是错乱的，因此大、小《雅》对调之前，二《雅》的文本次序未知，其对调诗篇的截取不可能是"切块"式的，而是有所挑拣。

当然，上述判断乃基于《大雅》、《小雅》的以时代为序的编纂思路而言，并不排除部分诗篇本不按时代顺序编入的"错乱"。今本《小雅》之文王、武王、成王、宣王、幽王诗，亦未必真文王、武王、成王、宣王、幽王之诗也，如《楚茨》、《信南山》、《甫田》、《大田》这四首前后相次的诗篇，均咏及农事相关活动，与《七月》所述密切相关，《诗序》定为幽王诗颇为牵强，此足见今本大、小《雅》虽然大体按时代编纂，但内中亦有错乱之次也。然就整体而言，大、小《雅》卷内的诗次还是以时代顺序为主，故部分的"乱篇"并不影响基于整体编纂思想而来的论断。

以《豳风》作为《国风》之末，将其置于《风》、《雅》之间，这种变化实有深意。《毛诗正义》引《郑志》曰：

> 张逸问："《豳·七月》专咏周公之德，宜在《雅》，今在《风》，何？"答曰："以周公专为一国，上冠先公之业，亦为优矣，所以在《风》下，次于《雅》前，在于《雅》分，周公不得专之。"①

《诗序》云《风》言一国之事，《雅》言天下之事，故《风》系诸侯，《雅》维天子。周公之于西周，地位之重，实高于诸侯，鲁国独有天子礼乐，亦其证也。然周公毕竟不是天子，诗系于周公，则不能为《雅》。故以周公之诗与《七月》合编，"使周公专为一国，故并为《豳风》"。《正义》曰："以先公之业冠周公之诗，故周公之德系先公之业，于是周公为优矣。次之《风》后《雅》前者，言周公德高于诸侯，事同于王政。处诸国之后，不与诸国为伦；次之《小雅》之前，言其近堪为《雅》，使周公专有此著也。"此种安排正是《春秋》学之演绎。

《大雅》与《小雅》部分诗篇的互换，则更具《春秋》学之色彩。二者互换的结果是大、小《雅》均兼有西周初和西周末之诗，即兼王道之兴与王道之衰，颂美与怨刺并存，形成完整的美刺体系。这种对称式结构的编排，也见于二《南》。《诗序》述《周南》、《召南》二卷主旨，即遵循了"对称性思维"。《周南》中《麟趾》是《关雎》之应，而《召南》中《驺虞》是《鹊巢》之应；二《南》皆始于"鸟"而终于"兽"。这种对称性思维不仅凸显出《毛诗》诠解体系的"人为的完美"，更提示我们，这种理论的内在结构至少经过一次后期的"整体统合"。因此，整体来看，二《雅》的互换、二《南》对称结构的出现、《豳风》位置的移动，均体现了一种《春秋》学的思维，三种变动应同时完成，而其时限，当在春秋末战国初之后不久。此种变动应在《春秋》学兴起之后，故非孔子所为。联系季札论诗之时，此种改动尚未出现，故二《雅》对调，应当是子夏之后的事了。然其完成，必在孟子之前。《诗序》体现的正是这种改动过的编次，以及其中的历史理论。因此原始《诗序》的出现，应在古本《诗》的篇次变动之时。其中虽有周太师、鲁太师奏乐之

---

① 《毛诗注疏》，第277页上栏。

古义，但整体结构体现的是一种《春秋》路径。

## 六 《雅》在《风》前：《毛传》埋藏之《诗》古本编次

至此，我们再回到本章开始时的问题，即《毛传》是否整体上遵循后注简省原则呢？答案是肯定的。一般而言，《毛传》重复出现的字词，《国风》若有注，《雅》、《颂》一般不注。如：

（1）施：见于《葛覃》、《兔罝》、《硕人》、《东山》、《頍弁》、《旱麓》，仅于《葛覃》有注：

《葛覃》："施于中谷。"《毛传》曰："施，移也。"
《兔罝》："施于中逵。"
《硕人》："施罛濊濊。"
《东山》："亦施于宇。"
《頍弁》："施于松柏。"
《旱麓》："施于条枚。"

（2）斁：见于《葛覃》、《思齐》、《云汉》、《振鹭》、《駉》、《那》，仅于《葛覃》有注：

《葛覃》："服之无斁。"《毛传》曰："斁，厌也。"
《思齐》："古之人无斁。"
《云汉》："耗斁下土。"
《振鹭》："在此无斁。"
《駉》："思无斁。"
《那》："庸鼓有斁。"

但如果重复出现的字词与通俗意义有别，对其意义的理解特别容易出错，同时初次的解释又与后来的篇章离得较远，这时往往出现重复注释，如：

（1）言：此字见于《葛覃》至《駉》等二十余首诗，《毛传》分别于《葛覃》、《彤弓》、《文王》三首作注：

《葛覃》:"言告师氏。"《毛传》:"言,我也。"
《彤弓》:"受言藏之。"《毛传》:"言,我也。"
《文王》:"永言配命。"《毛传》:"言,我也。"

三注分别见《国风》、《小雅》、《大雅》。

(2) 襄:此字见《墙有茨》、《出车》,《毛传》均出注:

《墙有茨》:"不可襄也。"《毛传》:"襄,除也。"
《出车》:"玁狁于襄。"《毛传》:"襄,除也。"

但是,正如开篇所言,一些重复出现的字、词,《风》不注,《雅》、《颂》出注,或者同在《风》、《雅》,却是编于后者出注,而前者不注。此种类型,数量虽不占优,却也不少,足以说明问题了。为了说明问题,笔者再举几例:

自:
《唐风·羔裘》:"自我人居居。"
《大雅·绵》:"自土沮漆。"《毛传》:"自,用。"
御:
《召南·鹊巢》:"百两御之。"
《小雅·甫田》:"以御田祖。"
《大雅·思齐》:"刑于寡妻,至于兄弟,以御于家邦。"《毛传》:"御,迎也。"
肃雍:
《召南·何彼襛矣》:"曷不肃雍。"
《周颂·清庙》:"于穆清庙,肃雍显相。"《毛传》:"肃,敬;雝,和。"
日居月诸:
《邶风·柏舟》:"日居月诸,胡迭而微。"
《邶风·日月》:"日居月诸,照临下土。"《毛传》:"日乎月乎,照临之也。"
棘:

《邶风·凯风》:"吹彼棘心。"

《卫风·园有桃》:"园有棘"。《毛传》:"棘,枣也。"

载:

《邶风·凯风》:"载好其音。"

《鄘风·载驰》:"载驰载驱。"《毛传》:"载,辞也。"

《大雅·桑柔》:"载胥及溺。"

鹑:

《鄘风·鹑之奔奔》:"鹑之奔奔,鹊之彊彊。"《毛传》:"鹑则奔奔,鹊则彊彊然。"

《魏风·伐檀》:"胡瞻尔庭有县鹑兮。"《毛传》:"鹑,鸟也。"

《小雅·四月》:"匪鹑匪鸢,翰飞戾天。"《毛传》:"鹑,雕也。雕鸢,贪残之鸟也。"

爰:

《邶风·击鼓》:"爰居爰处?爰丧其马?"

《鄘风·桑中》:"爰采唐矣。"《毛传》:"爰,于也。"

景:

《鄘风·定之方中》:"景山与京。"《毛传》:"景山,大山。"

《小雅·楚茨》:"以介景福。"

《小雅·车舝》:"高山仰止,景行行止。"《毛传》:"景,大也。"

芃芃:

《鄘风·载驰》:"芃芃其麦。"《毛传》:"麦芃芃然方盛长。"

《曹风·下泉》:"芃芃黍苗,阴雨膏之。"《毛传》:"芃芃,美貌。"

《小雅·黍苗》:"芃芃黍苗,阴雨膏之。"《毛传》:"芃芃,长大貌。"

《大雅·棫朴》:"芃芃棫朴。"《毛传》:"芃芃,木盛貌。"

遂:

《卫风·氓》:"言既遂矣。"

《小雅·雨无正》:"饥成不遂。"《毛传》:"遂,安也。"

来:

《郑风·女曰鸡鸣》:"知子之来之。"

《小雅·大东》:"东人之子,职劳不来。"《毛传》:"来,勤也。"

与之相关且更为重要的问题是，今本编次极为相近的诗篇之间，重复字、词有注、无注的先后顺序与今本诗篇顺序不同，如上文之"言"、"跂"二字。"言"在今本《小雅》中出现于编排相近的《出车》和《彤弓》之中，《出车》在《彤弓》之前，但《毛传》于《彤弓》注之，而于《出车》则未注。《斯干》、《大东》相近，但《斯干传》对"跂"的解释却是以《大东传》为基础的。

　　因此，上述两种有异于今本《毛传》编次的注或不注，及有注、无注顺序的现象，若纳入今本《毛诗》编纂次序中观察，则显得错乱而无序，亦不可理解。若我们联想到《毛传》本有古老的《诗》学渊薮的话，则此种无序与错乱，顿然显现出不可估量的学术价值。

　　它说明《风》、《雅》、《颂》之传，在最原初的时候，很可能是先后撰述的，即《风》、《雅》最初并非并行编排于一书。这恐怕与二《雅》的经典化较早有关。《左传》所载春秋时代人引《诗》本以二《雅》为主。《尔雅·释诂》一篇所录古字，与二《雅》相关者两百条左右，与《周颂》相关者四五十，而与十五《国风》相关者不足九十。故最早对《诗》作注，应该开始于《雅》和《颂》。待《风》诗编成之后，始有对《风》作注，而二《南》、三《卫》等较早成熟的部分，作注也早。因此《释诂》中与《国风》有关的八十余条文字，这五国之《风》就占五十余，《左传》所引风诗，也以这五卷为主。因此，不排除其中有一些风诗本与《雅》、《颂》相混。如《大戴礼记·投壶》篇曰："凡《雅》二十六篇，其八篇可歌，歌《鹿鸣》、《狸首》、《鹊巢》、《采蘩》、《采蘋》、《伐檀》、《白驹》、《驺虞》。"朱东润先生云："今《鹊巢》、《采蘩》、《采蘋》、《驺虞》诸篇在《二南》，《伐檀》在《魏》，皆与《小雅》无涉。然则，《风》中固有尽可称《雅》者。"① 故总体而言，今本《雅》、《颂》的注出现得相对更早。

　　《风》诗编成之后，最开始很可能是附在《雅》、《颂》之后的。这就是为什么今本有许多字、词训诂不见于《风》而见于《雅》。《风》的训诂本就是参考《雅》、《颂》而为的。这在今本《毛传》中依然可见。如《淇奥》"赫兮咺兮"，《毛传》曰："赫，有明德赫赫然。"但对"赫赫"并未进一步作注，因"赫赫"之义已见于《小雅》之传。《出车传》

---

① 朱东润：《诗大小雅说臆》，《诗三百篇探故》，云南人民出版社2007年版，第48—49页。

曰："赫赫，盛貌。"《节南山传》亦曰："赫赫，显盛貌。"又如《氓》"其叶沃若"，沃若，《毛传》曰："犹沃沃然。"但"沃"字何义，此处未言。而《小雅·隰桑》"其叶有沃"一句，《毛传》曰："沃，柔也。"再如《芄兰》"芄兰之叶，童子佩韘"，《毛传》曰："韘，玦也。能射御则佩韘。"但"玦"是什么？《小雅·车攻》"决拾既佽，弓矢既调"，《毛传》曰："决，钩弦也。"决即玦也。此足见《风》之《传》，有据《雅》之《传》而作的情况。以此可推断，《雅》原来可能编于《风》前。当然，《风》、《雅》也许在春秋时代有过分别流传之阶段，但今已不可考。

## 七　从礼乐编次到《春秋》编次

联系上文的论述，特别是《尔雅·释训》与《毛传》的关系，战国秦汉之际三家《诗》、《毛诗序》、《毛传》、周礼演乐之间不同的《诗》的编次，季札论《诗》与春秋战国之际《诗》文本结构的调整诸问题，我们或可推测《毛传》中部分训诂的失序，说明《风》、《雅》、《颂》之传在最原初的时候，很可能是先后撰述的，即《风》、《雅》最初并非并行编排于一书。这恐怕与二《雅》的经典化较早有关。《左传》所载春秋时代人引《诗》本以二《雅》为主。《尔雅·释诂》一篇所录古字，与二《雅》相关者两百条左右，与《周颂》相关者四五十，而与十五《国风》相关者不足九十。故最早对《诗》作注，应该开始于《雅》和《颂》。待《风》诗编成之后，始有对《风》作注，而二《南》、三《卫》等较早成熟的部分，作注也早。因此《释诂》中与《国风》有关的八十余条文字，这五国之《风》就占五十余，《左传》所引风诗，也以这五卷为主。因此，不排除其中有一些风诗本与《雅》、《颂》相混。如《大戴礼记·投壶》篇曰："凡《雅》二十六篇，其八篇可歌，歌《鹿鸣》、《狸首》、《鹊巢》、《采蘩》、《采𬞟》、《伐檀》、《白驹》、《驺虞》。"朱东润先生云："今《鹊巢》、《采蘩》、《采𬞟》、《驺虞》诸篇在《二南》，《伐檀》在《魏》，皆与《小雅》无涉。然则，《风》中固有尽可称《雅》者。"① 故总体而言，今本《雅》、《颂》的注出现得相对更早。

《风》诗编成之后，最开始很可能是附在《雅》、《颂》之后的。这就是为什么今本有许多字、词训诂不见于《风》而见于《雅》。《风》的

---

① 朱东润：《诗大小雅说臆》，《诗三百篇探故》，云南人民出版社2007年版，第48—49页。

训诂本就是参考《雅》、《颂》而为的。这在今本《毛传》中依然可见。以此可推断，《雅》原来可能编于《风》前。当然，《风》、《雅》也许在春秋时代有过分别流传之阶段，但今已不可考。

季札论《诗》，顺序是《国风》、《小雅》、《大雅》、《周颂》以及六代之乐，大体与今本一致。但是《毛传》相对古老的注释却显示，《毛诗》的原始文本顺序应该是《雅》在《风》前，三《颂》的次序未知。从春秋以来流传的乡饮酒礼、乡射礼、燕礼之乐，确为《雅》在《风》前。《论语·泰伯》：

子曰："师挚之始，《关雎》之乱，洋洋乎！盈耳哉。"①

《论语骈枝》释之曰：

始者，乐之始。乱者，乐之终。《乐记》曰："始奏以文，复乱以武。"又曰："再始以著往，复乱以饬归。"皆以始乱对举，其义可见。②

孔子所谓"师挚之始"，即师挚演乐之始；"《关雎》之乱"，即《关雎》作为乐终之歌，"洋洋乎盈耳"者正是。检《仪礼》之《乡饮酒礼》、《乡射礼》、《燕礼》诸篇，可知这几个相沿至汉的古礼，有固定的演乐程序：工鼓瑟歌《鹿鸣》、《四牡》、《皇皇者华》，笙《南陔》、《白华》、《华黍》；间歌《鱼丽》，笙《由庚》，歌《南有嘉鱼》，笙《崇丘》，歌《南山有台》，笙《由仪》；合乐《关雎》、《葛覃》、《卷耳》、《鹊巢》、《采蘩》、《采蘋》。此礼乐程序中，《诗》乐乃是自《小雅》而至二《南》，所谓"《关雎》之乱"者，即以二《南》六篇合乐。可见《毛传》所反映的古《诗》编次，乃礼乐之编次也。这是一种早于季札论《诗》时代的编次。

另外，《毛传》某些训诂所显示的《诗》之编次，不管是《风》还是《雅》，与今本大异，若以今本为据，其编次则错乱不堪。尤其是一些

---

① （清）阮元校刻：《论语注疏》，嘉靖二十年刊本，中华书局 2009 年影印本，第 72 页上栏。
② （清）刘台拱：《论语骈枝》卷一，《续修四库全书》本。

在今本中排列很近的诗篇，如上文所举"愿"字之例。《终风》、《二子乘舟》均编于《邶风》，《终风》编在《二子乘舟》之前，然《毛传》于《二子乘舟》作注。一卷之内，出现如此次序之颠倒，是难以理解的。可知最古老的《诗传》出现之时，诗的编次与《毛诗》及三家《诗》，是两种不同的编纂逻辑。我们知道，今本很可能源出孔子编纂之本，所谓归鲁乐正，《雅》、《颂》各得其所者也。上海博物馆所藏《孔子诗论》，其篇目顺序正与今本《毛诗》基本相同。孔子之后，《诗》虽有大、小《雅》的对调及《六月序》所记具体篇目的变动，但整体上还是延续了孔子编《诗》的结构。因此，《毛传》所体现细部的诗次的无序，反而更像是《雅》、《颂》各得其所之前的状态。据此故大胆推测，最原始的《诗传》极可能是孔子之前的遗产。

《毛诗》古本显示了由天子到诸侯的顺序，而今本则是由四方到天子的顺序。首天子而次诸侯，也是《春秋》学之特点，即首言"王正月"之意。此种次序已见于季札论《诗》，故三百篇《风》、《雅》、《颂》的文本大局也当由孔子论定。故孔子之前的《诗》与孔子之后的《诗》，文本编次当有很大的不同。孔子之《诗》重构了三百篇的序列和结构，使之更符合周之礼乐制度和历史情实，并确立了《风》、《雅》、《颂》的顺序。子夏或其后学，又依据《春秋》精神，对调了《大雅》和《小雅》的部分诗篇，使二《雅》皆有美刺。这大概是《诗》文本至战国初年所发生的最具革命意义的两次重编。可以说，子夏时代之前的《诗》文本，乃是一种礼乐编次；而子夏时代之后，《诗》乃是一种《春秋》学编次。

《诗序》所体现的正是《诗》的《春秋》学编次，这种解释体系的出现，与子夏时代《诗》文本内部结构的调整关系非常密切。因二者解释路径一致，可以认为它们是伴生关系。换句话说，《诗》文本内部结构的调整、《诗序》（《小序》）解释学的出现，应大体同时。

至战国秦汉之际，出现了不同的《诗》的传本。这正是《六月序》以及郑玄《诗谱》中浮现出的问题。特别是《小雅》无厉王诗之问题，个中缘由，实如前文所述，因战国初年《大雅》、《小雅》部分诗篇的互换造成。原本《小雅》中《六月》之前为刺周厉王而作，无颂美文王、武王、成王者。而《大雅》中无厉王、宣王、幽王时期作品。大约在战国初，《小雅》有十几首诗被划入《大雅》，而《大雅》一部分文、武之篇则划入《小雅》，形成二《雅》皆有美刺之格局。同时以春秋以来的

《诗》旨为依据,出现统一编纂的《诗序》,其统一之处便是强化《诗》整体历史批判色彩,即依据《春秋》学思想而进行的重新建构。虽然今本《毛诗》多与春秋时代所用的诗旨相近,但其整体解释上的《春秋》学风格,却应是《春秋》学发达之后的结果。

## 八 结论

若我们假定《毛传》总体上是遵循后注简省原则的——这从文本内部也可作判断,那么,《毛传》中必然保存了一部分古老的训诂材料,它们的存在,使得春秋时代《诗》文本的编次问题浮出表层,让我们意识到春秋时代就很可能存在汉人意义上的《诗传》了。而那时的《诗》文本之编纂结构与次序,与汉代四家《诗》迥异,可知战国秦汉之《诗》确实经过了孔子的重编,使之更具礼乐精神。从季札论《诗》,又知子夏时代,受《春秋》学之影响,二《雅》出现了对调,《诗》之文本结构发生变化,《诗小序》亦随之产生,《诗》文本史上第二次革命性的变化发生了。战国末年《诗》的一个或几个文本调整了《小雅》的诗序,使之有周厉王时期的作品,这种改动在汉代为三家《诗》所延续。同时,汉初毛公调整了《小雅》笙诗的位置,以足篇什之数。此汉前《诗》文本变迁之大概,期其有资于《诗》学史诸问题的研究与理解。

或谓此篇文献不足,推论居多,恐不足凭。然上古学术本在极少文献上做功夫,其魅力恰在于依靠零星的信息,还原那些最具"决定性"的时刻,亦朴亦玄,此其妙处。况且,长久以来,汉前诸文本多被作为"理解"的对象,而非"研究"的客体而存在,使我们对其文本内部的歧录、无序、矛盾往往视而不见,甚或刻意弥合,研究的可能性与丰富性终被遮蔽,上古学术、思想与文学的色彩亦随之单一或弱化。当下及未来,已到深入文本、发掘其中埋藏的"秘密"之时,此或为周秦汉研究的新方向之一。

# 第三章 《风诗序》与《左传》早期史料来源关系考

## 导　言

《毛诗》十五《国风》之《序》与《左传》有着独特的关联，这很可能是郑玄弃《韩》从《毛》的原因之一，即《毛序》更具《春秋》学色彩。在《诗序》诸疑难的论辩中，《左传》往往是作为参照文献出现的，但在《左传》诸问题的讨论中，《诗序》却缺席了。或因《诗序》年代、作者诸问题相较于《左传》更难确定（或者说几乎无法确定）？如上章所言，《诗序》整体结构的完成不会早于孔子，最可能是在子夏之后。然其许多篇目的本事或原始编诗之义，应有更加古老的上源，这也是可以想见的。基于此种考虑，此章将在《风诗序》与《左传》史料关联的基础上，抛开"真伪"探讨的思路，将二者的历史叙事作为研究的重心，从《诗序》"历史化"叙事与《左传》叙事之间的联系中，窥探《左传》春秋早期历史史料来源的一种可能性。

这种可能性的研究虽然缺少第三方资料或文献的支持，但因二者的某种同步性而具备了一定的考辨基础和空间，即《风诗序》与《左传》在历史叙事上有着高度的相关性和一定的同步性。《风诗序》所称卫、郑、东周、齐、晋、秦、陈、曹等国的风诗，在不同时期创作的多寡，与《左传》的叙事详略基本成正比关系。但《国语》记事却几乎"避开"了《风诗序》及其所指时段。《风诗序》与《左传》、《国语》这种非常的联系与对应，值得特别关注。联系当时历史情境，可知《左传》中赋《诗》引《诗》时，虽有个别特例，但春秋时代人对《诗》义的整体性理解有一个统一的基础，且多数与《诗序》基本一致。故知原始《诗》之序说早在春秋时代已经出现。从《左传》、《国语》、《孟子》等文献引述《诗》及其历史背景的情况判断,春秋时代,存在一种与《诗》相关的历史文本,不管它们是书面的还是口头的。这种类型的文献很可能依附于《诗》,是《诗》的一种"本事"或"序、传"。甚至可以说,《诗》在春秋至战国前期,有"本事"或"背景"类的历史文本流传,且已经较为"普及",其他类型文献似无必要载录之。故与《诗》并行之"语"不见此类史事便可理解了。某些《诗·国风》部分"本事"或"背景",当是《左传》春秋早期历史,尤其是卫、郑历史的主要史料来源之一。

## 一 引论

《诗序》和《左传》的年代学问题是两个诉讼纷纭、难以决断的难题,均可称为中国经学史或学术史上的大疑案。因原始史料缺失,各种针锋相对的观点,也均有成立之逻辑或旁证,故此两大问题似无重新讨论之必要。但是,笔者在翻检《毛诗》、《左传》、《国语》、《史记》等文献时,却发现《毛诗·国风》之《序》与春秋时代相关诸侯国的历史之间,存在一定的同步性或相关性。具体地说,在《诗序》所指涉的年代内,诗的创作较多的时期,某些诸侯国的史料也相对丰富,甚至于存在相当细致的细节记录或事语之体①;诗的创作较少或没有诗作的年代,这些诸侯国的历史记录也相对贫乏或缺失。特定的某几个诸侯国,在《诗序》与《左传》之间,其历史叙事的多寡和疏密是如此的一致,这种联系恐怕不是偶然的。《诗》与《春秋》在战国时代已经并列于"六艺"②,且战国末至秦汉时代的流传中,《毛诗》和《左传》之间也有交集,因此二者的相关完全出于偶然的可能,是微乎其微。③

---

① 马王堆汉墓出土有类似《国语》的文献,张政烺先生据《国语·楚语上》的记载,判断春秋时代有一种古书体裁称作"语",并将汉墓出土文献命名为《春秋事语》,参见张政烺《春秋事语解题》,《文物》1977年第1期。
② 《庄子·天下》篇:"《诗》以道志,《书》以道事,《礼》以道行,《乐》以道和,《易》以道阴阳,《春秋》以道名分。"《荀子·劝学》:"《礼》之敬文也,《乐》之中和也,《诗》、《书》之博也,《春秋》之微也,在天地之间者毕矣。"
③ 据刘向《别录》佚文所载,《左传》经鲁人虞卿传至荀子。西汉初年,赵人北平侯张苍从荀子受其学,成为西汉最早的《左传》传授者。文帝时,贾谊作《左氏传》训故,授赵人贯公,为河间献王博士。贯公又传其子贯长卿。而《毛诗》最早由赵人毛公传授,为河间献王博士,且授同国贯长卿。可见西汉《毛诗》与《左传》之学均出赵地,且有交叉。

二者的这种联系在传统学术研究中早已被重视或是强调，尤其是宋代以来有关《诗序》真伪的讨论，更是强化了此种联系。不管是"挺序"者，还是"废序"者，《诗序》与《尚书》、《左传》等文献的相关部分，均是其着力处之一。但其讨论多以《诗序》真伪为中心，今天看来，至少在两个层面上存在问题。

首先，先秦乃至西汉古书绝大多数并非单一年代层面的文献，它们多是累积型的，存在多个文献层。因此其中之材料，一般而言适用于长时段而非短时段。但是文本真伪或年代的讨论中，作为案件中心的《诗序》或《左传》却往往被预设为一次性成书的文本，其材料的撰述年代被预先限定于某一短时段内。自然地，它们中的材料并非全部适用于此时段，于是，在以文本真伪为诉求的研究中，《诗序》或《左传》乃至其他周秦古书，很容易被晚期材料拖累，由此而被判为晚出之书，甚至伪书。这种文献使用中的先天问题，必然影响到结论的可靠与否。其次，《诗序》与《左传》在其初创的年代，并非孤立的文本，而是当时大量同类型材料之一①，故二者之间的联系不是单一的谁抄谁，而是有关两种重要的文献类

---

① 虽然材料不足，但从有限的先秦及出土文献分析，《毛诗序》并非单一的西汉经师或后学之作，而是有着深厚的材料背景。春秋战国时代流传的《诗》，其面貌与今本《毛诗》必有不同。即使是西汉时代，除了齐、鲁、韩、毛四家诗外，还有阜阳汉简《诗》这样的文本类型存在。每一种不同的《诗》文本，在其讲授传承中，当有与之相关的"序说"，来解释每一首诗的"本事"、"诗义"、"作意"或"用诗之意"。这些内容在不同时代、不同文本之间会有差别甚至对立，但鉴于《诗》的编纂相对集中，《雅》、《颂》、《周南》、《召南》、《豳风》等部分成文又早，故不同时代、地域或学派之间对其的解释想必也不会有太大的不同。春秋外交辞令的引《诗》、赋《诗》，并不加解释或说明，外交双方对《诗》的理解基础显然是存在的，且是"共识"，故当时《诗》的《雅》、《颂》、二《南》乃至《豳风》、三卫《风》等，在不同地区的差异当非常小。西汉四家诗是战国晚期的《诗》学在不同地域独立流传到西汉的，它们之间对《诗》义的理解、《诗》的"本事"、《诗》的使用乃至编纂顺序等虽然有所不同，但在总体上还是大同小异。即使将它们与出土于楚地的郭店楚简，以及上博楚简中的引《诗》、论《诗》内容相比较，潜藏于文本之下的还是一个共同的理解基础。因此，春秋中期之后，当《诗》的各部分被完整地编纂到一起时，《诗序》乃至传、说这种类型的文献应该已经存在，不管是口头的还是书面的。问题是这种早期的理解和接受体系，有多少文字材料能够流传下来，又有多少被累积于西汉时代的《毛诗序》中。虽然几乎无法回答这个问题，但除了《商颂》外，《毛诗》的《雅》（尤其是《大雅》）、《颂》部分的《序》很多保留了《诗》早期编纂时的理解、用途或信息，古今对此的理解和接受多数也不存在异议。尤其是随着对西周青铜器铭文研究的深入，许多铭文的内容逐渐与《诗》建立起了联系，也旁证《诗序》的很多解释非常接近于历史真实。故《毛诗序》的《雅》（尤其是《大雅》）、《颂》部分与早期的理解（尤其是春秋时代的《诗》学）之间，共同之处最多。

型潜在的关系问题。① 传统的研究中，"文献有征"的思路充分保证了研究的严谨和客观，却容易忽略某些周秦汉古书的材料背景。现存周秦汉文献之间的联系，不仅仅体现了单一的彼此借鉴、转录或师承之关系，而且也是帮助我们通往当时广阔知识或材料背景的重要途径。如果仅从孤立的《诗序》与《左传》的关系着眼，文献年代的单一，文献关系的简化是很难避免的。

今本《毛诗》《邶风》至《曹风》部分的编纂相对较晚，仅从诗文与序文的对比上看，这部分《风诗》的诗与序表面距离为最大。故部分《风诗序》与《左传》的关联，遂成宋代以后"废序"者攻辩的主要对象之一。本书重提《风诗序》与《左传》的关联问题，并非要阐述"挺序"或"废序"主张，而是在"真伪"诉求的思路外，将其历史叙事作为研究的重心，从《诗序》"历史化"叙事与《左传》叙事之间的联系中，窥探春秋早期历史史料来源的一种可能性。

同时，本书并不否认《诗序》所述未必全是"真实的"诗之"本事"，许多《诗序》很可能出于《诗》编纂者的"编《诗》之义"，甚至是杜撰。但是，本书不是要考究《诗序》、《左传》所述是否为"真"，而是关注于其叙事本身。乃是力图从二者的历史叙事的独特联系中，发现与史料的撰述、流传有关的史料背景。

首先需陈述本章的材料使用。

《国风》每一首诗在毛诗解释体系中的年代的确定，除了《诗序》明确指称的诗篇外，那些《诗序》中年代模糊的诗篇，本书还依据了郑玄《毛诗谱》。郑玄虽远在后汉，但其所编《毛诗谱》当是据两汉之间沿袭不断的毛诗旧说，有关诗篇的意旨的诠释，相信不会在流传中发生根本性变化，故其说多数当与毛公等早期经师相同，应可信据。此书原本单行，今散见于南宋刻十行本《毛诗正义》之中。北宋庆历四年（1044），欧阳修于河东绛州偶得《诗谱》残本，据之以作《郑氏诗谱补亡》。明人钟惺，清人王谟、袁钧、孔广林、黄奭、吴骞、丁晏、胡元仪等又有多个辑

---

① 李零的《简帛古书与学术源流》谈及早期语类文献之间的互见，有这样的看法："研究语类故事，会有重复雷同，喜欢分析年代的学者，他们老想从'谁抄谁'来定早晚。但我们不应忘记的是，当时的'你抄我，我抄你'可能并没有早晚，因为这些'谈资'很可能是'资源共享'，来自同一个'资料库'。"（李零：《简帛古书与学术源流》，生活·读书·新知三联书店2008年修订版，第204页注3。）

本。今人冯浩菲有《郑氏诗谱订考》，综合诸家，详作考订，最为接近《毛诗谱》原貌，本书因以据之。①

《诗序》作者、年代、真伪等问题的研究，古今观点众多，大体分为两派，即"挺序"与"废序"也。历史上的主要观点可参看《文献通考·经籍考》、《经义考》、《四库全书总目提要》等著作，及夏传才《再谈〈毛诗序〉和关于〈毛诗序〉的争论》②一文。限于篇幅，恕不能对前人论述一一介绍。

《左传》成书问题也是非常复杂的学术难题，研究著作及古今观点自然也不少。洪业《春秋经传引得序》以问题为中心，探讨最为精辟，其中关于《国语》为《左传》原始材料之一的论断，信而有征，为本书所采用。③ 有关《左传》学之历史，可参看沈玉成、刘宁《春秋左传学史稿》④，赵伯雄《春秋学史》等著作。⑤

当然，并非所有《风诗序》的叙事都与《左传》有联系，本书讨论所涉及的《国风》有《邶》、《鄘》、《卫》、《郑》、《王》、《齐》、《唐》、《秦》、《陈》、《曹》"十风"，《周南》、《召南》、《魏风》、《桧风》、《豳风》因产生年代早于春秋，故不在本书讨论范围之内。"十风"之中，也只是一部分《序》的叙事与《左传》有关联。而其他的序则在《毛诗谱》中被置入了一个整体性的历史解释系统之中，因此有的诗难免被过分地"历史化"了。

历史上又有所谓"首序"和"续序"之说⑥，本书在研究中对此问题未加区别。原因在于，今传之《诗序》，至迟在郑玄时已经通行，"首

---

① 冯浩菲：《郑氏诗谱订考》，上海古籍出版社 2008 年版。
② 夏传才：《再谈〈毛诗序〉和关于〈毛诗序〉的争论》《思无邪斋诗经论稿》，学苑出版社 2000 年版，第 125—138 页。
③ 洪业：《春秋经传引得序》，《洪业论学集》，中华书局 1984 年版，第 223—289 页。陈槃《左氏春秋义例辨》（上海古籍出版社 2010 年版）之《左传义例之来源》有"钞袭国语"一条，亦与此问题有涉，可参看。
④ 沈玉成、刘宁：《春秋左传学史稿》，江苏古籍出版社 1992 年版。
⑤ 赵伯雄：《春秋学史》，山东教育出版社 2004 年版。
⑥ 此说始自唐人成伯瑜，见其《毛诗指说》，成氏认为《诗序》"也"字前、后两部分乃是二次成文，"也"字之前是子夏之序，其后乃是毛公所补充。宋人王得臣亦有类似见解，不同的是，他将"也"字之前的部分看作是孔子所作其说云："《诗序》……盖出于孔子，非门弟子所能与也。若'《关雎》，后妃之德也'；'《葛覃》，后妃之本也'，此一句孔子所题，其下乃毛公发明之。"（以上两说参《经义考》卷九十九）《四库全书总目提要》参考诸说，亦分《诗序》为二，曰："今参考诸说，定《序》首二语为毛苌以前经师所传，以下续申之词为毛苌以下弟子所附。"（《四库全书总目提要》卷十五，《诗序提要》。）

序"和"续序"虽可能出现于不同时期，但它们对诗旨的解释并无冲突，《毛诗谱》与"续序"亦无矛盾之处，故知所谓"续序"依然以旧说为基础，属于《毛诗》整体的解释体系。"成伯玙等所指篇首一句经师口授，亦未必不失其真。然去古未远，必有所受。"①

然后，我们回到本书的主题，即《风诗序》与《左传》历史叙事的相关与联系。上述关联，除了"纯属偶然"外，形成的原因应有以下几种可能：

其一，《诗序》的作者②非常熟悉《左氏春秋》等史料，故依此类史料而附会之。

其二，《左氏春秋》的部分史料来自古代《诗》的序说或传记。

其三，《诗序》与《左氏春秋》均据某流传中的史料而成。

另外，需要特别说明的是，《毛诗序》与《左传》除了在流传上存在联系外，在文本层面也的确存在几处明显的相关，即《硕人》、《载驰》、《清人》、《黄鸟》四诗之《序》与《左传》的记载明显同源。仅以《硕人》为例以作说明。

《左传·隐公三年》载曰："卫庄公娶于齐东宫得臣之妹，曰庄姜。美而无子，卫人所为赋《硕人》也。"这一段记载非常特别，"东宫得臣之妹"的说法很独特。孔颖达《毛诗正义》引服虔注曰："得臣，齐大子名，居东宫。"杜预注采之。孔颖达《春秋左传正义》又曰："案《齐世家》，庄公生僖公。东宫得臣，未知何公太子。案《史记·十二年诸侯年表》，卫庄公之立在春秋前二十五年，齐僖公之立在春秋前八年。然则庄姜必非齐僖公之女，盖是庄公之女，僖公姊妹也。得臣为太子，早死，故僖公立也。不言僖公姊妹，而系得臣者，见其是適女也。"《史记·齐太公世家》记载齐

---

① 《四库全书总目提要》，卷十五《诗》类《序》。
② 据隋唐以前人的说法，可能有子夏、毛公、卫宏等人。如《经典释文》曰："旧说云'《关雎》，后妃之德也'至'用之邦国焉'，名《关雎序》，谓之小序；此以下则大序也。大序是子夏作，小序是子夏、毛公合作，卜商意有未尽，毛更足成之。"《隋书·经籍志》曰："先儒相承，谓《毛诗序》子夏所创，毛公及卫敬仲更加润色。"《后汉书·儒林传》："卫宏从谢曼卿受学，作《毛诗序》，善得《风》、《雅》之旨，至今传于世。"《四库全书总目提要》曰："以为《大序》子夏作，《小序》子夏、毛公合作者，郑玄《诗谱》也。以为子夏所序《诗》即今《毛诗序》者，王肃《家语注》也。以为卫宏受学谢曼卿、作《诗序》者，《后汉书·儒林传》也。以为子夏所创，毛公及卫宏又加润益者，《隋书·经籍志》也。以为子夏不序《诗》者，韩愈也。"

僖公名禄甫，故得臣并非僖公。而齐庄公在位六十四年，故其太子完全有早卒之可能，《正义》做出得臣为太子、早死的推测，或基于此。

《左传》中称呼国君之子，多用大子、公子连称其名，亦有称呼太子者，但以东宫代称太子，且连称其名的例子却仅此一条。传文又称"娶于"某国、某氏，也只有此条特出：

隐公元年：郑武公娶于申，曰武姜。

隐公二年：莒子娶于向，向姜不安莒而归。

隐公三年：卫庄公娶于齐东宫得臣之妹，曰庄姜……又娶于陈，曰厉妫。

桓公十六年：（卫宣公）为之娶于齐。

庄公十年：蔡哀侯娶于陈。

庄公二十八年：晋献公娶于贾。

文公七年：穆伯娶于莒，曰戴己。

宣公三年：又娶于江……又娶于苏。

宣公四年：若敖娶于䢵。

昭公元年：楚公子围聘于郑，且娶于公孙段氏。

昭公四年：适齐，娶于国氏。

昭公五年：郑罕虎如齐，娶于子尾氏。

昭公十九年：子游娶于晋大夫。

昭公二十八年：叔向欲娶于申公巫臣氏。

定公九年：必娶于高、国。

哀公十一年：疾娶于宋子朝。

"东宫得臣之妹"是对"庄姜"身份的说明，这种说明在《左传》中也仅此一例。其他的叙述，仅至于娶于某国或某氏，不会特别提及新妇之详细身份。所以，《左传》的这则传文与其他类似记载有着类型不同的史料来源。"东宫……之妹"的说法，正与《卫风·硕人》一致，诗曰："齐侯之子，卫侯之妻。东宫之妹，邢侯之姨，谭公维私。"杨伯峻《春秋左传注》于是判断此则传文本于《诗》。① 其他三首诗的序也与《左

---

① 杨伯峻：《春秋左传注》，中华书局1990年版，第30—31页。

传》极为接近，可见《毛诗序》与《左传》在叙事上的相关性并非偶然。

正如下文将要论及的，《国语》与《风诗序》，在历史叙事上几乎没有关联，而它与《左传》在史料上又密切相关，甚至被称为《春秋外传》。如果我们将《诗序》、《左传》、《国语》这三部文献并列起来看，就会发现，若《诗序》有关春秋历史的叙事与《左传》仅是"偶然的"联系的话，那么它也应当与《国语》有"偶然的"联系。事实恰是《国语》几乎完全"避开"了《诗序》，因此这三部文献之间，在史料背景上，有着某种特殊关系。《诗序》与《左传》的关联不是偶然的。于是，还是要关注上述三种可能的原因。不管哪种可能，均涉及《诗序》或《左传》之史料来源问题，有继续深入讨论之必要。

## 二 《风诗序》与《左传》史事的相关或联系

《诗序》与诸侯国历史相关性的分析，虽然有朱冠华《风诗序与左传史实关系之研究》①，但朱先生大著与本书侧重不同，且在本书的论述中，此一部分是不可或缺的，故有陈述。

从史源相关角度分析，《风诗序》与《左传》的史事至少有两个层面的相关性：时代的相关与叙事的相关。时代上看，《风诗序》所言诗作，除《周南》、《召南》、《魏风》、《桧风》外，多数产生于《左传》叙事时限内，这个层面的相关比较明显，无须深论。叙事层面，《风诗序》称有诗讽喻的年代，《左传》中与之相关的叙事则相对较详细。而且，《序》所言诗作的"本事"，在《左传》中多有"独立叙事"。

"独立叙事"是笔者对《左传》中相对独立于前后文之外、细节丰富、首尾相对完整的叙事的命名。这类叙事往往将其单独拿出来就可以构成相对独立的"故事"。如鲁宣公四年《左传》对郑灵公遇弑一事的记载。《左传》中各诸侯国几乎都有类似的叙事部分，但多寡却有不同，如晋、楚就要多于其他诸国。"独立叙事"不仅各国之间存在差异，在不同类型的历史事件之间也存在不同，如战争、聘问、弑君、占卜就多详细记载。尤其是各"弑君"事件，几乎全部是"独立叙事"。这个命名并不严谨，但十分便于论述，故作者不揣固陋，勉强用之。在《诗序》所述各国风诗的创作时限内，与《诗》"本事"相关的各国叙事，多属"独立叙事"。此时限内某

---

① 朱冠华：《风诗序与左传史实关系之研究》，(台北) 文史哲出版社1992年版。

些诸侯国的历史，如卫国，甚至只有与《诗》相关的历史才有详细的记载。

历史叙事的详略不仅与叙事者的选择有关，还可能与史料的多寡有关。就《左传》而言，详于晋楚、聘问、战争、弑君等事，此种选择，恐怕还取决于史料的多寡。张岩《春秋战国文体源流考略——兼谈〈国语〉〈左传〉的史料来源和成书情况》① 一文暗示，《左传》不同的文体材料在一定程度上"透露"了它们各自不同的来源。与《风诗序》相关的《左传》叙事的详略，也会透露部分《诗序》或《左传》的史料背景，其中曲折，有待详考。限于篇幅，本书仅以《邶》、《鄘》、《卫》三风与卫之历史，《郑风》与郑之历史为主要分析对象，其他风诗与诸侯历史则略作介绍。

(一) 卫

卫国的历史主要见于《左传》和《史记》，其中《史记·卫康叔世家》系统地整理了包括《左传》在内的先秦卫国史料，像是汉代最为完整的卫国史料的汇编。《史记·卫康叔世家》记载最为详细的历史有两段，第一段是从卫庄公至卫文公时期，第二段是从卫献公至卫庄公蒯聩时期。两段历史各自均有连贯性，也均依据《左传》。《毛诗序》所述《邶》、《鄘》、《卫》各篇的出现时代，除了《邶风·柏舟》、《鄘风·柏舟》、《卫风·淇澳》三篇之外，均集中于卫庄公至卫文公时期。

庄公时期：

《绿衣序》："卫庄姜伤己也。妾上僭，夫人失位而作是诗也。"②
《考槃序》："刺庄公也。不能继先公之业，使贤者退而穷处。"③
《硕人序》："闵庄姜也。庄公惑于嬖妾，使骄上僭。庄姜贤而不答，终以无子，国人闵而忧之。"④

---

① 张岩：《春秋战国文体源流考略——兼谈〈国语〉〈左传〉的史料来源和成书情况》，《从部落文明到礼乐制度》，上海三联书店2004年版，第406—440页。
② (唐) 孔颖达：《毛诗正义》卷二，中华书局影印阮刻《十三经注疏》嘉庆本2009年版，第625页。又《正义》云："《绿衣》'庄姜伤己，妾上僭'，当庄公时，则庄公诗也。诗述庄姜而作，故序不言庄公也。"第623页。
③ 孔颖达：《毛诗正义》卷三，中华书局影印阮刻《十三经注疏》嘉庆本2009年版，第678页。
④ 孔颖达：《毛诗正义》卷二，中华书局影印阮刻《十三经注疏》嘉庆本2009年版，第679页。又《左传·隐公三年》："卫庄公娶于齐东宫得臣之妹，曰庄姜。美而无子，卫人所为赋《硕人》也。"参见杨伯峻《春秋左传注》，中华书局2009年版，第30—31页。

州吁执政时期：

《燕燕序》："卫庄姜送归妾也。"①《笺》："庄姜无子，陈女戴妫生子名完，庄姜以为己子。庄公薨，完立，而州吁杀之。戴妫于是大归，庄姜远送之于野，作诗见己志。"②但汉代学者多接受卫夫人定姜所赋的观点。《列女传·母仪传》载曰：

> 卫姑定姜者，卫定公之夫人，公子之母也。公子既娶而死，其妇无子，毕三年之丧，定姜归其妇，自送之，至于野。恩爱哀思，悲心感恸，立而望之，挥泣垂涕。乃赋诗曰："燕燕于飞，差池其羽，之子于归，远送于野，瞻望弗及，泣涕如雨。"送去归泣而望之。又作诗曰："先君之思，以畜寡人。"……③

《易林》所载与《列女传》之义基本一致，兹不赘引。④《礼记·坊记》郑玄注亦称："此卫夫人定姜之诗也。"⑤《毛诗正义》引《郑志》答炅模云："为《记》注时就卢君，先师亦然。后乃得毛公《传》，既古书义又宜，然《记》注已行，不复改之。"郑玄称定姜所作《燕燕》的观点"先师亦然"，可知汉代三家《诗》都是此种认识。另外郑玄在《毛诗笺》、《诗谱》中已经接受了《毛诗序》的观点，即《燕燕》乃是"卫庄姜送归妾"之作，并补充了其原委。

此诗若如三家诗之说，则至早作于卫献公元年，此时已至周简王十年、鲁成公十五年（前576），据卫季札赴鲁观周乐的鲁襄公二十九年（前544）也仅有三十二年。时间上看，此诗若如三家之说，实在是太晚了。《左传》记载鲁文公十三年（前614）子家赋《载驰》，鲁成公二年，申叔言及《桑中》⑥，八年，季文子引《氓》，九年（前582），穆姜赋

---

① （唐）孔颖达：《毛诗正义》卷二，中华书局影印阮刻《十三经注疏》嘉庆本2009年版，第627页。
② 同上。
③ 张敬：《列女传今注今译》，台湾商务印书馆1994年版，第18页。
④ （清）王先谦：《诗三家义集疏》，中华书局1987年版，第137—138页。
⑤ 《礼记·坊记》郑玄注曰："此卫夫人定姜之诗也。定姜无子，立庶子衎，是为献公畜孝也。献公无礼于定姜，定姜作诗，言献公当思先君定公，以孝于寡人。"
⑥ 申叔跪从其父，将适郢，遇之，曰："异哉！夫子有三军之惧，而又有《桑中》之喜，宜将窃妻以逃者也。"（参见杨伯峻《春秋左传注》，中华书局1990年版，第805页。）

《绿衣》。即自鲁文公十三年起,《邶》、《鄘》、《卫》三《风》已经开始作为经典被引用了,由此判断,此三《风》应在文公十三年之前已经结集。上海博物馆藏战国楚竹书《孔子诗论》第十、第十六简均论及《邶风》之《绿衣》、《燕燕》,与今本顺序一致,这两篇之前,孔子论及的诗是《关雎》、《樛木》、《汉广》、《鹊巢》、《甘棠》,也与今本顺序一致,可知《燕燕》是被当作《绿衣》同时稍后的作品。因此《毛诗序》近于古义,所谓"三家诗说"不可信。

《日月序》:"卫庄姜伤己也。遭州吁之难,伤己不见答于先君,以至困穷之诗也。"① 王先谦引《列女传·孽嬖传》:

> 宣姜者,齐侯之女,卫宣公之夫人也。初,宣公夫人夷姜生急子,以为太子,又娶于齐,曰宣姜,生寿及朔。夷姜既死,宣姜欲立寿,乃与寿弟朔谋构急子。公使急子之齐,宣姜乃阴使力士待之界上而杀之,曰:"有四马白旄至者,必要杀之。"寿闻之,以告太子曰:"太子其避之。"急子曰:"不可。夫弃父之命,则恶用子也!"寿度太子必行,乃与太子饮,夺之旄而行,盗杀之。急子醒,求旄不得,遽往追之,寿已死矣。急子痛寿为己死,乃谓盗曰:"所欲杀者乃我也,此何罪,请杀我。"盗又杀之。二子既死,朔遂立为太子,宣公薨,朔立是为惠公,竟终无后,乱及五世,至戴公而后宁。诗云:"乃如之人,德音无良。"此之谓也。②

王氏将此段故事作为《鲁诗》之"序说"没有道理。这一段故事体例上与《韩诗外传》、《说苑》、《新序》中的引《诗》故事十分一致,"诗云:'乃如之人,德音无良。'此之谓也"一句属于故事作者的引《诗》,并非故事中人物的"作诗"。如果此类故事均看作与《诗》的产生有关,那么《韩诗外传》卷一"曾子仕于莒"章引《诗·召南·小星》"夙夜在公,实命不同",《小星》因曾子所作乎?"孔子南游适楚"

---

① (唐)孔颖达:《毛诗正义》卷二,中华书局影印阮刻《十三经注疏》嘉庆本 2009 年版,第 628 页。
② (清)王先谦:《诗三家集义疏》,第 142 页。《列女传》原文见《列女传今注今译》,第 271—272 页。

章引《诗·周南·汉广》"南有乔木,不可休思;汉有游女,不可求思",《汉广》孔子所作乎?"原宪居鲁"章引《诗·邶风·柏舟》"我心匪石,不可转也。我心匪席,不可卷也",《柏舟》原宪所作乎?此类故事加引《诗》的文献太多了,不能因为此故事出于《列女传》就把此故事看作《日月》之"序说"。

《终风序》:"卫庄姜伤己也。遭州吁之暴,见侮慢而不能正也。"①《击鼓序》:"怨州吁也。卫州吁用兵暴乱,使公孙文仲将而平陈与宋,国人怨其勇而无礼也。"②诗中有"从孙子仲,平陈与宋"句,与《序》合。

卫庄公执政晚期至州吁篡政之时,大约也是《左传》记事的开始。这是很短的一段时间,自鲁隐公元年至四年,但非常详细地记载了庄姜和州吁之事,尤其是州吁篡政,《左传》记载极为详细,这也是公元前6世纪之前《左传》记载卫国历史最为详细的三段之一,另外两段则是宣姜之乱和狄人灭卫及其复国。这三段记载的形式均类似《国语》中的文体,属于独立的叙事,在《左传》中属于最详细的"记载"之一。

庄公时期与州吁时期的诗,除了《考槃》、《凯风》外,毛、郑认为均与庄姜与州吁有关。

宣公时期:

《雄雉序》:"刺卫宣公也。淫乱不恤国事,军旅数起,大夫久役,男女怨旷,国人患之而作是诗。"

《匏有苦叶序》:"刺卫宣公也。公与夫人并为淫乱。"

《式微序》:"黎侯寓于卫,其臣劝以归也。"

《旄丘序》:"责卫伯也。狄人迫逐黎侯,黎侯寓于卫。卫不能脩方伯连率之职,黎之臣子以责于卫也。"③

《新台序》:"刺卫宣公也。纳伋之妻,作新台于河上而要之。国

---

① (唐)孔颖达:《毛诗正义》卷二,中华书局影印阮刻《十三经注疏》嘉庆本2009年版,第629页。
② 同上书,第630页。
③ 《正义》:"作《旄丘》诗者,责卫伯也。所以责之者,以狄人迫逐黎侯,故黎侯出奔来寄於卫,以卫为州伯,当脩连率之职以救己,故奔之。今卫侯不能脩方伯连率之职,不救於己,故黎侯之臣子以此言责卫,而作此诗也。……此诗之作,责卫宣公。"参见孔颖达《毛诗正义》卷三,中华书局影印阮刻《十三经注疏》嘉庆本2009年版,第643页。

人恶之,而作是诗也。"

《二子乘舟序》:"思伋、寿也。卫宣公之二子争相为死,国人伤而思之,作是诗也。"

《氓序》:"刺时也。宣公之时,礼义消亡,淫风大行,男女无别,遂相奔诱。华落色衰,复相弃背。或乃困而自悔,丧其妃耦,故序其事以风焉。美反正,刺淫泆也。"

《伯兮序》:"刺时也。言君子行役,为王前驱,过时而不反焉。"《笺》:"卫宣公之时,蔡人、卫人、陈人从王伐郑。伯也为王前驱久,故家人思之。"①

宣公时代的诗《毛诗序》无确指的最多,《雄雉》、《匏有苦叶》、《谷风》、《静女》、《氓》、《有狐》,毛、郑认为均刺卫宣公与夫人的淫乱及其对卫国民风的感染,《新台》、《二子乘舟》则直接指刺宣姜乱政。《式微序》、《旄丘序》所说黎侯寓卫之事,已不可考。

惠公时期:

《墙有茨序》:"卫人刺其上也。公子顽通乎君母,国人疾之而不可道也。"《笺》:"宣公卒,惠公幼,其庶兄顽烝于惠公之母,生子五人:齐子、戴公、文公、宋桓夫人、许穆夫人。"

《君子偕老序》:"刺卫夫人也。夫人淫乱,失事君子之道,故陈人君之德,服饰之盛,宜与君子偕老也。"《笺》:"夫人,宣公夫人,惠公之母也。人君,小君也。"

《桑中序》:"刺奔也。卫之公室淫乱,男女相奔,至于世族在位,相窃妻妾,期于幽远,政散民流而不可止。"《笺》:"卫之公室淫乱,谓宣惠之世,男女相奔,不待媒氏以礼会之也。世族在位,取姜氏、弋氏、庸氏者也。"

《鹑之奔奔序》:"刺卫宣姜也。卫人以为,宣姜,鹑鹊之不若也。"《笺》:"刺宣姜者,刺其与公子顽为淫乱行,不如禽鸟。"

---

① (唐)孔颖达:《毛诗正义》,中华书局影印阮刻《十三经注疏》嘉庆本 2009 年版,分别见卷二第 636—656 页,卷三第 688—689 页。

《芄兰序》:"刺惠公也。骄而无礼,大夫刺之。"①

惠公时代的诗与宣公时代有连贯性,除《芄兰》外,毛、郑认为均属宣姜之淫乱及卫国民风背景下的作品。联系《雄雉》、《匏有苦叶》等诗,宣公纳宣姜、宣姜之淫乱是宣公、惠公时代最主要的风诗背景。

戴公时期:

《载驰序》:"许穆夫人作也。闵其宗国颠覆,自伤不能救也。卫懿公为狄人所灭,国人分散,露于漕邑。许穆夫人闵卫之亡,伤许之小,力不能救,思归唁其兄,又义不得,故赋是诗也。"② 《笺》:"灭者,懿公死也。君死于位曰灭。露于漕邑者,谓戴公也。懿公死,国人分散,宋桓公迎卫之遗民渡河,处之于漕邑,而立戴公焉。"③《左传·闵公二年》:"卫之遗民男女七百有三十人,益之以共、滕之民为五千人,立戴公以庐于曹。许穆夫人赋《载驰》。"④

文公时期:

《定之方中序》:"美卫文公也。卫为狄所灭,东徙渡河,野处漕邑。齐桓公攘戎狄而封之。文公徙居楚丘,始建城市而营宫室,得其时制,百姓说之,国家殷富焉。"

《蝃蝀序》:"止奔也。卫文公能以道化其民,淫奔之耻,国人不齿也。"

《相鼠序》:"刺无礼也。卫文公能正其群臣,而刺在位承先君之化无礼仪也。"

《干旄序》:"美好善也。卫文公臣子多好善,贤者乐告以善道也。"

《河广序》:"宋襄公母归于卫,思而不止,故作是诗也。" 《笺》:"宋桓公夫人,卫文公之妹,生襄公而出。襄公即位,夫人思

---

① (唐)孔颖达:《毛诗正义》卷三,中华书局影印阮刻《十三经注疏》嘉庆本2009年版,第660—687页。
② 同上书,第674页。
③ 同上书,第675页。
④ 杨伯峻:《春秋左传注》,中华书局1990年版,第266—267页。

宋，义不可往，故作诗以自止。"①

《木瓜序》："美齐桓公也。卫国有狄人之败，出处于漕，齐桓公救而封之，遗之车马器服焉。卫人思之，欲厚报之，而作是诗也。"②

综上所述，《邶》、《鄘》、《卫》三风中，除了《谷风》、《简兮》、《泉水》、《北门》、《北风》、《静女》、《竹竿》、《有狐》难以确考外，其他各篇《毛诗序》、《诗谱》所言各篇的政治、历史背景，主要与州吁篡政、宣姜乱政、卫灭国与复国三段历史有关，这三段历史也正是《左传》"《诗经》时限"内仅有的卫国的"独立叙事"。

（二）郑

郑的受封相比其他诸侯要晚得多。郑的第一位君主为郑桓公，名姬友，是周厉王（公元前878—前841年在位）的小儿子，周宣王（公元前827—前782年在位）的庶弟。周宣王二十二年（前806），姬友初封于郑，属于"宗周畿内咸林之地"③，在今天西安附近。公元前773年郑桓公迁国民于洛东，建立新的郑国，在今天河南新郑附近。《国语·郑语》非常详细地记载了这段历史。

公元前771年，"犬戎杀幽王于骊山下，并杀桓公"④。郑国人立桓公之子掘突为君，是为郑武公。郑武公娶申侯女为夫人，即武姜。武姜生太子寤生，即郑庄公。又生少子叔段，宠爱之。由是有公元前722年，即鲁隐公元年的共叔段之乱。

庄公太子忽（即郑昭公）于郑庄公三十八年（前706）拒绝了齐国的婚约，失去了树立强大后援的机会。郑昭公之后，郑国政变频仍，有所谓"公子五争"，先后有郑昭公、郑厉公、郑昭公（复位）、郑子亹、郑子婴、郑厉公（复位）为君，是郑国历史上政局最为动荡的时期之一。《郑风序》称《郑风》中的绝大多数作品的创作背景正是这一时期。

郑厉公卒后，文公即位，《左传·闵公二年》载曰："郑人恶高克，

---

① 宋襄公即位在卫文公十年（前650），据《序》、《笺》，此诗作于公元前650年，属文公时期也。
② （唐）孔颖达：《毛诗正义》卷三，中华书局影印阮刻《十三经注疏》嘉庆本2009年版，第664—691页。
③ 冯浩菲：《郑氏诗谱订考》，上海古籍出版社2009年版，第70页。
④ （汉）司马迁：《史记》卷四十二《郑世家》，中华书局点校本1959年版，第1759页。

使帅师次于河上,久而弗召。师溃而归,高克奔陈。郑人为之赋《清人》。"①《清人》也是毛、郑认为《郑风》中最晚的诗,也是其中唯一可以准确判断创作年代的诗。

《清人》外,《缁衣》,《毛诗序》认为是赞美郑武公的诗,兹从略。《缁衣》之后,《将仲子》、《叔于田》、《大叔于田》三篇,按照《毛诗序》的理解,它们均属共叔段之乱之前的作品,从其诗文中,解释者已经看到了日后政乱的前兆:

> 《将仲子》,刺庄公也。不胜其母,以害其弟。弟叔失道而公弗制,祭仲谏而公弗听,小不忍以致大乱焉。
> 
> 《叔于田》,刺庄公也。叔处于京,缮甲治兵,以出于田,国人说而归之。
> 
> 《大叔于田》,刺庄公也。叔多才而好勇,不义而得众也。②

《将仲子》诗曰:

> 将仲子兮,无逾我里,无折我树杞。岂敢爱之?畏我父母。仲可怀也,父母之言,亦可畏也。
> 
> 将仲子兮,无逾我墙,无折我树桑。岂敢爱之?畏我诸兄。仲可怀也,诸兄之言,亦可畏也。
> 
> 将仲子兮,无逾我园,无折我树檀。岂敢爱之?畏人之多言。仲可怀也,人之多言,亦可畏也。③

诗中的"仲子",即对郑国数代国君继任有重要影响的祭仲。《左传·隐公元年》记载郑庄公即位后,封叔段于京,祭仲谏叔段不宜居京,庄公不听,由是有叔段之乱。《毛诗序》认为《将仲子》即影射此事。《毛诗正义》释作:

---

① 杨伯峻:《春秋左传注》,中华书局1990年版,第268页。
② (唐)孔颖达:《毛诗正义》卷四,中华书局影印阮刻《十三经注疏》嘉庆本2009年版,第712—713页。
③ 同上书,第712页。

祭仲数谏庄公，庄公不能用之，反请于仲子兮，汝当无逾越我居之里垣，无损折我所树之杞木，以喻无干犯我之亲戚，无伤害我之兄弟。段将为害，我岂敢爱之而不诛与？但畏我父母也。以父母爱之，若诛之，恐伤父母之心，故不忍也。仲子之言可私怀也，虽然父母之言亦可畏也。言庄公以小不忍至于大乱，故陈其拒谏之辞以刺之。①

以"无逾我里"、"无逾我墙"、"无逾我园"比作庄公希望祭仲不要干涉自己的"家事"，参以《左传》所记，《毛诗》之释读虽有附会之嫌，但也十分合理。

《毛诗序》认为《叔于田》、《大叔于田》二篇均借赞美叔段英武之辞而刺庄公，《毛诗正义》释《大叔于田》首章曰：

大叔乘马，从公田猎。叔之在于薮泽也，火有行列，俱时举之，言得众之心，故同时举火。叔于是襢去裼衣，空手搏虎，执之而献于公之处所。公见其如是，恐其更然，谓之曰：请叔无习此事。戒慎之，若复为之，其必伤汝矣。言大叔得众之心，好勇如此，必将为乱，而公不禁，故刺之。②

庄公克段后，政治已开始衰败。据《毛诗序》及《郑笺》，《羔裘》、《遵大路》、《女曰鸡鸣》作于庄公国政衰败之时。《羔裘序》曰："刺朝也。言古之君子，以风其朝焉。"③《郑笺》释曰："郑自庄公，而贤者陵迟，朝无忠正之臣，故刺之。"④《遵大路序》："思君子也。庄公失道，君子去之，国人思望焉。"⑤《女曰鸡鸣序》："刺不说德也。陈古义以刺今，不说德而好色也。"⑥《毛诗正义》释曰："作《女曰鸡鸣》诗者，刺不说德也。以庄公之时，朝廷之士不悦有德之君子，故作此诗。"⑦

---

① （唐）孔颖达：《毛诗正义》卷四，中华书局影印阮刻《十三经注疏》嘉庆本 2009 年版，第 712 页。
② 同上书，第 713 页。
③ 同上书，第 718 页。
④ 同上。
⑤ 同上。
⑥ 同上书，第 719 页。
⑦ 同上。

郑太子忽为庄公之子,是邓女所生。邓女是祭仲为庄公所娶,因此在庄公死后,祭仲立忽为郑君,时在公元前701年。公元前706年北戎伐齐,忽领兵援助齐国之后,齐釐公希望把一个女儿嫁给他,遭到了拒绝。理由是:"我小国,非齐敌也。"① 祭仲当时随行,劝忽娶齐女,认为:"君多内宠,太子无大援将不立,三公子皆君也。"② 但是忽未听从。《毛诗序》认为《有女同车》、《山有扶苏》即讽此事:

> 《有女同车》,刺忽也。郑人刺忽之不昏于齐。太子忽尝有功于齐,齐侯请妻之。齐女贤而不取,卒以无大国之助,至于见逐,故国人刺之。
> 《山有扶苏》,刺忽也。所美非美然。③

忽即位后,祭仲擅权。复位后又被高渠弥所弑。《毛诗序》云《萚兮》、《狡童》、《扬之水》等诗乃是讽喻昭公时政之作。

> 《萚兮》,刺忽也。君弱臣强,不倡而和也。
> 《狡童》,刺忽也。不能与贤人图事,权臣擅命也。
> 《扬之水》,闵无臣也。君子闵忽之无忠臣良士,终以死亡,而作是诗也。④

郑昭公之后,郑国政局混乱,《褰裳》、《丰》、《东门之墠》、《风雨》、《子衿》⑤据《毛诗序》未知作于何时,《正义》曰:"《有女同车》、《山有扶苏》、《萚兮》、《狡童》及《扬之水》皆云'刺忽',则《褰裳》、《丰》、《东门之墠》、《风雨》、《子衿》在其间,皆为昭公诗也。……案突以桓十一年篡,十二年公会郑伯,盟于武父。自是以后,

---

① 《史记·郑世家》,第1761页。
② 同上。
③ (唐)孔颖达:《毛诗正义》卷四,中华书局影印阮刻《十三经注疏》嘉庆本2009年版,第720—721页。
④ 同上书,第722、723、730页。
⑤ 《正义》:《丰》、《东门之墠》、《风雨》、《子衿》直云"刺乱世耳",不指君事。或当突篡之时,或当忽入之后,其时难知。参见孔颖达《毛诗正义》卷四,中华书局影印阮刻《十三经注疏》嘉庆本2009年版,第710页。

频列于会，则成为郑君，国人不应思大国之见正，《褰裳》宜是初田事也。《丰》、《东门之墠》、《风雨》、《子衿》直云'刺乱世耳'，不指君事。或当突篡之时，或当忽入之后，其时难知。要是忽为其主，虽当突前篡时，亦宜系忽，故序于《扬之水》又言忽以明之。"①

《出其东门》、《野有蔓草》、《溱洧》三诗，《毛诗正义》云："《出其东门序》云'公子五争'，《野有蔓草序》云'民穷于兵革'，《溱洧序》云'兵革不息'，三篇相类，皆三公子既争之后事也。公子五争，突最在后得之，则此三篇，厉公诗也。"②

从上观之，除了《缁衣》、《清人》外，《毛诗》传统解释认为《郑风》中的作品主要集中于郑庄公至郑厉公时期，又特别与共叔段之乱、"公子五争"相牵连。反观《左传》中，"共叔段之乱"、"郑忽拒婚"、"公子五争"等事均非常详细，有"独立叙事"之特点。

（三）其他各国

《毛诗序》称《齐风·鸡鸣》、《还》两篇为齐哀公时期诗作，时代在《左传》载录的历史之前。郑玄《毛诗谱》则将随后三篇（《著》、《东方之日》、《东方未明》）列入哀公时期。除了上述五篇诗作外，《毛诗序》认为《齐风》中的诗篇多产生于齐襄公时代，且多与襄公之弑、文姜之乱有关。文姜之乱与齐襄公被弑均属"弑君"类的详细记录，此段齐国历史多由鲁国史官角度记录，故《齐风序》与《左传》的相关度亦颇高。

《唐风》共有12篇作品，《蟋蟀序》称"刺晋僖公"，《葛生》、《采苓》"刺晋献公"，除此之外，《毛诗序》所言《唐风》中的多数诗篇的历史背景，多与曲沃代晋有关。晋国历史是《左传》记载最为丰富的部分，但晋国系统而详细的记载始于晋献公时期，即晋武公并晋之后。晋献公之前的记载不如卫、郑、宋丰富。曲沃代晋是晋献公之前《左传》记载最为详细的晋国历史。

《王风》中的作品背景为东周前三王（平王、桓王、庄王）时期，其中《兔爰》、《葛藟》、《丘中有麻》三诗涉及了某种历史境况：《兔爰》指向"桓王失信，诸侯背叛，构怨连祸，王师伤败"；《葛藟》是哪一王

---

① （唐）孔颖达：《毛诗正义》卷四，中华书局影印阮刻《十三经注疏》嘉庆本2009年版，第710页。
② 同上。

之诗则有异说①，但"弃其九族"似有所指；《丘中有麻》则指向"贤人放逐"。《诗序》所云，除上述三诗外，其他诗篇均是时代大环境下的指刺，似并无具体史迹背景。《王风序》中最具体的是《兔爰序》，而《左传》中前三王历史最具体的正是对"桓王失信，诸侯背叛，构怨连祸，王师伤败"的记载，从隐公三年至桓公五年。隐公三年，"四月，郑祭足帅师取温之麦。秋，又取成周之禾。周郑交恶"，六年，"郑伯如周，始朝桓王也。王不礼焉"，十一年，"王取邬、刘、功蔿、邗之田于郑，而与郑人苏忿生之田温、原、絺、樊、隰郕、欑茅、向、盟、州、陉、隤、怀。君子是以知桓王之失郑也"，桓公五年，"王夺郑伯政，郑伯不朝。秋，王以诸侯伐郑，郑伯御之"，"战于繻葛"，王师败，"祝聃射王中肩"。马骕《左传事纬》称此段叙事为"周郑繻葛之战"，并引《兔爰》论之。《兔爰序》所言桓王时期的"王师伤败"正是"繻葛之战"，此战也是东周前三王时期唯一的"独立叙事"。

《毛诗序》所言《秦风》之作，涉及秦仲、秦襄公、秦穆公、秦康公四位君主。秦仲、襄公均在《左传》时限之外，《毛诗序》与《左传》在时间上相重合的是《黄鸟》至《权舆》。《黄鸟序》与《左传》记载相呼应，《左传》的记载也是一则独立叙事。但是《晨风》、《渭阳》、《权舆》之序，均指向了某种历史背景，但失载于《左传》、《国语》。只有《无衣》指刺其君好攻战，与《左传》中记载的秦康公时期，秦、晋之间发生的多次战争相符合，但文献稀缺，不足征信。故《秦风序》除《黄鸟》外，与《左传》之相关度并不高。

在《诗序》时限内，《左传》有关陈的历史有三段较详，一是陈佗之乱，二是陈完奔齐，三是陈灵公之弑。据《诗谱》，《陈风》中有西周厉王、宣王之时陈幽公、陈僖公的诗，也有春秋时代陈佗、陈宣公、陈灵公时的诗。《诗序》春秋时代相关序言分别对应陈佗之乱、宣公信谗②、灵公之弑，与《左传》记载详略正好对应。

---

① （隋）陆德明《经典释文》所见古本、崔灵恩《集注毛诗》、颜师古《毛诗定本》及敦煌P2529写卷，均作"刺桓王"。《诗谱》以为平王诗。
② 《左传·庄公二十二年》："二十二年春，陈人杀其大子御寇，陈公子完与颛孙奔齐。"《史记·陈杞世家》："（宣公）二十一年，宣公后有嬖姬生子款，欲立之，乃杀其太子御寇。御寇素爱厉公子完，完惧祸及己，乃奔齐。"宣公信谗当指宠爱嬖姬，信其谗言而杀太子御寇，此即公子完奔齐之背景也。

《诗谱》序《曹风》之作云曹"十一世当周惠王时,政衰,昭公好奢而任小人,曹之变风始作"。《诗序》所言《曹风》之诗,《蜉蝣》乃昭公时期,《候人》、《鸤鸠》、《下泉》则属共公时期。

据《春秋经》记载,曹昭公时期,曹频繁参与齐、宋、鲁、陈、卫、郑、许等国的会盟及征伐,在此之前,曹并未频繁出现于诸侯会盟之中。在《春秋》的撰录者笔下,曹是每次会盟或征伐参与国中,地位最低者,故每条记录均列曹伯于末,甚至处于许男之后。可见此时曹之国力已经十分卑微,故多依靠齐、宋两大国。曹昭公虽然频繁参与会盟、征伐,但《左传》中此时并无涉及曹国情况之记载。曹共公时期,曹的史迹进入《左传》,则与共公偷窥重耳沐浴,重耳返国后,征伐曹有关,此时,曹、卫已经成为晋、楚两国政治军事之砝码,其地位继续下降。《左传》的记载与《诗序》之间无明显关联。

综合来看,《风诗序》时限内,《邶风》、《鄘风》、《卫风》、《郑风》、《陈风》与《左传》相关度最高,《齐风》、《唐风》次之,《王风》、《秦风》、《曹风》再次之。《周南》、《召南》、《魏风》、《桧风》、《豳风》因产生年代早,不在此列。《左传》早期叙事,卫、郑、鲁、宋等国较详,晋在献公之后其记载也变得丰富起来,齐、楚、周、陈的详细记事则较少。故《风诗序》与《左传》的相关度与《左传》中诸侯史迹的多寡,大体上呈正比。即《诗序》与《左传》相关度高的诸侯国,《左传》中的历史和叙事就比较详细,反之,则简略。

相比于齐、晋、陈,《左传》中卫、郑史料与《风诗序》的高度相关性尤其值得关注。原因在于齐、陈分别与鲁国、楚国的历史相联系,且多从鲁、楚的角度叙事,鲁、楚与晋是《左传》史料最丰富的三国,当有丰富的史料来源。但《左传》卫、郑的历史叙事却相对独立,且多细节叙事,又与《风诗序》有着极高的相关性,因此它们的史料来源与《诗》的关系就显得非常特别。

### 三 《左传》人物引《诗》赋《诗》与《诗序》的关联

《诗序》与《左传》相关性的第二个问题是《左传》中人物的引《诗》和赋《诗》绝大多数都可以用《诗序》或《毛传》来解释。杜预《春秋经传集解》即用《毛诗》来解释春秋时代的用《诗》,他的解释与当时的历史情境之间契合度非常高,这说明春秋时代对《诗》的接受和理解与汉代的《毛诗》基本一致。本书将举数例明之。

首先需要说明的是前人对于先秦典籍引《诗》的研究已经非常深入，包括对各典籍引《诗》数量、篇目、阐释、《诗》篇编纂顺序等各个方面。如前人所言，《左传》引《诗》以《雅》为主，占到近80%。但是多数的统计没有将《左传》中的各类材料分开来算，因此所得出的结论还是值得再作细分。先秦古书很少有成于一时一人之手的，所以其中材料的撰述者、形成时代也有所不同，尤其是像《左传》、《礼记》、《荀子》这些引《诗》数量较多的典籍更当如此，这些古书不像《孟子》七篇，各部分材料的写成年代差距非常大，当分别加以对待。《左传》一书中至少有三类引《诗》材料：

（1）史料中人物的引《诗》；

（2）史料中人物的赋《诗》；

（3）"君子曰"、"仲尼曰"等史评中的引《诗》。

（1）（2）处于同一年代层面，但二者是不同的用《诗》方式，前者是引用《诗》句来论事，后者是赋《诗》言志，因此二者对《风》、《雅》、《颂》的选择上有很大不同。（1）类重视使用《大雅》、《小雅》，（2）类多选择《国风》和《小雅》，《国风》中又偏好二《南》和《邶》、《鄘》、《卫》。① 这两部分用《诗》材料属于《左传》中"史"的部分，应属春秋时代的材料。

（3）类材料属"评"的部分，清代以来被许多学者怀疑为后人附益，甚至有认为是刘歆所作者。但是随着近年来研究的深入，"君子曰"后人"附益说"基本被否定。虽然不排除个别材料为后人评述的羼入，但"君子曰"、"仲尼曰"这类史评多数是《左传》成书时附在史料之后的评论，与《左传》的写成者直接相关。② 基于《左传》依《春秋》而作，且成书于战国前期，可以认为其中的引《诗》反映的是孔子之后"七十子"时期的《诗》学特点。已超出本书论题之时限。

因本书偏重《诗序》与《左传》之关系，故必然要关注《左传》中

---

① 赋《诗》中《郑风》的比例也很高，但主要与昭公十六年郑六卿赋《诗》都选择《郑风》有关。

② 郑良树：《论〈左传〉"君子曰"非后人所附益》、《再论〈左传〉"君子曰"非后人所附益》，收入《竹简帛书论文集》，中华书局1982年版，第342—363页。

完整使用某诗的情况，毕竟《序》是诗义的整体说明。但《左传》中的用诗多"断章取义"，对某一诗句的理解有时与诗整体的旨意关系不大。因此整诗之义的案例相对较少，完整使用《风诗》的例子不过十数则而已，举三例以作说明：

  1. 成公二年：申叔跪从其父，将適郢，遇之，曰："异哉！夫子有三军之惧，而又有《桑中》之喜，宜将窃妻以逃者也。"①

《诗序》曰："《桑中》，刺奔也。卫之公室淫乱，男女相奔，至于世族在位，相窃妻妾，期于幽远，政散民流而不可止。"其诗曰：

  爰采唐矣？沬之乡矣。云谁之思？美孟姜矣。期我乎桑中，要我乎上宫，送我乎淇之上矣。
  爰采麦矣？沬之北矣。云谁之思？美孟弋矣。期我乎桑中，要我乎上宫，送我乎淇之上矣。
  爰采葑矣？沬之东矣。云谁之思？美孟庸矣。期我乎桑中，要我乎上宫，送我乎淇之上矣。②

若是弃《诗序》而不用，纯从诗文分析，恐怕很难看出申叔跪对申公巫臣所言的"桑中"之喜与"窃妻以逃"的关系。如崔述《读风偶识》即不用序，而曰："《桑中》一篇但有叹美之意，绝无规戒之言。"闻一多云："桑中，思会诗也。"程俊英、蒋见元《诗经注析》亦断此诗乃是"一首男子抒写和情人幽期密约的诗"③。故知《桑中》指刺"卫之公室淫乱，男女相奔，至于世族在位，相窃妻妾，期于幽远"的解释，在春秋时已属《桑中》的基本意旨。后人妄自摒弃此诗之《序》，实为不当。

  2. 襄公十四年：（士鞅）对曰："武子之德在民，如周人之思召

---

① 杨伯峻：《春秋左传注》，中华书局1990年版，第805页。
② （唐）孔颖达：《毛诗正义》卷四，中华书局影印阮刻《十三经注疏》嘉庆本2009年版，第663页。
③ 上述三则材料均见程俊英、蒋见元《诗经注析》，中华书局1999年版，第131页。

公焉，爱其甘棠，况其子乎？……"①

杜注："召公奭听讼于甘棠之下，周人思之，不害其树，而作勿伐之诗，在《召南》。"②《诗序》曰："《甘棠》，美召伯也。"③

《毛传》："召伯听男女之讼，不重烦劳百姓，止舍小棠之下而听断焉。国人被其德，说其化，思其人，敬其树。"④《说苑·贵德》篇引《甘棠》诗曰："蔽芾甘棠，勿翦勿伐，召伯所茇。"又引《传》曰："自陕以东者，周公主之，自陕以西者，召公主之。召公述职，当桑蚕之时，不欲变民事，故不入邑中，舍于甘棠之下，而听断焉。陕间之人，皆得其所。是故后世思而歌咏之。善之故言之，言之不足，故嗟叹之，嗟叹之不足，故歌咏之。夫诗，思然后积，积然后满，满然后发，发由其道，而致其位焉。百姓叹其美而致其敬，甘棠之不伐也，政教恶乎不行？孔子曰：'吾于《甘棠》，见宗庙之敬也甚，尊其人必敬其位，顺安万物，古圣之道几哉！'"⑤《孔子家语·庙制》："诗云：'蔽芾甘棠，勿翦勿伐，邵伯所憩。'周人之于邵公也，爱其人，犹敬其所舍之树，况祖宗其功德而可以不尊奉其庙焉。"⑥《史记·燕召公世家》："其在成王时，召公为三公。自陕以西，召公主之。自陕以东，周公主之。……召公之治西方，甚得兆民和。召公巡行乡邑，有棠树，决狱政事其下，自侯伯至庶人各得其所，无失职者。召公卒，而民人思召公之政，怀棠树不敢伐，哥咏之，作《甘棠》之诗。"⑦案：《史记》这段文字几乎是《说苑》所载的另一个版本。《史记·商君列传集解》引《新序》曰："昔周召施善政，及其死也，后世思之，'蔽芾甘棠'之诗是也。尝舍于树下，后世思其德不忍伐其

---

① 杨伯峻：《春秋左传注》，中华书局1990年版，第1010页。
② （唐）孔颖达：《春秋左传正义》卷三十二，中华书局影印阮刻《十三经注疏》嘉庆本2009年版，第4248页。
③ （唐）孔颖达：《毛诗正义》卷四，中华书局影印阮刻《十三经注疏》嘉庆本2009年版，第604页。
④ 同上。
⑤ 这是《贵德》篇的第一章，它与其后的三章实为一章，属《贵德》篇的小序，卢文弨《说苑校补》（收于《群书拾补》初编）校分为四章，实误。"传曰"的第一句见于《公羊传》，那么这是一段《诗传》还是《春秋传》？从现有文献信息来看，它更可能是《诗》传。
⑥ 陈士珂：《孔子家语疏证》，上海书店1987年版，第203页。
⑦ 《史记》卷三十四，第1549页。

树,况害其身乎!"① 《汉书·王吉传》载王吉上书谏昌邑王:"昔召公述职,当民事时,舍于棠下而听断焉。是时人皆得其所,后世思其仁恩,至虖不伐甘棠,《甘棠》之诗是也。"② 另外,《韩诗外传》卷一亦载有这个故事的另一个区别较大的版本,主要区别在于它记载召伯舍于棠树下听断的前因是"召伯在朝,有司请营召以居"③,召伯怕劳百姓,这就与《毛传》的记载极为接近,而与《说苑》、《史记》记载有所不同。但是其解释《甘棠》的思路与上述文献没有区别。

上海博物馆藏楚简《孔子诗论》第十五简有:

及其人,敬爱其树,其保厚矣。《甘棠》之爱,以邵公。④

此数字正与上文所引各古书评述《甘棠》之文、之义相同。可见对《甘棠》的解释模式出现确实非常早。战国时代已经颇为流行了。

3. 襄公二十九年:公欲无入,荣成伯赋《式微》,乃归。⑤

《诗序》曰:"《式微》,黎侯寓于卫,其臣劝以归也。"⑥ 杜注:"《式微》,《诗·邶风》。曰:'式微式微,胡不归?'式,用也。义取寄寓之微陋,劝公归也。"⑦

4. 昭公十六年:夏,四月,郑六卿饯宣子于郊。宣子曰:"二三君子请皆赋,起亦以知郑志。"子齹赋《野有蔓草》。宣子曰:"孺子善哉,吾有望矣。"子产赋郑之《羔裘》。宣子曰:"起不堪也。"子大叔赋《褰裳》。宣子曰:"起在此,敢勤子至于他人乎?"子大叔拜。宣子曰:"善哉,子之言是。不有是事,其能终乎?"子游赋

---

① 《史记》卷六十八,第 2238 页。
② 《汉书》卷七十二,第 3058 页。
③ 赖炎元:《韩诗外传今注今译》,台湾商务印书馆 1979 年版,第 34 页。
④ 马承源主编:《上海博物馆藏战国楚竹书》(一),上海古籍出版社 2001 年版,第 144 页。
⑤ 杨伯峻:《春秋左传注》,中华书局 1990 年版,第 1156 页。
⑥ (唐)孔颖达:《毛诗正义》卷二,中华书局影印阮刻《十三经注疏》嘉庆本 2009 年版,第 642 页。
⑦ 《春秋左传正义》卷三十九,第 4354 页。

《风雨》，子旗赋《有女同车》，子柳赋《萚兮》。宣子喜曰："郑其庶乎！二三君子以君命贶起，赋不出郑志，皆昵燕好也。二三君子，数世之主也，可以无惧矣。"宣子皆献马焉，而赋《我将》。①

这次外交场合的赋诗有一个基本的背景：国力弱小的郑国需要强大的晋国的庇护，因此郑国诸卿以赞美晋使韩起，或表达愿结盟晋国为主题。《野有蔓草》，《诗序》曰："思遇时也。"② 杜注："取其'邂逅相遇，适我愿兮'。"③《羔裘》，《诗序》曰："刺朝也。言古之君子，以风其朝焉。"④ 杜注："取其'彼己之子，舍命不渝'，'邦之彦兮'，以美韩子。"⑤《褰裳》，杜注："《褰裳》诗曰：'子惠思我，褰裳涉溱。子不我思，岂无他人。'言宣子思己，将有《褰裳》之志；如不我思，亦岂无他人。"⑥《风雨》，杜注："《风雨》诗取其'既见君子，云胡不夷'。"⑦《有女同车》，杜注："《有女同车》，取其'洵美且都'，爱乐宣子之志。"⑧《萚兮》，杜注："《萚兮》诗取其'倡予和女'，言宣子倡，己将和从之。"⑨ 杜注的解释基本可通，但也有滞涩之处，如在听完子游、子旗、子柳三人的赋诗后，韩起云："二三君子以君命贶起，赋不出郑志，皆昵燕好也。"⑩ 但杜注选取的三句诗却主要表达三人对韩起的爱戴之意，似无法看出以"君命"求"燕好"之意。

如果我们联系《诗序》，从整诗的意旨上理解郑六卿所赋，会发现也符合当时情境。《诗序》曰："《野有蔓草》，思遇时也。"整诗也是表达"邂逅相遇，适我愿兮"之意，因此杜注的解释非常合理。《羔裘》，《诗序》曰："刺朝也。言古之君子，以风其朝焉。"全诗正是借赞美古之君

---

① 杨伯峻：《春秋左传注》，中华书局1990年版，第1380—1381页。
② （唐）孔颖达：《毛诗正义》卷四，中华书局影印阮刻《十三经注疏》嘉庆本2009年版，第732页。
③ 《春秋左传正义》卷四十七，第4516页。
④ （唐）孔颖达：《毛诗正义》卷四，中华书局影印阮刻《十三经注疏》嘉庆本2009年版，第718页。
⑤ 同上。
⑥ 同上。
⑦ 《春秋左传正义》卷四十七，第4517页。
⑧ 同上。
⑨ 同上。
⑩ 同上。

子，讽喻郑国时无君子之意，子产赋之，即颂韩起为古之君子也，亦暗示韩起可帮助郑国加强与晋国之关系，为郑国所需之君子也。故韩起辞曰："起不堪也。"《褰裳》，《诗序》曰："思见正也。狂童恣行，国人思大国之正己也。"① 子大叔赋之，即希望晋这样的大国"正己也"，故韩起答曰："起在此，敢勤子至于他人乎？"意为"我在晋执政，不致使汝劳累服事他国，必能护郑"②。《风雨》，《诗序》曰："思君子也。乱世则思君子，不改其度焉。"子游赋之，以表达乱世思君子之意。《有女同车》，《诗序》曰："刺忽也。郑人刺忽之不昏于齐。太子忽尝有功于齐，齐侯请妻之。齐女贤而不取，卒以无大国之助，至于见逐，故国人刺之。"③《萚兮》，《诗序》曰："刺忽也。君弱臣强，不倡而和也。"④ 这两首诗均是讽刺郑忽拒绝结姻强大的齐国，之后遂有"公子五争"之乱，故子旗、子柳赋之，暗示郑会汲取之前忽之经验，愿与晋加强联盟之意。可见，郑六卿的赋诗，依据《诗序》，从整体上理解，更能契合当时的情境。

除了《风诗》外，《左传》中对《雅》、《颂》的使用也基本与《诗序》相合。如《左传·文公元年》：

> 秦伯曰："是孤之罪也。周芮良夫之诗曰：'大风有隧，贪人败类。听言则对，诵言如醉。匪用其良，覆俾我悖。'是贪故也，孤之谓矣。……"⑤

秦穆公所引诗句出于《大雅·桑柔》。其序曰：

> 《桑柔》，芮伯刺厉王也。⑥

---

① （唐）孔颖达：《毛诗正义》卷四，中华书局影印阮刻《十三经注疏》嘉庆本 2009 年版，第 723 页。
② 杨伯峻：《春秋左传注》，中华书局 1990 年版，第 1381 页。
③ （唐）孔颖达：《毛诗正义》卷四，中华书局影印阮刻《十三经注疏》嘉庆本 2009 年版，第 720 页。
④ 同上书，第 723 页。
⑤ 杨伯峻：《春秋左传注》，中华书局 1990 年版，第 516—517 页。
⑥ （唐）孔颖达：《毛诗正义》卷十八，中华书局影印阮刻《十三经注疏》嘉庆本 2009 年版，第 1203 页。

《郑笺》曰："芮伯，畿内诸侯，王卿士也，字良夫。"① 秦穆公云《桑柔》乃芮良夫所作，与《诗序》一致。

但《左传》论《诗》也有少数与《诗序》不相符合者，如：

> 僖公二十四年：王怒，将以狄伐郑。富辰谏曰："不可。臣闻之，大上以德抚民，其次亲亲以相及也。昔周公吊二叔之不咸，故封建亲戚以蕃屏周。管、蔡、郕、霍、鲁、卫、毛、聃、郜、雍、曹、滕、毕、原、酆、郇，文之昭也。邘、晋、应、韩，武之穆也。凡、蒋、邢、茅、胙、祭，周公之胤也。召穆公思周德之不类，故纠合宗族于成周而作诗，曰：'常棣之华，鄂不韡韡，凡今之人，莫如兄弟。'其四章曰：'兄弟阋于墙，外御其侮。'……"②

富辰以为《小雅·常棣》乃是召穆公所作，故在周厉王之时。但《诗序》曰："《常棣》，燕兄弟也。闵管、蔡之失道，故作《常棣》焉。"③《序》言"管、蔡"，故将此诗置于成王之时。《毛诗正义》引《韩诗外传》曰："周文公之诗曰：'兄弟阋于墙，外御其侮。'"④《韩诗》又将此诗之著作权归于周公。郑玄《笺》曰："周公吊二叔之不咸，而使兄弟之恩疏。召公为作此诗，而歌之以亲之。"⑤ 郑玄当据《左传》而作《笺》，"周公吊二叔之不咸"一句即取自富辰所论。但他所受师说，仍是周公作此《常棣》，故调和二说，以为"周公作诗，召公歌之"⑥。另外，《正义》特别提到了《左传》"二叔"的理解问题，并引《郑志》郑玄答张逸，称此诗之序乃是子夏所作：

> 此序言"闵管、蔡之失道"，《左传》言"吊二叔之不咸"，言虽异，其意同。吊，伤也。二叔即管、蔡也。不咸即失道也。实是一

---

① （唐）孔颖达：《毛诗正义》卷十八，中华书局影印阮刻《十三经注疏》嘉庆本 2009 年版，第 1203 页。
② 杨伯峻：《春秋左传注》，中华书局 1990 年版，第 420—424 页。
③ （唐）孔颖达：《毛诗正义》卷九，中华书局影印阮刻《十三经注疏》嘉庆本 2009 年版，第 870 页。
④ 同上。
⑤ 同上。
⑥ 同上。

事，故郑引之。先儒说《左传》者，郑众、贾逵以二叔为管、蔡，马融以为夏、殷之叔世。故《郑志》张逸问："此笺云周仲文。① 以《左氏》论之，三辟之兴，皆在叔世，谓三代之末，即二叔宜为夏、殷末也。"答曰："此注《左氏》者亦云管、蔡耳。又此序子夏所为，亲受圣人，足自明矣。"②

不论郑玄、杜预、《毛诗正义》如何弥合《诗序》与《左传》叙述的裂痕，其记载之差异是显而易见的。春秋时代对《诗》旨的理解与《毛诗序》还是有不同之处。

从《左传》引《诗》、赋《诗》综合分析，判断《诗》的原始之"序"产生于孔子之前似无问题。③ 即使是所谓"续序"部分的阐释，也多与《左传》中的用诗一致，可见它们虽可能成文于后世，但多数亦属古已有之的解释，或成说于春秋末战国初之前。

## 四 《国语》的旁证

《左传》的主体部分成书于战国初期，而原始的《诗序》可能在春秋时代已经开始出现了，尤其是雅、颂部分。郑玄所谓"变风"的十三《国风》的编纂，至迟也在鲁襄公二十九年（前544）完成④，有关每首诗的意旨的解释当同时出现。因此《诗序》依《左传》史料而附会的推断恐怕不能成立。那么，《诗序》与《左传》在史事上的相关的原因还有两种可能，即《左氏春秋》的部分史料来自古代《诗》的序说或传记；《诗序》与《左氏春秋》均据某流传中的史料而成。这两种可能就目前所见文献分析，几乎无法做出判断。不过，在《诗序》、《左氏春秋》之外，述及春秋前期历史的传世文献还有《国语》、《春秋公羊传》、《春秋穀梁

---

① 此处本书理解与《正义》不同，故断句亦不同。
② （唐）孔颖达：《毛诗正义》卷九，中华书局影印阮刻《十三经注疏》嘉庆本2009年版，第870页。
③ 马银琴在《两周诗史》（社会科学文献出版社2006年版）中详细排比了《诗序》和上海博物馆竹书《孔子诗论》，发现"《诗论》与《诗序》相互支持、相互补充与发明的情况占有压倒多数的明显优势"，由此判断《毛诗》首序"产生在孔子之前，与诗文本的形成过程相始终"。其说可从。
④ 此年吴公子札赴鲁请观于周乐，鲁使工为之歌《诗》，十五《国风》已经齐备。详参《左传·襄公二十九年传》。

传》、《史记》等。傍依上述文献，春秋末战国初的春秋历史文献的流传约略可窥，由此旁证《诗序》与《左氏春秋》史料之关系，或是可能途径。其中，《国语》因与《左传》关系密切，最需勘验。

《国语》一书《汉书·艺文志》著录二十一篇，与今本卷帙相同，此书经韦昭注释以来，略有残缺①，但其传本变化不大。韦昭《国语解叙》称左丘明撰述《左氏春秋》之后，"复采前世穆王以来，下讫鲁悼、智伯之诛，邦国成败，嘉言善语，阴阳律吕，天时人事顺逆之数，以为《国语》。其文不主于经，故号曰'外传'"。但是今本《国语》中最晚的材料似已入战国中期，"如《晋语》谈到智伯之亡，谈到赵襄子的谥号，就不是左丘明所能了解的。《国语》中也有一些预言或占卜之类，如《晋语四》中的姜氏之语：'商之飨国三十一王，《瞽史之记》曰："唐叔之世，将如商数。"今未半也。'……晋亡于韩赵魏三家分晋之年（前三七六年），这当然不是左丘明能看到的"②。

虽然《国语》晚期材料的年代不好确定，但是其主体时限与《左传》还是重合的。其中《周语》、《晋语》、《郑语》、《楚语》及《鲁语上》五部分时代较早，与《左传》有密切关系。洪业先生《春秋经传引得序》利用引得成果，详加考验，发现《国语》有与《左传》几乎完全相同之文字，《晋语》与《左传》有高度相关性③，《左传》更有明显裁切删减《国语》的文字，故知《国语》部分材料确属《左传》之史源。

而《国语》可能与《风诗序》有关的部分是《周语》、《鲁语》、《齐语》、《晋语》和《郑语》。但与《左传》不同，《国语》与《诗序》的相关性非常小，甚至让人怀疑它的取材在有意避开《诗序》的"叙事"。

《诗序》称《王风》之诗出现于平王、桓王、庄王时期。但《周语》始于周穆王，终于周敬王，平王、桓王、庄王正在这一时限内，但此三王时期的"语"却是空白。《周语》"幽王二年西周三川皆震"条之后，即

---

① 《太平御览》卷七百一十引《国语》曰"诸侯之师"、"蔿启疆曰"两条不见于今本《国语》，详参洪业《春秋经传引得序》，第274页。
② 王树民：《国语集解前言》，徐元诰撰，王树民点校《国语集解》，中华书局2002年版，第4页。
③ 洪业《春秋经传引得序》："按今本《国语》二十一卷，而《晋语》得其九。《左传》叙列国事，亦独于晋事为详。《晋语》五，晋成公之立，当鲁宣公之二年，郤缺之聘于齐，当宣公十七年。中间十五年，《语》无文，而《左传》于此十五年中，述及晋事者，亦至简略。即此一端，可疑《国语》为《左氏》之重要史料矣。"（第272页）

是"惠王二年"条,正好跳过了东周前三王的时期。

《诗序》称《齐风》之诗讥刺齐哀公与齐襄公,其中齐襄公时六篇亦多与鲁桓公之弑相关,但《齐语》叙事始于桓公返齐,《鲁语》始于长勺之战,均正好分别避开齐襄公与鲁桓公。尤其值得注意的是《鲁语》,《左传》鲁隐公、桓公时期,鲁国之事亦有颇详细记载者,但今本《国语》对此二君时期却未涉及,只是开始于桓公之子庄公时期。

《唐风序》称《唐风》多为晋昭侯至晋武公时作品,只有最后两篇《葛生》、《采苓》为晋献公时。但《晋语》与《左传》一致,详细的记载始于晋献公,只有第一章为晋武公之事。可见二者详略正好相反。

《郑语》则主要记载郑桓公之语,时在《郑风序》时限之前,二者没有关联。

除《国语》外,《春秋公羊传》、《春秋穀梁传》亦与《左传》有联系,但因其所载史迹少而史评多,难以考验。

《史记》主要依据《左传》、《国语》等文献,因此《风诗序》时限内,其叙事密度近于《左传》,与《序》亦有很高相关度,上文已有涉及,兹不赘述。

可见,同为以载录春秋诸侯国史料为主的典籍,《国语》与《风诗序》的相关性却非常低,二者在史料上亦无同步性。但它们却都与《左传》有着高度的相关性和同步性。

鉴于《左传》、《国语》之关系及《国语》汇集诸侯国"语"类文献的特点,若有与卫、郑、齐、鲁等国关系密切的史料,不可能仅见于《左传》,而罕见于《国语》。或者说,为何与《风诗序》相关的史料仅见于《左传》,而罕见《国语》呢?必须承认,《国语》仅仅是部分战国前期流传的部分"语"类材料的结集与编纂,近年新出土的简帛文献,如上博楚简,其中就有类似"语"的文献,多数不见于《国语》。另外,韦昭《国语解叙》曰:"左丘明……以为《国语》……遭秦之乱,幽而复光。贾生、史迁颇综述焉。及刘光禄于汉成世始更考校,是正疑谬。"①《国语》经秦乱,亦有部分材料散佚之可能。即便如此,《国语》也不可能对《风诗序》"躲避"得如此干净。

被广为引述的申叔时教育楚太子之论中,或存解释可能:

---

① (清)徐元诰撰,王树民点校:《国语集解》,中华书局2002年版,第594页。

教之《春秋》，而为之耸善而抑恶焉，以戒劝其心；教之《世》，而为之昭明德而废幽昏焉，以休惧其动；教之《诗》，而为之导广显德，以耀明其志；教之《礼》，使知上下之则；教之《乐》，以疏其秽而镇其浮；教之《令》，使访物官；教之《语》，使明其德，而知先王务用明德于民也；教之《故志》，使知废兴者而戒惧焉；教之《训典》，使知族类行比义焉。①

在春秋时代教育太子、公子等贵族子弟的教材中，《诗》和《语》是重要的两种并列的知识类型。其中，《诗》在春秋时代，尤其是春秋中后期，是外交、政论等重要"对话"场合，卿大夫乃至国君使用的"通行"的经典文本，引述一方不需要向对方解释所引或所赋《诗》的含义，对方在"答复"时也不需解释自己是否已经理解其意，而是直接就对方所赋《诗》的意义作答，且多默契地以诗回应。如《左传·文公四年》：

卫甯武子来聘，公与之宴，为赋《湛露》及《彤弓》。不辞，又不答赋。使行人私焉。对曰："臣以为肄业及之也。昔诸侯朝正于王，王宴乐之，于是乎赋《湛露》，则天子当阳，诸侯用命也。诸侯敌王所忾，而献其功，王于是乎赐之彤弓一、彤矢百、玈弓矢千，以觉报宴。今陪臣来继旧好，君辱贶之，其敢干大礼以自取戾？"②

孔颖达《正义》曰：

此时武子来聘，鲁公燕之，于法当赋《鹿鸣》之三，今赋《湛露》、《彤弓》，非是礼之常法。传特云"为赋"，知公特命乐人歌此二篇以示意也。此二篇，天子燕诸侯之诗。③ 公非天子，宾非诸侯，不知歌此欲示何意？盖以武子有令名，歌此疑是试之耳。④

---

① （清）徐元诰撰，王树民点校：《国语集解》，中华书局2002年版，第485—486页。
② 杨伯峻：《春秋左传注》，中华书局1990年版，第535—536页。
③ 《毛诗序》："《湛露》，天子燕诸侯也。""《彤弓》，天子锡有功诸侯也。"
④ （唐）孔颖达：《毛诗正义》卷四，中华书局影印阮刻《十三经注疏》嘉庆本2009年版，第3995页。

鲁文公与卫武子均对《湛露》、《彤弓》二诗之义及诸侯燕宾之乐制十分熟悉，故有《传》中之描述。此种使用模式，说明《诗》在春秋时代上至天子、诸侯，下至卿大夫、士中间已经十分"普及"。《诗》若有相配之"本事"史迹流传，亦当十分"普及"，其他类型文献似无必要载录之。故与《诗》并行之"语"不见此类史事便可理解了。

洪业先生已经令人信服地判断《国语》的某些材料是《左传》的史源，《国语》与《诗》"本事"类史料又是两种相对独立的文献。故《风诗序》与《左传》的相关性也指向此种可能：与《风诗序》相联系的某些史料也是《左传》史源之一。但是，与《国语》不同，《风诗序》绝大部分序文均十分简略，无法与《左传》的记载相比照，是没有具体文献证据的。因此，还需要有其他的旁证。

即如果上述推测成立，那么《诗》在春秋至战国初年的流传中，当有非常详细的历史故事文本并行。不然，仅以今日所见《风诗序》之规模，是无法成为《左传》史源的。

《诗》在流传中有没有相配的故事文本，已无可靠的文献可查。但通过对古人引《诗》的分析，还是可以看出某种端倪。

除了上文所述明显的《风诗序》与《左传》的联系外，《左传》、《国语》叙事中也可寻见《诗》的流传中的"本事"史迹。如《左传·昭公十二年》：

  左史倚相趋过。王曰："是良史也，子善视之。是能读《三坟》、《五典》、《八索》、《九丘》。"对曰："臣尝问焉。昔穆王欲肆其心，周行天下，将皆必有车辙马迹焉。祭公谋父作《祈招》之诗，以止王心。王是以获没于祇宫。臣问其诗而不知也。若问远焉，其焉能知之？"王曰："子能乎？"对曰："能。其诗曰：'祈招之愔愔，式昭德音。思我王度，式如玉，式如金。形民之力，而无醉饱之心。'"①

《祈招》乃属逸诗，春秋时代有流传。左史倚相除了能够诵其文句，还对其本事清楚，所谓"昔穆王欲肆其心，周行天下，将皆必有车辙马迹焉。祭公谋父作《祈招》之诗，以止王心"也，这与《诗序》的叙述

---

① 《春秋左传正义》卷四，第3995页。

模式是非常接近的。又如《国语·楚语》：

> 左史倚相曰："……昔卫武公年数九十有五矣，犹箴儆于国，曰：'自卿以下至于师长士，苟在朝者，无谓我老耄而舍我，必恭恪于朝，朝夕以交戒我，闻一二之言，必诵志而纳之，以训导我。'在舆有旅贲之规，位宁有官师之典，倚几有诵训之谏，居寝有亵御之箴，临事有瞽史之导，宴居有师工之诵。史不失书，矇不失诵，以训御之，于是乎作《懿》诗以自儆也。及其没也，谓之睿圣武公。……"①

韦昭注曰："《懿》，《诗·大雅·抑》之篇也。"倚相对《大雅·抑》之作的"本事"也非常了解，知当时与《抑》并行流传的还有其"本事"。且倚相所述，亦有与《诗序》相合者。《序》称："卫武公刺厉王，亦以自警也。"② 倚相亦称："作《懿》诗以自儆也。"

清华大学所藏战国竹简有《耆夜》一篇，简文讲述的是周武王八年征伐耆国之后，"饮至于文太室"，武王、周公作诗的故事。武王作《乐乐旨酒》以酬毕公，作《輶乘》以酬周公。周公作《赑赑》爵酬毕公，作《明明上帝》举爵酬王，见"蟋蟀跃降于堂"而作《蟋蟀》。其中，《蟋蟀》一篇与今本《毛诗·唐风》中的《蟋蟀》大体相同，二者虽未必是同一首诗，但至少有一定的渊源关系。此简所述恐怕并非西周实录，但至少说明战国时代有类似"《诗》本事"一类的文献存在。

综上所述，春秋时代至战国中期，的确存在与《诗》的"本事"或"背景"有关的历史或故事，至于这部分历史是以"口说"还是"著于竹帛"的形式，则不可考见了。

## 五 结论

《风诗序》所指涉历史与《左传》在此时限内的叙事有着高度的相关

---

① （清）徐元诰撰，王树民点校：《国语集解》，中华书局2002年版，第500—502页。
② 卫武公宣王十六年（前812）被立为卫君，并不在厉王时期。倚相称卫武公九十五岁作《抑》，必是晚年。周平王公元前770年即位，武公直到前758年卒，他在平王时代尚执政13年，故《抑》当是训诫周平王之诗。

性和一定的同步性。《风诗序》所称卫、郑、东周、齐、晋、秦、陈、曹等国诗在不同时期的创作的多寡，与《左传》的叙事详略基本成正比关系。联系当时历史情境，可知《左传》中赋《诗》引《诗》时，虽有个别特例，春秋时代人对《诗》义的整体性理解与《诗序》基本一致，原始《诗》之序说早在春秋时代当已出现。

同样以载录春秋事语为主，且与《左传》有密切关系的《国语》，却与《风诗序》几乎没有相关，其记事甚至完全"避开"了《风诗序》所指时段。《风诗序》与《左传》、《国语》这种非常的联系与对应，当值得特别关注。从《左传》、《国语》、《孟子》等文献引述《诗》及其历史背景的情况判断，《诗》在春秋至战国前期，有"本事"或"背景"类的历史文本流传，当较为"普及"，其他类型文献似无必要载录之。故与《诗》并行之"语"不见此类史事便可理解了。

《诗·国风》部分的某些"本事"或"背景"历史，应是《左传》春秋早期历史，尤其是卫、郑历史的史源之一。

# 第四章 《史记·十二诸侯年表》与古本《左传》考论

## 导 言

《左传》与《史记》的关系颇为纠葛，特别是《史记》诸《世家》的记事有许多大异今本《左传》之处，翻检梁玉绳《史记志疑》即可略知其大概。前人或以《左传》为据，断《史记》之正误；或以《史记》为据，考《左传》之真伪。而对于此间一关键环节，即刘向、歆父子的文献整理是否改变《左传》、《史记》等古书文本的问题，未予重视。实则在刘氏父子校书前后，《左传》文本有较大变化。问题是，司马迁有没有可能见到《左传》之外的春秋史料，而据之以编纂诸世家与《十二诸侯年表》呢？近年有如此多的战国秦汉简帛文献面世，每每有惊人发现，如马王堆、郭店、上博、清华、北大诸文书，均或多或少有一点与史料相关的文献存在，以一斑而窥全豹，似乎可以断言司马迁时代出于《左传》的春秋史料应有不少。实则这种思考有一个先行的假设，即司马迁是一位类似现代学者或说现代意义上的史学家，他会总汇史料，并在史料批判的基础上择善而从，编纂一部现代意义上"完美的史书"。同时，这个判断也过高地估计了出土文献的"代表"程度。相较于司马迁，刘向所面对的文献更具代表性，虽然它们仅为当时的未央宫藏书，但毕竟有民间书、官府书、大臣书作参校，因此《汉书·艺文志》所录文献虽不是全部文献，但却大体代表了当时文献知识的主要类型。据《汉志》而论，西汉时代还没有一种可以与《左传》相当的春秋史料类型。从《史记》诸世家与《左传》相异文字分析，若司马迁依据了《左传》之外的春秋史料的话，也是一种规模接近于《左传》的文献，因为诸世家与《左传》的异文是连续的，而非仅仅存在于个别处。反观《汉志》，乃知太史公除《左传》外，的确没有其他相类似的春秋史料可参。故《左》、《史》之不同，还是应从《左传》文本变迁的角度去剖析。当然，如许判断，总要找到可以据以考辨的文献对象。相较诸《世家》，《十二诸侯年表》与今本《左传》的文献排比会使得本研究更具学术的严谨性。原因在于，《十二诸侯年表序》中太史公自道依据了《左氏春秋》，同时因其记事的简化，反较《世家》更易排除文献传钞中可能的讹变因素，利于文献的排比考辨。

逐年排比《史记·十二诸侯年表》与今本《左传》之记事，《年表》依据《左传》而著乃甚为明显，且知司马迁所据古本《左传》已与今本十分接近，有完善的编年形式。然太史公所据之本毕竟与刘歆校本不同。区别有四：其一，虽其史源材料建正尚未稳定，但今本《左传》多以建子为准衡，而古本则更多建寅。其二，古本有较多记事使用标志事件纪年法，而今本仅存数处。其三，对一些跨年事件的分割编年，二者有不同。其四，古本于吴、楚历史较详，而今本则晋、卫史料优善。二者详略或因不同流传路径造成，古本当为吴、楚南方传本，而今本可能为晋、鲁地区的北方传本。

天象、历法因有天文学的准确计算，乃是判断古书相关记载年代的最佳史料。参考王韬、新城新藏、张培瑜等学者的研究，可以发现今本在历日等方面确实经过刘歆的轻度"改造"，使之更接近《春秋经》的历日系统。特别是今本《左传》朔日推算多先天二三日，知在《三统历》成书之后，今本的历日甚至还经过了一次"微小"的改动。当然，笔者于天文历法完全外行，故主要参据专业学者的研究，之所以搬用他人成果，还主要在于此问题实在关涉重大，不敢缺失。天文历法之研究，不同于人文之学，自然后出转盛，故若清末民初王韬、新城研究之可靠者，本章当然以先出者为据，若今人研究精善者，就不再列举前人成果了。

利用今本《左传》与《史记》之间的互见关系，及《年表》对日食的误记，也可以窥见《史记》编纂的基本过程。由此，本书认可倪豪士（William H. Nienhauser, Jr.）对《史记》编纂过程的推断。

基于前人对《春秋》日食误记的研究，以及《春秋》襄二十九年"阍杀吴子余祭"的错简，亦可判断《春秋》是在原始史料基础上编纂而成，而非史官之作。故其确为孔子所编。而古本《左传》

第四章 《史记·十二诸侯年表》与古本《左传》考论　183

之记事已然含有春秋笔法,足见其编纂之初,即以《春秋》为经,与之相表里,非刘逢禄所断之独立史书也。

## 一　小引

清嘉庆末年,广州太清楼印行刘逢禄《左氏春秋考证》,之后,《左传》真伪及其与刘歆的关系遂成为学术史的重要话题。《史记》与《左传》的关系乃是判断《左传》真伪、成书年代等问题的主要文献依据之一,《左氏春秋考证》即多以《史记》为据。然前人在讨论《史记》与《左传》关系之时,甚少有效利用《史记·十二诸侯年表》的内容,乃为缺憾。且前贤多以后代著作观念、文本形态去推想《左传》成书及其与《史记》的关系,对司马迁时代的《左传》传本与今传本的差异,颇多忽略。但这却是《左传》流传中的关键问题。故《史记》、《左传》关系研究虽然是个老话题,但仍有重新讨论之必要,因其与《左传》文本流传、《史记》史源诸问题关系密切,牵一发而动全身也。

据 20 世纪以来中外学者的研究,《左传》主体材料在公元前四世纪中叶之前已经写成,此结论依据天象、预言、引文等证据,当可信据。①《春秋左传正义》引刘向《别录》曰:"左丘明授曾申,申授吴起,起授其子期,期授楚人铎椒。铎椒作《抄撮》八卷,授虞卿。虞卿作《抄撮》九卷,授荀卿。荀卿授张苍。"② 这是西汉人所掌握的《左传》在先秦流传的大体情况。而据《汉书·儒林传》,汉初传授者为张苍、贾谊、张敞、刘公子等人。贾谊师张苍,为《左氏传》作训诂,传授于赵人贯公,贯公曾为河间献王博士,则已到景帝、武帝时期矣。贯公授其子贯长卿,长卿授张禹③,张禹传尹更始。更始传其子尹咸及翟方进、胡常。刘歆即从尹咸、翟方进受《左氏传》。故《左传》汉初至刘歆之时,流传有绪,溯其源则张苍、贾谊之本。

然《汉书·艺文志》所载"《左氏传》三十卷"恐非张苍、贾谊之

---

① 参见洪业《春秋经传引得序》(中华书局 1984 年版),沈玉成、刘宁《春秋左传学史稿》(江苏古籍出版社 1992 年版),黄觉弘《左传学早期流变研究》(中国社会科学出版社 2010 年版)。

② (清)阮元校刻:《十三经注疏》,中华书局影印本 1980 年版,第 1703 页。

③ 《汉书注》引如淳曰:"非成帝师张禹也。"

本。见于《汉志》之书，除班固新增者外，均为刘向、刘歆父子所校理的秘府藏书。因《汉志》源出《七略》，《七略》删并《别录》而成，《别录》者，正是刘向之图书整理报告。《汉书·刘歆传》曰："及歆校秘书，见古文《春秋左氏传》，歆大好之。时丞相史尹咸以能治《左氏》与歆共校经传。歆略从咸及丞相翟方进受，质问大义。初《左氏》传多古字古言，学者传训故而已，及歆治《左氏》，引传文以解经，转相发明，由是章句义理备焉。"故《汉志》所载《左氏传》由刘歆、尹咸校定，乃秘府所藏之本。秘府本来源有多说，刘歆《移让太常博士书》曰："及鲁恭王坏孔子宅，欲以为宫，而得古文于坏壁之中，《逸礼》有三十九，《书》十六篇。天汉之后，孔安国献之，遭巫蛊仓卒之难，未及施行。及《春秋》左氏丘明所修，皆古文旧书，多者二十余通，臧于秘府，伏而未发。"① 由第二个"及"字知秘府《左传》非孔壁古书，"多者二十余通"亦不好判断合孔壁古书而言，还是仅就《左传》而言。《论衡·案书》篇云出自孔壁，许慎《说文序》则曰张苍所献。《隋书·经籍志》亦云出自张苍之家。经笔者详细排比今本《左传》与《十二诸侯年表》之记事，可以确定司马前所据《左氏春秋》与今本有许多明显的异载、异文（详见后文），非流传讹抄所能致，故确非一本。若刘歆、尹咸所校为张苍所献，则一来张氏所献为世传之本，本不必校；二来今传本不致与太史公所见有如许差异。故秘府所藏至少不仅仅为张苍所献。

秘府本经刘、尹整理后，特点是"（刘歆）引传文以解经，转相发明"，已与古本有异，但与今传本正同。秘府本之校勘，也必然会参校西汉世传本，则今传本更可能是综合秘府所藏与西汉世传本特点的"善本"。据《后汉书》之《郑兴传》、《贾逵传》等材料，知后汉《左氏》学主于郑兴、贾逵，二家又均祖述刘歆。反观张苍、贾谊之学，其学传至后汉陈元，陈元传至马严，尔后传承不可考。②

---

① （汉）班固：《汉书》，中华书局1962年版，第1969页。
② 程南洲《东汉时代之春秋左氏学》因《后汉书》贾逵九世祖为贾谊之记载，谓贾家世传左氏学（华东师范大学出版社2011年版，第66页）。程先生无视《贾逵传》"父徽，从刘歆受《左氏春秋》……逵悉传父业"之文，而臆断之，不可据信。西汉学术多无家法之说，治学之士有两三代传习某学者，如贾谊祖孙、韩婴祖孙、贯公父子、韦贤父子等，但亦有两代学术师承不同者，如孟卿、孟喜父子，刘向、刘歆父子。西汉学者所学多无常师，亦不主一家之学，钱穆先生《两汉经学今古文平议》考之甚详，故不可因贾逵九世祖而定其所学也。此与陈寿祺父子妄定刘向世习《鲁诗》，同为以后世观点逆测前世情状也。

今本祖杜预《春秋经传集解》，杜氏体例与刘歆、郑兴相近，均以传解经。然杜氏未言其《左氏传》据何人之本，但不难推想杜氏本乃后汉以来通行本，当源出郑兴、贾逵。唐晏《两汉三国学案》曰："《刘歆传》云：'歆治《左氏》，引传文以解经。'而《郑兴传》亦云：'歆使撰条例、章句、训诂。'然则《左氏》之以传解经与《公》、《穀》相比附者，其出于歆、兴可知矣。"① 杜预之时，《左传》已颇杂糅。杜预虽"专修丘明之传"，其本未必纯粹，或有汉魏学者引《公羊》、《穀梁》改动之处。然其以传释经之体，说明杜预本亦郑兴、贾逵一系，即刘歆、尹咸校本。且其《春秋序》曰："然刘子骏创通大义，贾景伯父子、许惠卿，皆先儒之美者也，末有颍子严者，虽浅近亦复名家，故特举刘、贾、许、颍之违，以见同异。"② 杜氏于诸家唯推崇刘歆、贾逵等五人，故知其学以刘、贾为主干。《春秋左传正义》所引前代注释，并无陈元一系著作，可知陈元一系传本早亡。《正义》本乃五代刊刻《左传》之基础，五代九经刊本乃两宋监本之祖本，两宋监本又为后世刊本之祖本。故知今本祖述刘歆、尹咸所校本，基础是秘府本。

此本相比张、贾世传本、秘府古文本，续有改动。杜预《春秋经传集解序》曰：

> 古今言《左氏春秋》者多矣，今其遗文可见者十数家。大体转相祖述，进不成为错综经文以尽其变，退不守丘明之传。于丘明之传，有所不通，皆没而不说，而更肤引《公羊》、《穀梁》，预今所以为异，专修丘明之传以释经。经之条贯，必出于传。传之义例，总归诸凡。推变例以正褒贬，简二传而去异端，盖丘明之志也。③

故今本《左传》虽源出杜预，祖述刘歆，但其中的材料，当仔细斟酌，不能排除部分文句的后出可能。

汉武帝时代，秘府藏书尚未经整理，若司马迁征引《左氏春秋》，定为张、贾本一系，非秘府本，更非今本。刘向《别录》云张苍从荀子受

---

① （清）唐晏：《两汉三国学案》，中华书局2008年版，第458页。
② （清）阮元校刻：《十三经注疏》，中华书局影印本1980年版，第1707页。
③ 同上。

《左传》,则张、贾本源出荀卿。此本其面貌如何,与今本是否一样,透过《史记》应可略窥其仿佛。

然《左传》与《史记》诸本纪、世家、列传互见材料,虽大体相同,但二者之间差异亦不少,且多无第三方证据,故判断二者关系的"前见",会对最终的结论产生直接影响。这均因面对诸详略互异之记载,除了可以判断二者是否同源外,实难准确辨析其先后关系。故研究者基于二者文字之对比,或得出《史记》平白乃对《左传》之疏解①,或以为《左传》之古奥为西汉末期复古风气下,拟古者对《史记》的改写。② 正是这种模糊性,导致直到晚近仍然有学者认为《左传》为晚于《史记》之书。当然,今本《左传》虽然可能经过刘歆等人的改动,但《左传》主体的成书在战国时代,则是很难被否定的。③ 故本书的中心,仍然是以张、贾本《左传》与刘、尹本《左传》的同异为基础,管窥《左传》古本(张、贾本)的特点,以及刘歆(或其后学)对《左传》的改动,而非重新论断《左传》、《史记》之先后。

《史记·十二诸侯年表》限于体例,记事非常简约,一年之中往往只有某几个诸侯国有记事,且仅记地点、人物、何种事件等关键要素,其他几近省净。由此,《年表》记事与《左传》的关系,很容易被忽略。但正

---

① 如瑞典的高本汉在《左传真伪考及其他》一书中谈道:"从沙畹的研究,我们知道司马迁在《书经》内遇见古奥难懂的文句,常常用简明的文字来代替(《史记》译本第一册页一二七)。他对于《左传》也是同样的,只要一比较便知司马迁根据《左传》,常常比《左传》简明一点:这便允许我们得到一个确实的结论,说司马迁作《史记》时便有一部《左传》。这是很明白的,当他叙述事实的时候,他改动的更自由一点;但他引说话的时候,对于《左传》更遵守一点。"([瑞典]高本汉:《左传真伪考及其他》,陆侃如译,商务印书馆 1936 年版,第 54 页。)

② 如徐仁甫《左传疏证》曰:"高本汉但见《史记》文辞浅于《左传》,而不知《左传》文辞深于《史记》之故。盖中国政治、学术、文化,至西汉之末,有复古之风。况《左传》既托之丘明,则文辞势不得不以典雅易浅俗。"(四川人民出版社 1981 年版,第 3 页。)

③ 可参洪业《春秋经传引得序》(《洪业论学集》,中华书局 1984 年版)、杨伯峻《春秋左传注·前言》(中华书局 1992 年版),胡念贻《〈左传〉的真伪和写作时代问题考辨》(《文史》第十一辑),沈玉成、刘宁《春秋左传学史稿》(江苏古籍出版社 1992 年版),黄觉弘《左传学早期流变研究》(中国社会科学出版社 2010 年版)等著作。如《左传》所书岁星位置均非其时实记,据新城新藏《东洋天文史研究》,"《左传》、《国语》关于岁星位置的记述,全与天不合,并非实录,而是作者根据 12 岁行天 1 周推算得出的。因而与三统历岁术推步也并不完全一致。……考查得出的《左传》岁星位置失天度数和失次情况可以看出,这些位置大概是作者按照公元前 4 世纪前期岁星实测位置逆推得到的"。(张培瑜等:《中国古代历法》,中国科学技术出版社 2007 年版,第 184—186 页。)

因《年表》的简约,让我们省去了辨析文本细节的工夫(这也是最易有分歧的),可据其所记之事、人、地,或少数关键言语,直接判断它与《春秋》、《左传》、《国语》、《公羊传》、《穀梁传》等古老文献之间的关系。文献信息虽然少,有效信息却更加突出。又因《年表》是以年代为序的文本,故也更易与今本《左传》进行整体的对比。

虽然今本《左传》可能还保留少量汉魏间学者据《公羊》、《穀梁》妄改的文句,但《年表》整体上与《左传》的关系,还是不会因为少量可能的后人改动而被否定。① 但哪些文句是后人的改动,存在多少这样的文句,今天已经难以准确判断,故本书不讨论这一问题,因为笔者相信,《史记》、《左传》大量的互见记载,还是能够保证本书整体上的可靠性。

## 二 《十二诸侯年表》据《左氏春秋》所制辩

《史记·十二诸侯年表》是一份诸侯在位时间年表,表中录有重要的事件。据太史公之自序,此表的制成,主要依据两大类文献:一是《春秋历谱牒》、《世本》一类的年谱文献;二是《春秋》、《左氏春秋》一类的记事文献。依据其形式结构,我们可以判断年表的主体架构来自《春秋历谱牒》、《世本》一类文献,因其主要是诸侯在位年限、名字等基本信息,与《世本》的辑本体例一致,太史公序曰"读《春秋历谱牒》"云云可证,但此表的立意、记事却主要参据《左氏春秋》,即张、贾本《左传》。为什么这么说呢?原因在于几乎所有表中的记事,不仅其事都可见今本《左传》,其记事之文亦大同《左传》,千数条记事基本相同,略有差异者不过百数条。

先看《十二诸侯年表》之立意。此表虽始于共和元年(公元前841),但自共和元年起,至鲁隐公元年(公元前772)止,《年表》除新君始年外,记事极少。所记之事,除王、君之位的更迭外,多与《春秋》、《左传》的早期记事有关。不妨列举于下:

---

① 《四库提要》云:"周密《齐东野语》摘《司马相如传赞》中有'扬雄以为靡丽之赋,劝百而讽一'之语。又摘《公孙宏传》中有'平帝元始中诏赐弘子孙爵'语。焦竑《笔乘》摘《贾谊传》中有'贾嘉最好学,至孝昭时列为九卿'语。皆非迁所及见。王懋竑《白田杂著》亦谓《史记》止纪年而无岁名,今《十二诸侯年表》上列一行载庚申、甲子等字,乃后人所增。则非惟有所散佚,且兼有所窜易。年祀绵邈,今亦不得而考矣。然字句窜乱或不能无,至其全书则仍迁原本。"(中华书局1965年版,第397—398页)

共和元年：

周：共和元年，厉王子居召公宫，是为宣王。王少，大臣共和行政。

共和十四年：

周：宣王即位，共和罢。

周宣王二十年：

晋：取齐女为夫人。

周宣王二十二年：

鲁：鲁孝公称元年伯御立为君，称为诸公子云。伯御，武公孙。

郑：郑桓公友元年始封，周宣王母弟。

周宣王二十三年：

晋：以伐条生太子仇。

周宣王二十六年：

晋：以千亩战。生仇弟成师。二子名反，君子讥之。后乱。

周宣王三十二年：

鲁：周宣王诛伯御，立其弟称，是为孝公。

周宣王四十三年：

晋：穆侯卒，弟殇叔自立，太子仇出奔。

周幽王元年：

晋：仇攻杀殇叔，立为文侯。

周幽王二年：

周：三川震。

周幽王三年：

周：王取褒姒。

周幽王十一年：

周：幽王为犬戎所杀。

秦：始列为诸侯。

郑：以幽王故，犬戎所杀。

周平王元年：

周：东徙雒邑。

秦：初立西畤，祠皇帝。

周平王五年：

秦：伐戎至岐而死。

周平王十年：

郑：取申侯女武姜。

周平王十四年：

郑：生庄公寤生。

周平王十五年：

秦：作鄜畤。

周平王十七年：

陈：陈文公圉元年。生桓公鲍、厉公他。他母，蔡女。

郑：生大叔段。

周平王二十三年：

宋：生鲁桓公母。

周平王二十四年：

秦：作祠陈宝。

周平王二十六年：

晋：晋昭侯元年封其季弟成师于曲沃。曲沃大于国，君子讥曰："晋人乱自曲沃始矣。"

周平王二十八年：

郑：母欲立段，公不听。① 郑庄公寤生元年祭仲生。

周平王三十年：

卫：爱妾子州吁，州吁好兵。

周平王三十二年：

晋：潘父杀昭侯，纳成师，不克。昭侯子立，是为孝侯。

周平王三十七年：

卫：夫人无子，桓公立。

周平王三十七年：

卫：卫桓公完元年。

周平王三十八年：

卫：弟州吁骄，桓黜之，出奔。

---

① "母欲立段公不听"，据中华书局点校本《校勘记》，此七字景祐本、绍兴本、耿本、黄本、彭本、柯本、凌本、殿本有，《校勘记》疑其在上一年，误入此格。

周平王四十年：
晋：曲沃桓叔成师卒，子代立，为庄伯。
周平王四十二年：
齐：同母弟夷仲生公孙毋知也。
宋：公卒，命立弟和，为穆公。
周平王四十七年：
晋：曲沃庄伯杀孝侯，晋人立孝侯子郄，为鄂侯。
周平王四十八年（前722）：
鲁：鲁隐公息姑元年。母声子。
晋：郄元年，曲沃强于晋。

我们看这前一百多年的《表》，记事虽少，却很有特点：

其一，周王记事极少，《诗经》描述的周宣王时期的南征、北伐均无笔墨，仅在幽王时期列关中地震、娶褒姒、灭国三事，但其记事却与《周本纪》非常接近。当然，从周之大事，看不出《年表》的取意。

其二，《年表》前一百多年有四个诸侯国的记事有连续性，乃晋、秦、卫、郑。晋事全关系曲沃代晋，秦事乃述其成长，卫、郑则围绕州吁、叔段之乱。晋、卫、郑之事正是《左传》早期历史中的重要叙事，《年表》只是把《左传》中的补叙纳入正常的编年叙事之中，况且还在《晋表》保留了"君子讥之"这样的《左传》式用语，故可明显看出《年表》与《左传》的联系。秦的记事则是"后世史观"的表现，抑或据《秦记》，姑且不论。

其三，《陈表》记"陈文公圉元年，生桓公鲍、厉公他。他母，蔡女"是田氏代齐的伏笔。《齐表》"同母弟夷仲生公孙毋知也"是齐襄公被弑及齐桓公称霸的伏笔。《宋表》"生鲁桓公母"则是《左传》鲁隐公、桓公时代之伏笔。"公卒，命立弟和，为穆公"则是《左传·隐公三年》君子曰"宋宣公可谓知人矣"的伏笔。

故《十二诸侯年表》前一百多年的记事，基于与今本《左传》极相近之材料。考虑到司马迁时代，此类文献只有《左氏春秋》，因此可以判断，《十二诸侯年表》前春秋之事，是太史公在《左氏春秋》基础上向前的补录。

自鲁隐公元年之后，《年表》记事明显多于此前，且与《左传》有明显的关系，甚至可以说《年表》就是在古本《左传》基础上撰成的。此甚明显，不必整体排比，仅举数例明之：

例一：

鲁文公十一年，宋昭公四年，《宋表》曰："败长翟长丘。"梁玉绳《史记志疑》曰："《左传》事在宋武公之世，《年表》、《世家》俱误。……而其所以误在是年者，因《左氏》文十一年鲁获长狄侨如，《传》追述宋武公时获侨如之先缘斯，而鲁文十一年，正当宋昭四年，故有此误，《考古质疑》曾辨之。"① 《年表》因《左传》追述致误，故此为其凭依《左氏》之一证。

另，此处之误，《年表》、《世家》均有，则《史记》编纂时，似并未直接按引《左氏春秋》，而当是先将《左氏春秋》之材料，分年代、国别录出，然后再分年代、国别，将其编入相关之《年表》、《世家》（有关《史记》编纂情况的推想，详见下文）。

类似的例子还有《年表》晋灵公十四年书"赵氏赐公族"，此误乃因《左传》于宣公二年（晋灵公十四年也）年末曰：

> 初，丽姬之乱，诅无畜群公子，自是晋无公族。及成公即位，乃宦卿之适而为之田，以为公族，又宦其余子，亦为余子，其庶子为公行。晋于是有公族、余子、公行。赵盾请以括为公族，曰："君姬氏之爱子也。微君姬氏，则臣狄人也。"公许之。冬，赵盾为旄车之族，使屏季以其故族为公族大夫。②

此明年事，《左传》先述于此年，《年表》因之而误。亦可佐证上述推测。

例二：

秦景公二十九年（鲁襄公二十五年）《年表》曰："公如晋，盟不结。"今本《左传》于襄公二十六年经前、二十五年传后有一段独立文字，这段文字在书写形式上既不属于二十五年传，也不属于二十六年经，是明显的错置，有三十五字，应是一简的字数。据《春秋左传正义》，知

---

① （清）梁玉绳：《史记志疑》，中华书局1981年版，第342页。
② 杨伯峻：《春秋左传注》，中华书局1981年版，第663—666页。

此段本位于杜预《春秋经传集解》之鲁襄公二十六年卷首,且位于经文之前。因杜预本之前经、传分行,故此段错简原在襄公二十五年、二十六年之间。这段《传》曰:"会于夷仪之岁,齐人城郏。其五月,秦、晋为成。晋韩起如秦莅盟,秦伯车如晋莅盟,成而不结。"杜预注曰:

> 传为后年修成,起本当继前年之末,而特跳此者,传写失之。①

杜预发现《左传》襄公二十六年前、二十五年后独立的"《传》曰"三十五字应该为二十六年《传》起首之"春,秦伯之弟针如晋修成"一段的说明,应该置于二十六年《传》首,跳脱至二十六年、二十五年之间,乃是错简所致。

然《十二诸侯年表》也沿袭了《左传》的错简,将此事系于二十五年。故知《左传》鲁襄公二十六年、二十五年之间的三十五字的错简古本已如此。足见张、贾本与刘、尹本在很多地方完全一致,整体上当极为接近。会于夷仪、齐人城郏之岁,乃鲁襄公二十四年,秦景公二十八年,《年表》据《左传》而误。

这条错简的发生非常古老,甚至可能在古本《左传》主体文本形成之时。

例三:

鲁昭公三年(前539),《年表》此年记事与《左传》关系甚为明显:

《齐表》:

> 晏婴使晋,见叔向,曰:"齐政归田氏。"叔向曰:"晋公室卑。"②

《左传·昭公三年》:

> 齐侯使晏婴请继室于晋……既成昏,晏子受礼。叔向从之宴,相与语。叔向曰:"齐其何如?"晏子曰:"此季世也,吾弗知。齐其为陈氏矣!公弃其民,而归于陈氏。……"叔向曰:"然。虽吾

---

① (清)阮元校刻:《十三经注疏》,中华书局影印本1980年版,第1986页。
② (汉)司马迁:《史记》,中华书局1959年版,第647页。

公室，今亦季世也。……"晏子曰："子将若何？"叔向曰："晋之公族尽矣。肸闻之，公室将卑，其宗族枝叶先落，则公从之。肸之宗十一族，唯羊舌氏在而已。肸又无子。公室无度，幸而得死，岂其获祀？"①

《年表》称"田氏"，而《左传》记为"陈氏"，几为常例。然观《史记》此条，与《左传》记载出于同源。下《燕表》所载亦是：
《燕表》：

公欲杀公卿立幸臣，公卿诛幸臣，公恐，出奔齐。②

《左传·昭公三年》：

燕简公多嬖宠，欲去诸大夫，而立其宠人。冬，燕大夫比以杀公之外嬖，公惧，奔齐。书曰："北燕伯款出奔齐"，罪之也。③

更值得留心的是此年《楚表》、《卫表》的两条记载。这两条明显来自《左氏春秋》，或来自与今本《左传》极相近之文献。④ 分别是：
《楚表》：

执芋尹亡人，入章华。⑤

《左传·昭公七年》：

楚子之为令尹也，为王旌以田。芋尹无宇断之，曰："一国两君，其谁堪之？"及即位，为章华之宫，纳亡人以实之。无宇之阍入

---

① 杨伯峻：《春秋左传注》，中华书局1981年版，第1233—1237页。
② （汉）司马迁：《史记》，中华书局1959年版，第647页。
③ 杨伯峻：《春秋左传注》，中华书局1990年版，第1243页。
④ 拙文所涉及的《左传》有两部，即张、贾本和刘、贾本，为行文方便，前者拙采用汉代常用之名《左氏春秋》或古本《左传》，后者称《左传》或今本《左传》，以示区别。
⑤ （汉）司马迁：《史记》，中华书局1959年版，第649页。

焉。无宇执之，有司弗与，曰："执人于王宫，其罪大矣。"执而谒诸王。王将饮酒，无宇辞曰："天子经略，诸侯正封，古之制也。封略之内，何非君土？食土之毛，谁非君臣？故《诗》曰：'普天之下，莫非王土。率土之滨，莫非王臣。'天有十日，人有十等，下所以事上，上所以共神也。故王臣公，公臣大夫，大夫臣士，士臣皁，皁臣舆，舆臣隶，隶臣僚，僚臣仆，仆臣台。马有圉，牛有牧，以待百事。今有司曰：'女胡执人于王宫？'将焉执之？周文王之法曰：'有亡，荒阅'，所以得天下也。吾先君文王，作仆区之法，曰：'盗所隐器，与盗同罪'，所以封汝也。若从有司，是无所执逃臣也。逃而舍之，是无陪台也。王事无乃阙乎？昔武王数纣之罪，以告诸侯曰：'纣为天下逋逃主，萃渊薮'，故夫致死焉。君王始求诸侯而则纣，无乃不可乎？若以二文之法取之，盗有所在矣。"王曰："取而臣以往，盗有宠，未可得也。"遂赦之。①

《卫表》：

夫人姜氏无子。②

《左传·昭公七年》：

卫襄公夫人姜氏无子，嬖人婤姶生孟絷。孔成子梦康叔谓己："立元，余使羁之孙圉与史苟相之。"史朝亦梦康叔谓己："余将命而子苟与孔烝鉏之曾孙圉相元。"史朝见成子，告之梦，梦协。晋韩宣子为政聘于诸侯之岁，婤姶生子，名之曰元。孟絷之足不良，能行。孔成子以《周易》筮之，曰："元尚享卫国，主其社稷。"遇《屯》。又曰："余尚立絷，尚克嘉之。"遇《屯》之比。以示史朝。史朝曰：'元亨'，又何疑焉？"成子曰："非长之谓乎？"对曰："康叔名之，可谓长矣。孟非人也，将不列于宗，不可谓长。且其繇曰'利建侯'。嗣吉，何建？建非嗣也。二卦皆云，子其建之。康叔命之，二

---

① 杨伯峻：《春秋左传注》，中华书局1990年版，第1283—1285页。
② （汉）司马迁：《史记》，中华书局1959年版，第649页。

筮袭于梦，武王所用也，弗从何为？弱足者居，侯主社稷，临祭祀，奉民人，事鬼神，从会朝，又焉得居？各以所利，不亦可乎？"故孔成子立灵公。①

《左传·昭公七年》的这两章，相对独立于叙事之外，属于补叙性质。这种能够独立叙述一个故事的短章，是战国秦汉时代特别流行的一种文献类型，近年面世之简帛文献可证。② 这类独立短章本身罕有编年或系年，但《左传》却因其与前后之"事件"有关，而将其纳入编年之中，《史记》年表恰恰选择了这两件事列入《楚表》和《卫表》，足见其取材与《左传》之近。同时更为重要的是，张、贾本《左氏》亦将这两个故事上系年，且与今本《左传》相同。

例四：

鲁昭公二十六年（前516），齐有彗星，晏子有评，未见《春秋》，但见于《左传》：

> 齐有彗星，齐侯使禳之。晏子曰……
> 齐侯与晏子坐于路寝，公叹曰："美哉室！其谁有此乎？"晏子曰："敢问何谓也？"公曰："吾以为在德。"对曰："如君之言，其陈氏乎！陈氏虽无大德，而有施于民。豆区釜钟之数，其取之公也薄，其施之民也厚。公厚敛焉，陈氏厚施焉，民归之矣。《诗》曰：'虽无德与女，式歌且舞。'陈氏之施，民歌舞之矣。后世若少惰，陈氏而不亡，则国其国也已。"……③

《齐表》作：

> 彗星见。晏子曰："田氏有德于齐，可畏。"④

---

① 杨伯峻：《春秋左传注》，中华书局1990年版，第1297—1298页。
② 参见李零《简帛古书与学术源流》（生活·读书·新知三联书店2008年版），拙著《〈说苑〉研究——以战国秦汉之间的文献累积与学术史为中心》。
③ 杨伯峻：《春秋左传注》，中华书局1990年版，第1479—1481页
④ （汉）司马迁：《史记》，中华书局1959年版，第659—660页。

可见，《年表》将《左传》中两章的内容，合并于一条，故其依于古《左传》无疑，且古本极近今本。

例五：

鲁昭公二十九年，《鲁表》曰：

> 公自乾侯如郓。齐侯曰："主君。"公耻之，复之乾侯。①

而《春秋》对此事的记载为：

> 二十有九年，春，公至自乾侯，居于郓，齐侯使高张来唁公。

《左传·昭公二十九年》为：

> 二十九年，春，公至自乾侯，处于郓，齐侯使高张来唁公，称主君，子家子曰："齐卑君矣，君祇辱焉。"公如乾侯。

此年《春秋》仅书鲁事，《公羊》、《穀梁》均未记载齐侯使高张称昭公为"主君"之事。杨伯峻《春秋左传注》云春秋战国时代家臣称自己的卿大夫为主君，故子家曰"齐卑君矣"，由此昭公复如乾侯。故《鲁表》所据极近今本《左传》。

总之，《史记·十二诸侯年表》所据史料与今本《左传》极为接近，因司马迁时代可见春秋史料唯《左传》、《国语》、《公羊传》、《穀梁传》有限的几种，其自序亦云据《左氏春秋》。故《年表》依据古本《左传》而制成，是可以肯定的。

另外，类似材料的重要性在于，它向我们展示了在司马迁时代《左传》就是大体按照《春秋》的编年而排列材料，并非刘歆引传文以解经始为之。《左传》材料的时序化编排早已确定，且与今本已经极为接近。刘向《别录》、《汉书·儒林传》关于《左传》传授系谱的记载当可信据。刘歆引传解经的原因，应是刘歆发现了《左传》材料编排与《春秋》的关系，或加入少量解经之语，并非重新排列已有材料。

---

① （汉）司马迁：《史记》，中华书局1959年版，第661—662页。

## 三 《十二诸侯年表》所见古本《左传》之异文

《十二诸侯年表》记事虽据《左传》(《左氏春秋》)而撰,但其所据乃张、贾本,并非刘、尹本(即今本),从表文分析,张、贾本《左传》与刘、尹本存在许多不同。仅以数例作说明。

例一:

鲁襄公二十六年(前547),《春秋》记曰:"王二月,辛卯,卫宁喜弑其君剽,卫孙林父入于戚以叛,甲午,卫侯衎复归于卫。"①《左传》对此事记载颇详细,因仅举《春秋》足以辨析,故不详引述。

考《史记·十二诸侯年表》及相关世家,可发现《史记》对卫献公复入的记载与《春秋》、《左传》有异。《卫表》曰:"齐、晋杀殇公,复内献公。"②《晋表》曰:"诛卫殇公,复入献公。"③《卫世家》的记载是:"殇公秋立,封孙文子林父于宿。十二年,宁喜与孙林父争宠相恶,殇公使宁喜攻孙林父。林父奔晋,复求入故卫献公。献公在齐,齐景公闻之,与卫献公如晋求入。晋为伐卫,诱与盟。卫殇公会晋平公,平公执殇公与宁喜而复入卫献公。献公亡在外十二年而入。"④《史记》与《左传》的记载主要有两处不同。其一,卫侯在《史记》中名秋,且有谥号为殇公。而《左传》的记载则是"子叔",杜预注曰:"子叔,卫侯剽。言子叔,剽无谥故。"《史记》三处主要记载均称殇公。其二,卫侯剽的被杀,《左传》是卫献公与宁喜串通,宁喜先击败孙氏,后杀之;而《史记》的记载则是晋平公伐卫,诱与盟,卫殇公赴盟被杀。可见此事记载,《春秋》、《左传》与《史记》完全不同。

例二:

鲁昭公七年(前535),《春秋》载"三月,公如楚","九月,公至自楚",《左传》解释鲁昭公远赴楚国缘由,乃是贺楚灵王章华台之成。但不知为何,《十二诸侯年表》(以下简称《年表》)将鲁昭公赴楚放在了昭公八年(前534),且把楚王就章华台也放在了这一年:

---

① 杨伯峻:《春秋左传注》,中华书局1990年版,第1110页。
② (汉)司马迁:《史记》,中华书局1959年版,第643页。
③ 同上。
④ 同上书,第1957页。

《鲁表》：公如楚，楚留之。贺章华台。①
《楚表》：就章华台，内亡人实之。灭陈。②

联系《年表》前一年记"执芊尹亡人，入章华"，此事与楚王章华台落成是联系在一起的，可断《年表》此年不是笔误。若为笔误，同在《左传》昭公七年的"执芊尹亡人"也应误入八年。

又，鲁昭公七年《鲁表》亦载"季武子卒"和"日蚀"两事，这两件事与昭公赴楚，于《左传》亦载同年，即昭公七年，若《年表》误置昭公七年事于八年的话，"季武子卒"和"日蚀"两事也应误置。

再者，《陈表》（昭公八年）曰："弟招作乱，哀公自杀。"载录于《左传·昭公八年》，二者相符。这说明在《鲁表》、《楚表》制作时，太史公并没有误记，不然上面三条相关记载也是会出错的。《史记·鲁世家》亦曰：

八年，楚灵王就章华台，召昭公。昭公往贺，赐昭公宝器；已而悔，复诈取之。③

《史记集解》引服虔《左传注》曰："大屈，宝金，可以为剑。一曰大屈，弓名。《鲁连书》曰：'楚子享鲁侯于章华，与之大屈之弓也，既而悔之。'大屈，殆所谓大曲之弓也。"④楚灵王赠鲁昭公大屈，既而悔之，复诈回之事，亦在今本《左传》昭公七年。故鲁昭公赴楚贺其章华台成之记载，《史记》与今本《左传》系年不同。

上文已经发现《史记·十二诸侯年表》与《左传》关系极为密切，但这一年二者的重大差异则说明《史记》所据非今本《左传》。太史公所据《左传》鲁昭公赴楚是在八年，而非七年，与《春秋》的记载是不一样的。鉴于《年表》与《左传》如此密切的关系，我们可推断司马迁所见《左传》昭公七年和昭公八年的记载与今本次序不同，今本将原本八

---

① （汉）司马迁：《史记》，中华书局1959年版，第650页。
② 同上。
③ 同上书，第1539页。
④ 同上书，第1540页。

年中的鲁君赴楚观章华台一事移至七年，以符合《春秋》所记昭公三月赴楚，九月归鲁之文。

例三：

鲁昭公九年（前533），鲁、宋、郑、卫会楚灵王于陈。楚公子弃疾，迁许于夷，将兵定陈。但楚定陈之事，《春秋》、《左传》、《史记》记载微有差异。

《春秋·昭公九年》：

> 九年，春，叔弓会楚子于陈。许迁于夷。①

《左传·昭公八年》：

> 陈哀公元妃郑姬，生悼大子偃师，二妃生公子留，下妃生公子胜。二妃嬖，留有宠，属诸徒招与公子过。哀公有废疾。三月甲申，公子招、公子过杀悼大子偃师，而立公子留。
>
> 夏四月辛亥，哀公缢。干征师赴于楚，且告有立君。公子胜诉之于楚，楚人执而杀之。公子留奔郑。书曰"陈侯之弟招杀陈世子偃师"，罪在招也；"楚人执陈行人干征师杀之"，罪不在行人也。
>
> 陈公子招归罪于公子过而杀之。九月，楚公子弃疾帅师奉孙吴围陈，宋戴恶会之。冬十一月壬午，灭陈。舆嬖袁克，杀马毁玉以葬。楚人将杀之，请置之。既又请私，私于幄，加绖于颡而逃。使穿封戌为陈公，曰："城麇之役，不諂。"侍饮酒于王，王曰："城麇之役，女知寡人之及此，女其辟寡人乎？"对曰："若知君之及此，臣必致死礼，以息楚国。"②

《左传·昭公九年》：

> 九年，春，叔弓，宋华亥，郑游吉，卫赵黡，会楚子于陈。二月，庚申，楚公子弃疾，迁许于夷，实城父，取州来淮北之田以益

---

① 杨伯峻：《春秋左传注》，中华书局1990年版，第1306页。
② 同上书，第1301—1304页。

之，伍举授许男田，然丹迁城父人于陈，以夷濮西田益之，迁方城外人于许。①

《史记·陈杞世家》曰：

（陈哀公三十四年，鲁昭公七年）哀公病，三月，招杀悼太子，立留为太子。哀公怒，欲诛招，招发兵围守哀公，哀公自经杀。招卒立留为陈君。四月，陈使使赴楚。楚灵王闻陈乱，乃杀陈使者，使公子弃疾发兵伐陈，陈君留奔郑。九月，楚围陈。十一月，灭陈。使弃疾为陈公。②

《楚世家》：

（楚灵王）八年，使公子弃疾将兵灭陈。十年，召蔡侯，醉而杀之。使弃疾定蔡，因为陈蔡公。③

《史记·十二诸侯年表·陈表》：

（鲁昭公八年，陈哀公三十五年）弟招作乱，哀公自杀。④

《楚表》：

（鲁昭公八年，楚灵王七年）就章华台，内亡人实之。灭陈。
（鲁昭公九年，楚灵王八年）弟弃疾将兵定陈。⑤

《春秋》、《左传》楚灭陈在鲁昭公八年，而《史记·楚世家》系于鲁昭公九年，《十二诸侯年表》系于鲁昭公八年。楚公子弃疾定陈，《左

---

① 杨伯峻：《春秋左传注》，中华书局1990年版，第1306—1307页。
② （汉）司马迁：《史记》，中华书局1959年版，第1580—1581页。
③ 同上书，第1705页。
④ 同上书，第650页。
⑤ 同上。

传》未载此事，或即指弃疾率兵灭陈，《年表》载在鲁昭公九年。与上述文献均有不同的是《陈世家》，它对楚灭陈的记载是在鲁昭公七年，这是较明显的错误，可以不论。但《楚世家》和《楚表》似乎暗示《史记》所据楚国史料中，楚灭陈是在楚灵王八年，这一年应该就是鲁昭公八年，但是《年表》排列的结果却是楚灵王七年为鲁昭公八年，时间上错置了一年，于是出现了上述的混乱。

这也正好解释例二中鲁昭公赴楚问题上《左》、《史》之间的差异，故本书推测《史记》所据古本《左氏》中，楚灵王与鲁昭公似是同年称元，但今本《左氏》却依据《春秋》，判断鲁昭公早楚灵王一年称元，故有一年之误差。

另，《史记·陈世家》称楚灵王使弃疾为陈公，而《左传》则是穿封戌，可见《史记》所据确有不同于今本《左传》之处。

例四：

鲁昭公二十六年（前516），楚平王卒，楚昭王立。《春秋》记曰："九月，庚申，楚子居卒。"《史记·十二诸侯年表·楚表》则曰："欲立子西，子西不肯。秦女子立，为昭王。"与《春秋》所关注并不相同，但与《左传》同：

> 九月，楚平王卒。令尹子常欲立子西，曰："大子壬弱，其母非适也，王子建实聘之。子西长而好善。立长则顺，建善则治。王顺国治，可不务乎？"子西怒曰："是乱国而恶君王也。国有外援，不可渎也。王有适嗣，不可乱也。败亲、速仇、乱嗣，不祥，我受其名。赂吾以天下，吾滋不从也。楚国何为？必杀令尹！"令尹惧，乃立昭王。①

但《左传》此年记楚昭王之立，并未言及他是秦女之子，《史记》所据虽极接近今本《左传》，但还是有不同之处。

综上所述，我们可以发现司马迁所据《左传》虽然与今本《左传》大体相同，其编年体也早已成型。但二者在记事、编年、详略等方面还是颇有差异。

---

① 杨伯峻：《春秋左传注》，中华书局1990年版，第1474—1475页。

## 四 《史记·十二诸侯年表》史源略议

然上述差异,是否如王叔岷《史记斠证》所言,乃"史公当有所据,不必定依《左传》也?"① 王先生所言本属合理之推测,不然无以解《年表》异于今本《左传》之惑。但诚如上文所考,《年表》记事在整体上本于《左传》,十二诸侯二百四十多年间的三千余条表格,虽多空白,但至少亦有一千余条记事,却仅有百条左右年代、事件有差异(明显讹误者不算),那么这一百多条差异是否为太史公引据其他史料而成?今天看来,太史公时代尚有许多编年的史料,如《公羊》、《穀梁》二传及其《外传》,且定州简、清华简亦有编年材料面世。按照我们今日之理解,太史公不可能仅据《左氏春秋》制作此表。但是,当提出上述疑问之时,我们持有一种先入为主的观念:完美的太史公和完美的文本。即太史公应该像当代学者一样有严谨的学风,应该会集众本而制年表,应该对史料有严格之要求;《太史公书》作为经典文本,乃太史公倾一生之力而为,不应该有未及之史料。但是,若太史公真如我们所想,则《十二诸侯年表》不至于有超过半数的表格为空白;不至于几乎所有记事均见《左传》,且多数文字相同;更不至于《年表》与《本纪》、《世家》之间有如此多的不统一。因此,若太史公依据了其他史料,那么今日之《年表》的样态是令人不可理解的。罗倬汉《史记十二诸侯年表考证》一书于1943年由商务印书馆出版,对于《左》、《史》之先后,作了详密的考证。虽然罗先生并没有意识到司马迁所见《左氏春秋》与今传本之间存在不同的可能,但他通过非常细密的考证,特别是关于长狄问题的分析,依然坚实地论证了《十二诸侯年表》依据了《左传》。反之,如果我们将司马迁所见本与刘歆所校所可能存在的差异考虑进来,则《年表》所体现的疑惑可涣然而释。继之,尚有数问题可略作补充:

其一,司马迁职守太史公,隶属太常,故其所见藏书主要就是太常藏书,秘府藏书不可见,无诏亦不能见。② 汉成帝时,刘向奉诏整理秘府藏书,据其现存《别录》逸文,知其参校太常藏书、大臣藏书、民间藏书

---

① 王叔岷:《史记斠证》,中华书局2007年版,第511页。
② 参见余嘉锡《古书通例》,中华书局2009年版。

等"外书",而"外书"相较秘府"中书",内容要少。① 故可断刘向所见古书,其数量与内容恐均多于司马迁所见。检索《汉书·艺文志》所载"《春秋》类"著作,可能成为《史记》春秋史源的是:《公羊传》、《穀梁传》、《邹氏传》、《左氏微》、《铎氏微》、《张氏微》、《虞氏微传》、《公羊外传》、《穀梁外传》、《公羊杂记》、《国语》、《新国语》十二种。其中,前三种《春秋传》体例与《左传》不同;四种"微"均出于《左传》,据《十二诸侯年表序》可知它们为司马迁所阅,但未参据;《国语》今日可见,《新国语》乃"刘向分《国语》"(班固注),很像新编;《公羊杂记》恐属经义一类,《礼记》就以记义为主。故真正可能的其他的记事类史源,乃是《公羊外传》、《穀梁外传》两种。二书久佚,查早期文献,知《国语》又被称为"春秋外传",《韩诗外传》传于今,体例甚明。由此我们大略可推断"外传"应以"对语"之体为主,不以记事为业。

其二,司马迁《十二诸侯年表》自述曰:

> 太史公曰:儒者断其义,驰说者骋其辞,不务综其终始;历人取其年月,数家隆于神运,谱牒独记世谥,其辞略,欲一观诸要难。于是谱十二诸侯,自共和讫孔子,表见《春秋》、《国语》学者所讥盛衰大指著于篇,为成学治古文者要删焉。②

太史公言之凿凿,称《十二诸侯年表》之记事本于"春秋国语",无他史源。"《春秋》、《国语》"当指今本《春秋》、《左传》。只因细寻《年表》,源出《国语》者几乎没有。《太史公自序》又称"左丘失明,厥有《国语》",《年表序》则称"鲁君子左丘明惧弟子人人异端,各安其意,失其真,故因孔子史记具论其语,成《左氏春秋》"。故知司马迁亦称《左氏春秋》为"《春秋国语》"或"《国语》"。当然,不管"《国语》"何指,司马迁自述所据史料,《春秋》、《左传》、《国语》外,并无其他重要来源。

其三,《史记·六国年表序》曰:

---

① 参见拙著《〈说苑〉研究——以战国秦汉之间的文献累积与学术史为中心》之"绪论"。
② (汉)司马迁:《史记》,中华书局1959年版,第511页。

> 秦既得意，烧天下《诗》、《书》，诸侯史记尤甚，为其有所刺讥也。《诗》、《书》所以复见者，多藏人家，而史记独藏周室，以故灭。惜哉！惜哉！独有《秦记》，又不载日月，其文略不具。①

又知，太史公亦未见《秦记》之外的诸侯国之史料。

其四，战国时代可能流传过今本《公羊传》、《穀梁传》和《左传》的源头文献，一种（或一类）结合了义理（《公羊》、《穀梁》式）与记事（《左传》式）的篇幅略大的"《春秋传》"（未必已成专书）。这从《孟子》、《韩非子》、《春秋繁露》、《说苑》等文献保存的战国"《春秋》说（或传）"可窥其一斑。② 此类《春秋传》在西汉早年经师的口传系统中尚有遗存，如《夹氏传》很可能就是其口传的一种，《春秋繁露》等文献亦存部分口说。但汉代文献存录之口说，毕竟数量有限，且其主要部分已被三《传》载录，故司马迁亦无参据之可能。

其五，战国秦汉之际，绝大多数古书的物质样态尚未定型，无定本，无定篇。此间有一类"公共素材"存在，是诸子论说取材的"资料库"，此类文献在刘向校书之后，渐次湮没。历史故事是"公共素材"中特别突出的一类，存在于《左传》、《国语》、《战国策》、《管子》、《晏子春秋》、《荀子》、《韩非子》、《吕氏春秋》、《韩诗外传》、《淮南子》、《史记》、《说苑》、《新序》、《孔子家语》等文献中。这类故事有的属于《诗》、《书》、《春秋》之传，故知其来源与时代，如《左传》中有关《硕人》、《载驰》、《清人》、《黄鸟》四诗本事的记载就是如此。③ 但绝大多数故事，我们无法准确判断其来源与时代，只能笼统地将其归之于战国时代。李零先生在《简帛古书与学术源流》一书中将其称为"故事类史书"，分为"三皇五帝故事"、"唐虞故事"、"三代故事"和"春秋战国故事"。其中的"春秋战国故事"，张政烺先生在整理马王堆帛书时，名之曰"事语"。马王堆《春秋事语》、《战国纵横家书》是出土最早的此

---

① （汉）司马迁：《史记》，中华书局1959年版，第686页。
② 参见拙著《〈说苑〉研究——以战国秦汉之间的文献累积与学术史为中心》之第三章《〈说苑〉与早期〈春秋〉学》。
③ 参见徐建委《〈左传〉早期史料来源与〈风诗序〉之关系》，《文学遗产》2012年第2期。

类文献,"一直都是孤例,直到 90 年代,等到上博楚简发现,我们才意识到,这是古代史书中数量最大也最活跃的一种"①。上博楚简中就有 20 种此类古书,这说明"语类或事语类的古书非常流行","同一人物、同一事件,故事的版本有好多种,这是当时作史的基本素材"②。这种故事也多为子书所采,如《韩非子·储说》、《说林》数篇,就是对此类故事的搜罗,以备韩子说理之用,这也正是"储说"二字之义。而《吕氏春秋》、《尚书大传》、《韩诗外传》、《淮南子》、《史记》、《新序》、《说苑》,更是网罗大量的此类故事,彼此之间亦多有互见重出的记载,然其故事的基本结构彼此往往不同,说明这些秦汉文献有更早期的史源,而非相互采择。③

此类公共素材《史记》中亦有,但多亦见于《左传》,《左传》之外的春秋故事也多为"对语"之体,或为战国人物之附会,虽多见于《韩非子》、《吕氏春秋》、《韩诗外传》、《淮南子》、《说苑》、《新序》等书,但为《史记》所采者甚少,且多无具体年代与事迹,故亦不太可能成为《十二诸侯年表》之史源。

上述问题较复杂,当有专文辨析。然仅就现今之简要陈述,我们足以判断《史记·十二诸侯年表》在《春秋历谱牒》、《世本》、《春秋》、《左传》、《国语》之外,恐无其他系统的史源文献。故《十二诸侯年表》记事与今本《左传》诸多差异中,应该就有一部分反映了司马迁所据张、贾本《左氏春秋》的特点。

## 五 张、贾本《左氏春秋》之史料特点之一:史料编年与历法

在讨论古本材料特点之前,需先明了两件事。其一,《史记》所反映古本《左传》与今本诸多纪年、记事差异,是由诸多不同原因造成的,如早期未定型文本对不同史源的差异化选择,流传中新材料的加入,不同地域传承者的身份与立场,西汉以后为适应《春秋》的改动等。很难想象,二者的不同可以用一个原因来解释。其二,我们必须考虑到《史

---

① 李零:《简帛古书与学术源流》,生活·读书·新知三联书店 2008 年版,第 294 页。
② 同上书,第 297 页。
③ 参见徐建委《战国秦汉间的"公共素材"与周秦汉文学史叙事》,《中山大学学报》2012 年第 6 期。

记·十二诸侯年表》可能存在的误记。事实上，以《春秋》、《左传》、《史记》各《世家》所载为据，《年表》中的误记不少，《史记志疑》多已做出考证，故从略。《年表》是否误记，当以诸《本纪》、《世家》为标准，若《左传》、《世家》（或《本纪》）一致，唯《年表》不同，且年差很小，则很可能属误记。若《年表》、《世家》（或《本纪》）一致，并于《春秋》、《左传》不同，则《史记》所载误记可能性很小，应属异载。而《史记》异载之文献，有的源自《左传》以外的文献，如《秦记》、《国语》、《公羊传》、《穀梁传》、《世本》等。① 但多数异载应据古本《左传》，故为古本《左传》之材料特点。

据上文可知，张、贾本《左氏春秋》与今本《左传》大体相同，尤其是古本已经具备完善的编年形式，材料编排也基本同于今本。如今本鲁襄公二十五年、二十六年之错简被编入二十五年之《年表》，就是最好的说明。

在纪年方面，古本与今本最明显的差异就是古本《左传》所使用的

---

① 源出《秦记》者，如齐桓公二十三年（鲁庄公三十一年，周惠王十四年）《齐表》曰："伐山戎，为燕也。"《史记志疑》曰："《左传》及《燕世家》伐山戎在齐桓二十二年，此与《世家》并误书于二十三年。"
《春秋·公元庄公三十年》："冬，公及齐侯遇于鲁济。齐人伐山戎。"
《左传·庄公三十年》："冬，遇于鲁济，谋山戎也，以其病燕故也。"
《史记·秦本纪》："成公元年……齐桓公伐山戎，次于孤竹。"
《秦始皇本纪》所附《秦记》："成公享国四年，居雍之宫。葬阳。齐伐山戎、孤竹。"
《齐太公世家》："（齐桓公）二十三年，山戎伐燕，燕告急于齐。齐桓公救燕，遂伐山戎，至于孤竹而还。"
《燕召公世家》："（燕庄公）二十七年，山戎来侵我，齐桓救燕，遂北伐山戎而还。"
《匈奴列传》："当是之时，秦襄公伐戎至岐，始列为诸侯。是后六十有五年，而山戎越燕而伐齐，齐厘公与战于齐郊。其后四十四年，而山戎伐燕。燕告急于齐，齐桓公北伐山戎，山戎走。"〔案：《年表》周平王五年（前 766）秦襄公伐戎，至岐而死，则一百零九年后，为前 757 年，鲁僖公三年，齐桓公二十九矣。〕
上述资料中，最可注意者乃是《秦始皇本纪》所载源于《秦记》的材料，秦成公条特别标明"齐伐山戎、孤竹"，《秦本纪》的材料恐源此。秦成公元年为齐桓公二十三年，若成公时期其伐山戎的话，最早也是齐桓公二十三年。故《史记》对此事的编年恐主要依据《秦记》，而非《春秋》或《左传》。
源自《国语》者如周襄王十五年，《秦表》、《楚表》、《卫表》、《曹表》、《郑表》均载秦穆公迎重耳于楚之事，楚、卫、曹、郑四表均称重耳过。若据《年表》，则此年重耳由楚经郑、曹、卫至秦，且其路线与今本《左传》不同。梁玉绳《史记志疑》曰："《左传》重耳先过卫，后适齐；《晋语》先适齐，后过卫。此《表》从《晋语》也。"洪业《春秋经传引得序》发现今本《左传》之史料有出于《国语》者，《史记》此处记载与《国语》相同，但全表又基本同于《左传》，且罕有取材《国语》之材料，故可判断古本《左传》重耳流亡之记载，近于今本《国语》。

纪年历法与今本不同。春秋时期是观象授时向推步历法的过渡时期，《春秋》已经开始采用推步历法，可证春秋时代的鲁国已经有了甚为成熟的历法体系，但其建正尚不稳定。王韬《春秋日食考》曰：

> 春秋日食三十六，除两比食外得三十四。此三十四食中，建丑者八，建子者二十一，建亥者五。故诸历家必据周正以术上求，每多不合。盖春秋之世历学不明，周既东迁，王室寝衰，正朔不颁行于列国，列国各有史官，各自为历，于是朔闰多舛，三正错出，甚而至于建亥。因之推算之法，益不能明。①

所谓三正错出，即各国史料杂用夏正（建寅）、殷正（建丑）、周正（建子）也。当然，夏正、殷正、周正，并非夏代历法、殷代历法、周代历法，而是指三种不同的建正方式。此种认识，亦当出现于春秋时代。日本人新城新藏《东洋天文学史研究·春秋长历》篇曰：

> 春秋中叶，因天文观测法上有重大之改正，其结果遂自然致采用含冬至之月为正月。于是，仅因为对采用此寒冷之正月，欲与以正当之理由，遂倡导所谓三正交替论者耳。就历史上之事实考察，自夏、殷、周三代迄春秋以前之间，恐采用近于所谓夏正之历。而入春秋时代，其前半叶所用之历，系近于所谓殷正之历。自春秋中叶以后迄战国时代中叶之间，采用近于所谓周正之历。故所谓三正交替者，系非历史上之事实，且同时所谓夏正、周正之名称，亦实非适当之言辞也。②

新城新藏所论基于他对上古史料、《春秋》及《左传》材料的研究，若将此结论限于以《春秋》为主的材料，其论颇可信据。当然，鲁国之外，我们尚可知有魏国史书《竹书纪年》，记事延续至战国时代，其历法据杜预所述，乃夏正，与新城新藏所论不合。

近年来对鲁国历法的研究，已经相当接近其真实情况了。据陈美东《鲁国历谱及春秋、西周历法》一文，"鲁国历法系为阴阳合历，大小月

---

① （清）王韬：《春秋历学三种》，中华书局1959年版，第157页。案：引文标点略作改动。
② ［日］新城新藏：《东洋天文学史研究》，沈璇译，中华学艺社1933年版，第294页。

相间，大月 30 日、小月 29 日。由特定的周期来安排大月，所用朔望月长度约为 29.531 日。约鲁僖公五年（公元前 656）前多建丑，确非建丑的年份占 6%；后多建子，确非建子的年份占 10%。置闰的方法尚不规范，而约在鲁定公七年（公元前 503）后，19 年 7 闰法已见端倪"①。陈氏所据以《春秋》为主，并未参照《左传》与《春秋》相异之记载，其方法较之王韬、新城新藏更为严谨可信。

不仅《春秋》所反映的鲁国历法尚不稳定，今本《左传》所显示的各诸侯之历法更是颇多不同。今本在许多材料上还保留着各诸侯国建正各异的痕迹。如《左传》所记晋事，往往与《春秋》相差两月，故多有学者认为晋国使用夏正。王韬《周不颁朔列国之历各异说》、《晋用夏正考》（均见《春秋历学三种》）等文"分析了《春秋》、《左传》中大量日期记载上的有规律的矛盾事实，证明了与夏民族有关的诸侯国，如晋国、中山国及战国时的魏国等用夏正；出自周地的文献如《诗经》中的《大雅》、《小雅》、《豳风·七月》等证明周也兼用夏正；与殷民族有关的诸侯国，例如宋国、郑国、楚国用殷正；周地用周正，以及受周的政治文化影响较深的诸侯国，例如鲁国、邹国用周正"②。王韬所论笼统观之，颇近事实，但细细辨析，或不尽然。如张培瑜举例曰：

> 经文所书晋事，往往与传相差两月。但细查经传，有差两月者，有差一月者，也有经传相同的。如僖十五年经言，"十有一月壬戌，晋侯及秦伯战于韩，或晋侯"，传书"九月""壬戌"，差两月。斯年鲁历建丑，则晋历似应建卯。成十八年经说，"正月，晋杀其大夫胥童"，传事在成十七年闰月乙卯晦，差一月。同年，经接下来记载的正月"庚申，晋弑其君州蒲"，又与传书晋弑厉公的日期相同。除晋国外，学者言齐、秦、楚与鲁建正也不相同。③

---

① 陈美东：《鲁国历谱及春秋、西周历法》，《自然科学史研究》2000 年第 19 卷第 2 期。
② 陈久金：《历法的起源和先秦四分历》，收入《科技史文集》（一），上海科技出版社 1978 年版，第 18 页。
③ 《中国古代历法》，第 174 页。其后文又曰："第一，春秋鲁国、晋国历法是不同的。前面已考查得出成公十七年闰月丁亥，十八年正、二、三、四月朔分别为丙辰、丙戌、乙卯、乙酉。与晋历正月朔丙辰、二月朔乙酉不同。由此说明，不仅晋历、鲁历岁首月建不一，步朔也有差异。……第二，晋历与战国魏国所行历法也不一样。"（第 206 页）

## 第四章 《史记·十二诸侯年表》与古本《左传》考论

当然，这种不同也可能是后人改动所致。虽然《左传》文本各国历法并不统一，但我们还是要看到《左传》西汉以后作为《春秋》之传的文本特点，即虽然它保留了列国采用不同历法的痕迹，但其纪年所用月日还是在趋同于《春秋》。故今本《左传》总体上以周历（即鲁历）为主，且有以周历解经的意图（见后文）。而相比于今本，《十二诸侯年表》所反映古本材料更多地使用了夏正或殷正，即多建寅或建丑。限于篇幅，兹举二例。

例一：

鲁桓公二年（前710），周桓王十年，《宋表》："华督见孔父妻好，悦之。华督杀孔父，及杀殇公。宋公冯元年，华督为相。"《史记志疑》："案：此宋殇公之十年也，《表》即作宋庄公冯元年。夫殇公在位十年，纪于《春秋》，载于《左传》，《宋世家》仍之，独于《年表》止列殇公九年，何自戾耶？且古者逾年改元，降及周末，犹循斯典，不应宋庄忽违旧制，如后世当年改元之悖也。《表》中往往有以先君之年为后君之元者，而此缘误读《左传》来。庄公之元，在鲁桓公三年，而《左传》于桓二年连叙之曰，'华督立庄公，遂相之'，因是致误耳。"

《春秋》于鲁桓公二年载曰："春，王正月，戊申，宋督弑其君与夷及其大夫孔父。"《左传》云：

> 春，宋督攻孔氏，杀孔父而取其妻。公怒，督惧，遂弑殇公。君子以督为有无君之心，而后动于恶，故先书弑其君。……
>
> 宋殇公立，十年十一战，民不堪命。孔父嘉为司马，督为大宰，故因民之不堪命，先宣言曰："司马则然。"已杀孔父而弑殇公，召庄公于郑而立之，以亲郑。以郜大鼎赂公，齐、陈、郑皆有赂，故遂相宋公。①

《史记·宋世家》曰：

> 九年，大司马孔父嘉妻好，出，道遇太宰华督，督说，目而观之。督利孔父妻，乃使人宣言国中曰："殇公即位十年耳，而十一战，民苦不堪，皆孔父为之，我且杀孔父以宁民。"是岁，鲁弑其君

---

① 杨伯峻：《春秋左传注》，中华书局1990年版，第85页。

> 隐公。十年，华督攻杀孔父，取其妻。殇公怒，遂弑殇公，而迎穆公子冯于郑而立之，是为庄公。
> 
> 庄公元年，华督为相。九年，执郑之祭仲，要以立突为郑君。祭仲许，竟立突。十九年，庄公卒，子愍公捷立。
> 
> 愍公七年，齐桓公即位。①

《宋世家》录宋殇公在位与《春秋》、《左传》同，均为十年。但《年表》"执祭仲"在宋庄公十年（前701），明年为郑厉公元年；庄公十九年（前692）卒，明年为宋愍公元年；宋愍公七年（前685），齐桓公元年，均与《左传》、《世家》相符。故若宋殇公在位十年，则庄公八年执祭仲、十八年卒；若庄公在位十九年，则愍公六年齐桓公立，反与《世家》不符。可见《世家》所据史料的年代序列与《年表》一致。②

同时，我们必须注意到《世家》的行文特点，如殇公九年曰："是岁，鲁弑其君隐公。"这样的叙事是《世家》的标准体例，即以他国大事作为纪年标尺。这种体例并非太史公独创，我们看近年出土的战国简，正有此种体例，故太史公因之而已。这也说明，《史记》中的以他国大事作为纪年标志的做法源出原始史料，非常可信。

《宋世家》云宋殇公九年"鲁弑其君隐公"，此年乃鲁桓公元年，非隐公十一年也。故《世家》将殇公九年和十年均向前提了一年，以合与他国大事对应之年代关系。但是《世家》云"殇公元年，卫公子州吁弑其君完自立"，"二年，郑伐宋"，又均与《左传》、《年表》相合。前后相合，唯殇公九年还是十年有异，说明问题就出在九年、十年的纪年上。

---

① （汉）司马迁：《史记》，中华书局1959年版，第1623—1624页。
② 周历王正月，乃夏历十一月也，以周历论，华督弑君在明年，而以夏历、殷历论，则未逾年矣。《宋世家》持宋殇公在位十年之见，故列宋执祭仲在宋庄公九年，但《年表》却列于十年，《左传》载此事在鲁桓公十一年（前701）。《宋世家》又载庄公在位十九年卒，明年愍公立，愍公七年齐桓公即位，九年"宋水，鲁使臧文仲往吊水"。齐桓公即位《左传》载于鲁庄公九年（前685），宋水载于鲁庄公十一年（前683）。若鲁桓公十一年为宋庄公九年，那么宋公十九年为鲁庄公三年（前691），故宋愍公西元年为前690年，其七年为前684年，九年为前682年，均与《左传》、《宋世家》所载冲突，故《年表》列宋执祭仲于宋庄公十年是对的，以此逆推，则宋庄公元年为鲁桓公二年也。故《年表》载宋殇公在位九年也是对的。

这一年的改动恐怕是历法不同所致。按传统理解，鲁用周正，以夏历十一月为岁首，而宋用何种历法未知，但鲁桓公二年王正月乃夏历十一月，若宋不用周正，则华督弑殇公属于殇公九年，但从鲁史视角入史，则是殇公十年。因宋未用周历，故鲁桓公三年即为宋庄公元年，但若按鲁史，则此年为殇公十年，故有《世家》记载的混乱，《年表》的记载反而是准确的。

《世家》上提殇公九年至鲁隐公元年的做法，与今本《左传》的记载并不相同，但所记之事却是与今本《左传》相一致的，同样提到了殇公在位十年十一战。故《世家》所据文献与今本《左传》有同样的记载，但其系年却与今本《左传》异。《世家》所据本将华督欲杀孔父系之于鲁隐公十一年，而今本《左传》则系之于鲁桓公元年。

另，本书云"《世家》所据"，而不云司马迁所改，原因在于《世家》称殇公九年为鲁隐公元年的说法明显错误，太史公不可能在见到今本《左传》这样相对合理的调和，还将《世家》的编年改动成如此模样。故知司马迁所见《左传》将华督弑君一事分置隐公十一年和桓公元年，较今本上提一年。

特加注意之处乃是：查陈美东所编《鲁国历谱新编》①，鲁桓公二年鲁历建丑，今本《左传》将此事置于鲁桓公二年王正月，是按照《春秋》用周正，以冬至所在之月（十一月）为岁首的认识来编排资料的。而古本未作此种处理。

例二：

《左传·僖公四年》曰："十二月，戊申，（太子申生）缢于新城。"《史记·晋世家》与之同。然《春秋》载之于僖公五年春。《僖公九年传》："冬十月，里克杀奚齐于次。书曰'杀其君之子'，未葬也。荀息将死之，人曰：'不如立卓子而辅之。'荀息立公子卓以葬。十一月，里克杀公子卓于朝，荀息死之。"②《晋世家》同。《春秋》载"晋里奚克杀其君之子奚齐"于僖公九年冬，载"晋里克弑其君卓。及其大夫荀息"于僖公十年。可见"十月"和"十一月"都是晋之十月、十一月，于鲁，十月尚未近年，而十一月则为明年矣。杜预《春秋经传集解后序》云

---

① 参见陈美东《鲁国历谱及春秋、西周历法》。
② 杨伯峻：《春秋左传注》，中华书局1990年版，第329页。

《竹书纪年》"(曲沃）庄伯之十一年十一月，鲁隐公之元年正月也，皆用夏正，建寅之月为岁首，编年相次"，故知晋地史料确用夏正也。故晋尊夏历，而鲁奉周历也。今本《僖公五年传》释经"春晋侯杀其世子申生"曰："晋侯使以杀大子申生之故来告。"实则乃弥补经、传系年之矛盾。此恐后人为之。

其他类似纪年问题者多，简要再列如下数则：

（1）《年表》鲁僖公三年《蔡表》曰："以女故，齐伐我。"齐伐蔡，《春秋》、《左传》载于鲁僖公四年春王正月。故此处很可能是历法不同造成的纪年差异。

（2）周襄王八年，秦穆公十六年（鲁僖公十六年），《秦表》曰："为河东置官司。"《左传·鲁僖公十五年》载其事曰：

> 十一月，晋侯归。丁丑，杀庆郑而后入。是岁，晋又饥，秦伯又饩之粟……于是秦始征晋河东，置官司焉。①

《秦本纪》亦载于穆公十五年：

> 十一月，归晋君夷吾，夷吾献其河西地，使太子圉为质于秦。秦妻子圉以宗女。是时秦地东至河。②

故知秦置河东官司在十一月之后，由此我们不难推想，《年表》采用的历法，将十一月后的事件置于明年。

（3）晋文公元年（鲁僖公二十四年），《晋表》载咎犯曰："求霸莫如内王。"梁玉绳云："此文公二年事，误在元年，《左传》、《世家》是。"考《左传》此事发生于鲁僖公二十五年王正月至三月间，夏历十一月、十二月间也。

（4）晋文公四年（鲁僖公二十七年）《晋表》曰："救宋，报曹、卫耻。"然《卫表》、《曹表》伐卫、曹在鲁僖公二十八年。《春秋》、今本《左传》均载此事于鲁僖公二十八年。《春秋》曰："二十有八年春，晋侯

---

① 杨伯峻：《春秋左传注》，中华书局1990年版，第367页。
② （汉）司马迁：《史记》，中华书局1959年版，第189页。

侵曹，晋侯伐卫。"《左传》稍详："二十八年春，晋侯将伐曹，假道于卫，卫人弗许。还，自南河济，侵曹，伐卫。正月戊申，取五鹿。"晋救宋，侵卫、曹是城濮之战的前声，实际发生于鲁僖公二十七年冬至二十八年夏。周正鲁僖公二十八年春正月，乃夏正晋文公四年十一月也，故《年表》、《世家》均载称文公四年，可见古本《左传》载于文公四年，并未附和《春秋》，今本应为刘歆、郑兴等人修改。

（5）鲁文公八年，《鲁表》曰："王使卫来求金以葬，非礼。"《春秋·文公九年》载曰："九年春，毛伯来求金。"《左传·文公九年》："九年春，王正月……毛伯卫来求金，非礼也。"则事在夏历十一月，《年表》载之鲁文公八年，似遵夏正。

（6）《年表》、《秦本纪》并载秦共公五年卒，梁玉绳《史记志疑》曰："考秦共公四年当鲁宣四年，而《春秋》宣四年书'秦伯稻卒'，则共公不得有五年也，《史》误以秦桓元年为共公五年耳。"然考《春秋·文公十八年》曰：

十有八年春王二月丁丑，公薨于台下。秦伯罃卒。①

故知秦康公卒于王二月，即夏历十二月也。若秦用夏正，则鲁文公十八年即秦共公元年，那么鲁宣公四年，当秦共公五年也。

《史记》与《左传》的纪年差异，还有许多是因为史料来源不同，并非使用不同历法所致，如《卫世家》与《十二诸侯年表·卫表》在很多事件的纪年上就有不同，《年表》与《左传》极近，故知《卫世家》史料来源就与《左传》和《年表》不同。但上述年差问题，则的确与今本《左传》使用周正②，古本使用夏正或殷正有关。

《史记·十二诸侯年表》二百四十多年的春秋纪年略同今本《左传》，但也有四五十处异文。更令人注意的是，除了明显的《年表》讹误外，有三四十处纪年差异，年差只有一年，且其事件发生的时间在旧年末、新年初，今本《左传》中这些事件基本系于冬季，多数标出了十一月、十

---

① 杨伯峻：《春秋左传注》，中华书局1990年版，第628页。
② 陈美东《鲁国历谱及春秋、西周历法》一文据今本《左传》考核，发现只有齐、晋两国建正与鲁有明显不同，楚、卫、郑等国多用建子，总体上同于后期鲁历。

二月、冬、王正月、春这样的具体月份或季节。这些也是《左氏春秋》与今本《左传》对史事纪年的主要差异。这恐怕是今本《左传》在夏正改周正过程中造成的，具体情形已难详考。然年差只有一年的《年表》与《左传》记事中，改编者应是意识到原始材料中的夏正与周正的不同，将夏正年末之事改至明年，但没有改月份。这种保留夏正原始月份的事件，相较于古本，晚发生了一年。《左传》中此类历法问题实际上远比本书所述复杂得多，如同样使用夏正，两国材料对同一事件的系年也会出现年差。关于此问题，日本学者平势隆郎《新编史记东周年表》已经作了详细的考证，本书无需赘述了。①

综合而言，古本《左传》的纪年不同于今本，更多地保留了各国的原始历法，多用建寅、建丑之历，而其使用夏正的情况可能要多于殷正，这一点与《竹书纪年》比较接近。

## 六　张、贾本《左氏春秋》之史料特点之二：材料分割

《左传》的原始材料来源中，有相当一部分在形式上类似《国语》，洪业《春秋经传引得序》就令人信服地考证今本《左传》有源出自《国语》者。② 这类材料属于一些相对独立的章，构成了独立的叙事。如晋文公流亡前后的许多章，就是相对独立的叙事，可以构成一个完整的故事，并与前后文本关系相对疏离。这种独立的故事有很多不是发生于一年之内，当它们被编入《左氏春秋》，不同年份发生的事情需要被分割出来，系于某年。③

俞樾《左传古本分年考》云："凡左氏之《传》，本非年各为篇……皆牵连为文，初无间隔，至后人合传于经，乃始有经文间隔其中。而又编次失当，每年必以年建首，年以前所有文字一一割归上年之末，于是文义

---

① ［日］平势隆郎《关于我近年对古代纪年的研究》一文述及此问题曰："即使同样是夏正，因安置闰月的方法互不相同，故经常发生一方还在旧的一年的年末而另一方已进到新的一年的年初之情况。岁首之月有三个月之差的楚正与夏正，以及颛顼历（以十月为岁首的第一个月）与夏正，每年都会出现此种情况。无奈当时未记载月的记事太多，故表面上会出现一年的差。夏正、楚正、颛顼历都各有各的月序与年初的关系。例如，将楚正的月序误认为夏正的月序，便会与实际上的月序有所差异，而成为年代矛盾的原因。"平势先生大著尚未译成中文，笔者又不通日文，故只能从一些简介来了解其研究，故文中引用较少。
② 参见《洪业论学集·春秋经传引得序》，中华书局1981年版，第270—274页。
③ 关于此问题可参见王和《〈左传〉的成书年代与编纂过程》，《中国史研究》2003年第4期。

多不可通。"①俞氏所谓合传于经之后人，当为杜预，然《左传》之材料分割始自杜预？俞氏所辑数条之材料分割，主要是"补叙"、"插叙"性质的文字因与其所释传文分割于不同年，故造成文义上的不通畅。这种分割确实可能为东汉以后人所为。

但从上文考证可窥张、贾本《左氏春秋》材料有编年，顾颉刚《春秋三传及国语之综合研究》云《左传》多"本为一事而分插数年者"，并举春秋初年楚、晋两国史事为例。如桓公二年楚武王侵随，至庄公十八年、十九年楚文王御巴伐黄，"凡此明为一事，原文前后相条贯，乃分系数年"。又如庄公二十三年至二十六年，晋士蔿杀游氏之族诸事，"连叙一事，如将其中年数去之，则成一文，俨如《国语》一篇也，今乃分插于庄公时《传》文数年中矣"②。故一些非"补叙"、"插叙"性质的跨年事件，多需分割编年，这样的分割在张、贾本与刘、尹本之间已有不同。如：

（1）鲁隐公二年（前721），《郑表》："公悔，思母不见，穿地相见。"《左传》叔段作乱、出奔、郑庄公穿地见母均在隐公元年，梁玉绳《史记志疑》辨之，以为此表"于事欠明"。可见张、贾本《左传》将郑庄公与母相见的部分置于鲁隐公二年，而今本则未将"郑伯克段于鄢"的故事分割。

（2）鲁宣公二年《左传》所载宋华元陷于郑，宋赎之，华元逃归一事，《年表》分载于鲁宣公二年和三年，故知此事本如《左传》一般连载，但于古本《左氏春秋》，似将其分置两年中。

（3）《年表》周襄王三年（鲁僖公十一年）《周表》曰："戎伐我，太叔带召之。欲诛叔带，奔齐。"《世家》同之。《左传》载王子带召戎入城在僖公十一年，载周襄王讨叔带，叔带奔齐在僖公十二年。知今本僖公十一年、僖公十二年叔带两则材料，在古本中合并为一则，并在僖公十一年也。

（4）楚平王二年（鲁昭公十五年）《楚表》曰："王为太子取秦女，好，自取之。"《世家》亦载于此年，《秦本纪》书之于秦哀公十一年，是

---

① （清）俞樾：《曲园杂纂》卷十四，《续修四库全书》本《春在堂全书》。
② 顾颉刚讲授，刘起釪笔记：《春秋三传及国语之综合研究》，巴蜀书社1988年版，第63—64页。

年乃鲁昭公十六年,即楚平王三年。诸国国君改元、历法多有不同,故一年之差多半属计算误差,可视为同一记载。然《左传》载之于鲁昭公十九年,即楚平王六年,与《史记》明显不同。

《左传》鲁昭公十三年、十五年、十九年所述楚平王之事,有密切联系,《史记》所载也大体与《左传》相关记载同源,然二者亦有明显不同之处。《史记·楚世家》袭楚灵王者为观从、公子比、公子弃疾帅吴、越之兵,《左传》则为朝吴帅陈、蔡、不羹、许、叶之师。《楚世家》灵王仿徨山中一节,亦为《左传》所无。可见二者虽同源,但流传中楚灵王、楚平王之间史迹已经发生了变化,相较而言,《左传》应更近于史实。

然不管何者近实,《史记》、《左传》对原始材料的分割系年确有不同,《史记》系于楚平王二年,而《左传》系于六年。《年表》、《世家》均同,故知古本《左传》与今本之异也。

因上述情形的存在,我们可以进一步发现今本《左传》中还有更多的独立叙事。这些独立叙事有的原本没有年代,而被编者放入了《左传》的年代框架,这是《左传》史料来源与文本结构的重要特征。

此类独立叙事中,有一个类型颇为独特,即弑君故事。《说苑·建本》篇载公扈子曰:"《春秋》,国之鉴也。《春秋》之中,弑君三十六,亡国五十二,诸侯奔走不得保社稷者甚众,未有不先见而后从之者也。"此战国之《春秋说》也,又见董仲舒《春秋繁露》、《淮南子》、《太史公自序》、刘向《上封事》等文献。颜师古《汉书注》"弑君三十六"曰:

> 谓隐公四年卫州吁弑其君完;十一年羽父使贼弑公于寪氏;桓二年宋督弑其君与夷;七年曲沃伯诱晋小子侯杀之;十七年郑高渠弥弑昭公;庄八年齐无知弑其君诸儿;十二年宋万弑其君捷;十四年傅瑕弑其君郑子;三十二年共仲使圉人荦贼子般;闵二年共仲使卜齮贼公于武闱;僖十年晋里克弑其君卓;二十四年晋弑怀公于高梁;文元年楚太子商臣弑其君頵;十四年齐公子商人弑其君舍;十六年宋人弑其君杵臼;十八年齐人弑其君商人;鲁襄仲杀子恶;莒弑其君庶其;宣二年晋赵盾弑其君夷皋;四年郑公子归生弑其君夷;十年陈夏征舒弑其君平国;成十八年晋弑其君州蒲;襄七年郑子驷使贼夜弑僖公;二十五年齐崔杼弑其君光;二十六年卫宁喜弑其君剽;二十九年阍弑吴

子余祭；三十年蔡太子般弑其君固；三十一年莒人弑其君密州；昭元年楚公子围问王疾，缢而弑之；十三年楚公子比弑其君虔于乾谿；十九年许太子止弑其君买；二十七年吴弑其君僚；定十三年薛弑其君比；哀四年盗杀蔡侯申；六年齐陈乞弑其君荼；十年齐人弑悼公：凡三十六。①

这三十六处弑君材料中，《左传》只有"定十三年薛弑其君比"没有列记，其他均有记载。《左传》所记弑君事件，除了哀公"十年齐人弑悼公"之外，均交代了事件的原委。其中，除了桓公"七年曲沃伯诱晋小子侯杀之"、襄公"二十九年阍弑吴子余祭"、"三十年蔡太子般弑其君固"相对简略一些外，其他三十一处弑君材料都比较详细，且均可构成一个完整的故事。特别是文公十八年"莒弑其君庶其"、襄公"三十一年莒人弑其君密州"、"哀四年盗杀蔡侯申"几乎是莒、蔡最为详细的记事了。

我们有理由推测，这些相对独立的弑君材料来自一种专门记载此种故事的文献，用以警示在位之主。《左传》中类似的情况还包括军事类文献、辞令类文献、君臣对话类文献等，这些文献都具有明显的文类特征，在春秋战国之际，极可能属独立流传的古书。它们应是《左传》的重要史源。

### 七　张、贾本《左氏春秋》之史料特点之三：纪年方式

《左传》成书阶段，编者是如何将那些独立的叙事编年的？这个问题对于我们了解《左传》的成书及其原始材料的特点，其实比故事的分割系年更重要。

从传统及出土文献来看，先秦文献主要存在两种形式的纪年方式：一种是时间序列式的编年，另一种是标志事件式的纪年。前者如《春秋》、《竹书纪年》乃至《国语》，后者如近年出土之战国楚简。今本《左传》虽然也是编年体，但其中保留了数则标志事件式的短章，说明古本《左传》乃是杂糅两种纪年方式的文献。《左传》标志事件纪年短章有如下数则：

---

① （汉）班固：《汉书》，中华书局 1962 年版，第 1940 页。

《左传·襄公九年》：

  公送晋侯，晋侯以公宴于河上，问公年，季武子对曰："会于沙随之岁，寡君以生。"晋侯曰："十二年矣！是谓一终，一星终也。国君十五而生子。冠而生子，礼也，君可以冠矣。大夫盍为冠具？"①

襄公二十六年《春秋》经文前《传》曰：

  会于夷仪之岁，齐人城郏。其五月，秦、晋为成。晋韩起如秦莅盟，秦伯车如晋莅盟，成而不结。②

《襄公二十六年传》：

  齐人城郏之岁，其夏，齐乌余以廪丘奔晋，袭卫羊角，取之；遂袭我高鱼。有大雨，自其窦入，介于其库，以登其城，克而取之。又取邑于宋。于是范宣子卒，诸侯弗能治也。及赵文子为政，乃卒治之。文子言于晋侯曰："晋为盟主，诸侯或相侵也，则讨而使归其地。今乌余之邑，皆讨类也，而贪之，是无以为盟主也。请归之！"公曰："诺。孰可使也？"对曰："胥梁带能无用师。"晋侯使往。③

《襄公三十年传》：

  二月癸未，晋悼夫人食舆人之城杞者，绛县人或年长矣，无子而往，与于食。有与疑年，使之年。曰："臣，小人也，不知纪年。臣生之岁，正月甲子朔，四百有四十五甲子矣，其季于今三之一也。"吏走问诸朝，师旷曰："鲁叔仲惠伯会郤成子于承匡之岁也。是岁也，狄伐鲁，叔孙庄叔于是乎败狄于咸，获长狄侨如及虺也、豹也，而皆以名其子。七十三年矣。"史赵曰："亥有二首六身，下二如身，

---

① 杨伯峻：《春秋左传注》，中华书局1990年版，第970页。
② 同上书，第1109页。
③ 同上书，第1124—1125页。

是其日数也。"士文伯曰："然则二万六千六百有六旬也。"①

《昭公七年传》：

　　郑人相惊以伯有，曰："伯有至矣！"则皆走，不知所往。铸刑书之岁二月，或梦伯有介而行，曰："壬子，余将杀带也。明年壬寅，余又将杀段也。"及壬子，驷带卒，国人益惧。齐、燕平之月，壬寅，公孙段卒，国人愈惧。其明月，子产立公孙泄及良止以抚之，乃止。②

《昭公七年传》：

　　晋韩宣子为政聘于诸侯之岁，婤姶生子，名之曰元。③

《昭公十一年传》：

　　景王问于苌弘曰："今兹诸侯何实吉？何实凶？"对曰："蔡凶。此蔡侯般弑其君之岁也，岁在豕韦，弗过此矣。楚将有之，然壅也。岁及大梁，蔡复，楚凶，天之道也。"④

《襄公六年传》：

　　十一月，齐侯灭莱，莱恃谋也。于郑子国之来聘也，四月，晏弱城东阳，而遂围莱。甲寅，堙之环城，傅于堞。及杞桓公卒之月，乙未，王湫帅师及正舆子、棠人军齐师，齐师大败之。⑤

《昭公七年传》：

---

① 杨伯峻：《春秋左传注》，中华书局1990年版，第1270—1271页。
② 同上书，第1291页。
③ 同上书，第1298页。
④ 同上书，第1322页。
⑤ 同上书，第947—948页。

子皮之族饮酒无度，故马师氏与子皮氏有恶。齐师还自燕之月，罕朔杀罕魋。①

上述记载中除"蔡侯般弑其君之岁"外，"会于沙随之岁"、"会于夷仪之岁"、"齐人城郏之岁"、"鲁叔仲惠伯会郤成子于承匡之岁"、"铸刑书之岁"、"晋韩宣子为政聘于诸侯之岁"均是以同年重要事件为标尺的纪年方式，"杞桓公卒之月"、"齐师还自燕之月"均是以标志事件纪月，故知"标志事件"纪年或纪月，是先秦春秋史料特点之一也。

"某某之岁"乃是岁星纪年法之下衍生出的一种纪年方式，《昭公十一年传》之"蔡侯般弑其君之岁"使用的正是岁星纪年，杜预注曰："襄三十年，蔡世子般弑其君，岁在豕韦。至今十三岁，岁复在豕韦。"岁星纪年十二年一循环，此处十三年者，乃因"景王问于苌弘"在王二月，即夏历十二月也。故知《左传》此章的原始文献采用的是夏正，记录者必非周景王之史官也。苌弘后有"岁及大梁，蔡复楚凶，天之道也"，乃是对《春秋·昭公十三年》"楚公子比……弑其君虔于乾谿，楚公子弃疾杀公子比"一事的预言，故为后人追述之文。

"标志事件纪年（或纪月）"其实正是一种追述者使用的纪年方式，若非追述，郑人如何在"罕朔杀罕魋"之月，也遥知齐人伐北燕而归？只有追述者，才会知道同年、同月的重要事件是哪个。因此"标志事件纪年（或纪月）"的史料乃属追述，至少是"二次"文献。

标志事件纪年最早出现于西周铜器上，如旅鼎铭文曰："唯公大保来伐反（叛）尸（夷）年，在十又一月庚申……"② 中方鼎铭文曰："唯王令南宫伐反（叛）虎方之年……"③ 故知此为西周以来常用纪年方法之一。

出土之战国楚简、器物，尤多此类纪年方式。如包山2号墓文书类、卜筮类简册、望山1号墓卜筮简册、望山2号墓简册、葛陵1号墓卜筮册、天星观1号楚墓简册、鄂君启节等均有以事纪年之例。包山楚简中的

---

① 《春秋左传注》，第1293页。
② 中国社会科学院考古所编：《殷周金文集成（修订本）》第02728号，第二册，中华书局2007年版，第1402页。
③ 中国社会科学院考古所编：《殷周金文集成（修订本）》第02752号，第二册，中华书局2007年版，第1420页。

文书类"集箸"简册属于查验名籍的记录，还有数十枚地方官员向左尹汇报的案件卷宗，这说明在楚国的官文书系统中，使用的是"标志事件纪年"的方式。

包山楚简楚官方文书和卜筮记录中，用以纪年的事件是固定的，即以某事纪某年。如卜筮简记载了二十四则占筮案例，分别属于三个年份，即"宋客盛公聘于楚之岁"、"东周之客致胙于郢之岁"、"大司马悼愲楚邦之师徒以救之岁"①，这三个年份也出现于其他文书之中，此类文书有的是地方呈交给左尹的文件。故知楚国以事纪年的"事"并不是随意的选择，而是事先确定好的，由此可见楚国的以事纪年是一种通行的、成熟的纪年形式。当然，此亦可证标志事件纪年多为后来追述。

从《史记》记载分析，古本《左传》标示事件纪年法可能更多。《史记》诸《本纪》、《世家》的叙事中存在大量的相关性纪年的部分。如"周厉王奔彘"、"共和行政"、"周宣王立"、"秦始列为诸侯"、"周幽王为犬戎所灭"、"齐桓公始霸"、"晋文公称伯"、"城濮之战"、"楚庄王杀夏征舒"、"太子商臣弑父"、"秦穆公卒"、"吴破楚"、"田常弑简公"、"三晋列为诸侯"、"越灭吴"、"秦败赵长平"、"秦王政即位"以及孔子生平事迹等，均为诸《本纪》、《世家》之标志事件。

联系今本《左传》残存之以事纪年材料，我们可以推想古本《左传》有相当数量的史料来源于以事纪年类文献。这种类型的文献因其事件之间年代的相关性，不仅丰富了《左传》的史源，也保证了春秋史料年代相对准确。故而虽然基于《春秋历牒谱》和《世本》的诸国君年代记，与《左氏春秋》之间有年差，但两类春秋史料在基本年代序次上，还是保持了相对的统一。也因此种原因，《史记·十二诸侯年表》的年代问题远没有《六国年表》多。

标志事件纪年和不同历法的交叉，也易出现年代差问题。若标志事件位于夏历十一月之后，则在周历体系中，它发生于明年，与之相关联的其他事件因此也易误记于明年。如《年表》周庄王四年，"周公欲杀王而立子克，王诛周公，克奔燕"，《左传·桓公十八年》于年末载其事：

周公欲弑庄王而立王子克。辛伯告王，遂与王杀周公黑肩。王子

---

① 陈伟等：《楚地出土战国简册（十四种）》，经济科学出版社2012年版，第92—96页。

克奔燕。

　　初，子仪有宠于桓王，桓王属诸周公。辛伯谏曰："并后、匹嫡、两政、耦国，乱之本也。"周公弗从，故及。①

梁玉绳据《左传》曰："事在庄王三年，此与《本纪》皆误书于四年。"案：《周本纪》曰：

　　庄王四年，周公黑肩欲杀庄王而立王子克。辛伯告王，王杀周公。王子克奔燕。②

《年表》、《世家》相同者，恐怕就不是《史记》的错误，而是原始材料本系于庄王四年。古本、今本很可能因不同历法而分载于不同年份。这件事《左传》并没有标记月份、季节，虽然在传文中位于年末，但难以判断。我们可以推想夏历的公元前694年11月，鲁庄公即位，这应是当年比较重要的事件，"周公欲弑庄王而立王子克"之事很可能因系于"鲁庄公初立之岁"而被古本系于鲁庄公元年，即周庄王四年。

## 八　张、贾本《左氏春秋》之史料特点之四：南方诸侯记事优于今本

　　《史记》记事与《左传》在很多史事的细节上有异，如《晋世家》所记晋文公称霸前后史事就与《左传》有多处不同，此类问题前人多已考订，不必赘述。然以《年表》为纲，系统比勘《史记》与《左传》史料之异同，排除末节，观其大略，则会发现《史记》记南方国家事较《左传》为佳，《左传》记北方国家事较《史记》为优。举四例明之：

例一：

　　鲁隐公五年（前718），周桓王二年，晋鄂侯六年，《晋表》："鄂侯卒。曲沃庄伯复攻晋。立鄂侯子光为哀侯。"《史记志疑》曰："隐五年《左传》鄂侯本称翼侯，为庄伯所伐，奔随。王命虢公立哀侯于翼，亦称翼侯。明年，翼人逆于随而纳诸鄂，故谓之鄂侯。其卒不知何时？则是哀侯之立，鄂侯未卒，而庄伯伐晋不关鄂侯之卒也。此与《世家》及《竹

---

① 杨伯峻：《春秋左传注》，中华书局1990年版，第154页。
② （汉）司马迁：《史记》，中华书局1959年版，第151页。

书》并误。《诗·唐风》《疏》亦以《史》为非。"

考《晋世家》曰：

> 鄂侯六年卒。曲沃庄伯闻晋鄂侯卒，乃兴兵伐晋。周平王使虢公将兵伐曲沃庄伯，庄伯走保曲沃。晋人共立鄂侯子光，是为哀侯。①

而《左传·隐公五年》曰：

> 曲沃庄伯以郑人、邢人伐翼，王使尹氏、武氏助之，翼侯奔随。……曲沃叛王。秋，王命虢公伐曲沃，而立哀侯于翼。②

隐公六年《传》曰：

> 翼九宗五正顷父之子嘉父逆晋侯于随，纳诸鄂，晋人谓之鄂侯。③

今本《竹书纪年》尚有记载，然与《十二诸侯年表》全同，恐是后人据《史记》补之，故不可信。

除今本《竹书纪年》外，《史记》与《左传》对此事的记载几乎完全不同，但《左传》所记有更多的历史细节，如"曲沃庄伯以郑人、邢人伐翼，王使尹氏武氏助之"，"翼九宗、五正、顷父之子嘉父，逆晋侯于随"，均据相当可靠之史料，故《左传》记载更为可信，很可能据晋史官所记为之。《史记》之《世家》、《年表》材料来源相同，是属于另一体系的记录，并误认为晋鄂侯六年卒，因此《史记》所据晋史材料，不如今本《左传》精善。

相反的，《年表》、《世家》所载楚及与楚相关之史料，较之今本《左传》为善。

例二：

《吴表》的一条记事，可以让我们相对深入地了解张、贾本《左传》

---

① （汉）司马迁：《史记》，中华书局1959年版，第1639页。
② 杨伯峻：《春秋左传注》，中华书局1990年版，第44—45页。
③ 同上书，第49页。

的史源特点。

《十二诸侯年表·吴表》于周景王元年（前544），鲁襄公二十九年，吴王余祭四年载曰："守门阍杀余祭。季札使诸侯。"但余祭的纪年并未结束，《年表》一直延续到十七年，之后的明年才是吴王余眛元年。这不仅让人费解，也与《春秋》、《左传》是完全不同的。《春秋》、《左传》系统，吴王余祭死于鲁襄公二十九年，即位者夷末（即余眛）死于昭公十五年（前527），即余祭在位四年，而夷末在位十七年，但《史记》却与之相反，余祭在位十七年，而余眛在位四年。《吴越春秋》中余祭也是在位十七年。前人多以为《史记》之误，如司马贞《史记索隐》就多引《左传》志疑《史记》之文。不过，综合看来，恐怕是《春秋》、《左传》之误。

其一，《春秋·昭公三十二年》载曰："夏，吴伐越。"《左传》曰："夏，吴伐越，始用师于越也。史墨曰：'不及四十年，越其有吴乎！'"此与《左传·襄公二十九年》所称"吴伐越"自相矛盾。鲁襄公二十九年前后，吴尚与楚互相征伐，并未见与越的战事。《史记·越王句践世家》亦载越王"允常之时，与吴王阖庐战而相怨伐"，允常为史籍可见最早之越王，与吴王阖闾始有怨伐，已到鲁昭公二十八年以后了。① 且《左传》昭公三十二年所载，有史墨之预言，当为越灭吴之后人所补记，时间应在战国初期，此时之人亦认为吴越之争，始于吴灭之前四十年，即鲁昭公三十二年也。故知其襄公二十九年所载"吴伐越"之辞不可靠。这一段记载有二十四字，应该正是一支竹简的字数，不知何种原因被"错置"于襄公二十九年。

其二，《春秋》、《左传》将余祭被杀置于季札赴鲁之前，极不合情理。五月余祭被杀，六月季札怎可随后遍历鲁、齐、郑各国？《春秋》所记"吴子使札来聘"，杜预注曰："吴子余祭既遣札聘上国而后死，札以六月到鲁，未闻丧也。"但贾逵、服虔认为是新王夷末遣季札赴诸国通聘。《春秋左传正义》曰：

> 隐三年"武氏子来求赙"，文九年"毛伯来求金"，并不言王使，《传》皆云"王未葬也"。是知先君未葬，嗣君不得命臣。此与阍弑

---

① 吴王阖庐元年为鲁昭公二十八年。

吴子文不隔月，吴、鲁相去，经涂至远，岂以君死之月即命臣乎，而得书"吴子使"也？且《传》称季札至鲁，徧观周乐。至卫，闻钟声，讥孙文子云"君又在殡而可以乐乎"，自请观乐，讥人听乐，旷世大贤，岂当若是？故杜以为通嗣君，通余祭嗣也。二十五年，遏为巢牛臣所杀，余祭嗣立，至此始使札通上国。吴子未死之前，命札出使，既遣札聘而后身死。札以六月到鲁，未及闻丧，故每事皆行吉礼也。《经》、《传》皆无札至之月，知以六月到者，以"城杞"在五月之下，城杞既讫，乃有士鞅来聘，杞子来盟。若共在月中，则不容此事下文有"秋"，知札以六月至也。札去之后，吴始告丧。告以五月被弑，故追书在聘上耳。①

《正义》认为，夷末刚刚即位，就命季札出访诸国，且行吉礼，似于礼不合，亦于史无例。又季札在鲁观周乐之后，曾于卫讥讽孙文子在君殡之期闻乐，故季札不应是奉新王之命出使。由此《正义》还是主张余祭命季札出使，之后余祭卒，季札在鲁未获此消息。但是，吴、鲁间相隔不远，不至于消息缓慢至此。况且，《左传》记载季札由鲁赴齐，由齐赴郑，由郑赴卫，由卫赴晋，难道经过这么多国家，季札还不知道吴王被杀的消息？《左传》称季札"其出聘也，通嗣君也"，杜预注曰："吴子余昧嗣立。"余昧新立，命季札出聘诸国，也正是《左传》自己的解释。从季札周边诸国的记载分析，余祭也不可能在此年五月被杀。若五月余祭被杀，那么季札最迟也会在齐得到吴王被杀的消息，他还有必要去郑、卫等国吗？

不过，余祭被杀却是战国秦汉间《春秋》学的常识，《春秋繁露》曰："阍杀吴子余祭，见刑人之不可近。"《公羊传》、《穀梁传》亦有传文谈及此事，二书所论相近，《穀梁》较详：

> 阍，门者也，寺人也。不称名姓，阍不得齐于人。不称其君，阍不得君其君也。礼：君不使无耻，不近刑人，不狎敌，不迩怨，贱人非所贵也，贵人非所刑也，刑人非所近也。举至贱而加之吴子，吴子

---

① （清）阮元校刻：《十三经注疏》，中华书局影印本1980年版，第2004页。

近刑人也。阍弑吴子余祭，仇之也。①

《穀梁传》称"阍，门者也，寺人也。不称名姓，阍不得齐于人"，这与《左传》记载亦有不同，并且未称"阍"乃越人。越人仇杀余祭之说，恐是战国故事了。

《史记·吴世家》、《吴越春秋》都记载"余祭卒"，而未录"阍杀余祭"之事。可见《史记》、《吴越春秋》所据为《春秋》、今本《左传》之外的另一吴国历史叙事系统。②《史记·十二诸侯年表》在余祭四年加入了"守门阍杀余祭"之语，但并未改变其"原始年谱"的余祭在位的年数。再者，《年表》载为"守门阍"，《穀梁传》亦作"门者"，而今本《左传》则称"守舟"，故知《年表》乃参据今文《春秋》系统加入"守门阍杀余祭"一条，非据《左传》也。

最可值得注意的是，《史记·吴太伯世家》记录季札遍访诸国的历程中，有为徐君挂剑一段记载：

季札之初使，北过徐君。徐君好季札剑，口弗敢言。季札心知之，为使上国，未献。还至徐，徐君已死，于是乃解其宝剑，系之徐君冢树而去。从者曰："徐君已死，尚谁予乎？"季子曰："不然。始吾心已许之，岂以死倍吾心哉！"③

这一段记载不见于今本《左传》，亦可知《史记·吴世家》之材料并不仅仅依据今本，而有其他来源，因此吴王余祭卒年记载，并非《史记》之误。

梁玉绳《史记志疑》卷八《十二诸侯年表二》曰：

《春秋》余祭在位四年，夷末在位十七年，《表》与《世家》倒错二君之年。（《吴越春秋》误仍之）④

---

① （清）钟文烝：《春秋穀梁经传补注》，中华书局1996年版，第587—588页。
② 《吴越春秋》虽晚出，但其叙事较他书详瞻，应有早期文献之依据。
③ （汉）司马迁：《史记》，中华书局1959年版，第1459页。
④ （清）梁玉绳：《史记志疑》，中华书局1981年版，第363页。

《春秋》对于吴国历史的记载非常模糊,并未明言夷末在位年数,只是在昭公十五年春,载曰"吴子夷末卒",至于夷末哪一年即位却没有记载。依据现有材料看,误倒错的恐是《春秋》,而今本《左传》也随之将余祭被杀一简置于鲁襄公二十九年。《吴表》所据古本《左传》并非如此。

那么,《吴表》余祭四年被杀之文是否为后人增益?恐非。若此条为后人更改,则《吴表》余祭在位年数也应改动。今曰《吴表》的自相矛盾之处,恰说明司马迁制《十二诸侯年表》时所见两类材料的矛盾。

据此段推测,《史记》所张张、贾本《左传》之吴国历史,反较刘、尹本优善,余祭、余昧、季札之材料也更为翔实、完整。刘、尹本很可能是为了与《春秋》相符,拆散了原来的记载,将"吴人伐越,获俘焉,以为阍,使守舟。吴子余祭观舟,阍以刀弑之"一条材料置于鲁襄公二十九年。同时,这则材料并不见于张、贾本,故秘府之古文《左氏》与世传本之间亦有部分材料有异,世传本的吴国材料更为丰富。

例三:

《春秋·鲁桓公六年》:"蔡人杀陈佗。"《左传》无传。《公羊传》曰:"蔡人杀陈佗。陈佗者何?陈君也。陈君则曷为谓之陈佗?绝也。曷为绝之?贱也。其贱奈何?外淫也。恶乎淫,淫于蔡,蔡人杀之。"《穀梁传》略同。案:《十二诸侯年表》此年乃陈厉公元年,则陈佗当为陈桓公也。然《春秋·桓公五年》曰:"甲戌、己丑,陈侯鲍卒。"则陈桓公名鲍,不名佗。《春秋·桓公十二年》:"八月壬辰,陈侯跃卒。"则陈厉公名跃。那么,陈佗是哪位陈君呢?

《史记·陈杞世家》曰:

> 三十八年正月甲戌己丑,陈桓公鲍卒。桓公弟佗,其母蔡女,故蔡人为佗杀五父及桓公太子免而立佗,是为厉公。桓公病而乱作,国人分散,故再赴。……
>
> 厉公取蔡女,蔡女与蔡人乱,厉公数如蔡淫。七年,厉公所杀桓公太子免之三弟,长曰跃,中曰林,少曰杵臼,共令蔡人诱厉公以好女,与蔡人共杀厉公而立跃,是为利公。利公者,桓公子也。利公立五月卒,立中弟林,是为庄公。①

---

① (汉)司马迁:《史记》,中华书局1959年版,第1576—1577页。

据《史记》，陈佗是陈厉公，与《春秋》相矛盾。检《左传·桓公五年》曰：

> 五年春正月，甲戌、己丑，陈侯鲍卒。再赴也。于是陈乱，文公子佗杀大子免而代之。公疾病而乱作，国人分散，故再赴。①

《左传·庄公二十二年》：

> 陈厉公，蔡出也，故蔡人杀五父而立之。生敬仲。其少也，周史有以《周易》见陈侯者，陈侯使筮之，遇《观》之《否》。②

《左传》并未说明陈厉公和陈佗是否一人。因东汉以后，《左传》已经被多数学者视作《春秋》之传，故魏晋隋唐间学者，多合读二书，认为《左传》中"蔡人杀五父"与《春秋》"蔡人杀陈佗"为一事，故陈佗与五父为一人，非陈厉公也。如《史记集解》引谯周曰："《春秋传》谓佗即五父，《世家》与《传》违。"《史记索隐》曰：

> 谯周曰："《春秋传》谓他即五父，与此违"者，此以他为厉公，太子免弟跃为利公，而《左传》以厉公名跃。他立未逾年，无谥，故"蔡人杀陈他"。又庄二十二年《传》云："陈厉公，蔡出也，故蔡人杀五父而立之。"则他与五父俱为蔡人所杀，其事不异，是一人明矣。《史记》既以他为厉公，遂以跃为利公。寻厉利声相近，遂误以他为厉公，五父为别人，是太史公错耳。班固又以厉公跃为桓公弟，又误。③

杜预《春秋经传集解》注《左传》桓公五年"文公子佗"曰：

> 佗，桓公弟五父也。称文公子，明佗非桓公母弟也。④

---

① 杨伯峻：《春秋左传注》，中华书局1990年版，第104页。
② 同上书，第222页。
③ （汉）司马迁：《史记》，中华书局1959年版，第1576—1577页。
④ （清）阮元校刻：《十三经注疏》，中华书局影印本1980年版，第1747页。

孔颖达《春秋左传正义》疏《春秋》桓公十二年"八月壬辰，陈侯跃卒"曰：

> 跃为厉公，《世本》文也。庄二十二年《传》曰："陈厉公，蔡出也，故蔡人杀五父而立之。"五父即佗。六年杀佗而厉公立也。《陈世家》以佗与五父为二人，言"蔡人为佗杀五父及桓公大于免而立佗，是为厉公。立七年，大子免之三弟跃、林、杵臼共弑厉公而跃立，是为利公。利公立五月卒，林立，是为庄公"。案传五父佗一人，而《世家》以为二人。案经蔡人杀佗在桓公卒之明年，不得为佗立七年也。佗以六年见杀，跃以此年始卒，不得为跃立五月也。既以佗为厉公，又妄称跃为利公，《世本》本无利公，皆是马迁妄说。束皙言马迁分一人以为两人，以无为有，谓此事也。①

总之，《春秋》、《公羊传》、《穀梁传》、《世本》均认为陈桓公卒后，陈佗杀太子免而立为陈君，明年陈佗被蔡人所杀，陈厉公跃即位，至鲁桓公十二年卒，庄公林继之。而《史记》所记则是陈佗为陈厉公，在位七年，为蔡人所杀，陈利公跃即位，五月而卒，陈庄公林即位。两种记载中，陈君即位的次序是一样的，只不过时间长短不同。

同时，我们必须意识到，司马迁时代的《左氏春秋》和《春秋》是两部书，今本《春秋》、《左传》合并，始自杜预的《春秋经传集解》。故《春秋》、《左传》的记载必须分开来看。《春秋》桓公五年、桓公六年、桓公十二年分别记载"陈侯鲍卒"、"蔡人杀陈他"、"陈侯跃卒"三事，《左传》仅于桓公五年有《传》，即"陈侯鲍卒……文公子佗杀大子免而代之"。《左传》庄公二十二年载"陈厉公，蔡出也，蔡人杀五父而立之"，但并没有记载"佗"和"五父"是什么关系，也未载陈厉公之名。杜预、谯周、束晳、司马贞因将《春秋》、《左传》合观，故误读"陈佗"为"五父"。梁玉绳亦合《春秋》与《左传》之记载断《史记》之误。实则《左传》记载非常模糊，不好判断是近于《春秋》还是《史记》。

《左传》中特别重要的一条材料来自襄公二十五年郑国子产对晋人问

---

① （清）阮元校刻：《十三经注疏》，中华书局影印本1980年版，第1756页。

陈之罪曰：

> 桓公之乱，蔡人欲立其出。我先君庄公奉五父而立之，蔡人杀之。我又与蔡人奉戴厉公。至于庄、宣，皆我之自立。①

这条材料依然没有记载"五父"为何人，若为陈佗，则与《春秋》所记同，若为陈桓公另一子，则与《史记》相同。

但《左传》庄公二十二年明确记载陈敬仲（陈完）乃陈厉公之子。《史记》《田敬仲完世家》、《陈杞世家》等则明确记载"陈完者，陈厉公佗之子也"，"厉公二年，生子敬仲完"，《史记》多处提及陈完乃陈佗之子，故知其所据原始史料当如此。汉代田齐后裔仍在，汉高祖六年被迁于长安附近的杜县，田何其后也。同时，战国王族之系谱亦在，《十二诸侯年表》所参考之《春秋历谱牒》是其一也。然则，身为史官的太史公很难把田齐的世系弄错。故太史公所据陈佗史料本与《春秋》、《公羊传》、《榖梁传》不同。

再反观《公羊传》、《榖梁传》对《春秋》"蔡人杀陈佗"的解释，二者俱曰陈佗为"陈君"，《春秋》之所以直呼其名，乃在于他"淫于蔡"，二《传》均未提及陈佗无谥号的问题。据《左传》载子产之言，陈厉公乃蔡女之子，而五父非蔡女之子，且蔡人欲杀之。故五父不可能发生"淫于蔡"之事，亦非陈佗也。故《左传》"蔡人杀五父"与《春秋》"蔡人杀陈佗"并非同一事件。从今本《左传》实际上看不出陈完是谁之子，但其记载确实与《史记》更为接近。故知古本《左传》陈佗史料与《史记》基本一致。

今本《左传》陈佗史料的模糊很可能与刘歆有关。刘歆在整理秘府《左氏春秋》诸多写本时，参考了世传本《左氏春秋》，故即使秘府古本并无陈佗为陈君的详细记载，刘歆也不会对此类材料感到陌生。但鉴于此部分材料与《春秋·桓公六年》"蔡人杀陈佗"系年上的矛盾，今本《左传》并未将其收录。当然，这只能是猜测了。

要之，陈佗材料有两个记录系统：《春秋》、《公羊传》、《榖梁传》系统，《左传》、《史记》系统。二者其实同源，这从《公》、《谷》二传

---

① 杨伯峻：《春秋左传注》，中华书局1990年版，第1105页。

## 第四章 《史记·十二诸侯年表》与古本《左传》考论

对"蔡人杀陈佗"的疏解就可看出,就陈佗之死,两个系统是一致的,只不过因材料缺失,我们无法准却判断哪个系统更近于史实。但通过上述诸多材料之间的关联,还是可以大体还原出古本《左传》的部分样貌。古本保存了更多的陈佗材料,只不过与《春秋》在陈佗卒年记载上有所不同。

例四:

《年表》鲁庄公九年,楚文王五年《楚表》曰:"息夫人,陈女,过蔡,蔡不礼,恶之。楚伐蔡,获哀侯以归。"然《左传》载之于鲁庄公十年,《管蔡世家》云蔡哀侯十一年。《年表》蔡哀侯十一年即鲁庄公十年也,故梁玉绳曰此事年表当书于楚文王六年。不过,楚伐蔡一事并未如此简单也。《左传》载楚伐蔡之事,分载于两处:

> (鲁庄公十年)蔡哀侯娶于陈,息侯亦娶焉。息妫将归,过蔡。蔡侯曰:"吾姨也。"止而见之,弗宾。息侯闻之,怒,使谓楚文王曰:"伐我,吾求救于蔡而伐之。"楚子从之。秋九月,楚败蔡师于莘,以蔡侯献舞归。①

> (鲁庄公十四年)蔡哀侯为莘故,绳息妫以语楚子。楚子如息,以食入享,遂灭息。以息妫归,生堵敖及成王焉。未言。楚子问之,对曰:"吾一妇人,而事二夫,纵弗能死,其又奚言?"楚子以蔡侯灭息,遂伐蔡。秋七月,楚入蔡。②

这与《世家》所记并不一样:

> 哀侯十一年。初,哀侯娶陈,息侯亦娶陈。息夫人将归,过蔡,蔡侯不敬。息侯怒,请楚文王:"来伐我,我求救于蔡,蔡必来,楚因击之,可以有功。"楚文王从之,虏蔡哀侯以归。哀侯留九岁,死于楚。凡立二十年卒。③

---

① 杨伯峻:《春秋左传注》,中华书局1990年版,第184页。
② 同上书,第198—199页。
③ (汉)司马迁:《史记》,中华书局点校三家注本1982年版,第1566页。

《年表》楚文王六年表曰:"楚伐蔡,获哀侯以归。"可见《世家》、《年表》所载一致。然《楚世家》云楚文王"六年,伐蔡,虏蔡哀侯以归,已而释之",又与《管蔡世家》相左也。

然《史记》与《左传》最大不同在于:《左传》曰楚文王十年(鲁庄公十四年)伐息,"以息妫归,生堵敖及成王焉",则堵敖、楚成王生于楚文王十年之后。然楚文王在位十三年,据《左传》则堵敖即位时最大两岁,而楚成王恽则周岁矣。然《年表》堵敖五年曰:"弟恽杀堵敖自立。"据《左传》则四五岁幼童杀五六岁幼童而自立矣,于理不合。故《史记》所记此段史事与《左传》不同。

又《左传》鲁庄公十九年,载楚子"六月庚申卒",故《史记志疑》曰:"鲁庄十九,当楚文十五,则不止十三年。而堵敖以鲁庄二十年立,二十二年见弑,不得有五年。盖《史记》妄减楚文之二年以益其子也。"然综合对比《左传》、《史记》两书,二者楚文王前后之史料并不同源也。

细究《左传》,楚国历史在鲁庄公前后并不清晰,鲁庄公十四年所记,近于战国游士之小说矣,大约因鲁庄公十年之事,而插入其中。要之,楚文王前后历史,《史记》所记要详于《左传》。

上述考证虽择取易于考辨者,但已然可窥《史记》叙事一个特点:虽然限于体例,在许多地方不如《左传》详细,但其记录楚、吴、陈、蔡等南方诸国春秋历史,整体史迹的清晰程度,却要优于今本《左传》。而其晋、卫等北方诸国的历史,多有错讹,不及今本《左传》精善。这说明古本与今本在流传中各有不同程度的增删,这当与其流传地域和儒者师承有密切关系。进一步而言,《史记》所据之古本《左传》流传中近于吴、楚,今本《左传》则近于晋。

《史记》所反映的古本特征,与刘向《别录》所载西汉之前《左传》的流传路径十分接近:

> 左丘明授曾申,申授吴起,起授其子期,期授楚人铎椒。铎椒作《抄撮》八卷,授虞卿。虞卿作《抄撮》九卷,授荀卿。荀卿授张苍。

先秦时代研习《左传》的重要人物中,吴起、铎椒、荀卿均长时间处楚,故刘向所记应非虚造。

而刘歆所校秘府本不知来源何处。刘歆《让太常博士书》曰："及鲁恭王坏孔子宅，欲以为宫，而得古文于坏壁之中，《逸礼》有三十九，《书》十六篇。天汉之后，孔安国献之，遭巫蛊仓卒之难，未及施行。及《春秋》左氏丘明所修，皆古文旧书，多者二十余通，臧于秘府，伏而未发。"此处记载略有模糊，从"及《春秋》……"云云判断，古文旧书，有二十余通（即有二十多种抄本），未知是否指《春秋》。但如上文所论，这些《春秋》古经及《左传》抄本至少有部分是秘府中原有的，并不出自孔壁，也非张苍所献。据《汉书》各处所记，孔壁古文经主要是《礼》和《书》，《春秋》及《左氏传》不在其中。虽然刘歆称"《春秋》左氏丘明所修"，但这些秘府古文《春秋》还应该包括《春秋经》，因为《汉书·艺文志》中明确记载了《春秋》古文经。可见，《春秋》十二篇古经与古文《左传》在秘府中是混杂抄录的。既然《春秋古经》与《左氏传》混杂抄录，则其来源应该相同。孔子之后，传《春秋》者乃子夏。后《春秋》之学在战国时代主要流传于齐、鲁两地，而今本《左传》有袒护季氏及三桓倾向①，故西汉秘府本《左传》很可能是流传于鲁地的本子。鉴于其详于晋、鲁、卫等国历史，虽来源不确定，但说它是北方传本则无大错。而张、贾之本相对可称南传本。

## 九　从《左氏春秋》到《左传》

至此，我们可略为确定地说，司马迁所见古本《左传》与今本虽然大体相同，如二者均有完善的编年，时间、事件序列也基本一致，但在很多方面也有明显的差异，如历法、记事法、材料分割、记事详略等。二者是不同的《左传》传本，司马迁所见为由魏及楚，再及齐的本子，而今本则出于秘府，是晋、魏传本，或鲁地传本。古今学者在讨论《左传》真伪、成书年代及《左传》与《国语》关系等问题时，并没有考虑这种差异，因此在整理《国语》、《史记》、《说苑》等文献与今本《左传》互见材料之时，要么断今本为伪书，要么断张苍、贾谊未见《左传》。② 事实上，因《十二诸侯年表》与今本《左传》的密切关联，《左传》在司马迁之前确已存在，而非刘歆时始见。故其真伪问题已无讨论之必要，

---

① 童书业：《春秋左传研究》，中华书局2006年版，第232—233页。
② 廖平：《今古学考》，李耀仙编《廖平选集》，巴蜀书社1998年版。

《左传》为真古书无疑。而其早已成熟的编年体系和关注兴废的着墨，均显示出它与《春秋》的表里关系，故所谓经传关系问题，亦无须纠缠了。在此基础上，所谓《左传》的"后世增益"问题尚容许有讨论的空间。

自宋代林栗（林黄中）提出《左传》中的"君子曰"为刘歆之辞后①，关于《左传》是否存在后人增益的讨论，代不乏人。②影响最大者，莫过刘逢禄《左氏春秋考证》。其主要观点为：刘歆之前只有《左氏春秋》，其体例与《国语》一致，并无以年月比附《春秋》的体例。刘歆增加解经之语、凡例及"君子曰"等材料，将《左氏春秋》改造成了《春秋左氏传》。③通过上文的考证，我们会发现刘氏的观点依然有着重要的参考价值。原因何在？对比《史记》所引古本《左传》与今本之差异，可以发现今本至少在历法方面，依据《春秋》作了"适应性"修改，而这种修改极可能是发生在司马迁之后的。联系《汉书·刘歆传》"及歆治《左氏》，引传文以解经，转相发明，由是章句义理备焉"的记载，我们有理由相信这种改动确为刘歆所为。

张培瑜先生在《中国古代历法》中特别论及"《左传》有用周历解说《春秋》的痕迹"，他举了六条例证，得出结论说"《左传》有关历数的记述似都为用周历解经而作"④。如《左传》有两条"日南至"的记载，分别为"僖公五年春王正月日南至"、"昭公二十年春二月己丑日南至"，历来为历家所注意，王韬《春秋历杂考》已经利用西方天文学知识发现这两条记载与实际天象不合。如其《昭公二十年二月己丑日南至考》曰："春秋时推步冬至，多先天二三日也。近之畴人家皆谓汉以前之冬至非实测，先后天或至二三日，斯言允矣。"⑤张先生则利用周历推算，发现此二条与周历合：

僖公五年（前655）入周历壬子蔀58年，为第4章章首。斯年天正冬至月辛亥朔，小余235；辛亥冬至，小余8，朔旦冬至相齐，

---

① （宋）黎靖德编：《朱子语类》卷八十二，中华书局1986年版，第2155页。
② 参见黄觉弘《左传学早期流变研究》之第一章《〈左传〉成书时代与作者群说》。
③ 参见刘逢禄著，顾颉刚点校《左氏春秋考证》，朴社1933年版。
④ 张培瑜：《中国古代历法》，中国科学技术出版社2008年版，第182—184页。
⑤ （清）王韬：《春秋历学三种》，中华书局1959年版，第106页。

起于卯时。《左传》这条至朔是根据周历注记的,并不合天象。笔者用比较严格的现代天文方法计算,得出实朔为壬子日戌时,儒略历为公元前656年12月26日。冬至为公元前656年12月27日癸丑,亥时。至朔相差一日,均不为辛亥。《左传》所书冬至差2日,合朔失1日,皆为先天。①

昭二十年(前522)入周历庚午蔀39年,为第三章章首。天正正月己丑朔,小余470;冬至己丑,小余16,己丑冬至合朔午时齐同,加时正南。按周历章蔀首之年闰余为0,不闰。其前一年当闰。或置年终,或依无中置闰,则当闰十一月。据经传历日,昭十九年无闰。传昭二十年有闰,十九年无闰。故据周历,章首失闰一月,记作二十年二月(朔)己丑日南至。②

除了《左传》所记历数均与以周历解经有关外,总体上,"《左传》所记日至朔闰常与鲁历不合,并大多先天"③。由此,王韬推测《左传》与《春秋》记载之历日相同者,为后人追改。而张培瑜在分析"《春秋》书朔晦都较合天,《左传》新增多为先天"之后,颇有意味地说:

西汉太初历施行期间,《汉书·五行志》所记其时日食绝大多数发生于历法的晦日。可知是时历法后天约为1日。《汉书·律历志·世经》中刘歆用三统历推得,僖五年正月辛亥朔、十二月丙子朔、襄二十七年九月乙亥朔(因再失闰,传书十一月)、昭十七年六月甲戌朔、昭二十年正月乙丑朔(失一闰,传言二月),等等,都与《左传》说法完全相同。三统四分之法,300年朔差1日。公元前1世纪时三统历后天1日,那么用三统历推算600年前(前7世纪)的历日,一定会先天1日,这与《左传》所增历日先天情况基本相符。也就是说,《左传》历日的先天情况与汉志世经用三统历推得的大致相同。说明《左传》历日与周历、三统历有着某种关系。④

---

① 张培瑜:《中国古代历法》,中国科学技术出版社2008年版,第182页。
② 同上书,第183—184页。
③ 同上书,第177页。
④ 同上书,第180页。

张先生其实已经判断出今本《左传》中的历日记载很可能是刘歆或其后学据《三统历》增入,但没有明说。因为还存在另一种可能,即:

> 这二条日南至资料与以三统历等历法推算相合,因而可认为是刘歆或者其他人篡入。但也可以作相反的解释,即三统历等历法在制定时是把这二条资料当作实测资料考虑在内的,所以它们应与此等历法符合。但据春秋日食记录,日食大都发生在朔,而此资料朔日差误一日以上,是难以解释的。①

《左传》新增历朔有18条,多数先天(包括这两条"日南至"之朔日)。若《三统历》仅依据《左传》新增历朔来制定,而不考虑《春秋》日食记录及其他历朔资料的话,是不可思议的,因此,《左传》新增历日应为后来增入。

同时,今本《左传》两条"日南至"的记载并未见《十二诸侯年表》。特别是僖公五年日南至的记载乃属"凡例":

> 五年春,王正月辛亥朔,日南至。公既视朔,遂登观台以望。而书,礼也。凡分、至、启、闭,必书云物,为备故也。②

此传文似为解经而设,但《春秋》却无记载。《春秋》未书而云书,则《春秋古经》或有其例,但"辛亥朔"的历日却不可能是古经所有,所以,不管《春秋古经》有无日南至的记载,"辛亥朔"为后人补入,还是最有可能。张、贾本《左传》恐怕也没有这"日南至"的记载,故《十二诸侯年表》于僖公五年、昭公二十年的《鲁表》只字未录。

历法方面的证据虽然仅为文本之内的"可推敲材料",也无第三方文献的佐证,但是因为历法计算的严密性和体系性,这种证据相比记事、文辞要有效得多,更难产生歧解。故《左传》新增历日符合周历、三统历推算结果,以及《左传》有以周历解经的痕迹,说明它确实在西汉晚期

---

① 陈久金:《历法的起源和先秦四分历》,收入《科技史文集》(一),上海科学技术出版社1978年版,第19页。
② 杨伯峻:《春秋左传注》,中华书局1990年版,第302—303页。

之后，被整体上改动过，使它更加符合"春秋之传"的要求。

故刘逢禄所谓《左氏春秋》被刘歆改造为《春秋左氏传》的论断，有其合理之处。但刘氏《左氏春秋》原本与《国语》体例相似，解经语、"君子曰"为刘歆所加等论断，却不能成立。① 司马迁时代，《左传》已经具备完善的编年形式，且与今本基本一致，故今本体例非刘歆所改。而战国时代的《春秋传》本就是以事解经和以义解经相互杂糅的形式，战国秦汉文献多有证据，故解经语全为刘歆所加的结论，也不能成立。② "君子曰"有相当的部分亦早有流传，且附于事件之后，故此类材料亦非全为刘歆所造。③

就西汉时代两个版本的《左传》而言，隐含在《史记》中的古本，与发出于秘府的今本，之所以大体一致，原因恐怕还在于今本是刘歆、尹咸参校古本而来，故其基本体例及主要记事相对一致，从这一点上说，今本《左传》更像是刘、尹利用秘府文献完善之后的古本。

但是，《史记·十二诸侯年表》对勘今本《左传》，我们所发现的古本《左传》与今本有诸多不同，但有一个共同的倾向：使《左传》更倾向于解释《春秋经》。如以事纪年材料的减少，就是为了更好地与编年体的《春秋》相适应。这种变化至少有部分是刘歆改造的结果。这其实就是将《左氏春秋》向《左氏传》的改动。

## 十　《史记·十二诸侯年表》编纂过程拟测

《史记·十二诸侯年表》存在的误记，还可以帮助我们推测《年表》的制作、编纂过程。

如前文所述，以《春秋》、《左传》、《史记》各《世家》所载为据，

---

① 王和先生《〈左传〉的成书年代和编纂过程》（《中国史研究》2003年第4期）一文通过对《左传》叙事详略、材料来源和预言等问题的分析，认为《左传》成书年代上限在郑亡之后（公元前375年之后），下限不迟于公元前360年。《左传》原本为纪事体，战国末期之前由经师改编为编年体。这是一个极有启发意义的观点，即《左传》原本并非编年体，后来被改编为编年体。但战国时代确实存在编年体的《左传》，汲冢竹书《师春》等篇的出现，说明《左氏春秋》并非战国末期才被改编为编年体，那个时代也没有什么理由，让经师做这种改动。
② 参见徐建委《〈说苑〉研究——以战国秦汉之间的文献累积与学术史为中心》之第三章，北京大学出版社2011年版。
③ 郑良树：《竹简帛书论文集》，中华书局1982年版。

《年表》中的误记不少。如《晋表》鲁桓公三年为晋小子侯元年,鲁桓公六年,《晋表》载曰:"曲沃武公杀小子。周伐曲沃,立晋哀侯弟愍为晋侯。晋侯愍元年。"则小子侯在位三年。《史记志疑》曰:"考《世家》,小子侯在位四年,与《左传》合,乃此既误以哀侯九年为小子侯元年,而又以小子四年为侯缗元年,误之误矣。"《晋世家》载曰:

  (晋哀侯)九年,(曲沃)伐晋于汾旁虏哀侯。晋人乃立哀侯子小子为君,是为小子侯。

  小子元年,曲沃武公使韩万杀所虏晋哀侯。

  晋小子之四年,曲沃武公诱召晋小子杀之。周桓王使虢仲伐曲沃武公,武公入于曲沃,乃立晋哀侯弟缗为晋侯。

  晋侯缗四年,宋执郑祭仲而立突为郑君。晋侯十九年,齐人管至父弑其君襄公。

  晋侯二十八年,齐桓公始霸。曲沃武公伐晋侯缗,灭之,尽以其宝器赂献于周厘王。①

晋侯四年,宋执祭仲,十九年,管至父弑齐襄公,这样的同年标志事件应非常可靠。近年出土的占卜简、记事简说明至晚在战国时代,流行以同年大事为标尺的纪年方式。虽然在位年数在不同文献中多有不同,但这样的关联纪年应该还是可信的。宋执祭仲在鲁桓公十一年,管至父弑君在鲁庄公十二年。但《年表》鲁桓公十一年为晋侯六年,鲁庄公十二年为晋侯二十一年,有两年的误差。这两年正是哀侯、小子侯、晋侯愍三者之间即位改元缺失的两年。

此类误记尚有数十条,《史记志疑》多已辨之。然此类型中尚有一次日食的误记,值得详考。

《鲁表》记鲁昭公十年"四月,日蚀",昭公十年鲁历建子,故此"四月"为夏历二月也。梁玉绳《史记志疑》曰:"春秋是年无日食,此误增也。"查中外各种日食表,此年周历四月确无日食,然此条记录实非误增,乃误记也。《春秋》鲁昭公七年(公元前535)"夏四月甲辰朔,日有食之",《左传》亦载,并特别记录了晋侯与士文伯的对话。李广宇

---

① (汉)司马迁:《史记》,中华书局点校三家注本1982年版,第1639—1640页。

所编《5000年日食表》显示，这是一次日全食，发生于公元前535年3月18日中午时分，这一天也正是甲辰日①，亦是夏历的二月朔日，即周历四月朔日也，《春秋》所记无误。同时，我们需注意到《年表》的日食记录除昭公十年这一条外，均依《春秋》而来。《春秋》记日食三十七次，《年表》录其二十三次，其他未见于《春秋》的日食，也未见于《年表》。故知太史公日食之记录依据《春秋》也，此条亦当如此。

《春秋》三十七次日食中，只有昭公七年的日食发生在"四月"，故知《鲁表》误书之"十年四月日蚀"，必为昭公七年之食也。《年表》将"七年"误作"十年"耳。但在《鲁表》昭公七年，其文曰："季武子卒。日蚀。"实则记载了此次日食。即《鲁表》在昭公七年和昭公十年同时记录了这次日食。

《春秋》、《左氏春秋》本为各自单行之本。若司马迁单据《左氏春秋》而制昭公七年、十年表的话，则其十年表不可能出现目前的误记。同样，若太史公但据《春秋》而制这两年表的话，也不可能在如此相近的两年出现重复误记。故知至少这两年的表分别依据了《春秋》、《左氏春秋》。如上所论，昭公十年表虽误记，但依《春秋》无疑，故昭公七年的《鲁表》正确的记载依据的当是《左氏春秋》。今本《左传》昭公七年载曰："夏四月甲辰朔，日有食之。晋侯问于士文伯曰：'谁将当日食？'对曰：'鲁、卫恶之，卫大鲁小。'公曰：'何故？'对曰：'去卫地，如鲁地。于是有灾，鲁实受之。其大咎，其卫君乎？鲁将上卿。'……十一月，季武子卒。晋侯谓伯瑕曰：'吾所问日食，从矣，可常乎？'"故知《左传》材料中此次日食与季武子之卒有关联，更可见《鲁表》所载确据《左氏》也。

这处误记还可透漏一点《年表》的制作过程或细节。太史公若直接从《春秋》转写，则不可能出现此种误记，毕竟《春秋》有着清晰的编年。由此我们可以揣测，《年表》很可能先以周王系年为准、以《春秋历谱牒》、世本为基础制出总表，然后再依据《春秋》、《左氏春秋》等材料，将各国"要事"写成一枚枚系年的竹简，最后将单简所记誊写入总表。或者说《年表》的制作乃是先由单支竹简系统抄录出《春秋》、《左

---

① 李广宇、何玉囡、张健、张培瑜：《夏商周时期的天象和月相》，世界图书出版公司2007年版，第50页。

传》等古籍的"条目事件",然后再誊写入已经制作好的空表。依据于《春秋》的日食简应在简端写有"(鲁昭公)七年",其下是"四月日蚀",结果太史公或其助手在编排《年表》时,将上面的"七年"误认作"十年"。这种工作方式,倪豪士(William H. Nienhauser, Jr.)所撰《一个〈史记〉文本问题的讨论和一些关于〈世家〉编写的推测》一文,已经作了有趣的推测,《年表》的这一条误记再次印证了这种猜想。①

另外,《年表》中的数条记载亦可见此种信息。鲁成公元年,《鲁表》曰:"春,齐取我隆。"《左传》、《鲁世家》、《晋世家》均载鲁成公二年春,可见此条误书于元年。这种误书在《年表》的错误中比较常见。故"春齐取我隆"之类的文字可能书于一支支单独的竹简,在抄纂入《年表》时,出现误书。

又如楚共王五年(鲁成公五年)《楚表》曰:"伐郑。"《春秋》、《左传》均载于鲁成公六年,故此条亦可能为误书。齐灵公十二年(鲁襄公三年)《齐表》曰:"伐吴。"梁玉绳《史记志疑》曰:"《春秋》是年无齐伐吴事,乃因楚伐吴而错出也,当衍。"《左传》、《齐世家》《吴世家》均无齐灵公二年伐吴之事,梁玉绳之判断是对的。《春秋》载楚伐吴之事曰:"楚公子婴齐帅师伐吴。"《公羊传》、《穀梁传》同,《左传》则云:"楚子重伐吴。"故知此条《年表》当据《春秋》而误,其摘录简错抄"齐帅师伐吴"为一句也。

## 十一 附论《春秋》三次日食错简与《春秋》编纂

不仅《史记·十二诸侯年表》存在日食误记,《春秋》也存在此类问题。这种问题可以帮助我们定断这样一个事实:《春秋》确实乃孔子编纂。借此可进一步判断《左传》之性质。

日食是检验历法精确与否的重要天象,又是历法研究的重要标尺,在王韬、新城新藏等近代以来的春秋历法研究中,《春秋》所记的三十多次日食都是最重要的历日标尺。究其原因,乃在于日食可以依据现代天文知识准确测定日期。这不仅为春秋历法的研究提供了基点,确认《春秋》历日记载并

---

① 此文收入陈致主编《当代西方汉学研究集萃:上古史卷》,上海古籍出版社2012年版,第433—449页。

非后代逆推（即《春秋》历日源自实录①），也为我们了解《春秋》的编纂提供了可能。这种可能性是建立在那数条明显误记的日食记录之上的。

我们依据现代天文学所制日食表，检验《春秋》三十七日食，会发现《春秋》中有三次日食记录乃属误记，古今学者亦多有讨论。张培瑜等著《中国古代历法》曰：

  《春秋》记载的37次日食中，有32次可认定为其时观测实录。这里又分三种情况：①年月日相符，曲阜可见者27次；②经文无纪日干支，年月记载相合，曲阜可见者2次；③年月日干支基本相符，据考察年月其一明显记误而曲阜可见者3次。②

张氏所说第三种情况即《春秋》误记之日食材料。

第一条错简出现在鲁宣公八年，此年《春秋》记曰："夏，六月……辛巳，有事于大庙。……壬午，犹绎。……戊子，夫人嬴氏薨。……秋，七月甲子，日有食之，既。冬十月己丑，葬我小君敬嬴。雨，不克葬。庚寅，日中而克葬。"这次日食是发生于公元前601年9月20日的一次偏食，当为夏历八月朔，即周历十月朔也。张培瑜辨之甚明了：

  经文记载，宣公八年七月甲子日有食之既。在整个春秋247年中，发生于甲子日的日食仅有3次。其中，昭八年闰月朔甲子食，曲阜仅可见食分0.02，目视无法察觉，当然更谈不到食既。另一次就是经载的襄二十四年七月甲子朔日有食之既。第三次就是宣八年发生于十月甲子朔的大食分日食，食分0.91。《春秋》所记非此莫属，显系月名七、十古书形近致误。③

《春秋》在此日食前后出现了三个日期，分别是日食发生时的朔日"甲子"，之后是敬嬴下葬的日期"十月己丑"，然后是己丑后一日庚寅。鲁公夫人下葬月日，《春秋》当不会出现讹误。己丑日之前二十五日为甲

---

① ［日］新城新藏：《中国上古天文》之《春秋之历》，沈璇译，商务印书馆1936年版。
② 张培瑜：《中国古代历法》，中国科学技术出版社2008年版，第170页。
③ 同上。

子日，若是年七月朔为甲子日，则十月不可能有己丑日。

再看六月的日期，辛巳后一日为壬午，壬午后六日为戊子，这都属于鲁宣公周历之六月。戊子之后三十六日为甲子日，故知七月朔日不可能为甲子日也。

反之，若《春秋》"七月甲子"为"十月甲子"之误，则己丑日为十月二十六，庚寅为十月二十七。敬嬴下葬、克葬日期均无问题。

所以，确如张培瑜所论，《春秋》中的"七月甲子"为"十月甲子"之误。不仅如此，《春秋》"七月甲子"之上还有"秋"的季节标示，因鲁国历法十月已属冬季，故知此条为编纂者之误，非传抄之误也。

第二条日食误记出现于鲁宣公十七年，《春秋》曰："六月癸卯，日有食之。"然此日并未有日食。张培瑜云：

> 经书宣十七年六月癸卯日有食之。但六月不入食限，无日食发生。这一年有两次中心食……皆非癸卯，且曲阜均不可见，显然史载有误。整个春秋247年，只有两次曲阜可见日食发生在癸卯日。一为僖六年九月，食分0.33，一为宣七年六月，食分0.43。前者，公、年、月名皆不合；后者时代为宣公，又合六月，仅年数相差10年。前代学者已指出可能为宣七年六月癸卯日食误置，即经文"十七年"中，"十"字衍。①

第三条出现于鲁襄公十五年，《春秋》曰："二月己亥，及向戌盟于刘。……秋，八月丁巳，日有食之。……冬，十有一月癸亥，晋侯周卒。"这次日食发生于公元前558年5月31日。杜预注曰："八月无丁巳。丁巳，七月一日也。日月必有误。"张培瑜考之曰：

> 襄十四年二月朔乙未（公元前559年1月14日）距十五年八月丁巳（公元前558年5月31日）17个朔望月（502日）。计算表明，这是两次确切的曲阜发生日食的日子。阴阳历中，平年12月，闰年13月，绝不会一年只有10或11个月。所以不论丁巳日食发生在朔还是晦，总之绝不可能在八月。所以"八月丁巳"中的"八"字，肯

---

① 张培瑜：《中国古代历法》，中国科学技术出版社2008年版，第170页。

定是错了。根据我们或者王韬复原的春秋长历，襄十五年七月丁巳朔确有日食可见。故可认定，经书"八月丁巳"乃"七月丁巳"之误。①

然"七"、"八"字形不同，难以混淆，故"八月丁巳"恐为"六月丁巳"之误。此年鲁历建子②，以十一月为岁首，而此条日食很可能来自是年建丑的材料，书为六月也。

这三条误记的日食记录早已为学者考出，本书之所以重提这三条日食误记，乃在于从中可以窥见《春秋》编纂的一点信息。

首先，我们可以发现这三条并非传抄讹误，乃《春秋》原本之误。这在宣八年误记处显得尤为突出。另外，《公羊》、《穀梁》经均与古经相同，说明这种误记的出现早于《春秋传》的出现，即早于战国初年，故知此确为《春秋》存在的问题。

其次，《春秋》37次日食中，有32次源自实测，或说与实测天象、历日一致。那么《春秋》日食资料非后世逆推而得，以战国秦汉历法之水准，恐难如此精确。

基于以上两点，笔者认为《春秋》中的日食确为实测记录。那么为什么会出现上述明显的误记呢？笔者认为应该是《春秋》编纂过程中出现的。这些日食记录乃是编纂者依据某独立的观测记录，先将日食记录于一支支独立的竹简上，标上日食发生的时间，然后再将这些竹简按年、月插入已编纂好的《春秋》文字之中。在此过程中，就容易出现月份"十"误为"七"，"六"误为"八"，年份"七"误为"十七"的情况。或者说，《春秋》日食记录为编者后加入的部分。若非后加，则不可能出现误记。

我们知道，日食观测和记录是史官的职责，若《春秋》为鲁史官所编，则其必有完善的日食记录。"自鲁隐公元年至哀公十九年247年中，曲阜可见的日食共98次。经载33次（昭十七年九月癸酉食计入）外，另有65次失记。"③ 即使《春秋》所记多为大日食，且排除天气因素，失载于经文的日食也不在少数。因此，仅依据日食记录的不完整，也可以排

---

① 张培瑜：《中国古代历法》，中国科学技术出版社2008年版，第170页。
② 据陈美东《鲁国历谱及春秋、西周历法》，《自然科学史研究》2000年第19卷第2期。
③ 张培瑜：《中国古代历法》，中国科学技术出版社2008年版，第171页。

除《春秋》为鲁国史官所修史书的可能性。若再联系上述三条误记，更可认为《春秋》至少是鲁国官修史书的二次编纂。

再者，既然编纂者可以看到完整的实测日食记录，他为什么会选择其中的三十多次，遗漏至少二十次（计入天气原因，65次中至少有20次真正的失记）？鲁国历法此时已经比较精确了，陈久金《历法的起源和先秦四分历》一文曰：

> 据新城新藏的研究表明……从鲁襄公二十一年（公元前552年）9月、10月以后，除襄公二十四年的8月、9月一对连大月外，完全符合15—17—17的大小月安排法则，这表明在鲁襄公时代以后，对日月合朔已能作较长期的预报和推算了。①

张培瑜亦称："考察得出的32次观测实记日食中，有24次经书发生于其时历法的朔日。这与《汉志》、《续汉志》著录的两汉日食多发生在晦或晦前一日的情况明显不同。说明春秋鲁国的历法，朔食相当准确，月相基本合天。……春秋鲁历岁首建正尚不完全固定，中后期虽基本建子，仍时有摆动，而朔望大致合天，比较精确。"② 如此精确的历法怎能允许二十多次日食的遗落？故而，我们至少可以说选择这三十多次日食载入《春秋》，是一种有目的或深意的选择。

另外，《春秋》所记日食中，还有一次日食不可能是鲁国史官的实测。这次日食发生于鲁襄公二十年十月丙辰朔，《春秋》所记历日干支均无问题，也是一次实测日食。但此次日食非曲阜观测所得。查 Fred Espenak 和 Jean Meeus 所编《五千年日食表》[Five Millennium Canon of Solar Eclipses: −1999 to +3000 (2000 BCE to 3000 CE)]③，此次日食发生于公元前553年8月31日，中国的观测点均偏西南，在西安是可以看到的，但在洛阳以东、以北地区，就看不到了。因此这次日食应该是秦地或楚地的实测记录，而非晋、卫、郑、宋、鲁、齐等地的观测结果。那么这条日

---

① 陈久金：《历法的起源和先秦四分历》，《科技史文集》（一），上海科技出版社1978年版，第16页。
② 张培瑜：《中国古代历法》，中国科学技术出版社2008年版，第172页。
③ 具体内容参见美国NASA网站。

食记载来自他国日食资料？还是鲁国史官据他国赴告补入鲁日食长录？或是有其他可能？

《春秋》中鲁襄公时期的比食记录或可有助于此问题之解决。鲁襄公二十一年，《春秋》载曰：

> 九月庚戌朔，日有食之。
> 冬，十月庚辰朔，日有食之。①

襄二十四年《春秋》曰：

> 秋，七月甲子朔，日有食之，既。
> ……
> 八月癸巳朔，日有食之。②

张培瑜于《中国古代历法》析之曰：

> 襄二十一年九月庚戌朔和二十四年七月甲子朔两次日食皆为中心食，曲阜分别可见七分食和日全食。食时日月距交仅有7°和1°而下次合朔距交俱已远出食限之外，不可能再发生日食。《春秋》误载有可能是因为错简，但更可能是这两次日食所记因建正各异而月份不同，史官两说并存所致。③

张氏特别举出春秋247年中，曲阜不能看到一次发生于癸巳日的日食，因此上述两次比食，基本可以排除错简的可能。

那么，《春秋》所记曲阜未见之日食及两次比食，最大的可能还是编者依据他国史官赴告之文而录之，由于建正不同，故月份、日期均不同。因之，两次比食的干支日期也均正好是真实日食发生后的30日。

当然，关于《春秋》日食误载（三次错置、两次比食、一次曲阜未

---

① 杨伯峻：《春秋左传注》，中华书局1990年版，第1055—1056页。
② 同上书，第1086页。
③ 张培瑜：《中国古代历法》，中国科学技术出版社2008年版，第170页。

见食）原因的推测，难以定断，但这亦非本书之目的。通过这些误载，包括襄二十九年"阍杀吴子余祭"的错简，我们可以定断的是：《春秋》确为编纂之作。它乃春秋末年，编者依据鲁史官所录，参考其他国史料及某种日食记录，综合编纂而成的著作。因此，《春秋》才会有选择的采录36次日食，此处极可能就是"弑君三十六"的暗示或微言。

依据现有之文献记载，可断这个编者应该就是孔子。

## 十二　结论

最后，我们可以对古本《左传》（张苍、贾谊传本）及其与今本的异同略作说明。

第一，此本与今本大同小异，也为编年体，亦与《春秋》经相表里。

第二，此本与今本相异者，乃是历法、记事法、材料分割系年、地域文献的详略等方面。

第三，此本与今本同源，二本之不同主要是流传中造成的。古本自三晋地区经吴楚，至齐传于汉，可称南传本，故吴楚材料较详；今本乃三晋至秦，或鲁地传本，故晋、卫材料较详，可谓北传本。

第四，此本虽与《春秋》相表里，但体例上并不完全符合"春秋传"的标准，刘歆所校今本则经过改造，使之更符合"传"的内在要求。

第五，古本与今本历法的不同，除了刘歆以周历解经的尝试外，在《三统历》成书之后，还经过了一次改动。

利用《史记》所据古本《左传》与今本之间的差异，不仅有助于我们准确判断今本《左传》的成书问题，也为我们深入分析刘歆、郑兴等汉代学者如何"改造"《左传》提供了可能。反过来，利用今本《左传》与《史记》之间的互见关系，也可以窥见《史记》编纂的基本过程。本书对《史记·十二诸侯年表》编纂过程的推断，就是这样的一种尝试。

基于王韬、张培瑜等学者对《春秋》日食误记的研究，以及《春秋》襄二十九年"阍杀吴子余祭"的错简，我们至少可以判断《春秋》是在原始史料基础上编纂而成的著作，而非史官原始记录。日食等材料的选择性记录，也说明了"春秋笔法"亦当为孔子编纂《春秋》时所固有，非后人臆造。我们从《十二诸侯年表》所窥古本，其记事已然含有此种笔法，足见其编纂之初，即以《春秋》为经，与之相表里，非刘逢禄所断之独立史书也。

# 第五章 战国秦汉间《论语》的流变与文献考古问题

## 导 言

上编曾言及周秦汉学术史的叙述主要依存于《汉书·艺文志》奠定的学术史结构，同时《汉志》本身隐含着文献的变迁问题：古文献经刘向校书，由"开放性"向"闭合性"的转变。即古书在刘向校书之前是一种"开放性"的存在，具体的篇目、文句均未固定，文献流传中的基本单位是一些独立短章，还有相当数量的独立短章是战国秦汉间的"公共素材"。古书的形态只是在刘向校书之后才得以基本稳定。《汉书·艺文志》就是刘向校书成果的呈现，它是一部图书整理目录，而非一般所理解的西汉藏书目录。我们很容易忽视这部重要文献背后所潜藏着的文献流变大势：古书流传由异本并行过渡到定本为主。战国秦汉间"公共素材"的短章形式亦在这次转变中消失。

此章即以《论语》的编纂与流传为例，来说明上述问题。从《论语》在西汉时代的文本变迁中，我们知道对于传世的战国秦汉文献而言，每一部、每一篇都有可能由多个年代的材料（特别是独立短章）构成。在传世文献的使用上，应该借鉴考古学的方法，深入到短章乃至短句层面，对现存文献作系统的考古式研究，以厘清每一部（或每一篇）古文献的"适用限度"。

## 一 引子：定州本《论语》引出的问题

上编开始就提及了定州本《论语》的问题。此本为西汉宣帝时代的文本，现存竹简有 620 多枚，多为残简，简长 16.2 厘米，宽 0.7 厘米，满简 20 字上下，存 7576 字，不足今本二分之一。① 定州本的分章、字数均与今本《论语》不同。如定州本《尧曰》有一枚题记简："凡二章，凡三百廿二字。"而今本为三章 343 字。总体看，定州本每篇章数多于今本，个别章今本分作数章，因此其总体长度似要大于今本。② 整理小组详细比刊了竹简本与传世本的异同，认为竹简本包含了汉代《鲁论语》本来的一些东西，并暗示此本《论语》与萧望之奏议放在一起③，应该就是当时的《鲁论语》。

但是，从文字上，的确难以判断定州本是哪种《论语》，原因是简本《论语》有的异文与古文《论语》相同，有的文字与《鲁论语》相同，有的异文则与《鲁论语》不同，还有的文字明显与《鲁论语》不同，却与《鲁论语》传授中的音读相同等。据记录每篇章数的竹简，竹简本的分章也与今本不同，如今本分作四十章以上的有《宪问》四十四章，《卫灵公》四十二章，但竹简本记录四十章以上的章数则是四十七章和四十四章。

据《汉书·艺文志》和《汉书·张禹传》，西汉时代的《论语》主要有《齐论语》、《鲁论语》和《古论语》三种，而今本《论语》是西汉张禹整理的《鲁论语》，后经何晏等人集解而传于世。皇侃《论语集解义疏序》曰："今日所讲，即是《鲁论》，为张侯所学，何晏所集者也。"④ 竹简本虽然总体上文字、分章接近于今本，但其异文却难以与《鲁论语》画上等号。

竹简本《尧曰》篇虽然附录了今本的第三章，但其章数简明确记载此篇"凡二章，凡三百廿二字"，康有为《论语注》认为今本第三章乃是《齐论语》所有。此外，《齐论语》多《问王》、《知道》二篇，竹简本无。且据何晏《论语集解序》，"《齐论语》二十二篇，其二十篇中，章句颇多于《鲁论》"，但竹简本与今本在章句上还是比较接近，故竹简本也非《齐论语》。

---

① 《定县 40 号汉墓出土竹简简介》，《文物》1981 年第 8 期。
② 河北省文物研究所定州汉墓竹简整理小组：《定州汉墓竹简论语》，文物出版社 1997 年版。
③ 与《论语》一同出土的还有萧望之奏议，据《汉书·艺文志》，萧望之传授的是《鲁论语》，汉宣帝五凤三年前后，时任太子太傅。
④ 皇侃：《论语集解义疏》，《丛书集成初编》，商务印书馆 1937 年版，第 4—5 页。

何晏《论语集解序》称《古论语》"分《尧曰》下章'子张问'以为一篇，有两《子张》，凡二十一篇，篇次不与齐、鲁《论》同"，竹简本《尧曰》下章"子张问"附录于篇后，因此，虽然竹简本有多处文字与《古论语》同，但它也不是《古论语》。

通过上编之论，可以知道定州竹简本《论语》与今本、《齐论》、《古论》乃至古本《鲁论》不同是非常正常的，因为它是刘向校书之前的《论语》形态，与校定之本当然会有不同。从基本形式上说，它的确属于《鲁论语》这一大类中的一种。

## 二　《史记·孔子世家》与今本《论语》的异同

定州本《论语》版本的疑难，同样也出现在《史记·孔子世家》所据古本的问题上。《孔子世家》过半内容依据《论语》，其中《世家》记言70多处，与《论语》大体相同的有40多处。《世家》后半部分几乎都与《论语》互见。虽然《世家》多数引据与今本《论语》相同或相近，但是有十几个地方，《世家》与今本《论语》记载的不太一致，《仲尼弟子列传》的部分引述也与今本《论语》有异。如下表所引：

| 《史记·孔子世家》《仲尼弟子列传》 | 《论语》 |
| --- | --- |
| 《世家》：孔子适齐，为高昭子家臣，欲以通乎景公。与齐太师语乐，闻《韶》音，学之，三月不知肉味，齐人称之。 | 《述而》：子在齐闻韶，三月不知肉味。曰："不图为乐之至于斯也！"<br>《八佾》：子语鲁大师乐。曰："乐其可知也：始作，翕如也；从之，纯如也，皦如也，绎如也，以成。" |
| 《世家》：公山不狃以费畔季氏，使人召孔子。孔子循道弥久，温温无所试，莫能己用，曰："盖周文武起丰镐而王，今费虽小，倘庶几乎！"欲往。子路不说，止孔子。孔子曰："夫召我者岂徒哉？如用我，其为东周乎！"然亦卒不行。 | 《阳货》：公山弗扰以费畔，召，子欲往。子路不说，曰："末之也已，何必公山氏之之也。"子曰："夫召我者而岂徒哉？如有用我者，吾其为东周乎？" |
| 《世家》：将适陈，过匡颜刻为仆，以其策指之曰："昔吾入此，由彼缺也。"匡人闻之，以为鲁之阳虎。阳虎尝暴匡人，匡人于是遂止孔子。孔子状类阳虎，拘焉五日。颜渊后，子曰："吾以汝为死矣。"颜渊曰："子在，回何敢死！"匡人拘孔子益急，弟子惧。孔子曰："文王既没，文不在兹乎？天之将丧斯文也，后死者不得与于斯文也，天之未丧斯文也，匡人其如予何！"孔子使从者为宁武子臣于卫，然后得去。 | 《子罕》：子畏于匡。曰："文王既没，文不在兹乎？天之将丧斯文也，后死者不得与于斯文也；天之未丧斯文也，匡人其如予何？" |

续表

| 《史记·孔子世家》《仲尼弟子列传》 | 《论语》 |
|---|---|
|  | 《先进》：子畏于匡，颜渊后。子曰："吾以女为死矣。"曰："子在，回何敢死？"① |
| 《世家》：灵公夫人有南子者，使人谓孔子曰："四方之君子不辱欲与寡君为兄弟者，必见寡小君。寡小君愿见。"孔子辞谢，不得已而见之。夫人在絺帷中。孔子入门，北面稽首。夫人自帷中再拜，环佩玉声璆然。孔子曰："吾乡为弗见，见之礼答焉。"子路不说。孔子矢之曰："予所不者，天厌之！天厌之！"居卫月余，灵公与夫人同车，宦者雍渠参乘。出，使孔子为次乘，招摇市过人。孔子曰："吾未见好德如好色者也。"于是丑之，去卫。 | 《雍也》：子见南子，子路不说。夫子矢之曰："予所否者，天厌之！天厌之！"<br>《子罕》：子曰："吾未见好德如好色者也。"<br>《卫灵公》：子曰："已矣乎！吾未见好德如好色者也。" |
| 《世家》：孔子去曹适宋，与弟子习礼大树下。宋司马桓魋欲杀孔子，拔其树。孔子去。弟子曰："可以速矣。"孔子曰："天生德于予，桓魋其如予何！" | 《述而》：子曰："天生德于予，桓魋其如予何？" |
| 《世家》：孔子之时，周室微而礼乐废，《诗》《书》缺。追迹三代之礼，序《书传》，上纪唐虞之际，下至秦缪，编次其事。曰："夏礼吾能言之，杞不足征也。殷礼吾能言之，宋不足征也。足，则吾能征之矣。"观殷夏所损益，曰："后虽百世可知也，以一文一质。周监二代，郁郁乎文哉！吾从周。" | 《为政》：子张问："十世可知也？"子曰："殷因于夏礼，所损益，可知也；周因于殷礼，所损益，可知也；其或继周者，虽百世可知也。"<br>《八佾》：子曰："周监于二代，郁郁乎文哉！吾从周。"② |
| 《史记·仲尼弟子列传》：孔子曰："受业身通者七十有七人，皆异能之士也。德行：颜渊，闵子骞，冉伯牛，仲弓。政事：冉有，季路。言语：宰我，子贡。文学：子游，子夏。师也僻，参也鲁，柴也愚，由也喭，回也屡空。赐不受命而货殖焉，亿则屡中。" | 《先进》：德行：颜渊，闵子骞，冉伯牛，仲弓。言语：宰我，子贡。政事：冉有，季路。文学：子游，子夏。<br>《先进》：柴也愚，参也鲁，师也辟，由也喭。 |

相较而言，《史记·孔子世家》对孔子言行的记载详细、完整，而今本《论语》则呈现出精简化的特征。特别是孔子畏于匡、见南子两则，

---

① 《琴操》："孔子到匡郭外，颜渊举策指匡穿垣曰：'往与阳货正从此入。'匡人闻其言，告君曰：'往者阳货今复来。'乃率众围孔子数日，乃和琴而歌，音曲甚哀，有暴风击军士僵仆，于是匡人乃知孔子圣人，自解也。"

② 《中庸》：子曰："吾说夏礼，杞不足徵也；吾学殷礼，有宋存焉；吾学周礼，今用之，吾从周。"

今本《论语》中分见于各篇的几章，在《世家》中乃是叙述流畅、逻辑完整的一章，司马迁若依据今本《论语》的话，恐怕难以补足文献的中间环节。同样，若无文献依据，《论语·述而》篇中孔子所说的"天生德于予，桓魋其如予何"这句话，《世家》中也不会有"宋司马桓魋欲杀孔子"的背景叙述。《仲尼弟子列传》四品之目中弟子的顺序也与今本《论语》不同。《史记索隐》曰：

《论语》先言柴，次参，次师，次由。今此传序之，亦与《论语》不同，不得辄言其误也。①

可见《史记》所据《论语》与今本不一致。

类似情况亦见其他文献，如《说苑·修文》篇就保存了三章与今本《论语》密切相关的文献。亦对比如下：

| 《说苑·修文》篇 | 《论语》 |
| --- | --- |
| 曾子有疾，孟仪往问之。曾子曰："鸟之将死，必有悲声。君子集大辟，必有顺辞。礼有三仪，知之乎？"对曰："不识也。"曾子曰："坐，吾语汝。君子修礼以立志，则贪欲之心不来。君子思礼以修身，则怠惰慢易之节不至。君子修礼以仁义，则忿争暴乱之辞远。若夫置樽俎，列笾豆，此有司之事也，君子虽勿能可也。" | 曾子有疾，孟敬子问之。曾子言曰："鸟之将死，其鸣也哀；人之将死，其言也善。君子所贵乎道者三：动容貌，斯远暴慢矣；正颜色，斯近信矣；出辞气，斯远鄙倍矣。笾豆之事，则有司存。"（见《泰伯》篇） |
| 孔子曰："可也，简。"简者，易野也。易野者，无礼文也。孔子见子桑伯子，子桑伯子不衣冠而处。弟子曰："夫子何为见此人乎？"曰："其质美而无文，吾欲说而文之。"孔子去，子桑伯子门人不说，曰："何为见孔子乎！"曰："其质美而文繁，吾欲说而去其文。"故曰文质修者谓之君子；有质而无文谓之易野。子桑伯子易野，欲同人道于牛马。故仲弓曰太简。上无明天子，下无贤方伯。天下为无道，臣弑其君，子弑其父，力能讨之，讨之可也。当孔子之时，上无明天子也。故言"雍也可使南面"，南面者，天子也。雍之所以得称南面者，问子桑伯子于孔子，孔子曰："可也，简。"仲弓曰："居敬而行简，以道民，不亦可乎？居简而行简，无乃太简乎？"子曰："雍之言然！"仲弓通于化术，孔子明于王道，而无以加仲弓之言。 | 子曰："雍也可使南面。"仲弓问子桑伯子，子曰："可也简。"仲弓曰："居敬而行简，以临其民，不亦可乎？居简而行简，无乃大简乎？"子曰："雍之言然。"（见《雍也》篇） |

---

① （汉）司马迁：《史记》，中华书局1982年版，第2185页。此处所引，"之亦"之间，多增一逗号。

续表

| 《说苑·修文》篇 | 《论语》 |
| --- | --- |
| 孔子至齐郭门之外,遇一婴儿挈一壶相与俱行。其视精,其心正,其行端。孔子谓御曰:"趣驱之,趣驱之!韶乐方作。"孔子至彼闻韶,三月不知肉味。故乐非独以自乐也,又以乐人;非独以自正也,又以正人矣哉!于此乐者,不图为乐至于此。 | 子在齐闻韶,三月不知肉味。曰:"不图为乐之至于斯也!"（见《述而》篇） |

《说苑·修文》篇"曾子有疾"和"孔子至齐郭门之外"这两章可以视为别本的《论语》。

其一,就内容（或记载对象）而言,这两章与今本《论语》所记载的都是同一事件。"曾子有疾"章和今本《论语·泰伯》篇"曾子有疾"章都是记载曾子身患疾病,孟敬子（孟仪或公孟仪①）前去探望,曾子向他阐述君子所贵之三道（或三礼）这一事件。"孔子至齐郭门之外"章和今本《论语·述而》篇都记载孔子在齐闻韶这一事件。所以,如果不以今本《论语》为规范的话,《说苑》两章也可以认为是两章早期《论语》。

其二,《说苑》两章与今本《论语》两章属于不同的传本系统。其文字差异很容易就可以看出来。简而言之,《说苑》本要较今本《论语》为详;今本《论语》较《说苑》本则更加洗练。"曾子"一章《说苑》本的"礼有三仪"与今本《论语》的三"道"也有一条不同,即"君子修礼以立志,则贪欲之心不来"和"正颜色,斯近信矣"是论述不同的礼或道的。但就文字而言,今本《论语》更像是经过润色和加工的。

其三,《说苑》本能够补充一些今本《论语》所缺少的内容。尤其是"孔子至齐郭门之外"章,给我们提供了孔子在齐闻韶的过程,形象而生动。

总之,仅就这两对记载而言,《说苑》本更像是故事的原始形态,而今本《论语》则像是加工、提炼、润色过的形式。

"曾子有疾"一章,亦见于定州汉墓竹简《儒家者言》。《儒家者言》另外还有三章与今本《论语·宪问》、《八佾》存在互见。但是据《〈儒

---

① 定州汉墓竹简《儒家者言》（见《〈儒家者言〉释文》,《文物》1981 年第 8 期）和阜阳双古堆汉简《说类杂事》（见胡平生《阜阳双古堆汉简与〈孔子家语〉》,《国学研究》第七卷）均作"公孟仪"。

家者言〉释文》，整理者是"将其中长度、编纶、字数和字体相同的简编在一起"，那么"曾子有疾"及其他三章并不属于《论语》一书。① 故知"曾子有疾"章在汉代亦编录于其他的书，并不仅在《论语》中，如它又见于阜阳双古堆汉墓简牍上，其所处文献亦非《论语》。②

可见汉代有一些与《论语》互见的文献流传，它们是一些相对独立的章，与今本《论语》内容大体相同，又有差异，可见其同源关系。

问题是，《史记·孔子世家》所据是些类似《说苑·修文》、《儒家者言》中的短章吗？恐怕不是，《世家》大半依据了《论语》，是明显的事实，太史公不会仅仅挑选个别几章单独引述。

那么，与《论语》同源的独立短章、《孔子世家》所据古本《论语》、定州本《论语》、今本《论语》，这几种文献之间是什么关系？

### 三 《论语》古本的源流

问题的解答，首先得从《论语》的早期流传谈起。

关于《论语》一书的内容或性质，古今均无异议。诸家皆认为《论语》乃是记录孔子及诸弟子善言之书。何晏《论语集解序》引刘向曰：

《鲁论语》二十篇，皆孔子弟子记诸善言也。③

《汉书·艺文志》曰：

《论语》者，孔子应答弟子时人及弟子相与言而接闻于夫子之语也。④

赵岐《孟子题辞》：

七十子之畴，会集夫子所言，以为《论语》。⑤

---

① 《〈儒家者言〉释文》，《文物》1981年第8期。
② 胡平生：《阜阳双古堆汉简与〈孔子家语〉》，《国学研究》第七卷。
③ 《论语注疏》，中华书局影印阮刻《十三经注疏》嘉庆本2009年版，第5332页。
④ 陈国庆：《汉书艺文志注释汇编》，中华书局1983年版，第79页。
⑤ 《孟子注疏》，《十三经注疏》嘉庆本2009年版，第5792页。

刘熙《释名》曰：

> 《论语》，记孔子与诸弟子所语之言也。①

但是，关于《论语》的编者，则时代越后，结论越清晰。《汉书·艺文志》曰：

> 当时弟子各有所记。夫子既卒，门人相与辑而论纂，故谓之《论语》。②

郑玄《论语序》则称"仲弓、子游、子夏等撰定"。到了唐代，柳宗元《论语辩》论到《论语》述及曾参老死，且曾子、有子称子，故此书应由曾参弟子乐正子春、子思等人编成。宋代程颐、朱熹进一步认为《论语》成于有子、曾子之门人。郑玄所据当为先师之说，后来讨论《论语》编纂者，则主要依据《论语》文本，做出合理之推测。故此问题实无继续讨论的必要。文献可见的《论语》传授始自西汉。《汉志》著录《论语》有《齐论》、《鲁论》、《古论》三种，其小序曰：

> 汉兴，有齐、鲁之说。传《齐论》者，昌邑中尉王吉、少府宋畸、御史大夫贡禹、尚书令五鹿充宗、胶东庸生，唯王阳名家。传《鲁论语》者，常山都尉龚奋、长信少府夏侯胜、丞相韦贤、鲁扶卿、前将军萧望之、安昌侯张禹，皆名家。张氏最后而行于世。③

《古论语》、《齐论语》与《鲁论语》的文字差异还有数斑可窥。桓谭《新论》曰：

> 《古论语》二十一卷，与《齐》、《鲁》文异六百四十余字。④

---

① （汉）刘熙《释名》卷六，四部丛刊本。
② 陈国庆：《汉书艺文志注释汇编》，中华书局1983年版，第79页。
③ 同上书，第79—80页。
④ （汉）桓谭：《新辑本桓谭新论》，中华书局2009年版，第38页。

不唯文字有异同，《古论语》篇序亦与《齐》、《鲁》不同。皇侃《论语集解义疏序》曰：

> 《古论》分《尧曰》下章"子张问"更为一篇，合二十一篇。篇次以《乡党》为第二篇，《雍也》为第三篇，内倒错不可具说。……《齐论》题目与《鲁论》大体不殊，而长有《问王》、《知道》二篇，合二十二篇，篇内亦微有异。①

今传《论语》是以《鲁论语》为基础的《张侯论》。《汉书·艺文志》即将张禹的《论语说》归入《鲁论》一系。其实，《张侯论》虽属《鲁论》，但在传、说方面是兼收《齐说》的。张禹本人的《论语》之学，也习自《齐论语》大师。《汉书·张禹传》曰：

> 初，禹为师，以上难数对己问经，为《论语章句》献之。始鲁扶卿及夏侯胜、王阳、萧望之、韦玄成皆说《论语》，篇第或异。禹先事王阳，后从庸生，采获所安，最后出而尊贵。②

王阳即王吉，他和胶东庸生都是传习《齐论语》的大师。可见张禹的《论语》学，在传、说、训、义方面是兼收齐、鲁的。③ 但是，《齐论》在何晏《论语集解》之后，就亡佚了，这一情况《隋书·经籍志》有记载：

> 汉末，郑玄以《张侯论》为本，参考《齐论》、古《论》而为之注。魏司空陈群、太常王肃、博士周生烈，皆为义说。吏部尚书何晏，又为集解。是后诸儒多为之注，《齐论》遂亡。④

---

① （南朝）皇侃：《论语义疏》，中华书局2013年版，第4页。
② （汉）班固：《汉书》卷八十一，中华书局1962年版，第3352页。
③ 《经典释文叙录》云："安昌侯张禹受《鲁论》于夏侯建，又从庸生、王吉受《齐论》。"吴承仕《经典释文叙录疏证》据皇侃《论语义疏·发题》认为《经典释文》本于刘向《别录》："晚有安昌侯张禹，就建学《鲁论》，兼讲《齐》说，择善而从，号曰《张侯论》，为世所贵。"参见吴承仕《经典释文叙录疏证》，中华书局1984年版。
④ （唐）魏徵等：《隋书》，中华书局点校本1973年版，第939页。

郑玄、何晏的注本是魏晋至唐代最为流行的《论语》传本，它们都是以《鲁论语》为基础的。即使其中采纳了某些《齐说》，今天也是无从考究的。

总之，汉宣帝之后的《论语》流传线索是清晰的。

但汉宣帝之前的《论语》流传却多有疑问。疑问的引起，源自王充的《论衡》。其《正说》篇曰：

> 说《论》者，皆知说文解语而已，不知《论语》本几何篇；但[知]周以八寸为尺，不知《论语》所独一尺之意。夫《论语》者，弟子共纪孔子之言行，敕记之时甚多，数十百篇，以八寸为尺，纪之约省，怀持之便也。以其遗非经，传文纪识恐忘，故但以八寸尺，不二尺四寸也。① 汉兴失亡。至武帝发取孔子壁中古文，得二十一篇，齐、鲁二，河间九篇，三十篇。至昭帝女读二十一篇。宣帝下太常博士，时尚称书难晓，名之曰传；后更隶写以传诵。初，孔子孙孔安国以教鲁人扶卿，官至荆州刺史②，始曰《论语》。今时称论语二十篇，又失齐、鲁、河间九篇。本三十篇，分布亡失；或二十一篇。[篇]目或多或少，文赞或是或误。说《论语》者，但知以剥解之问，以织微之难，不知存问本根篇数章目。温故知新，可以为师；今不知古，称师如何？③

王充所述多与传统文献记载不合，尤其是《论语》敕记之时多达数十百篇，汉初原本《论语》已经亡失，《论语》之名起于孔安国等语，更是事关《论语》流传之大局，王充《论衡》虽多有不经之谈，但也让人不得不重视之。

首先，《论语》原本有数十百篇之说虽无文献依据，却近于常理。故翟灏《四书考异·论语原始》曰："王氏云，论语本数十百篇，殊觉骇听。然溯未辑论时言之，亦未可谓其夸诞。王此言，当时必更有本，今不可稽。"

---

① 战国简多数每简二十五字上下，均不到二尺四寸。
② 汉武帝元封五年（前106）"初置刺史部十三州"。颜师古《汉书注》曰："《汉旧仪》云初分十三州，假刺史印绶，有常治所。以秋分行郡，御史为驾四封乘传。到所部，郡国各遣一史迎之界上，所察六条。"
③ 黄晖：《论衡校释》，中华书局1990年版，第1135—1139页。

## 第五章 战国秦汉间《论语》的流变与文献考古问题 257

其次,《论语》汉初亡失,至武帝发取孔壁古文始传于天下,昭帝女读之、宣帝时难晓、孔安国教扶卿始名《论语》等说,则不可信。

《论语》汉初情形虽无记载,但目前所知较早使用《论语》书名的是《礼记·坊记》①,《坊记》又见《子思子》。《韩诗外传》三引"《论语》曰",卷二"楚狂接舆躬耕以食"章引《论语》曰:"色斯举矣,翔而后集。"卷五:

> 孔子侍坐于季孙。季孙之宰通曰:"君使人假马,其与之乎?"孔子曰:"吾闻君取于臣,谓之取,不曰假。"季孙悟,告宰通曰:"今以往,君有取,谓之取,无曰假。"孔子曰正假马之言,而君臣之义定矣。《论语》曰:"必也正名乎!"诗曰:"君子无易由言。"②

卷六"天下之辨"章引《论语》曰:"君子于其言,无所苟而已矣。"三处引用均无后人插入痕迹。韩婴主要活动于文帝、景帝和武帝初年。与韩婴同时,《汉书·董仲舒传》载董仲舒元光元年举贤良对策曰:

> 臣闻《论语》曰:"有始有卒者,其唯圣人虖!"③

因此至迟在汉武帝初年,《论语》已经被视作经典了。

董仲舒之后,史籍文献中《论语》的引据逐渐增多。《盐铁论·论儒》篇载御史曰:

> 《论语》:"亲于其身为不善者,君子不入也。"有是言而行不足从也。季氏为无道,逐其君,夺其政,而冉求、仲由臣焉。礼:"男女不授受,不交爵。"孔子适卫,因嬖臣弥子瑕以见卫夫人,子路不说。子瑕,佞臣也,夫子因之,非正也。男女不交,孔子见南子,非礼也。礼义由孔氏,且贬道以求容,恶在其释事而退也?④

---

① 《礼记·坊记》:论语曰:"三年无改于父之道,可谓孝矣。"
② 此章亦见《新序·杂事五》。
③ (汉)班固:《汉书》卷五十六,中华书局1962年版,第2514页。
④ 王利器:《盐铁论校注》卷二,中华书局1992年版,第151页。

《未通》篇文学亦引《论语》曰："百姓足，君孰与不足乎？"《汉书·昭帝纪》载始元五年六月《诏》曰：

> 朕以眇身获保宗庙，战战栗栗，夙兴夜寐，修古帝王之事，通《保傅传》、《孝经》、《论语》、《尚书》，未云有明。其令三辅太常举贤良各二人，郡国文学高第各一人。赐中二千石以下至吏民爵各有差。①

《汉书·宣帝纪》载霍光曰：

> 《礼》："人道亲亲故尊祖，尊祖故敬宗。太宗无嗣，择支子孙贤者为嗣。孝武皇帝曾孙病已，时有诏掖庭养视，至今年十八，师受《诗》、《论语》、《孝经》，操行节俭，慈仁爱人，可以嗣孝昭皇帝后，奉承祖宗，子万姓。"②

可见至迟在汉武帝时代，《论语》已经完成了经典化的过程，成为士人引据和学子日常阅读的书籍。到汉昭帝、宣帝时期，《论语》已经成为基础教育的主要经典之一。汉元帝时期史游《急就》篇已有"宦学讽诵《孝经》《论》"之语，东汉崔寔《四民月令》曰：

> 十一月冬至之日……命幼童读《孝经》《论语》篇章，入小学。③

《急就》篇是日常识字之书，《四民月令》是对当时人四时生活的某种总结，因此二者所述内容至少已经存在了一定的时间。故至迟在西汉宣帝、元帝时期，《论语》已经是小学教育的主要内容之一。

由此判断，王充《论衡》之说，恐出于论辩之需要，多不可信。又，传孔安国《孔子家语序》曰：

> 《孔子家语》者，皆当时公卿士大夫及七十二弟子之所咨访交相

---

① （汉）班固：《汉书》卷七，中华书局1962年版，第223页。
② （汉）班固：《汉书》卷八，中华书局1962年版，第238页。
③ 石声汉：《四民月令校注》，中华书局1965年版，第71页。

## 第五章 战国秦汉间《论语》的流变与文献考古问题 259

对问言语也,既而诸弟子各记其所问焉。与《论语》《孝经》并时。弟子取其正实而切事者,别出为《论语》,其余则都集录之,曰《孔子家语》。①

《孔子家语》一类文献在西汉亦颇常见,定州汉简有《儒家者言》、阜阳汉简木牍所载章题也多见于今本《孔子家语》。《汉书·艺文志》载录《孔子家语》二十五篇,但颜师古《汉书注》曰:"非今所有《家语》。"知今本《孔子家语》非《汉志》所载之本。

今本《孔子家语后叙》载孔衍《上成帝书辩家语宜记录》云:

> 臣闻明王不掩人之功,大圣不遗人小善,所以能口其明圣也。陛下发明诏,谘群儒,集天下书籍,无言不悉,命通才大夫校定其义,使遐载之文,以大著于今日,立言之士,垂于不朽。此则蹈明王之轨,遵大圣之风者也。虽唐帝之焕然,周王之彧彧,未若斯之极也。故述作之士,莫不乐测大伦焉。臣祖故临淮太守安国,逮仕于孝武皇帝之世,以经学为名,以儒雅为官,赞明道义,见称前朝。时鲁恭王坏孔子故宅,得古文科斗《尚书》《孝经》《论语》,世人莫有能言者,安国为之今文读而训传其义。又撰次《孔子家语》,既毕,会巫蛊事起,遂各废不行于时。然其典雅正实,与世所传者,不可同日而论也。光禄大夫向,以为时所未施之故,《尚书》则不记于《别录》,《论语》则不使名家也。臣窃异之。且百家章句,无不毕记,况《孔子家语》古文正实而疑之哉!又戴圣近世小儒,以《曲礼》不足,而乃取《孔子家语》杂乱者,及子思、孟轲、孙卿之书以裨益之,总名曰《礼记》,今尚见其已在《礼记》者,则便除《家语》之本篇,是灭其原而存其末,不亦难乎!臣之愚,以为宜如此为例,皆记录别见,故敢冒昧以闻。②

今本《孔子家语》所载孔衍的上书依托的痕迹十分明显,如其中述及"自己的"祖父孔安国"撰次《孔子家语》,既毕,会巫蛊事起"云

---

① 《孔子家语》卷十,文渊阁四库全书本。
② 同上。

云,明是伪托,孔安国卒于武帝初年,不可能巫蛊之事时还在世。这封上书显然是依照《汉书》记载而作,却也承袭了《汉书》之误。严可均《全文》即疑此文为后人依托。因此,"孔安国《孔子家语序》"的可靠性也值得怀疑。

总之,虽然《论语》源流古说纷纭,但还是以《汉书·艺文志》、《论语集解序》、《隋书·经籍志》等文献所载最为可信,汉宣帝之后,《论语》存在《齐论》、《鲁论》、《古论》三形态的文本,互有差异,流传线索也非常清晰。而《论语》的经典化至迟在汉武帝时代已经完成。

《齐论》、《鲁论》、《古论》之后,《张侯论》后出尊贵,又是在综合众本基础上而成,但为何没有著录于《汉书·艺文志》呢?

### 四　从类型文献到单种古书——刘向校书与古文献的流变

刘向校书,每一书毕,则撰书录,以呈天子,号为《别录》。刘歆总《别录》,删繁而作《七略》。班固《汉书》因《七略》而成《艺文志》。前人往往视《汉书·艺文志》为西汉图书的总目①,因此会将它作为西汉文献的索引来使用,这是对《汉志》的误读。传统上对《汉志》的误读主要在两个层面上:其一,在目录性质上,将其视作西汉藏书总目。其二,在文献性质上,将《汉志》所载书籍特征等同于西汉之前的文献形式。

《汉书·艺文志》主要删裁《七略》而成,班固新入文献很少,又均作了说明,不过几种而已,因此《汉志》基本沿袭《七略》之目。而刘歆制《七略》在哀帝初年,主要是汇总其父《别录》,种别为之。阮孝绪《七录序》述之最详:

> 孝成之世,颇有亡逸。乃使谒者陈农求遗书于天下,命光禄大夫刘向及子俊、歆等雠校篇籍,每一篇已,辄录而奏之。会向亡丧,帝使歆嗣其前业,乃徙温室中书于天禄阁上。歆遂总括群篇,奏其《七略》……昔刘向校书,辄为一录。论其指归,辨其讹谬,随竟奏上,皆载在本书。时又别集众录,谓之《别录》,即今之《别录》是

---

① 这里所指的总目,是"目的上"的总目,即班固以撰"总目"的目的来撰述《艺文志》,因此即使它有遗漏,也是总目。

也。子歆撮其指要，著为《七略》。①

故《汉志》书目大体与《别录》相当，而《别录》乃是刘向一篇篇图书整理报告的汇总，因此，《汉志》基本上是刘向的图书整理目录，而非藏书总目。这是就《汉志》的成书而言。

若仅仅考察一下西汉《易》的文本，就知道《汉志》所载是多么有限了。《汉志》载有《易》的今文本有三个：施雠本、孟喜本、梁丘贺本。但《汉书·儒林传赞》曰：

> 自武帝立《五经》博士，开弟子员，设科射策，劝以官禄，讫于元始，百有余年，传业者浸盛，支叶蕃滋，一经说至百余万言，大师众至千余人，盖禄利之路然也。初，《书》唯有欧阳，《礼》后，《易》杨，《春秋》公羊而已。至孝宣世，复立大、小夏侯《尚书》，大、小戴《礼》，施、孟、梁丘《易》，《穀梁春秋》。至元帝世，复立京氏《易》。②

据此知武帝时，有杨氏《易》，元帝时有京氏《易》。杨氏《易》出于田何。《汉书·儒林传》载田何是西汉《易》的宗师，但《易》为卜筮之书，民间传本得以避过秦火，故当不止有田何一家之传本。查《艺文志》，《易传》有"《周氏》、《服氏》、《杨氏》、《蔡公》、《韩氏》、《王氏》、《丁氏》"，韩氏指韩婴③，他并非田何弟子或再传弟子，韩氏学有传，则其必有经。韩氏《易》经的情况已不可考，但此本必属于田何传本之外的本子。

除了韩氏《易》，西汉时期淮南地区的《易》学也不出于田何一系，《艺文志》著录有《淮南九师道训》，刘向《别录》曰："淮南聘善为者九人，从之采获，故中书署曰《淮南九师书》。"此九人亦非田何一系也。

又，《史记索隐》引刘向《别录》曰："《易》家有救氏注。"④ 更知

---

① 《广弘明集》卷三，转引自张舜徽《文献学辑要》，陕西人民出版社1981年版，第24—26页。
② （汉）班固：《汉书》，中华书局1962年版，第3620页。
③ 参见《汉书·儒林传》。
④ （汉）司马迁：《史记》，中华书局点校三家注本1982年版，第3097页。

《易》本非仅田何一系。

《艺文志·六艺略》小序又曰："汉兴，田何传之。讫于宣、元，有施、孟、梁丘、京氏列于学官，而民间有费、高二家之说，刘向以《中古文易经》校施、孟、梁丘经，或脱去'无咎'、'悔亡'，唯费氏经与古文同。"故知中秘尚有《易》中古文本，学官尚有京氏本，民间尚有费氏本、高氏本。

故西汉时《易》经本至少有：中古文本、杨氏本、施氏本、孟氏本、梁丘氏本（三家皆祖田王孙）、京氏本、韩氏本、费氏本、高氏本、淮南本、救氏本等十一个。这十一个传本，都不难见到。且除杨氏本、韩氏本外，其他各本刘向校书时都雠校过。但列于《汉书·艺文志》书目的只有施、孟、梁丘三家。

刘向校书以中书为中心，目的是整理秘府藏书，秘府不藏和无须整理的古书，没有校书记录，也就不可能著录于《别录》、《七略》。因此，除了班固新入的少数著作，多数秘府不藏或刘向不整理的古书并不见载于《汉志》。王国维"班《志》全用《七略》，即以中秘书目为国史书目"的论断是非常正确的。

西汉图书主要分为秘府书、官府书、大臣书和民间书四类。虽然秘府藏书最为完善，但也有官府、大臣、民间有藏而秘府不藏的图书。姚振宗《汉书艺文志拾补》收录《汉志》未载书有"三十四种二百八十五家三百一十七部"[①]。其中汲冢竹书属于后出，另有部分书籍的考证值得商榷，如姚氏所录六艺类的部分经说、章句等。但不能否认的是，刘向校书时有流传但秘府不载的书不在少数。

故《汉志》乃是以刘向校书的整理目录《七略》为基础，所以它相对于西汉国家藏书的"总目"来说，范围、数量要小。

相比于第一个层面的误读，将《汉志》所载书籍形态等同于刘向校书之前的图书形态的误读，其实更为"隐蔽"，对学术研究的影响也更大。从现存《别录》佚文及相关古文献版本信息来看，刘向校书前后古书的形态和流传样式发生了重要的变化，《别录》记录的是刘向雠校后的"善本"形式，因此《汉书·艺文志》所载也是刘向整理后的古书面貌，与西汉之前文献形态之间，存在太多差异。可以说，《汉书·艺文志》书

---

[①]《二十五史补编》，第1436页。

目背后隐藏着文献变迁问题。

兹将可以佐证上述论断的《别录》佚文罗列如下：

《战国策书录》：护左都水使者光禄大夫臣向言：所校中《战国策》书，中书余卷，错乱相糅莒。又有国别者八篇，少不足。臣向因国别者，略以时次之，分别不以序者以相补，除复重，得三十三篇。本字多误脱为半字，以"赵"为"肖"，以"齐"为"立"，如此字者多。中书本号，或曰《国策》，或曰《国事》，或曰《短长》，或曰《事语》，或曰《长书》，或曰《修书》。臣向以为战国时，游士辅所用之国，为之策谋，宜为《战国策》。其事继春秋以后，讫楚、汉之起，二百四十五年间之事，皆定以杀青，书可缮写。

《管子书录》：护左都水使者光禄大夫臣向言：所校雠中管子书三百八十九篇，大中大夫卜圭书二十七篇，臣富、参书四十一篇，射声校尉立书十一篇，太史书九十六篇，凡中外书五百六十四篇。以校，除复重四百八十四篇，定著八十六篇，杀青而书，可缮写也。

《晏子书录》：护左都水使者光禄大夫臣向言：所校中书《晏子》十一篇，臣向谨与长社尉臣参校雠。太史书五篇，臣向书一篇，参书十三篇，凡中外书三十篇，为八百三十八章。除复重二十二篇六百三十八章，定著八篇二百一十五章。外书无有三十六章，中书无有七十一章，中外皆有以相定。……其书六篇，皆忠谏其君。文章可观，义理可法，皆合六经之义。又有复重，文辞颇异，不敢遗失，复列以为一篇。又有颇不合经术，似非晏子言，疑后世辩士所为者，故亦不敢失，复以为一篇。凡八篇。其六篇可常置旁御观。

《列子书录》：护左都水使者光禄大夫臣向言：所校中书列子五篇，臣向谨与长社尉臣参校雠太常书三篇，太史书四篇，臣向书六篇，臣参书二篇，内外书凡二十篇。以校，除复重十二篇，定著八篇。中书多，外书少。章乱布在诸篇中。或字误以"尽"为"进"，以"贤"为"形"，如此者众。及在新书有栈，校雠从中书，已定皆以杀青，书可缮写。

《孙卿子书录》：护左都水使者光禄大夫臣向言：所校雠中孙卿书凡三百二十二篇，以相校，除复重二百九十篇，定著三十二篇，皆已定，以杀青简，书可缮写。

《老子书录》曰:"雠校中《老子》书二篇,太史书一篇,臣向书二篇,凡中外书五篇,一百四十二章。除复重三篇六十二章,定著八十一章。《上经》第一,三十七章;《下经》第二,四十四章。"①

《邓析子书录》:中邓析书四篇,臣叙书一篇,凡中外书五篇。以相校,除复重,为一篇,皆定杀,而书可缮写也。

《说苑书录》:护左都水使者光禄大夫臣向言:所校中书说苑杂事,及臣向书、民间书,诬校雠,事类众多,章句相溷,或上下谬乱,难分别次序。除去与《新序》复重者,其余者浅薄,不中义理,别集以为百家。后令以类相从,一一条别篇目,更以造新事,十万言以上,凡二十篇,七百八十四章,号曰《新苑》,皆可观。

《山海经书录》:侍中奉车都尉光禄大夫臣秀领校秘书言:校秘书、太常属、臣望所校山海经凡三十二篇。今定为一十八篇。已定。

细读这些透露刘向校书细节的《别录》佚文,不难发现刘向所校中书、太史书、大臣书、民间书等与其校定本之间的变化。简单地说,刘向的定本是综合各本的"善本",它与之前各本均不能画上等号。同一古书,中书、太史书、大臣书、民间书等各本也不相同,它们之间互有异同,各本篇目、章节多寡也相差悬殊,但这正是刘向校书之前古籍流传的基本形式。《汉书·艺文志》所载乃是刘向定本的形式,因此《汉志》所载书目并非刘向校书前古书的一般形态。

多数古书在刘向校书之前都没有固定的传本。如"管子书",刘向整理时收录的篇目总数是五百六十四篇,包括中书三百八十九篇,太中大夫卜圭书二十七篇,臣富参书四十一篇,射声校尉立书十一篇,太史书九十六篇。刘向将这五百多篇相互参校,删除重复,定著八十六篇。实际上,总数五百六十四篇"管子书",包含的篇数只有八十六,与这八十六篇重复的有四百多篇。中书、卜圭书、富参书、立书、太史书互有亦同,传本尚不固定。

再如在汉武帝时代就列于学官的《礼经》。《汉志》著录《礼经》十七篇②,班固注曰:"后氏、戴氏。"依据《儒林传》知此处注释主要针

---

① 《道藏》洞神部谱录类,(宋)谢守灏《混元圣纪》卷三引《七略》。
② 今本《汉志》误作"七十",据刘敞等考证校改。

## 第五章　战国秦汉间《论语》的流变与文献考古问题　265

对传述者而言，后氏指后仓，戴氏指戴德或戴圣，或两者兼而有之。《汉志》所录之"《经》十七篇"是刘向整理后的本子，与前人之本有异。《仪礼注疏》引郑玄《目录》曰："冠礼于五礼属嘉礼，大、小《戴》及《别录》此皆第一。"① 可见刘向校书之后，《仪礼》有三个传本：大戴本、小戴本、刘向本。前两者应为后氏、戴氏本。刘向本与大、小戴本的不同是：重新调整了十七篇的顺序。贾公彦疏曰：

> 郑又云"大、小戴及《别录》此皆第一"者，大戴，戴圣，与刘向为《别录》十七篇，次第皆《冠礼》为第一，《昏礼》为第二，《士相见》为第三，自兹以下，篇次则异。故郑云大、小《戴》、《别录》即皆第一也。其刘向《别录》，即此十七篇之次是也，皆尊卑吉凶次第伦叙，故郑用之。至于大戴即以《士丧》为第四，《既夕》为第五，《士虞》为第六，《特牲》为第七，《少牢》为第八，《有司彻》为第九，《乡饮酒》第十，《乡射》第十一，《燕礼》第十二，《大射》第十三，《聘礼》第十四，《公食》第十五，《觐礼》第十六，《丧服》第十七。小戴于《乡饮》、《乡射》、《燕礼》、《大射》四篇亦依此《别录》次第，而以《士虞》为第八，《丧服》为第九，《特牲》为第十，《少牢》为第十一，《有司彻》为第十二，《丧》为第十三，《既夕》为第十四，《聘礼》为第十五，《公食》为第十六，《觐礼》为第十七。皆尊卑吉凶杂乱，故郑玄皆不从之矣。②

《孝经》的情况也是如此。《隋书·经籍志》云：

> 孔子既叙六经，题目不同，指意差别，恐斯道离散，故作《孝经》，以总会之，明其枝流虽分，本萌于孝者也。遭秦焚书，为河间人颜芝所藏。汉初，芝子贞出之，凡十八章，而长孙氏、博士江翁、少府后仓、谏议大夫翼奉、安昌侯张禹，皆名其学。又有《古文孝经》，与《古文尚书》同出，而长孙有《闺门》一章，其余经文，大较相似，篇简缺解，又有衍出三章，并前合为二十二章，孔安国为之

---

① 《仪礼注疏》卷一，中华书局影印阮刻《十三经注疏》嘉庆本 2009 年版，第 2037 页。
② 同上。

传。至刘向典校经籍，以颜本比古文，除其繁惑，以十八章为定。①

当然，对于书的组成单位篇来说，同一篇的不同传本也会有不同。在刘向校书时，《管子》书总共有五百六十四篇，重复的有四百八十四篇，如果篇是固定的，则定本应是八十篇，但刘向最后的定本却是八十六篇。刘向的书录是上呈给汉成帝的报告，不至于算错。所以，刘向在删除重复时，还分出了一部分章节，组成了定本《管子》中新的六篇。可见刘向校书时某些书的篇，还没有最后固定。同样的情况也出现在《晏子》书中，其外篇第七、第八就是刘向新整理而成的篇。

刘向校书之前的文献流传，没有固定的书，有的还没有固定的篇，那么，《汉书·艺文志》相对于这些不固定的书、不固定的篇来说，是一个什么性质的目录呢？

首先，《汉书·艺文志》和它们是不对等的。还是以《管子》为例，中书、大臣书、太史书之间是互补互校的关系，这三部分《管子》都不能与《汉书·艺文志》中的《管子》画上完全的等号。如刘向校书之前太史处有《管子》九十六篇，但这个九十六篇却未必有整理后的八十六篇完整，即校书之前流传的《管子》书与《汉书·艺文志》的著录不对等。

其次，《汉书·艺文志》的著录是刘向综合整理后的书名篇目。《管子》在之前有很多种类的篇章组，如"乘马"、"轻重"、"九府"等，有的类如"九府"民间还没有，这许多类经过刘向整理后，被命名为"管子书"。又如"《鬼谷子》编入《苏子》"、"《新语》编入《陆贾书》"、"《六韬》编入《太公书》"等②，都与《管子》情况类似，即《苏子》中包括有《鬼谷子》一组，《陆贾书》中包括有《新语》一组，《太公书》中包括有《六韬》一组。

所以《汉书·艺文志》相对它之前的文献来说，更像是一个"类目"，而不是"书目"。或者说，刘向校书使得多数古文献从类型文献过渡到了单种古书。

从另一角度而言，刘向校书之前，古书多数属"开放性"文献。篇

---

① 《隋书》，中华书局点校本1973年版，第935页。
② 参见余嘉锡《古书通例》，中华书局2009年版。

名相同的某篇《晏子》书，在不同地域、不同时段、不同拥有者之间不完全相同。即使拥有者手中的一篇，也并非是"闭合"的，拥有者还可能采择或撰述相关的内容，增加进去，甚至还有删除某一两章的可能。刘向校书之后，多数古书属"闭合性"文献，其篇、章数均已确定，我们今天看到的古书在卷帙、章序、内容上与刘向校本区别极小。宋版周秦汉古书有的还附有刘向的《书录》，如《荀子》、《说苑》等。故知今天流传的周秦汉古书乃是以刘向校本为祖本，即使像《庄子》这种因郭象注本而散佚十数篇的文献，其保存下来的部分，还是刘向整理之本。

## 五　《论语》古本问题的解决与文献考古问题

《论语》在刘向校书前后是否也有流传形态的变化？

《汉志》所载的《齐论》、《鲁论》是刘向校订后的本子，因此其篇数、篇次、分章、文字等也应是刘向所定。刘向之前，各家本子是否有不同？答案是肯定的。《汉书·张禹传》曰："鲁扶卿及夏侯胜、王阳、萧望之、韦玄成皆说《论语》，篇第或异。禹先事王阳，后从庸生，采获所安，最后出而尊贵。"扶卿、夏侯胜、萧望之、韦玄成均传《鲁论》，仅王阳一人传《齐论》，故"篇第或异"不仅仅指王阳与《鲁论》诸人，也当包括《鲁论》诸师之间。扶卿、夏侯胜、萧望之、韦贤师承各不相同，所传《鲁论》容有异同。

联系刘向校书情况，我们可以说《齐论语》二十二篇是刘向在综合各种不同《齐论语》传本基础上的定本，《鲁论语》亦然。《汉志》所载《齐论》、《鲁论》在刘向之后，是两个不同的《论语》版本，刘向之前，则是两种不同的《论语》版本类型，它们各自代表了一类文献。

因此，定州本《论语》因与今本接近，应属于《鲁论》一系。而司马迁《史记·孔子世家》所据本部分章句多于今本，恐属《齐论》一系。

与《论语》同源的短章说明《论语》成书的早期，也是先出现一则则短章，然后由短章组合成篇。短章和《论语》各篇存在一个并行流传的阶段，随着《论语》一书的逐渐完善成型，独立短章也逐渐消失，有的被收入其他古书而流传下来，成为与《论语》互见的文献，甚至还保留了更为早期的形式，如《说苑》、《儒家者言》和阜阳汉简孔子事语类木牍等。

各篇的组成也不是统一完成的，所以早期的一些短章也会在《论语》

各篇之间互见。如"巧言令色，鲜矣仁"既见《学而》又见《阳货》；"三年无改于父之道，可谓孝矣"既见《学而》又见《里仁》；"吾未见好德如好色者也"既见《子罕》又见《卫灵公》；"君子博学于文，约之以礼，亦可以弗畔矣夫"既见《雍也》又见《颜渊》等。这种《论语》篇内的互见，也可印证《论语》早期首先是一些独立短章的结论。

随着大量简帛古书的面世，我们逐渐发现短章形式是战国秦汉间文献的主流存在样式之一。也因出土文献的佐证，我们确知传世文献之间的互见短章多为同源关系，而非传抄关系。如上编所论，那些散见于传世古书中的短章，就可以被看作战国秦汉间的"公共素材"。

战国秦汉间"公共素材"的存在当无疑问，这从出土文献及传世文献的有限考证中可见一斑。它们是战国秦汉间十分重要的文献。故事类中多有情节叙事，是早期叙事文学的重要类型。说理、短语类中多精彩的议论，亦是先秦两汉说理文最为闪光的部分之一。这类素材的时限虽从西周至汉初，但多数已在战国初年形成并流传开来，成为诸子思想与学术的重要资源之一。我们今天据有限的出土和传世文献，就可以从《老子》、《孟子》、《荀子》、《韩非子》、《吕氏春秋》、《史记》等众多经典文献中发现相当数量的"公共素材"。那么未知的此类文献又有多少呢？

这说明至少从孟子时代开始到刘向时代结束，这期间出现的典籍有共同的故事、说理、短语素材，且数量可观。那么，我们如何使用规范的学术史叙事模式来讲述这个时段内的故事？或者说，我们能否以"历史的"时间序列来描述这批材料，以及取材于此的那些经典文本？恐怕不能，这批"公共素材"与单线演进式的叙事结构很难相容。当我们面对一部西汉以前的文献时，那些精彩的叙事或说理段落，虽不排除其出于作者原创的可能，但也不能排除它们出于"公共素材"的可能。因此，战国秦汉间"公共素材"的存在，必然造成周秦汉学术史叙事中部分"作家"与其"作品"的不完全对应。这也必然影响到传统学术史叙事的合理性和可靠性。

战国秦汉间"公共素材"存在的意义，多被忽略，至今少有学者关注，原因是刘向校书之后，原来大量流传的独立短章渐趋消失。这些"公共素材"在刘向校书之前，应有三种存在样态：一是被采择进入某些古书，如《荀子》、《韩非子》、《吕氏春秋》等；二是单独以短章的形式流传，如郭店楚简之《太一生水》、《鲁穆公问子思》、《尊德义》等；三是结成"素材集",如刘向校理后的《韩非子·储说》、《说林》、《说苑》等。刘向校书之后,被采择入古书和原本结集的部分得以流传下来,但短章的形式却消失了。

短章的消失,意味着战国秦汉各古书之间的互见段落失去了参照。这样一来,互见极易被我们理解为古书之间有转抄关系。诸子之间因这种"转抄",又很容易被我们建立某种学术传承关系。如果独立短章流传至今的话,上述传承是否存在一定是可以重新讨论的。这就是独立短章的价值所在。从新出的战国秦汉简帛文献分析,这种独立流传的短章,也是我们所说的"公共素材"的主要形式之一,是战国乃至西汉初年文献流传的一种重要形态。这种短章的消失,直接影响到了我们对古书内容、体例及其成书的判断。这应是我们误读《汉书·艺文志》的主要原因之一。这种误读也就直接影响到我们以何种方式讲述那段学术史。

我们从"公共素材"的存在中,可以发现古书的材料适用时限与传统的学术史结构不完全对应。当我们以《汉书·艺文志》奠定的图书或知识分类作为学术进程描述的依据,勾画出的是枝脉状图景,组成枝脉结构的是一部部图书以及其"作者"。在这种描述中,图书和作者往往是单一时间性的"点",如孟子和荀子是战国时代继起的大儒,《孟子》也是早于《荀子》的著作,并代表了孟、荀不同的思想和儒学体系。二者文章的不同,除了是个人风格的差异外,也被认为是文学变迁的证明。在这种表述中,二者有前后清晰的年代关系。这作为一般性的描述,是合理的。若作细密分析,则《荀子》中会有客观抄录的早期材料(即"公共素材"),其材料的适用时限不止于荀子及其时代,上限甚至逾越了孟子时代。如果再联系后人附益之内容,可以说《荀子》是有"长时段"适用性的文献,其中的材料有多个层次,分别属不同时代。类似《荀子》的古书还有不少,如《左传》、《礼记》、《考工记》、《吕氏春秋》、《春秋繁露》、《韩诗外传》等。这些"长时段"适用文献放到枝脉结构的学术史模型中,必然会模糊各古书之间的年代关系,使得部分枝脉失去历时性"线"状"进程",消解了这种结构的合理性。从《孟子》到《韩非子》,再到《淮南子》、《史记》,这些"公共素材"均被采用。它们的撰述时限及流变还有待研究,但基于其"长时段"的通用性,它们无法作为某一特定时期的材料来使用,同样无法适应枝脉结构的学术史描述。

故而,在传世文献的使用上,应该借鉴考古学的方法,深入到短章乃至短句层面,对现存文献作系统的考古式研究,以厘清每一部(或每一篇)古文献的"适用限度"。今天对战国秦汉古书作考古式的研究已显示出必要性。战国秦汉古书多由短章组成篇,多篇合为一书。前人古书年代学的研究多停留于篇的层次,而忽视了那些更基本的短章。对古书各篇内短章的考古式研究,不仅是对学术史的年代研究,也是重建战国秦汉时代的知识背景和思想资源,这一段学术史、思想史的研究也必将呈现出新的深度和新的面貌。

## 六　古文献关系网络中的《论语》及其成书的年代

战国秦汉间古书对《论语》短章的征引或互见颇值得注意。《礼记》、《大戴礼记》多录"子曰",但罕引《论语》。《荀子》中亦罕引《论语》。先秦文献引述《论语》最多的是《孟子》,有八处。顾炎武《日知录》卷七"《孟子》引《论语》"云:

> 《孟子》书引孔子之言凡二十有九,其载于《论语》者八。又多大同而小异,然则夫子之言其不传于后者多矣。故曰:"仲尼没而微言绝。"①

《孟子》中大多数的孔子言行不见于今本《论语》,说明其时有关孔子言行的记载非常丰富。孟子受业于子思之门人,且"私淑"于孔子,据此,《论语》当时很可能还没有形成今本样态,不然《孟子》不至于和我们今日所见《论语》有如此"稀疏"的关系。

即使是见于今本《论语》的孔子言行,《孟子》的引述也与今本不同,并非是"小异",而是显示了早期《论语》材料的特点。如《公孙丑上》:

> 昔者子贡问于孔子曰:"夫子圣矣乎?"孔子曰:"圣则吾不能,我学不厌而教不倦也。"子贡曰:"学不厌,智也;教不倦,仁也。仁且智,夫子既圣矣!"②

---

① 陈垣:《日知录校注》,安徽大学出版社2007年版,第427页。
② (宋)朱熹:《四书章句集注·孟子集注》卷四,中华书局1983年版,第233页。

## 第五章 战国秦汉间《论语》的流变与文献考古问题

《论语·述而》作：

> 子曰："若圣与仁，则吾岂敢？抑为之不厌，诲人不倦，则可谓云尔已矣。"公西华曰："正唯弟子不能学也。"①

《吕氏春秋·尊师》则引作：

> 子贡问孔子曰："后世将何以称夫子？"孔子曰："吾何足以称哉？勿已者，则好学而不厌，好教而不倦，其惟此邪。"②

翟灏《孟子考异》据此云："《论语》'为之不厌，诲人不倦'，是向公西华言之，此向子贡言之。《日知录》谓孟子书所引孔子之言，其载于《论语》者，'我学不厌，而教不倦'，一也。今据《吕氏春秋》，则此实别一时语。"③

又如《滕文公下》：

> 孟子曰："阳货欲见孔子而恶无礼，大夫有赐于士，不得受于其家，则往拜其门。阳货瞰孔子之亡也，而馈孔子蒸豚；孔子亦瞰其亡也，而往拜之。当是时，阳货先，岂得不见？曾子曰：'胁肩谄笑，病于夏畦。'子路曰：'未同而言，观其色赧赧然，非由之所知也。'"④

《论语·阳货》作：

> 阳货欲见孔子，孔子不见，归孔子豚。孔子时其亡也，而往拜之，遇诸涂。⑤

---

① （宋）朱熹：《四书章句集注·孟子集注》卷四，中华书局1983年版，第101页。
② 许维遹：《吕氏春秋集释》，中华书局2009年版，第96页。
③ （清）焦循：《孟子正义》，中华书局1987年版，第214页引。
④ 《四书章句集注·孟子集注》卷六，第270页。
⑤ 《四书章句集注·论语集注》卷九，第175页。

再如《离娄上》：

> 孟子曰："求也为季氏宰，无能改于其德，而赋粟倍他日。孔子曰：'求非我徒也，小子鸣鼓而攻之可也。'……"①

《论语·先进》作：

> 季氏富于周公，而求也为之聚敛而附益之。子曰："非吾徒也，小子鸣鼓而攻之，可也。"②

当然，除了《孟子》外，西汉之前古文献与《论语》的关系过于"淡薄"。《礼记》、《孔子家语》、《说苑》、《韩诗外传》等都大量载录孔子的言行，有趣的是这些文献与《论语》的重合率非常低，它们之间的重合率则很高。鉴于存在与《论语》同源的独立短章，可以认为西汉之前的古书基本未引《论语》。这说明了什么问题呢？从逻辑上推断有以下三种可能：

第一，这种状况容易使人怀疑《论语》成书于汉武帝时代前后，这与王充在《论衡·正说》篇中的论述似又相符。即孔壁古文发现后，孔安国解读古文《论语》，并以教授，《论语》始传。

第二，《论语》西汉之前虽然存在，但一直很少儒家学者知晓。

第三，《论语》与上述文献的主体出现于同一时期，且在较早时期就已独立成为一类文献，故为上述文献所不引。

当然，本书认为还是第三种推断较合理，原因在于：

其一，孔壁古文若真，则战国晚期鲁国已经有《论语》。

其二，不论名称为何，若孔安国时代开始出现《论语》，则不应有《齐论》、《鲁论》之分。齐、鲁之别当有长久的学术传统，而非西汉始有。

其三，《论语》很少见于董仲舒以前文献，恰说明其他与孔子有关之记载产生时代与《论语》接近，二者因此少有交叉。

由此我们知道，孟子时代之前是《论语》各章及各类孔子故事大量

---

① 《四书章句集注·孟子集注》卷七，第283页。
② 《四书章句集注·论语集注》卷六，第126页。

出现并分化的时期,即学术史上所谓的"七十子"及其后学的时期,这是中国学术史、思想史上极为关键的一个阶段,《春秋》三传、古《礼记》形成于这个时期,《诗》、《书》、《易》作为士人之学的早期传布也已开始,而上文所述战国秦汉间的"公共素材"多数也是在这一阶段形成的。不过,限于文献无征,上述结论也不过是推测罢了,故为附论补之。

## 七 附录:《说苑·修文》篇《齐论语》佚文蠡测

### (一)

《汉书·艺文志》曰:"《论语》者,孔子应答弟子时人及弟子相与言而接闻于夫子之语也。当时弟子各有所记。夫子既卒,门人相与辑而论纂,故谓之《论语》。"文献可见的《论语》传授始自西汉。当时有《齐论》、《鲁论》、《古论》三种传本,均见于《汉书·艺文志》的记载。终两汉之世,三种传本的《论语》都有流传,其情况何晏的《论语集解序》所言最为详细,也比较可靠:

> 汉中垒校尉刘向言《鲁论语》二十篇,皆孔子弟子记诸善言也,太子太傅萧望之、丞相韦贤及子玄成等传之;《齐论语》二十二篇,其二十篇中,章句颇多于《鲁论》,琅邪王卿及胶东庸生、昌邑中尉王吉皆以教授,故有《鲁论》有《齐论》。鲁共王时尝欲以孔子宅为宫,坏,得古文《论语》。《齐论》有《问王》、《知道》,多于《鲁论》二篇。《古论》亦无此二篇,分《尧曰》下章"子张问"以为一篇,有两《子张》,凡二十一篇,篇次不与齐、鲁《论》同。安昌侯张禹本受《鲁论》,兼讲《齐说》,善者从之,号曰《张侯论》,为世所贵,包氏、周氏章句出焉。《古论》唯博士孔安国为之训解,而世不传。至顺帝时,南郡太守马融亦为之训说。汉末大司农郑玄就《鲁论》篇章,考之《齐》、《古》,为之注。近故司空陈群、太常王肃、博士周生烈,皆为义说。①

《隋书·经籍志》又称《古论》"章句烦省,与《鲁论》不异,唯分

---

① (清)阮元校刻:《十三经注疏》,中华书局影印本1980年版,第2454—2455页。

《子张》为二篇,故有二十一篇"①,即《鲁论》跟《古论》除了篇次不同外,差异很小。因此,《论语》的传本实际上有两个大的系统:《齐论》和《鲁论》。今传《论语》是以《张侯论》为基础的《鲁论语》。其实,《张侯论》虽然属于《鲁论》,但在传、说方面是兼收《齐说》的。张禹本人的《论语》之学,也习自《齐论语》大师。《汉书·张禹传》曰:

> 鲁扶卿及夏侯胜、王阳、萧望之、韦玄成皆说《论语》,篇第或异。禹先事王阳,后从庸生,采获所安,最后出而尊贵。②

王阳即王吉,他和胶东庸生都是传习《齐论语》的大师。可见张禹的《论语》学,在传、说、训、义方面是兼收齐、鲁的。③ 但是,《齐论》在何晏《论语集解》之后就亡佚了,这一情况《隋书·经籍志》有记载:

> 汉末,郑玄以《张侯论》为本,参考《齐论》、古《论》而为之注。魏司空陈群、太常王肃、博士周生烈,皆为义说。吏部尚书何晏,又为集解。是后诸儒多为之注,《齐论》遂亡。④

郑玄、何晏的注本是魏晋至唐代最为流行的《论语》本,它们都是以《鲁论语》为基础的。即使其中采纳了某些《齐说》,今天也是无从考究的。不过从上述文献的记载中我们还是能够发现《齐论语》的几个重要特征:

其一,较之《鲁论》,《齐论》多《问王》、《知道》二篇。
其二,《齐论》"二十篇中,章句颇多于《鲁论》"。
其三,《齐论》篇章次第与《鲁论》不同。

---

① 《隋书·经籍志》,中华书局点校本1973年版,第939页。
② (汉)班固:《汉书》卷八十一,中华书局1962年版,第3352页。
③ 《经典释文叙录》云:"安昌侯张禹受《鲁论》于夏侯建,又从庸生、王吉受《齐论》。"吴承仕《经典释文叙录疏证》据皇侃《论语义疏·发题》认为《经典释文叙录》本于刘向《别录》:"晚有安昌侯张禹,就建学《鲁论》,兼讲《齐》说,择善而从,号曰《张侯论》,为世所贵。"参见吴承仕《经典释文叙录疏证》,中华书局1984年版。
④ 同上。

因《齐论语》魏晋以后已经亡佚，所以历代学者如朱熹、王应麟、顾宪成、朱彝尊、段玉裁、刘宝楠等都有针对《齐论语》的研究，或据《论语》原文，或据郑玄《论语注》，许慎《说文解字》等文献，提出自己对《齐论语》存佚的推测。马国翰也据《汉书·王吉传》、《贡禹传》、《春秋繁露》、《经典释文》、《礼记正义》等书辑有《齐论语》一卷。因陈东先生《历代学者关于〈齐论语〉的探讨》[①]一文论述颇详，本书就不再赘述了。但是，也正如陈文所言，《齐论语》的面貌"依然是难解之谜"。

先秦两汉文献之间重出互见现象非常常见，那么从其他古文献中能否发现《齐论语》的一点遗文呢？

（二）

西汉刘向所编的《说苑》中就有三章文献，其特点符合《齐论语》的特征。

《韩诗外传》、《新序》、《说苑》、《列女传》是几部特点相近且成书于西汉的儒家文献，其内容特点是以汇录战国秦汉时代流传的经传说记为主。《韩诗外传》自不必说，刘向三书所集内容也几乎全在《张侯论》成书之前。[②] 其中，《说苑》一书汇集与孔子有关的言语、故事最为丰富。《说苑》的宋元诸善本皆附有刘向《说苑叙录》：

> 所校中书说苑杂事，及臣向书、民间书，诬校雠，事类众多，章句相溷，或上下谬乱，难分别次序。除去与《新序》复重者，其余者浅薄，不中义理，别集以为百家。后令以类相从，一一条别篇目，更以造新事，十万言上，凡二十篇，七百八十四章，号曰《新苑》，皆可观。

因有这一可信的材料，学术界也逐渐公认此书非刘向自著，而是编

---

① 陈东：《历代学者关于〈齐论语〉的探讨》，《齐鲁学刊》2003 年第 2 期。
② 《张侯论》的成书，《汉书·张禹传》有记载："初，禹为师，以上难数对己问经，为《论语章句》献之。"（中华书局点校本 1962 年版，第 3352 页）上即汉成帝，《论语章句》所释之《论语》即以《鲁论》为主，兼采《齐说》的《张侯论》。则《张侯论》成书在成帝时期，刘向三书也在成帝时期成书，因三书多为集录而非自撰，所以其中内容自然多在《张侯论》之前出现。

校。如严灵峰先生云：

> 依《说苑叙录》全文，可以断定：现行《说苑》乃刘向所校雠，并分类加工篇目。可以说是"编校"而非"自著"。①

故而，如果说《说苑》中集录的孔子言语或故事是流传于西汉的战国秦汉材料，应不致大错。②

同时，对于《齐论语》而言，我们也不能确定它仅是王吉、庸生等儒生的原创学问，毕竟西汉诸儒还是继承了战国以来的学术传统。所以如果说《齐论语》是战国至西汉时在齐地流传的一种《论语》，也是合适的。③ 因此，在材料的年代范围上，《说苑》中的孔子言语、故事与《齐论语》是可以有所交叉的。

《说苑·修文》篇中的这三章分别是：

> 曾子有疾，孟仪往问之。曾子曰："鸟之将死，必有悲声。君子集大辟，必有顺辞。礼有三仪，知之乎？"对曰："不识也。"曾子曰："坐，吾语汝。君子修礼以立志，则贪欲之心不来。君子思礼以修身，则怠惰慢易之节不至。君子修礼以仁义，则忿争暴乱之辞远。若夫置樽俎，列笾豆，此有司之事也，君子虽勿能可也。"④

其相对应的今本《论语》为：

---

① 严灵峰：《刘向说苑叙录研究》，《大陆杂志》五六卷六期。
② 有关《说苑》材料的性质问题，可参徐建委《〈说苑〉与早期〈诗〉学》（《国学研究》第二十一卷）一文。
③ 皇侃：《论语义疏》叙引刘向《别录》云："鲁人所学，谓之《鲁论》；齐人所学，谓之《齐论》；孔壁所得，谓之《古论》。"另外，也有学者据《汉书·艺文志》所载《齐论》、《鲁论》的传习者多为武帝之后人，而推论《齐论》、《鲁论》皆是《古论》之后的传本。这一观点值得商榷，一来《汉书·艺文志》明确称"汉兴，有齐、鲁之说"，则齐、鲁之分当在汉初；二来诸文献均未记载《齐论》、《鲁论》晚出，也为记载除孔安国外有何人传习过《古论》；三来"传《鲁论》者常山都尉龚奋"，他生活的年代不会晚于武帝中期。据《汉书·诸侯王表》，常山王刘顺始封常山国，时间是汉景帝中五年三月丁巳，其子刘勃嗣位不久就因在服丧期间有奸，废徙房陵，时在汉武帝元鼎三年。那么《鲁论》的传习已在孔壁古文献上之前了。所以《齐论》、《鲁论》的传习是从汉初就开始了，而不是等到武帝时期之后。
④ （汉）刘向撰，向宗鲁校证：《说苑校证》，中华书局1987年版，第498页。

## 第五章 战国秦汉间《论语》的流变与文献考古问题

　　曾子有疾，孟敬子问之。曾子言曰："鸟之将死，其鸣也哀；人之将死，其言也善。君子所贵乎道者三：动容貌，斯远暴慢矣；正颜色，斯近信矣；出辞气，斯远鄙倍矣。笾豆之事，则有司存。"①（见《泰伯》篇）

　　孔子曰："可也，简。"简者，易野也。易野者，无礼文也。孔子见子桑伯子，子桑伯子不衣冠而处。弟子曰："夫子何为见此人乎？"曰："其质美而无文，吾欲说而文之。"孔子去，子桑伯子门人不说，曰："何为见孔子乎！"曰："其质美而文繁，吾欲说而去其文。"故曰文质修者谓之君子；有质而无文谓之易野。子桑伯子易野，欲同人道于牛马。故仲弓曰太简。上无明天子，下无贤方伯。天下为无道，臣弑其君，子弑其父，力能讨之，讨之可也。当孔子之时，上无明天子也。故言"雍也可使南面"，南面者，天子也。雍之所以得称南面者，问子桑伯子于孔子，孔子曰："可也，简。"仲弓曰："居敬而行简，以道民，不亦可乎？居简而行简，无乃太简乎？"子曰："雍之言然！"仲弓通于化术，孔子明于王道，而无以加仲弓之言。②

相对应的今本为：

　　子曰："雍也可使南面。"仲弓问子桑伯子，子曰："可也简。"仲弓曰："居敬而行简，以临其民，不亦可乎？居简而行简，无乃大简乎？"子曰："雍之言然。"③（见《雍也》篇）

　　孔子至齐郭门之外，遇一婴儿挈一壶相与俱行。其视精，其心正，其行端。孔子谓御曰："趣驱之，趣驱之！韶乐方作。"孔子至彼闻韶，三月不知肉味。故乐非独以自乐也，又以乐人；非独以自正也，又以正人矣哉！于此乐者，不图为乐至于此。④

---

① 《四书章句集注·论语集注》卷四，第103页。
② 《说苑校证》，中华书局1987年版，第498—499页。
③ 《四书章句集注·论语集注》卷三，第83页。
④ 《说苑校证》，中华书局1987年版，第499页。

相对应的今本为：

　　子在齐闻韶，三月不知肉味。曰："不图为乐之至于斯也！"①
（见《述而》篇）

　　这三章中，第一、三两章可以视为别本的《论语》，而第二章则可视为《论语说》。
　　当然这三章早已为前贤所注意，如朱熹《论语集注》、刘宝楠《论语正义》、程树德《论语集解》就都加以引述。不过，因为《说苑》自《汉书·艺文志》始都是列入目录学中的儒家类，因此它一直被视作子书，也就是刘向的著作，其汇录早期材料的特点和价值被很自然地忽略了。今天当我们因为文献学研究的深入和出土文献的帮助，对《说苑》一书保存古文献的特点认识逐渐清晰之后，是有必要重新审视与《论语》有直接关系的这三章古文献了。

（三）

　　先看"曾子有疾"和"孔子至齐郭门之外"这两章。
　　其一，就内容（或记载对象）而言，这两章与今本《论语》所记载的都是同一事件。"曾子有疾"章和今本《论语·泰伯》篇"曾子有疾"章都是记载曾子身患疾病，孟敬子（孟仪或公孟仪②）前去探望，曾子向他阐述君子所贵之三道（或三礼）这一事件。"孔子至齐郭门之外"章和今本《论语·述而》篇都记载孔子在齐闻韶这一事件。所以，如果不以今本《论语》为规范的话，《说苑》两章也可以认为是两章早期《论语》。
　　其二，《说苑》两章与今本《论语》两章属于不同的传本系统。其文字差异很容易就可以看出来。简而言之，《说苑》本要较今本《论语》为详；今本《论语》较《说苑》本则更加洗练。"曾子"一章《说苑》本的"礼有三仪"与今本《论语》的三"道"也有一条不同，即"君子修

---

① 《四书章句集注·论语集注》卷四，第96页。
② 定州汉墓竹简《儒家者言》（参见《〈儒家者言〉释文》，《文物》1981年第8期）和阜阳双古堆汉简《说类杂事》（参见胡平生《阜阳双古堆汉简与〈孔子家语〉》，《国学研究》第七卷）均作"公孟仪"。

礼以立志，则贪欲之心不来"和"正颜色，斯近信矣"是论述不同的礼或道的。但就文字而言，今本《论语》更像是经过润色和加工的。

其三，《说苑》本能够补充一些今本《论语》所缺少的内容。尤其是"孔子至齐郭门之外"章，给我们提供了孔子在齐闻韶的过程，形象而生动。

总之，仅就这两对记载而言，《说苑》本更像是故事的原始形态，而今本《论语》则像是加工、提炼、润色过的形式。

联系上文所述，《说苑》本与今本《论语》记载内容相同，但文字上要繁于今本《论语》的特征也正是《齐论语》的特征。而这两章材料流传的年代，主要有两个系统的《论语》传本：《齐论语》和《鲁论语》，很明显它们不是与今本基本相同的《鲁论语》，当然也不是与《鲁论语》基本相同的《古论语》。如果非要为这两章作归类的话，它们应当属于《齐论语》传本系统。虽然它们未必全同于王吉、庸生传本，但至少它们形式上是与《齐论语》接近的。

还需要说明的是，《论语》的出现毕竟在战国早期，因此它在一定的传本范围内，章句文字在流传中是可以保持基本不变的，《孟子》、《礼记》、《史记》等书所引《论语》与今本就没有太多不同。所以西汉齐、鲁两种体系的《论语》传本很可能是延续了战国以来的传统，战国时代鲁人所传的《论语》与今本《论语》就已经差不多了，而西汉的齐《论语》也应该与战国齐人传习的没有大的不同。所以，即使这两章的年代早于西汉，它们也很有可能属于与西汉《齐论语》接近的战国《齐论语》。

（四）

据《论语集解序》、《经典释文叙录》、《隋书·经籍志》，《齐论语》中还有影响了《张侯论》的《齐说》。《说苑·修文》篇的"孔子曰可也简"章很可能就是一则《齐说》。

首先，从行文上看，这一章明显是一则《论语说》。它主要解释了《论语·雍也》篇前两章，尤其是"孔子曰可也简"和"雍也可使南面"两句。屈守元先生在《说苑校证》中即认为"此文盖其解说"[1]。

---

[1] 向宗鲁：《说苑校证》，中华书局1987年版，第499页。此书第十七篇至第二十篇原稿丢失，屈先生据向先生校本辑补，故有案语。

其次，这则解说与传世的汉魏古注皆有不同。

其一，"简"，传世的汉魏《论语》古注都没有对这个字进行解释，因此刘宝楠《论语正义》就直接引用了《说苑》中的这一章，称"此即孔子所指为简之事"①。正如张甄陶《四书翼注》所论，"此章只重辨简，不重论敬……仲弓之所辨，夫子之所许，总为此简字"②。然而《鲁论》、《古论》学体系中孔安国的注释则是："以其能简，故曰可也。"③ 即《鲁论》学者重点解释的是"可"，而非"简"。汉时对此"简"字的解释只有《说苑》的这一章，其解释重点明显是与《鲁论》、《古论》不同的，因此它很可能属于《齐说》学术系统。

其二，《说苑》这一章对"雍也可使南面"的解释更是与《鲁论》的解释不同。直接为《张侯论》作章句的包咸曰："可使南面者，言任诸侯治。"④ 而《说苑》中的解释则是"当孔子之时，上无明天子也。故言'雍也可使南面'，南面者，天子也"。"任诸侯治"和"天子"的差异虽然就"南面"意义而言，差别不大，皆为"南面任事"之释，但仲弓可以为"诸侯治"或"天子治"的解释却有很大的不同，当属于不同的解释体系。

再次，从皇侃《论语义疏》、邢昺《论语注疏》来看，《鲁论》和《古论》"子曰雍也"和"仲弓问子桑伯子"是分作两章的，何晏等人所汇集的包咸、周氏、马融、郑玄、王肃、陈群、周生烈等人的注也没有将这两章联系起来解释。但从《说苑》来看，这两章是连在一起的，也就是说《说苑》中的这则《论语说》所依据的传本与《鲁论》在章次编排上有所不同。《说苑》所据传本"子曰雍也"和"仲弓问子桑伯子"两则语录属于一章。

最后，就其内容而言，《说苑》的解释也非常合理，朱熹《论语集注》、刘宝楠《论语正义》就采用了它。刘氏据《说苑》称："此节仲弓所言，为'可使南面'之证，足知当日弟子类记，不为无意。"⑤ 且《说苑》此章的解释，在文句上要明显繁于今传各种《鲁论》、《古论》注，

---

① （清）刘宝楠：《论语正义》，中华书局1990年版，第211页。
② 程树德：《论语集释》，中华书局1990年版，第364页。
③ （宋）邢昺：《论语注疏》，中华书局影印阮元校勘本《十三经注疏》，第2477页。
④ 同上。
⑤ （清）刘宝楠：《论语正义》，中华书局1990年版，第211页。

这一点也与《齐说》一致。

综上所述,《说苑》中的这则《论语说》与古籍记载的《齐说》特征非常接近,或者这就是一则《齐说》。

(五)

定州汉墓竹简《儒家者言》中,也有"曾子有疾"一章,而且还有另外三章与今本《论语·宪问》、《八佾》存在互见。但是据《〈儒家者言〉释文》,整理者是"将其中长度、编纶、字数和字体相同的简编在一起",那么"曾子有疾"及其他三章并不属于《论语》(定州汉墓竹简别有《论语》)一书。可见"曾子有疾"章在汉代亦编录于其他的书,并不仅在《论语》中,如它又见于阜阳双古堆汉墓简牍上,其所处文献亦非《论语》,我们怎么能够认为《说苑》中的这一章就是《齐论语》佚文呢?

其一,孔子弟子"各有所记"的"孔子应答弟子时人及弟子相与言而接闻于夫子之语"并没有全部精编为《论语》,有一部分被记进了《诗》、《书》、《礼》、《乐》、《易》、《春秋》等经典的传或记中,更有相当一部分结集为《孔子家语》①,另外还有一部分被载入各种子书,尤其是《汉志》儒家类的书,如《孟子》、《荀子》、《贾子新书》、《说苑》等。这分载的四大部分孔子及其弟子的言行材料之间,重出互见是很常见的现象,如大、小戴《礼记》与《荀子》、《韩诗外传》与《说苑》之间都有大量的与孔子有关的互见材料,《说苑》和今本《论语》除了上述互见外,还有与《阳货》、《尧问》等篇互见的语录。所以早期《论语》材料出现于他书并不奇怪。

其二,《论语》最终出现定本要在西汉元帝时代。《汉书·艺文志》对《论语》的成书是这样说的:"《论语》者,孔子应答弟子时人及弟子相与言而接闻于夫子之语也。当时弟子各有所记。夫子既卒,门人相与辑而论纂,故谓之《论语》。"根据何晏《论语集解序》,我们知道这段话出自刘向的《别录》,因此是很可靠的《论语》成书资料。据此,《论语》在最开始就是有不同结集和传本的,最后再统一"辑而论纂",所以其成书在战国早期是没有问题的。战国时代的《论语》,不同弟子所记的传本

---

① 《汉书·艺文志》有《孔子家语》二十七卷。颜师古注曰:"非今所有《家语》。"第1716—1717页。

之间，差异应该是很大的。即使到了西汉时代，《论语》在不同学者手中的传本差异还是比较大，除了《齐论语》与《鲁论语》、《古论语》之间的不同外，同是齐、鲁《论》学者之间也有不同，《汉书·张禹传》记载是"鲁扶卿及夏侯胜、王阳、萧望之、韦玄成皆说《论语》，篇第或异"，只有到了《张侯论》，《论语》传本才基本固定。而张禹的《张侯论》更是他"采获所安"的结果，其中的文字难免参考《齐论语》有所轻微的改动和润色。

简单地回顾《论语》的成书，我们可以发现三个问题：一是《论语》在《张侯论》出现之前，各传本之间篇章有不同，文字有多寡；二是《张侯论》相比原来的《论语》传本，文字可能有加工，但不会很多；三是《论语》存在与他书重出互见的材料。甚至可以说，在《张侯论》出现之前，不仅仅只有一部《鲁论语》，也不仅仅只有一部《齐论语》，与今本《论语》互见的材料非常有可能就是当时的某种传本形式。

所以，基于西汉之前文献互见情况极为常见，《论语》在当时也有多种传本的情况，不能轻易认定"曾子有疾"这类战国秦汉文献不是当时的《论语》内容。它们其实更可能是《论语》的另一种传本形态。因此在《说苑》这种以汇录古文献为主的西汉晚期书中，如果存在与今本《论语》互见但又有较大不同的材料，多半就是《齐论》或《齐说》了。

# 第六章　孟子的圣人系谱及其知识背景
## ——兼窥战国秦汉间儒家知识系统的流变

### 导　语

　　战国诸子著作引用历史故事，《诗》、《书》断句，格言谚语乃至神话传奇，以此作为其理论的阐发或引申，是很常见的现象。这些引用的素材，除去那些著作者自著或杜撰的部分，其他的材料当在各子书成书之前就已经存在了。从一定角度来看，它们属于战国子书知识背景的构成成分之一。如果加以仔细辨析、考索，我们至少会对各子书撰述时代前后知识的类型、形态、流传、积累等问题有一个粗线条的了解，同时也会对各子书是如何选择、使用、记录既有知识的这一问题有较为明确的认识。

　　在战国诸子中《孟子》七篇的成书相对较早，尤其是在儒家系统中，它更是流传至今、保存相对完整的重要著作。随着郭店楚简和上海博物馆藏战国楚竹书的面世，七十子时期的学术和思想已经初显峥嵘，越来越引起学术界的关注。楚简的出现，也促使我们重新审视传世文献对早期材料的保存，如今天对《礼记》中材料的认识，就与几十年前大不一样了。《孟子》是离七十子时期最近的儒家文献，其中使用的素材不仅是当时知识背景的反映，也部分地显示了七十子之后孔门学术在社会上的流传情况。

　　孟子时代的文献种类、流传等问题，我们今日已不可能有准确的了解。其实际之面貌，也绝非我们今日所见传世战国文献之情形。出土战国文献在书写形式上与传世文献有许多不同，但我们依然不能够据之断言孟子所见完全如是。物质文本的形式已不可了解，但文献类型、知识流传的概貌，我们还是可通过《孟子》一书窥豹之一斑。孟子所据知识，除了耳闻外，当还有目见，尤其是有关舜、文王和孔子的事迹，孟子常有文字的征引。故知孟子所据亦多有著于竹帛之文献。孟子所见竹帛文书，经历了战国秦汉，会发生一定的变化，有的已在秦的焚书中湮灭。同时，口头流传的知识在后代某个时刻也许会被记录下来，形成物质文本。幸运的是，《汉书·艺文志》为我们提供了一个基本的参照，使我们可以据之判断孟子之后文献的变化情形。《汉书·艺文志》所载古书，虽经过了刘向父子等人的汰选、校勘、重订，但也大体能够反映战国秦汉间文献的基本类型。如果再参以《礼记》、《荀子》、《吕氏春秋》、《新书》、《尚书大传》、《韩诗外传》、《春秋繁露》、《史记》、《新序》、《说苑》等文献的载录，我们亦可对孟子之后儒家的知识系统之流变有所了解。

因此，《孟子》一书不仅在思想史上有着举足轻重之地位，在文献与知识系统流变的历史中，也处于从七十子向秦汉儒学过渡的关键位置。本书正是基于以上思考，在早期材料的流传、累积的视野下，对《孟子》一书的知识背景做些初步的探究，以期有所发明，并求教于诸方家。

本书的问题思考，乃是从孟子的圣人系谱开始的。《孟子·尽心下》曰："由尧舜至于汤五百有余岁，若禹、皋陶则见而知之，若汤则闻而知之。由汤至于文王五百有余岁，若伊尹、莱朱则见而知之，若文王则闻而知之。由文王至于孔子五百有余岁，若太公望、散宜生则见而知之，若孔子则闻而知之。由孔子而来至于今百有余岁，去圣人之世若此其未远也，近圣人之居，若此其甚也，然而无有乎尔，则亦无有乎尔！"

孟子叙述圣人系谱，所列以尧、舜、汤、文王、孔子五人为核心，可见其圣人标准。但是仔细审查今本《孟子》七篇，却发现尧、汤二君虽屡被提及，但有关此二人的具体言语或故事却很少，真正被孟子反复引述的其实是舜、文王、孔子的言语或事迹。孟子最为倾慕的圣人也正是舜、文王二人。《离娄下》更有简化的圣谱：孟子曰："舜生于诸冯，迁于负夏，卒于鸣条，东夷之人也。文王生于岐周，卒于毕郢，西夷之人也。地之相去也千有余里，世之相后也千有余岁，得志行乎中国，若合符节，先圣后圣，其揆一也。"

在这里，孟子将其推崇的圣人系谱简化为舜和文王。实际上，这两位古代圣王的史迹也是《孟子》一书中最为乐道的。是孟子厚此薄彼吗？恐怕不是，武王、周公没有进入孟子的圣谱，才算是好恶取舍的不同。既然一千六百年中孟子仅列了五人的圣谱，怎会又有厚薄之分？这恐怕要从其时的文献类型、知识流传的角度去解惑了。

## 一　尧、舜故事与《尧典》的流变

尧、舜是孟子圣人系谱中的第一级。《孟子》一书中，二圣往往并提，但一涉及相对具体些的史迹，舜明显多于尧。虽然《孟子》的引述涉及《书》、《传》乃至传说之"语"，但其所述尧、舜事迹，却并未超出今本《尧典》的叙事范围。若对比《孟子》与西汉今文《尚书》，我们或可以对战国、西汉之间尧、舜故事及《尧典》的流变，略窥一二。

（一）《孟子》中的尧故事与《尧典》篇章顺序的变化

先从尧开始。尧是儒、墨二家经常提到的古圣王，但多数文献往往笼统论之，遍索先秦乃至西汉文献，具体述及尧事迹的古书并不多，多数都属"没有事迹而加美之辞"[①]。从《汉书·艺文志》所录书目分析，以尧为主要叙述对象之一的文献，到西汉时，应只有《尚书古文经》、《尚书今文经》、《尚书传》、《世本》、《太古以来年纪》五种。

《世本》、《太古以来年纪》属于谱录一类文献，内容当非常简略。《太古以来年纪》只有两篇，且已亡佚。《世本》十五篇，虽原书不存，但其特点我们却可以得知，除了其文尚有遗存外，司马迁《史记》、韦昭《国语注》多以《世本》为据，《史记》述及古帝王及诸侯早期的世系，即主要依据了《世本》。此书有宋衷注本四卷，见于《隋书·经籍志》及新、旧《唐志》，故其唐代尚有流传。《尚书正义》曰："《帝系》、《本纪》、《家语》、《五帝德》皆云少昊即黄帝子青阳是也，颛顼黄帝孙、昌意子，帝喾高辛氏为黄帝曾孙、玄嚣孙、侨极子，尧为帝喾子，舜为颛顼七世孙。此等之书，说五帝而以黄帝为首者，原由《世本》。经于暴秦，为儒者所乱。《家语》则王肃多私定，《大戴礼》、《本纪》出于《世本》，以此而同。"孔颖达等人能够见到《世本》，故其说可信。由此知《史记·五

---

[①] 顾颉刚：《论尧舜伯夷书》，《古史辨》第一册，第43页。

帝本纪》之世系本于《世本》，而今传《大戴礼记·帝系》、《五帝德》两篇也多据《世本》。由此我们知道以下几则材料出于《世本》：

> 《史记·五帝本纪》：帝喾娶陈锋氏女，生放勋。娶娵訾氏女，生挚。帝喾崩，而挚代立。帝挚立，不善（崩），而弟放勋立，是为帝尧。
>
> 帝尧者，放勋。其仁如天，其知如神。就之如日，望之如云。富而不骄，贵而不舒。黄收纯衣，彤车乘白马，能明驯德，以亲九族。九族既睦，便章百姓。百姓昭明，合和万国。①
>
> 《大戴礼记·五帝德》：宰我曰："请问帝尧。"孔子曰："高辛之子也，曰放勋。其仁如天，其知如神；就之如日，望之如云；富而不骄，贵而不豫；黄黼黻衣，丹车白马。伯夷主礼，龙、夔教舞，举舜、彭祖而任之，四时先民治之。流共工于幽州，以变北狄；放驩兜于崇山，以变南蛮；杀三苗于三危，以变西戎；殛鲧于羽山，以变东夷。其言不贰，其行不回，四海之内，舟舆所至，莫不说夷。"②
>
> 《帝系》：黄帝产元嚣，元嚣产蟜极，蟜极产高辛，是为帝喾。帝喾产放勋，是为帝尧。……帝尧娶于散宜氏之子，谓之女皇氏。③

故《世本》并不仅仅是谱录之书，还有《五帝德》这类的材料。当然，《世本》这类先秦文献传至西汉，其中有所窜乱、讹变、缺失、增益都在所难免。但其叙事的基本要素不太可能发生根本变化，如尧为帝喾之子、尧名放勋、尧娶于散宜氏之子，这些基本的要素，就不会有大的改变。《汉书·艺文志》曰《世本》记"古史官记黄帝以来讫春秋时诸侯大夫"，它的成书年代当在战国，可能早于孟子，也可能晚于孟子。但其中所述内容，不可能一下子出现于战国，应有早期文本或口头传说的依据。就孟子而言，他对此当有了解。但今传《孟子》书中没有与尧之世系有关的叙述，故此类材料不为孟子所引据。

《孟子》一书涉及尧行迹之处，只在《滕文公上》、《滕文公下》、

---

① （汉）司马迁：《史记》卷一，中华书局点校本 1959 年版，第 14—15 页。
② 同上书，第 121—122 页。
③ 同上书，第 126 页。

《万章上》三篇中,且均与《尚书·尧典》有关,它们分别是:

《滕文公上》:"当尧之时,天下犹未平,洪水横流,氾滥于天下,草木畅茂,禽兽繁殖,五谷不登,禽兽偪人,兽蹄鸟迹之道交于中国。尧独忧之,举舜而敷治焉。舜使益掌火,益烈山泽而焚之,禽兽逃匿。禹疏九河,瀹济、漯而注诸海,决汝、汉,排淮、泗而注之江,然后中国可得而食也。当是时也,禹八年于外,三过其门而不入,虽欲耕,得乎?后稷教民稼穑,树艺五谷。五谷熟而民人育。人之有道也,饱食、煖衣、逸居而无教,则近于禽兽。圣人有忧之,使契为司徒,教以人伦:父子有亲,君臣有义,夫妇有别,长幼有叙,朋友有信。放勋曰:'劳之来之,匡之直之,辅之翼之,使自得之,又从而振德之。'圣人之忧民如此,而暇耕乎?尧以不得舜为己忧,舜以不得禹、皋陶为己忧。……孔子曰:'大哉尧之为君!惟天为大,惟尧则之,荡荡乎民无能名焉!君哉舜也!巍巍乎有天下而不与焉!'"①

《滕文公下》:"当尧之时,水逆行,氾滥于中国,蛇龙居之,民无所定。下者为巢,上者为营窟。《书》曰:'洚水警余。'洚水者,洪水也。"②

《万章上》:咸丘蒙问曰:"语云:盛德之士,君不得而臣,父不得而子。舜南面而立,尧帅诸侯北面而朝之,瞽瞍亦北面而朝之。舜见瞽瞍,其容有蹙。孔子曰:'于斯时也,天下殆哉,岌岌乎!'不识此语诚然乎哉?"孟子曰:"否!此非君子之言,齐东野人之语也。尧老而舜摄也。《尧典》曰:'二十有八载,放勋乃徂落,百姓如丧考妣。三年,四海遏密八音。'孔子曰:'天无二日,民无二王。'舜既为天子矣,又帅天下诸侯以为尧三年丧,是二天子矣。……"③

上述三处均出孟子或其弟子之口,与《尧典》所载对比,即可发现,这三则事迹均在《尧典》叙事范围之内。

---

① (汉)司马迁:《史记》卷一,中华书局点校本1959年版,第374—391页。
② 同上书,第447页。
③ 同上书,第633—637页。

《滕文公上》描述了尧举舜为政，舜以益、禹、后稷、契各自治理山泽、洪水、五谷、人伦之事，今见《尧典》尧"殂落"之后。

《滕文公下》描述尧时洪水之灾，《尧典》中亦有相关叙述。

《万章上》描述舜即帝位之事，出于当时之"语"，但依然与《尧典》"正月上日，受终于文祖……既月乃日，觐四岳群牧，班瑞于群后"的记载相关。

除了上述相关之外，《孟子》书中的叙述与今本《尧典》还有两处很大不同：

其一，益、禹、后稷、契为政，《孟子》云在尧时，尧举舜，舜使为之。但《尧典》记载则是在尧死之后。

其二，孟子所见《尚书》有"放勋曰：'劳之来之，匡之直之，辅之翼之，使自得之，又从而振德之'"、"《书》曰：'洚水警余'"二句，今本《今文尚书》未见。从其记载来看，这两句话是尧之言辞，当出于古《尧典》。①

值得注意的是，《淮南子·齐俗》载曰："故尧之治天下也，舜为司徒，契为司马，禹为司空，后稷为大田师，奚仲为工。"《史记·周本纪》亦曰："帝尧闻之，举弃为农师，天下得其利，有功。"《说苑·君道》："当尧之时，舜为司徒，契为司马，禹为司空，后稷为田畴，夔为乐正，倕为工师，伯夷为秩宗，皋陶为大理，益掌驱禽。"上述文献所述尧时代的事迹，其时间顺序与《孟子》相同。可见战国秦汉时代，《尧典》还有另外一种不同于今本的排列方式，即舜命禹、益、弃等人的部分在尧崩之前。

除了《孟子》之外，战国文献对尧的称述，大体分为两大系统：儒墨的《尧典》系统和道家的虚拟系统。儒墨的《尧典》系统所述尧之事迹，主要在今本《尧典》叙事范围之内。《左传·文公十八年》载太史克曰：

"昔高阳氏有才子八人……高辛氏有才子八人……此十六族也，世济其美，不陨其名。以至于尧，尧不能举。舜臣尧，举八恺……

---

① 又，"放勋曰劳之来之，匡之直之，辅之翼之，使自得之，又从而振德之"一句，《唐石经》作"放勋曰"，焦循《孟子正义》引臧琳《经义杂记》，判"曰"字误。《唐石经》是北宋《九经》刊本之经文祖本，唐代经数次校理之结果，故没有早期版本依据情况下，本书从《唐石经》。

举八元……昔帝鸿氏有不才子……少皞氏有不才子……颛顼有不才子，……此三族也，世济其凶，增其恶名，以至于尧，尧不能去。缙云氏有不才子……天下之民以比三凶，谓之饕餮。舜臣尧，宾于四门，流四凶族，浑敦、穷奇、梼杌、饕餮，投诸四裔，以御螭魅。是以尧崩而天下如一，同心戴舜，以为天子，以其举十六相，去四凶也。故《虞书》数舜之功，曰'慎徽五典，五典克从'，无违教也。曰'纳于百揆，百揆时序'，无废事也。曰'宾于四门，四门穆穆'，无凶人也。"①

太史克所云与孔子、孟子的取向有所不同，尧在这里是舜的衬托，有八恺、八元而不能用，有四凶而不能除。当时政治均赖舜而得治也。但不管太史克做出何种解释，他的经典依据正如其自述，乃是来自《虞书》。他引用的"慎徽五典，五典克从"、"纳于百揆，百揆时序"、"宾于四门，四门穆穆"均见今本《尧典》。他称《尧典》为《虞书》的问题，留待下文。

《左传》、《国语》均提到了尧殛杀鲧的历史，可见此传说在春秋时代已经出现：

《左传·昭公七年》：（子产曰）"昔尧殛鲧于羽山，其神化为黄熊，以入于羽渊，实为夏郊，三代祀之。"②

《国语·周语下》：（内史过之谏）其在有虞，有崇伯鲧，播其淫心，称遂共工之过，尧用殛之于羽山。③

另外《国语》中还提到了尧有子名丹朱：

《楚语上》：（士亹之语）尧有丹朱，舜有商均，启有五观，汤有太甲，文王有管、蔡。是五王者，皆有元德也，而有奸子。④

---

① 杨伯峻：《春秋左传注》，中华书局 2009 年版，第 636—642 页。
② 同上书，第 1290 页。
③ （清）徐元诰撰，王树民、沈长云点校：《国语集解》，中华书局 2002 年版，第 94 页。
④ 同上书，第 483—484 页。

《孟子·滕文公上》所述孔子对尧、舜的称颂,亦见于《论语》,只不过文辞有不同:

> 《论语·泰伯》:子曰:"大哉尧之为君也!巍巍乎!唯天为大,唯尧则之,荡荡乎,民无能名焉。巍巍乎其有成功也,焕乎其有文章!"①

另外,《论语》中有一则尧命舜之辞,见于《尧曰》篇的第一章:

> 尧曰:"咨!尔舜!天之历数在尔躬,允执其中。四海困穷,天禄永终。"舜亦以命禹。②

这则内容并不见于《尧典》,孔安国曰:"舜亦以尧命己之辞命禹。"故知其命辞乃是尧举舜为天子之时所说,亦在《尧典》叙事范围之内。蒋善国《尚书综述》即认为此句乃是"战国中季所传的《尧典》"之文。③

至于《周易·系辞》所谓"黄帝、尧、舜垂衣裳而天下治"之类的"加美之辞",在战国秦汉诸子的著作中颇为常见,兹不赘述。

除加美之辞外,《墨子》提到的尧事迹主要有三:举舜、治天下、殡葬。

> 《尚贤上》:故古者尧举舜于服泽之阳,授之政,天下平。④
> 《尚贤中》:古者舜,耕历山,陶河濒,渔雷泽。尧得之服泽之阳,举以为天子,与接天下之政,治天下之民。⑤
> 《尚贤下》:是故昔者舜耕于历山,陶于河濒,渔于雷泽,灰于常阳,尧得之服泽之阳,立为天子,使接天下之政,而治天下之民。⑥

---

① 《四书章句集注·论语集注》卷四,第107页。
② 《四书章句集注·论语集注》卷十,第193页。
③ 蒋善国:《尚书综述》,上海古籍出版社1988年版,第143页。
④ (清)孙诒让撰,孙启智点校:《墨子间诂》,中华书局2001年版,第47页。
⑤ 同上书,第57—58页。
⑥ 同上书,第68页。

《节用中》：古者尧治天下，南抚交阯，北降幽都，东西至日所出入，莫不宾服。①

《节葬下》：昔者尧北教乎八狄，道死，葬蛩山之阴。衣衾三领，穀木之棺，葛以缄之，既沉而后哭，满坍无封。已葬，而牛马乘之。舜西教乎七戎，道死，葬南己之市。衣衾三领，穀木之棺，葛以缄之。已葬，而市人乘之。禹东教乎九夷，道死，葬会稽之山。衣衾三领，桐棺三寸，葛以缄之，绞之不合，通之不坍。土地之深，下毋及泉，上毋通臭。既葬，收馀壤其上，垄若参耕之亩，则止矣。②

《尚贤》篇所述尧举舜于服泽之阳，以及舜耕于历山、陶于河濒等描述，都是战国秦汉时代很常见的对《尧典》尧举舜、并试之一事的敷衍。《节用中》篇所谓尧治天下"南抚交阯，北降幽都"之说，则与《尧典》"申命羲叔，宅南交"、"申命和叔，宅朔方，曰幽都"相关联。《节葬下》所述尧之死虽亦见《尧典》，但尧的葬制恐怕是墨家的敷衍了。

战国末期的荀子及其后学亦称尧舜，但与之相关的故事却只有《尧问》篇中的一则：

尧问于于舜曰："我欲致天下，为之奈何？"对曰："执一无失，行微无怠，忠信无勌，而天下自来。执一如天地，行微如日月，忠诚盛于于内，贲于外，形于四海。天下其在一隅邪！夫有何足致也？"③

这则故事无论是从语言还是从观念看，都与《尧典》没有关系，当属晚出。另外，《成相》篇之辞把当时盛传的尧、舜故事作了总结：

请成相，道圣王，尧、舜尚贤身辞让。许由、善卷，重义轻利行显明。

尧让贤，以为民，氾利兼爱德施均。辨治上下，贵贱有等明君臣。

尧授能，舜遇时，尚贤推德天下治。虽有圣贤，适不遇世孰知之？

---

① （清）孙诒让撰，孙启智点校：《墨子间诂》，中华书局2001年版，第164—165页。
② 同上书，第181—185页。
③ （清）王先谦撰，沈啸寰、王星贤点校：《荀子集解》，中华书局1988年版，第547页。

> 尧不德，舜不辞，妻以二女任以事。大人哉舜！南面而立万物备。
> 舜授禹，以天下，尚得推贤不失序。外不避仇，内不阿亲贤者予。
> 禹劳心力，尧有德，干戈不用三苗服。举舜甽亩，任之天下身休息。
> 得后稷，五谷殖，夔为乐正鸟兽服。契为司徒，民知孝弟尊有德。
> 禹有功，抑下鸿，辟除民害逐共工。北决九河，通十二渚疏三江。
> 禹傅土，平天下，躬亲为民行劳苦。得益、皋陶、横革、直成为辅。①

《成相》篇的文体独特，卢文弨称："审此篇音节，即后世弹词之祖。篇首即称'如瞽无相何伥伥'，义已明矣。首句'请成相'，言请奏此曲也。《汉书·艺文志》'《成相杂辞》十一篇'，惜不传，大约讬于瞽矇讽诵之词，亦古诗之流也。《逸周书·周祝解》亦此体。"② 故此篇内容，当有较多的口头文学特质，亦与口头知识有关，未必全据经典。但除了"尧、舜尚贤身辞让，许由、善卷，重义轻利行显明"一句外，其他诗句所及，都在《尧典》叙事范围之内。

除了上述史书以及儒墨一系依据《尧典》对尧的称述外，战国时代还流传有尧让天下于许由③、尧师子州支父④等故事，《荀子·成相》篇"许由、善卷，重义轻利行显明"一句，就是指尧让天下于许由，舜让于善卷的传说。此类传说又见《庄子》、《吕氏春秋》、《淮南子》等古书。此类传说出现得很晚，应该是在尧、舜禅让故事出现后，逐渐敷衍产生的。这类虚拟的故事并非战国秦汉尧、舜故事的主体，且不在《尧典》叙事范围之内，故本书不作过多涉及。

到西汉成帝刘向校书之时，存《尚书古文经》四十六卷，《大、小夏经》各二十九卷，《欧阳经》三十二卷，《传》四十一篇，《世本》十五篇，《太古以来年纪》二篇，这些是直接与尧的史迹有关的材料。它们提供了尧的世系、尧的道德形象、尧的政治、尧选择继承人并禅让四部分主

---

① （清）王先谦撰，沈啸寰、王星贤点校：《荀子集解》，中华书局1988年版，第462—463页。
② 同上书，第455页。
③ 《庄子·逍遥游》。
④ 《吕氏春秋·孟夏纪》。

要内容。战国秦汉之间的古书较少涉及前两部分,即《世本》、《太古以来年纪》一类材料的内容。后两部分是战国秦汉古书较多采引的部分,即《书》和以《书》为据的文献。

更为重要的是,先秦文献所涉及的尧故事,除了道家一系的"让天下"类故事外,不管是《左传》、《国语》等史书,还是《孟子》、《墨子》等子书,其所述内容几乎没有超出世系、道德、政治、禅让四个方面。由是推知,尧故事在战国至西汉的流传中,主干内容或故事要素并没有发生大的变化和遗失。

不过,孟子所见的《尧典》与西汉时代有很大不同,其文字信息要多于西汉今文本,内部结构也可能有所不同。

《汉书·艺文志》据刘向《别录》述及《尚书》的校理情形时说:

> 刘向以中古文校欧阳、大小夏侯三家经文,《酒诰》脱简一,《召诰》脱简二。率简二十五字者,脱亦二十五字,简二十二字者,脱亦二十二字,文字异者七百有余,脱字数十。①

不管刘向所用中古文《尚书》是秦之图书入藏西汉中秘者,还是孔安国家所献孔壁古文《尚书》,此本当属战国晚期至秦代的一个主流传本。毕竟秦博士所掌或孔子故里所传,都会是《尚书》非常主流的一个本子。另,孔壁古文出现于景帝末或武帝初②,此后孔安国"悉得其书,以考二十九篇,得多十六篇",且以今文识读,"因以起其家"③,武帝时为博士。因此,若伏生本今文二十九篇与孔壁本的文字存在异同,那么在孔安国考读当有发现。《汉书·艺文志》记载了刘向校书时发现《酒诰》、《召诰》有脱简,若《尧典》与孔壁古文有异的话,当有记载传世。且孔安国以今文识读《古文尚书》教授,司马迁也曾问业于孔氏,《史记·五

---

① (汉)班固:《汉书》卷三十,中华书局1962年版,第1705页。
② 刘歆《移让太常博士书》和《汉书·艺文志》都记载为武帝末鲁恭王坏孔子老宅,发现古文经书。但是鲁恭王景帝前元三年立,武帝元朔元年薨,当时武帝仅即位十三年,属于当政初期,不能称为末。《论衡》以为景帝时,可能更近于实。参姚振宗《汉书艺文志条理》、顾实《汉书艺文志讲疏》、张舜徽《汉书艺文志通释》、陈国庆《汉书艺文志注释汇编》等著作。
③ 《史记·儒林传》。

帝本纪》的描述也与西汉今文本《尧典》基本一致。因此，西汉中古文《尚书》或孔壁古文《尚书》中的《尧典》与西汉今文本《尧典》基本一致。由是可知，战国晚期至西汉，《尧典》的主要传本未有大的变化。

但是，正如上文所论，孟子所见《尧典》有着与西汉今文《尚书·尧典》不一样的文字顺序，即舜命禹、益、弃等人各司其职的部分在尧崩卒之前，而非其后。孟子的引述是在与弟子的日常对话中出现的，因此文中所据《尧典》属于孟子及其周围儒生的日常阅读范围，因此当是一个很主流的本子。这说明，在战国中期，齐鲁地区的《尧典》的主流版本与今本不同。今本的顺序从西汉司马迁的祖述及刘向校书分析，至迟已经在战国晚期出现了，而且也是邹鲁儒生的主流版本。由此我们或许会有这样的推测：《尧典》在孟子之后，其篇章的文字顺序被改动过，至战国晚期，已经形成了今本的结构。

（二）有关舜的故事及其文本背景

相比于尧，舜的故事在战国秦汉时代更为流行，诸文献的引征也更多。但到西汉时代，舜故事与尧故事所依据的主要文献是一样的，依然只有《尚书古文经》、《尚书今文经》、《尚书传》、《世本》、《太古以来年纪》五种。正如上文所述，《史记·五帝本纪》、《大戴礼记·帝系》、《五帝德》与舜之世系与道德的描述主要依据《世本》。那么《孟子》中的情况如何？

《孟子》中的舜故事与古《尚书》及其《序》的联系非常紧密，《孟子》中涉及的舜事迹有十七处，十五种，其中有九处均与今本《尧典》有联系，见下表：

| 《孟子》中的舜故事 | 《尧典》相关记载 |
| --- | --- |
| 生死之处。（《离娄下》） | |
| 不告而娶。（《离娄上》、《万章上》） | |
| 尧使九男二女事之。（《万章上》） | 《尧典》：帝曰："我其试哉！女于时，观厥刑于二女。"厘降二女于妫汭，嫔于虞。 |
| 居深山与木石游。（《尽心上》） | 《尧典》：纳于大麓，烈风雷雨弗迷。 |
| 往于田，号泣于旻天。（《万章上》） | 《尧典》：瞽子，父顽，母嚚，象傲；克谐以孝，烝烝义，不格奸。 |
| 完廪、浚井而全。（《万章上》） | 《尧典》：瞽子，父顽，母嚚，象傲；克谐以孝，烝烝义，不格奸。 |

续表

| 《孟子》中的舜故事 | 《尧典》相关记载 |
|---|---|
| 代尧执政，使益、禹、稷、契治天下。（《滕文公上》） | 《尧典》有详述。（略） |
| 祗载见瞽瞍。（《万章上》） | |
| 尧帅诸侯北面而朝之。（《万章上》） | 《尧典》：正月上日，受终于文祖。 |
| 封象有庳。（《万章上》） | |
| 四罪而天下咸服。（《万章上》） | 《尧典》：四罪而天下咸服。 |
| 尧死而舜行三年丧。（《万章上》） | 《尧典》：二十有八载，帝乃殂落。百姓如丧考妣，三载，四海遏密八音。 |
| 避尧之子。（《万章上》） | |
| 命益、禹治山泽九河。（《滕文公上》） | 《尧典》有详述。（略） |
| 窃负而逃。（《尽心上》） | |
| 饭糗茹草和被袗衣鼓琴。（《尽心下》） | |

限于篇幅，本书不再引述原文。对于《孟子》中的舜故事的来源，古代学者多有推测。赵岐《孟子章句·万章上章句》曰：

> 孟子时，《尚书》凡百二十篇，逸书有《舜典》之《叙》，亡失其文。孟子诸所言舜事，皆《尧典》及逸《书》所载。独丹朱以胤嗣之子臣下以距尧求禅，其馀八庶无事，故不见于《尧典》。犹晋献公之子九人，五人以事见于《春秋》，其馀四子，亦不复见于经。[1]

据赵岐的注，《孟子》中的舜故事绝大多数见载于《尧典》、《舜典》、《舜典叙》。焦循《孟子正义》："赵氏言'逸《书》有《舜典》之《叙》，亡失其文'，是赵氏未见古文《舜典》，盖疑九男事在所亡失之《舜典》中。"[2] 段玉裁《尚书撰异》则论曰：

> 赵氏言"皆《尧典》及逸《书》所载"，此《尧典》乃《舜典》之误，"及"字衍，传写之失也。此章及不告而娶章，及"原原而来"数语，及"祗载见瞽叟"数语，皆当是《舜典》中语。盖舜登

---

[1]（清）焦循：《孟子正义》，中华书局1987年版，第611页。
[2] 同上书，第612页。

庸以后事全见于《尧典》，登庸以前及家庭事乃在《舜典》也。此注上文云"逸《书》有《舜典》之《叙》，亡失其文"，则此正当作"孟子所言诸舜事皆《舜典》逸《书》所载"，谓亡失文中语也。"舜"既伪"尧"，浅人乃又妄添"及"字。①

王鸣盛《尚书后辨》亦认为《孟子》"祗载见瞽瞍"一句见于古《舜典》：

"慎徽五典"与"帝曰钦哉"紧相承接，本系一篇，直至"陟方乃死"，皆《尧典》也。此伏生本，而孔安国所得真古文与之合。安国于《尧典》之外又有《舜典》，如《论语》"天之历数"，《孟子》"祗载见瞽瞍"，皆《舜典》文。但逸《书》不列学官，藏在秘府，人不得见。②

惠栋《古文尚书考》则云：

《孟子》赵岐注云云，则可证其未尝见古文《舜典》矣。盖古文《舜典》别自有一篇，与今文之《尚书》析《尧典》而为二者不同，故《孟子》引"二十有八载，放勋乃徂落"为《尧典》，不为《舜典》。《史记》载"慎徽五典"至"四罪而天下咸服"于《尧本纪》，不于《舜本纪》。孟子时典谟完具，篇次未乱，固的然可信。马迁亦亲从安国问古文，其言亦未为谬也。余尝意"舜往于田"、"祗载见瞽瞍"与"不及贡以政接于有庳"等语，安知非《舜典》之文。又"父母使舜完廪"一段，文辞古崛，不类《孟子》本文。《史记·舜本纪》亦载其事，其为《舜典》之文无疑。③

从赵岐到惠栋，他们均推测孟子时代存在古《舜典》，《孟子》那些不见于今本《尧典》的舜故事，当出于古《舜典》，如"不告而娶"、

---

① （清）焦循：《孟子正义》，中华书局1987年版，第613页。
② 同上书，第612页。
③ （清）惠栋：《古文尚书考》，《昭代丛书》壬集，世楷堂藏板。

"舜往于田"、"祗载见瞽瞍"与"不及贡以政接于有庳"等,其中后两则,赵岐《章句》均认为是《逸书》。如《万章上》载曰:

> 象不得有为于其国,天子使吏治其国而纳其贡税焉,故谓之放,岂得暴彼民哉!虽然,欲常常而见之,故源源而来,不及贡,以政接于有庳。①

赵岐曰:"此'常常'以下,皆《尚书》逸篇之辞。孟子以告万章,言此乃象之谓也。"即赵岐认为"常常而见之,故源源而来,不及贡,以政接于有庳"为《尚书》佚文。江声则谨慎地确定"不及贡,以政接于有庳"一句为《尚书》佚文。其《尚书集注音疏》:"据云'此之谓也',则'有庳'以上自是古书成文,当是《尚书》文矣。其'欲常常'句承'虽然'之下,虽然云者,承上转下之词,则'欲常常'二句乃孟子之言,非古书成文矣。断自'不及贡'始,以为《尚书》逸文,庶几近之也。"②

但是,当我们仔细分析上文所列表格,会发现《孟子》所引述的舜故事竟多数与今本《尧典》相关。不相关者如舜之生死处、舜"窃负而逃"几则又有很浓重的传说色彩,与今本《尧典》等《尚书》诸篇的叙事风格不符,故这些故事不可能直接来源于古《舜典》或其《叙》。这样看来,大约只有"不告而娶"、"祗载见瞽瞍"、"封象有庳"可能与古《舜典》或《舜典叙》相关。那么《孟子》中引述舜的故事,出于《尧典》系统的竟然三倍于《舜典》系统,这是极不合理的现象。

如果我们再查阅战国秦汉时代古文献对舜故事的引述,舜的事迹也多在今本《尧典》叙事时限之内。为了便于比对,本书以可以推知的"舜的历史"的时间顺序为主,并同列今本《尧典》所述及的事件及其时限,将战国秦汉时代古文献引述舜故事的材料列表。我们会发现,战国秦汉时代有关舜事迹的传说,虽然有很多明显有后代附会、增益的痕迹,但是,总体上舜故事依然在今本《尧典》的叙事范围之内,且依据今本《尧典》的记载占据了舜故事的主流。不见于基本《尧典》的故事中,舜的籍贯、早期行迹、相貌、无为而治等故事,明显出于晚期的传说,不似传说的故

---

① (清)·焦循:《孟子正义》,中华书局1987年版,第631—632页。
② 同上书,第633页。

事恰是《孟子》中不见于今本《尧典》的"号泣于旻天"、象与父母谋杀舜、"衹载见瞽瞍"以及"封象有庳"等几则，且不是被广泛征引的故事，主要见于《孟子》、《史记》。通过对以《孟子》为主的战国秦汉文献引述舜故事的考察，我们发现，它们主要出自今本《尧典》。因此，战国时代若存在一篇《舜典》的话，它要么不被多数学者所知，要么混杂在今本《尧典》之中。故而，毛奇龄《舜典补亡》中的看法值得重视：

  《尚书》有《尧》《舜》二典，出伏生壁中，谓之今文。汉司马谈作《本纪》时，采其文，依次抄入《纪》中。相传亡《舜典》一篇，不知何时而亡。细检其辞，则《舜典》尚存半篇在《尧典》后，徒以编今文者脱去《书序》，误与《尧典》连篇，谓但有《尧典》而无《舜典》，而其在古文，则实亡《舜典》前截，未尝全亡。而不晓《舜典》后截在《尧典》中，以至萧齐建武间，吴人姚方兴得《舜典》二十八字于大桁头，妄搀之"釐降二女"之后"慎徽五典"之前，以为《舜典》不亡。而不知"慎徽五典"以后至"放勋殂落"，尚是《尧典》，惟"月正元日"以后始是《舜典》。春秋战国间，诸书引经，凡称《尧典》者，衹在"慎徽五典"以后"放勋殂落"以前，《史记·五帝本纪》则正载二《典》之全者，虽引掇皆不用原文，然踪迹可见。是自"曰若稽古帝尧"起至"放勋乃殂落"止是《尧纪》，即是《尧典》，自"月正元日"起至"舜生三十徵庸"止是《舜纪》，即是《舜典》。而"月正元日"以前，则尚有《舜典》半截在《帝舜纪》中，因即取《帝舜纪》文在"月正元日"以前者，补《舜典》之亡。虽其辞与本经不同，然大概可睹也。①

---

① （清）焦循：《孟子正义》，中华书局1987年版，第612页。（清）毛奇龄《四书賸言》："《孟子》'《尧典》曰二十有八载'至'四海遏密八音'，今所行《尚书》在《舜典》中。按伏生《尚书》原只《尧典》一篇，无'粤若稽古帝舜'二十八字，以旧别有《舜典》，而其时已亡，故东晋梅赜献《尚书》孔《传》亦无《舜典》。至齐建武年，吴兴姚方兴于大航头得孔氏传古文，始分《尧典》为二，以'慎徽五典'至末谓之《舜典》，而加二十八字于其中，此伪书也。故汉光武时，张纯奏'宜遵唐尧之典，二月巡狩'，至章帝时，陈宠奏'言唐尧著典，眚灾肆赦'，皆是《舜典》文，而皆冠以《尧典》之名。即《前汉·王莽传》所引十有二州，皆称《尧典》。后西晋武帝初，幽州秀才张髦上疏，引'肆类上帝'诸文，亦称《尧典》。自伪《书》一出，而群然改从，则是古书一篇而今误分之，非古书二篇而今误合之也。"［（清）焦循：《孟子正义》，中华书局1987年版，第635页］

毛氏据"春秋战国间,诸书引经",判断今本《尧典》"月正元日"以下是《舜典》,且不完整。其判断是否属实,我们很难求证,但综合战国秦汉文献所引述舜故事分析,毛奇龄之说,有一定道理。

不过,与尧故事相关的是,战国秦汉间尤其是《孟子》引述舜故事,"使益、禹、稷、契治天下"的部分是代尧执政时期,而非今本《尧典》的尧死之后。因此,若占《舜典》确实存于今本《尧典》之中,也是有所散乱的,并不能以"月正元日"前后定之。

再者,如果"使益、禹、稷、契治天下"的部分属于尧在位之时的事情,那么,今本《尧典》中,舜为天子之后的历史就非常少了,战国秦汉文献中也没有太多《尧典》叙事时限和范围之外的叙事,因此,战国时代若有《舜典》,其文字也十分有限。《左传》文公十八年太史克称《虞书》数舜之德,而不称《尧典》或《舜典》,联系所谓古《舜典》事迹稀少的情况,春秋时代当无《尧典》与《舜典》之分,其分别是在战国时代。因此才会有《孟子》等书中舜故事的历史顺序与今本《尧典》不一致的现象出现。上文已经提到,今本《尧典》的文字至少是战国时代晚期的顺序,与《孟子》等书不一致,说明分《虞书》为二(《尧典》和《舜典》)的分法有不同的理解。

《孟子》引述舜故事,还有一点特别值得注意,即当时人对舜历史的熟识程度很高。《万章上》前五章都是万章单问孟子有关舜的记载或传说,通过其行文,我们可以发现这些记载或传说至少是当时习读《书》的士人所熟悉的,因此有很丰富的细节记载和描述。如《万章上》"咸丘蒙问曰语云"章,焦循《孟子正义》引翟灏《孟子考异》云:"'舜见瞽瞍其容有蹙'五句,《墨子·非儒》篇:'孔某与其门弟子闲坐,曰:夫舜见瞽瞍蹴然,此时天下圾乎。'《韩非子·忠孝》篇引《记》曰:'舜见瞽瞍,其容造焉。孔子曰:当是时也,危哉天下岌岌,有道者,父固不得而子,君固不得而臣也。'《文选·讽谏诗》注引《孟子》曰:'天下殆哉岌岌乎。'按《韩非》所引之《记》,即咸丘蒙所引之《语》,盖当时早有以此等说笔之于书者矣。"① 从这一点上看,相当一部分的《书传》其实早在孟子时代已经存在了,也是孟子主要的知识资源之一。

---

① (清)焦循:《孟子正义》,中华书局1987年版,第634页。

## 二 文王故事与文王《尚书》

先秦诸子最为推崇周文王的当数孟子，可以说文王是孟子政治哲学的偶像。孟子在阐述自己理想的政治模型时，总是要引述文王的历史。《孟子》中述及文王历史时，主要与《诗》有关，并未像汤故事那样涉及古《书》。战国以前，《尚书》曾经有百篇以上，经过秦代，散佚过半，仅存二十九篇。一般而言，战国时代完全可能有文王《尚书》流传。但是从各类古文献的引述来看，战国秦汉间恐怕没有真正的文王《尚书》流传。就像商汤之于殷商一样，周文王是西周早期历史最重要的人物之一，被战国诸子深为推崇，因此如果战国时代存在文王《尚书》，应该会在战国秦汉古文献中留下一些痕迹，商汤的《尚书》就有多个篇名传世。很遗憾，战国秦汉间的古文献中，难觅文王《尚书》的踪影。

（一）传世文献的基本信息

现存先秦文献中，有关文王历史的记载主要有以下几种形式：

(1)《诗经》中与文王有关的诗，主要是《大雅》、《周颂》和《召南》。

(2) 今文《尚书》、《左传》、《国语》等先秦古文献对文王历史的提及。

(3)《世本》、《古来帝王年谱》等世系、历谱文献的记载。

(4) 战国以来流传的《周书》一类书志，包括今传《逸周书》中的《度训》至《文传》等二十一篇，以及《礼记·文王世子》、《大戴礼记·文王官人》等。

(5) 有关文王的故事或传说。主要存在于诸子书中，特别是《汉书·艺文志》中的《太公》二百三十七篇。

(6) 另外，铜器铭文中也有文王事迹的记录。

(1)、(2)、(6) 三类是比较古老的文献，可信度最高。不过，《左传》、《国语》中涉及的文王历史多与《诗经》有关，今文《尚书》中则没有文王《尚书》。可以说《诗经》中的文王历史是先秦文献中可信度最高，也最为系统的材料。《史记·周本纪》中的文王历史就是主要依据了《雅》、《颂》。第（3）类虽然最终成书可能较晚，但因内容主要涉及世系、历谱，也较为可信，但是此类文献除《世本》遗文外，基本失传，有关文王的部分已经非常罕见了。第（4）类文献中是有西周古文献存在的。如《逸周书》中的《世俘》、《商誓》、《皇门》、《尝麦》、《祭弓》、《芮良夫》几篇，经李学勤先生等学者考证，属于西周文献。《克殷》、

《度邑》、《作雒》也基本由古文献片段拼合而成。但是《周书序》所说的属于文王的二十一篇，却与文王没多少关系，属于晚出文献。第（5）类主要属于诸子的杜撰，托名于文王、太公罢了。

由于秦焚书的原因，有一部分记录文王历史的材料可能失传了。但依据《汉书·艺文志》并参考现存文献，我们仍然可以说上述五类文献应该就是先秦记载文王历史的主要部分。周文王的历史除了《诗》之外，最为可信的部分应该来自《书》。但属于文王时代的《书》却十分罕见，这是一个值得注意的现象。即使经过了秦朝的灭学，有相当一部分的《书序》还是流传到了西汉。如属于商汤的《帝诰》、《汤征》、《女鸠》、《女房》、《汤誓》、《典宝》、《夏社》、《汤诰》、《咸有一德》、《明居》等，它们的《序》都流传到了西汉，因此也被《史记》收录。如果先秦有文王时的《书》的话，至少会有某些序流传到西汉，《史记·周本纪》的文王部分没有涉及任何一篇《书》，说明西周时代很可能没有属于文王的《书》。

（二）《孟子》中的文王历史与文王《诗》

孟子倡导的理想政治是"仁政"或"王政"，其模型《孟子》书中曾反复申明：

> 五亩之宅，树之以桑，五十者可以衣帛矣；鸡豚狗彘之畜，无失其时，七十者可以食肉矣；百亩之田，勿夺其时，数口之家可以无饥矣；谨庠序之教，申之以孝悌之养，颁白者不负戴于道路矣。①（《梁惠王上》）

这种政治模型在历史上有没有存在过呢？孟子说文王的施政即是这种模式：

> 孟子曰："伯夷辟纣，居北海之滨，闻文王作兴，曰：'盍归乎来！吾闻西伯善养老者。'太公辟纣，居东海之滨，闻文王作兴，曰：'盍归乎来！吾闻西伯善养老者。'天下有善养老，则仁人以为己归矣。五亩之宅，树墙下以桑，匹妇蚕之，则老者足以衣帛矣。五母鸡，二母彘，无失其时，老者足以无失肉矣。百亩之田，匹夫耕之，八口之家

---

① 《四书章句集注·孟子集注》卷一，第204页。

足以无饥矣。所谓西伯善养老者，制其田里，教之树畜，导其妻子，使养其老。五十非帛不暖，七十非肉不饱。不暖不饱，谓之冻馁。文王之民，无冻馁之老者，此之谓也。"①（《尽心上》）

所以，当齐宣王问"王政"之时，孟子并没有向他详细阐述王政的措施，而是说：

> 昔者文王之治岐也，耕者九一，仕者世禄，关市讥而不征，泽梁无禁，罪人不孥。老而无妻曰鳏。老而无夫曰寡。老而无子曰独。幼而无父曰孤。此四者，天下之穷民而无告者。文王发政施仁，必先斯四者。②

孟子在这里的意思很明白：文王的政治即王政。所以在《离娄》篇中，孟子给各诸侯国的建议就是"师文王"，并明确地说：

> 师文王，大国五年，小国七年，必为政于天下矣。……诸侯有行文王之政者，七年之内，必为政于天下矣。③

从《孟子》一书对仁政（王政）的反复强调来看，孟子所说的"仁政（王政）"就是文王之政，他的施政建议也是"师文王"。他申述文王政治，不是为自己的政治哲学举例，而是说自己倡导的政治模型正是来源于历史上的文王。

可以说，文王历史是孟子政治哲学的主要历史资源。那么，孟子所掌握的文王历史又是从何而来呢？

《孟子》一书评述文王之时，主要使用《诗》：

> 诗云："经始灵台，经之营之，庶民攻之，不日成之。经始勿亟，庶民子来。王在灵囿，麀鹿攸伏，麀鹿濯濯，白鸟鹤鹤。王在灵沼，于牣鱼跃。"文王以民力为台为沼。而民欢乐之，谓其台曰灵

---

① 《四书章句集注·孟子集注》卷十三，第355页。
② 《四书章句集注·孟子集注》卷二，第218页。
③ 《四书章句集注·孟子集注》卷七，第279—283页。

台，谓其沼曰灵沼，乐其有麋鹿鱼鳖。古之人与民偕乐，故能乐也。①（《梁惠王上》）

诗云："王赫斯怒，爰整其旅，以遏徂莒，以笃周祜，以对于天下。"此文王之勇也。文王一怒而安天下之民。书曰："天降下民，作之君，作之师。惟曰其助上帝，宠之四方。有罪无罪，惟我在，天下曷敢有越厥志？"一人衡行于天下，武王耻之。此武王之勇也。而武王亦一怒而安天下之民。②（《梁惠王下》）

文王发政施仁，必先斯四者。诗云："哿矣富人，哀此茕独。"③（《梁惠王下》）

诗云："周虽旧邦，其命惟新"，文王之谓也。④（《滕文公上》）

师文王，大国五年，小国七年，必为政于天下矣。诗云："商之孙子，其丽不亿。上帝既命，侯于周服。侯服于周，天命靡常。殷士肤敏，祼将于京。"⑤（《离娄上》）

"肆不殄厥愠，亦不陨厥问。"文王也。⑥（《尽心下》）

上述引《诗》分别出自《大雅·灵台》、《大雅·皇矣》、《小雅·正月》、《大雅·文王》、《文王》、《大雅·緜》。据《毛诗序》，除了《正月》外，其他四篇都是直接歌咏文王的诗。

《梁惠王下》篇对"文王之勇"和"武王之勇"的评价是可以代表《孟子》一书特点的，即文王历史主要依据《诗》，而武王历史主要依据《书》。《孟子》一书除了以圣人形象泛指文王外，涉及周文王的比较具体

---

① 《四书章句集注·孟子集注》卷一，第202页。
② 《四书章句集注·孟子集注》卷二，第215—216页。
③ 同上书，第218页。
④ 《四书章句集注·孟子集注》卷五，第255页。
⑤ 《四书章句集注·孟子集注》卷七，第279页。
⑥ 《四书章句集注·孟子集注》卷十四，第368页。

的事迹主要与《诗》密切相关,如"文王以民力为台为沼"见于《灵台》;"文王事昆夷"见于《緜》;"文王一怒而安天下之民"见于《皇矣》;"文王以百里"王引证《文王》等。但是有几处孟子对文王事迹较为详细的描述没有引《诗》,与《诗》的联系也并不直接,但仍能看出这些事迹来自对《诗》的敷衍。《梁惠王下》:

> 齐宣王问曰:"文王之囿方七十里,有诸?"孟子对曰:"于《传》有之。"曰:"若是其大乎?"曰:"民犹以为小也。"曰:"寡人之囿方四十里,民犹以为大,何也?"曰:"文王之囿方七十里,刍荛者往焉,雉兔者往焉,与民同之。民以为小,不亦宜乎?……"①

《传》是哪种文献,很难确知。孔颖达《毛诗正义·灵台疏》引作"书传有之"。但是文王之囿的历史,却系于《灵台》一诗。郑玄《毛诗笺》曰:"文王受命,而作邑于丰,立灵台。"《三辅黄图》称:"灵囿在长安县西四十二里。"② 杜预注《左传》云:"灵台在始平鄠县,今属京兆府所管。"③ 阎若璩考证灵囿在当时的鄠县东三十里。孟子所说的《传》,应该就是当时对《灵台》的某种解释或敷衍。如《毛诗传》解释则是:"囿,所以域养禽兽也。天子百里,诸侯四十里。"④ 可知,孟子所说的《传》应该与《诗》有关,《毛诗正义》的引用有误。其他事迹也多可与《诗》相印证:

> 昔者文王之治岐也,耕者九一,仕者世禄,关市讥而不征,泽梁无禁,罪人不孥。……⑤(《緜》、《皇矣》)

> 取之而燕民不悦,则勿取。古之人有行之者,文王是也。以万乘之国伐万乘之国,箪食壶浆,以迎王师。岂有他哉?避水火也。如水益深,如火益热,亦运而已矣。⑥(《皇矣》、《大明》)

---

① 《四书章句集注·孟子集注》卷二,第214页。
② 何清谷:《三辅黄图校释》卷四,中华书局2005年版,第239页。
③ 《毛诗正义》卷十六,中华书局影印阮刻《十三经注疏》嘉庆本2009年版,第1128页。
④ 同上书,第1130页。
⑤ 《四书章句集注·孟子集注》卷二,第218页。
⑥ 《四书章句集注·孟子集注》卷二,第222页。

孟子曰："伯夷辟纣，居北海之滨，闻文王作，兴曰：'盍归乎来！吾闻西伯善养老者。'太公辟纣，居东海之滨，闻文王作，兴曰：'盍归乎来！吾闻西伯善养老者。'……"①（《文王》、《皇矣》）

文王生于岐周，卒于毕郢，西夷之人也。②（未知）

文王视民如伤，望道而未之见。③（《皇矣》）

如果我们把视野放宽，会发现文王事迹在《孟子》前后的文献中，也基本与《诗》相联系。《史记》虽然是西汉文献，但它还是有限地保留了当时主要的先秦文献，是西汉以后最系统的收录早期文献的著作，因此它在一定程度上是早期材料流传的标尺。从这个角度分析《史记》，可以发现与早期文献流传相关的多种信息。《周本纪》的组织与编写在基本史料上就有很明显的多源性。后稷至文王，武王至康王，穆王至幽王，平王至慎靓王，赧王至周亡，这五个历史时段的材料明显有不同来源。文王之前的先周历史主要依据《诗》，就像《殷本纪》契的历史依据《商颂》一样。就现有文献来看，文王历史早期的记录主要在《雅》、《颂》之中。或者说，文王的时代，周还没有专门的史官来记事。

但是，必须承认，从《孟子》一书来看，孟子及其同代人所知晓的文王历史，如"文王之囿方七十里"、"文王生于岐周，卒于毕郢"、"文王治岐"等，较《雅》、《颂》要详细很多。也就是说，孟子的时代除了《诗》之《雅》、《颂》外，还有其他涉及文王历史的文献流传。既然文王历史主要赖《雅》、《颂》而传，那么细节详尽的文王故事就太可能有其他来源，同时它们的年代应该晚于《诗》，所以它们很可能是在《雅》、《颂》基础上的增饰和演绎。或者说，在孟子的时代，已经有了较为详细的解《诗》文献。

可以说，孟子所称述的文王及其施政与历史主要来自《诗》学系统。如果当时真的存在文王之《尚书》的话，以孟子对文王的推崇，不可能不直接引述，因此，孟子时代儒家学派（尤其是思孟学派）中没有文王《尚书》流

---

① 《四书章句集注·孟子集注》卷七，第282页。
② 《四书章句集注·孟子集注》卷八，第289页。
③ 同上书，第294页。

传。这种情况说明孔子所删定的百篇《尚书》中，没有文王之《书》。

（三）《墨子》与文王历史

《墨子》在先秦古书中也是引《书》较多的文献，罗根泽《由〈墨子〉引经推测儒墨两家与经书之关系》一文对《墨子》引《书》有详细的说明。罗先生统计《墨子》引《书》三十四则，除去重复，实际二十九则。其中"二十六则，非不见于今古文《尚书》，即与今古文《尚书》大异。与今文《尚书》虽字句有异同，而大体无殊者止有三则，而此三则又止在《吕刑》一篇，故概括言之，即谓《墨子》所引《书》，与今古文《尚书》全殊，亦无不可也。古人引书，不沾沾于旧文，故字句每有改窜，然悬殊至此，则不能一委于引者所改窜也"①。可见《墨子》引述的古《书》与儒家所传颇有不同，战国时代的《书》流传是一定远超今古文《尚书》之范畴的，但在《墨子》中，也没有明显属于文王时代的《书》。

其一，《墨子》引书多有篇名，这些篇都很难与周文王联系起来。

《汤誓》、《吕刑》、《太誓》、《禹誓》、《汤说》等明显可考的均与文王无关。

《距年》（或写作《竖年》），《尚贤下》引《竖年》作："睎夫圣武知人，以屏辅而身。"②文中提及圣武，不会是文王《尚书》。罗根泽先生认为伪《古文尚书》之《伊训》之"敷求哲人，俾辅于而后嗣"盖出于此。

《术令》，苏舆云："出《大禹谟》。"孙诒让考证《墨子》所引当为傅说所作之《兑命》。

《相年》，毕沅云："相年当为距年。"

《禽艾》，翟灏云："《逸周书·世浮解》有禽艾侯之语。"《世浮解》"记武王伐商及其方国的经过，兼及归周以后的典礼"③，在文王之后。

《官刑》，伪《古文尚书》之《伊训》篇有一章与《墨子·非乐上》所引《官刑》基本一致。

《武观》，据孙诒让考证，《武观》乃是与夏启时代相联系的《书》。

《仲虺之告》，《非命上》在引文后曰："此言汤之所以非桀之执有命也。"

《三代》、《不国》，《非命中》曰："武王以《太誓》非之，有于《三

---

① 《古史辨》第四册，海南出版社影印本2003年版，第189页。
② （清）孙诒让撰，孙启智点校：《墨子间诂》，中华书局2001年版，第70页。
③ 黄怀信：《逸周书校补注译》，西北大学出版社1996年版，第210页。

代》、《不国》有之。"

《执令》,《非命中》曰:"于召公之《执令》于然。"

《总德》,《非命下》:"禹之《总德》有之。"

《去发》,《非命下》:"武王为《太誓》、《去发》以非之。"

《子亦》,戴望怀疑此篇当为《箕子》。①

另外,《七患》篇有:

> 《周书》曰:"国无三年之食者,国非其国也;家无三年之食者,子非其子也。"此之谓国备。②

《逸周书·文传》篇引《夏箴》文与此非常接近,孙诒让云:

> (《墨子》)此文亦本《夏箴》而与《文传》小异。考《穀梁庄二十八年传》,"国无三年之畜,曰国非其国也",与此文略同,疑先秦所传《夏箴》文本如此是也。又《御览》五百八十八引胡广《百官箴叙》云:"墨子著书,称《夏箴》之辞。"盖即指此。若然,此书当亦称《夏箴》,与《周书》同,而今本脱之。③

从文字上看,这则《周书》时代不会很早,更不像是文王时代的《书》。

其二,《墨子》中述及周文王时,引用的文献也是《诗》,或者后世的《尚书》某篇,并没有引用文王时期的古《尚书》。

《天志中》曰:

> 《皇矣》道之曰:"帝谓文王,予怀明德,不大声以色,不长夏以革,不识不知,顺帝之则。"④

---

① 以上考证均转录自罗根泽《由〈墨子〉引经推测儒墨两家与经书之关系》一文。见《罗根泽说诸子》,上海古籍出版社2001年版。
② (清)孙诒让撰,孙启智点校:《墨子间诂》,中华书局2001年版,第30页。
③ 转录自罗根泽《由〈墨子〉引经推测儒墨两家与经书之关系》。见《罗根泽说诸子》,上海古籍出版社2001年版。
④ (清)孙诒让撰,孙启智点校:《墨子间诂》,中华书局2001年版,第205页。

《明鬼下》亦云：

> 子墨子曰：《周书·大雅》有之。《大雅》曰："文王在上，于昭于天。周虽旧邦，其命维新。有周不显，帝命不时。文王陟降，在帝左右。穆穆文王，令闻不已。"若鬼神无有，则文王既死，彼岂能在帝之左右哉？此吾所以知《周书》之鬼也。①

《周书》之鬼引述的是文王之《大雅》，而《商书》和《夏书》之鬼，则引用了《书》一类的文献。《兼爱》篇曾两处提及文王之德，虽然引述了《书》，但却是《泰誓》：

> 《泰誓》曰："文王若日若月，乍照，光于四方，于西土。"即此言文王之兼爱天下之博大也，譬之日月，兼照天下之无有私也即此文王兼也。虽子墨子之所谓兼者，于文王取法焉！②

《非命上》叙述的一段文王事迹：

> 昔者文王封于岐周，绝长继短，方地百里，与其百姓兼相爱，交相利，则，是以近者安其政，远者归其德。闻文王者皆起而趋之，罢不肖股肱不利者，处而愿之，曰："奈何乎使文王之地及我吾，则吾利岂不亦犹文王之民也哉！"是以天鬼富之，诸侯与之，百姓亲之，贤士归之。未殁其世而王天下，政诸侯。③

这个叙述与断虞芮之争、伯夷闻西伯善养老等传说有关，应该属于后起的故事。从中无法发现有依据文王典谟的地方。

其三，墨子称颂古圣王，引述先王之书，往往从商汤跳过文王，直接叙述武王之书，从中也可判断墨子未见文王之书。

《非攻下》：

---

① （清）孙诒让撰，孙启智点校：《墨子间诂》，中华书局2001年版，第238页。
② 同上书，第121页。
③ 同上书，第269页。

昔者禹征有苗，汤伐桀，武王伐纣，此皆立为圣王……①

《非命上》：

于《仲虺之告》曰："我闻于夏人，矫天命，布命于下。帝伐之恶，龚丧厥师。"此言汤之所以非桀之执有命也。于《太誓》曰："纣夷处，不肯事上帝鬼神，祸厥先神禔不祀，乃曰：'吾民有命。无廖排漏。'天亦纵弃之而弗葆。"此言武王所以非纣执有命也。②

《非命下》：

昔者暴王作之，穷人术之，此皆疑众迟朴。先圣王之患之也，固在前矣。是以书之竹帛，镂之金石，琢之盘盂，传遗后世子孙。曰：何书焉存？禹之《总德》有之……汤为《仲虺之告》以非之。……武王为《太誓》、《去发》以非之。③

因此，喜好引述古《尚书》的墨子及后学，也没有引据文王之《尚书》。可见墨家学派未见文王之《尚书》。

（四）其他先秦古文献亦无文王《尚书》的记载

《论语》引《书》两则，分别属于《君陈》、《说命》。《荀子》引《书》共十四条，均可考见篇名，它们分别属于《洪范》、《吕刑》、《康诰》、《伊训》、《泰誓》和《中蘬之言》（据杨倞注，即《仲虺之诰》）。《韩非子》引书四条，两条可考见篇名，分别为《洪范》、《酒诰》。④ 上述诸篇中，均无文王之《尚书》。

《左传》可以反映出春秋时代人的引经据典的习惯。相比《诗》，《书》的引证还是较少的。春秋时代人引书多称"《夏书》"、"《商书》"、"《周书》"，引有具体篇名的只有《太誓》、《仲虺之志》、《盘庚之铭》等

---

① （清）孙诒让撰，孙启智点校：《墨子间诂》，中华书局2001年版，第146页。
② 同上书，第272页。
③ 同上书，第280—282页。
④ 参见蒋善国《尚书综述》，上海古籍出版社1988年版，第17页。

少数几篇，因此比较难以判断当时是否有文王《尚书》流传。《国语》、《公羊传》、《穀梁传》、《礼记》、《大戴礼记》等古文献中也没有与文王《尚书》有关的记载。

周文王的历史在《墨子》、《孟子》之外的先秦古文献中，也主要存在于《诗》或后代的《书》中。《左传·襄公二十九年》吴公子札至鲁观周乐，鲁乐工"为之歌《大雅》"，公子札曰："广哉，熙熙乎！曲而有直体，其文王之德乎！"《左传·襄公三十一年》北宫文子称：

《周书》数文王之德曰："大国畏其力，小国怀其德。"言畏而爱之也。①

杜预注曰："逸《书》也。"伪古文收入《武成》篇。从此文的追述语气判断，自然不是文王时的《书》。接下来北宫文子又说：

文王之功，天下诵而歌舞之，可谓则之。文王之行，至今为法，可谓象之。有威仪也。②

北宫文子提及"文王之功"有歌舞诵之，"文王之行"有法象之，都属于后世的追述。他并没有提到"文王之言"或"文王之命"之类。可知春秋时代，文王的历史主要依赖可"诵而歌舞之"的《诗》或者是孟子所说"师文王"的某种政治传说。

《国语·周语上》记载召公曰："天子听政，使公卿至于列士献诗，瞽献曲，史献书，师箴，瞍赋，矇诵，百工谏，庶人传语。"③ 文王在位之时还不是"天子"，所以很可能还没有"史献书"这一制度，所以没有文王所"作"之《书》。《史记·周本纪》称"诗人道西伯，盖受命之年称王而断虞芮之讼"④，可见即使在文王受命之年，也没有诰、命一类《书》的制作，"断虞芮之讼"是依靠诗人的追颂被后人所知的（《大雅·

---

① 杨伯峻：《春秋左传注》，中华书局1990年版，第1194页。
② 同上书，第1195页。
③ （清）徐元诰撰，王树民点校：《国语集解》，中华书局2002年版，第11页。
④ （汉）司马迁：《史记》卷四，中华书局1959年版，第119页。

縣》)。而周之有《书》，是在武王即位九年之后，东观兵于盟津，"为文王木主"，"武王自称太子发，言奉文王以伐"①，这时武王应以受命之天子自居，并作《泰誓》。周之设"史"，很可能就是始于此年。《泰誓》很可能是周《书》的第一篇。

总的来看，今文《尚书》和先秦两汉典籍所引《逸书》有称述"文王之德"的篇，却没有"文王所作"的篇。誓、命、诰一类的《书》，是武王之后才有的，之前的周之历史（包括文王的历史）主要赖《诗》保存。司马迁在《史记·殷本纪》之后说："余以《颂》次契之事，自成汤以来，采于《书》、《诗》。"②《周本纪》的材料采择也跟《殷本纪》非常相似，后稷至文王的历史主要采于《诗·大雅》，而武王至康王则主要依据《书》。

据蒋善国《尚书综述》，流传到汉代的《尚书》篇名有八十一个，此外先秦两汉古文献所引用的逸《书》篇名有二十七个③，这九十八篇中，有与尧、舜、禹相关的篇，也有与商代自汤至纣时期相关的篇，有与周武王之后多个周王有关的篇，唯独没有与周文王有关的篇。这种情况的出现，就不能以文王时代的古《书》均较早散亡为说辞了。因为相比在周代地位崇高的文王，殷商诸王的《书》更易散亡。

因此综合先秦两汉文献的记载，我们可以发现周文王时代并没有《书》的制作，历史上并无真文王《尚书》的流传。

那么，在文献流传层面上判断，清华简《保训》篇恐怕不是真正的文王《尚书》，其撰述应该就在战国时代。

## 三 《孟子》与战国儒家《诗》学传统

前人对于先秦典籍引《诗》的研究已经非常深入，包括对各典籍引《诗》数量、篇目、阐释、《诗》篇编纂顺序等各个方面，兹不赘述。④

---

① （汉）司马迁：《史记》卷四，中华书局1959年版，第121页。
② （汉）司马迁：《史记》卷三，中华书局1959年版，第109页。
③ 蒋善国：《尚书综述》，上海古籍出版社1988年版，第397—433页。
④ 公认的结论是先秦学者引《诗》以《雅》为主，如在《左传》中占到近80%。但是多数的统计没有将一部古书中的各类材料分开来算，所以得出的结论还是值得再作细分。先秦古书很少有成于一时一人之手的，所以其中材料的撰述者、形成时代也有所不同，尤其是像《左传》、《礼记》、《荀子》这些引《诗》数量较多的典籍更当如此，这些古书不像《孟子》七篇，各部分材料的写成年代差距非常大，当分别加以对待。如《左传》一书中至少有三类引《诗》材料：其一，史料中人物的引《诗》；其二，史料中人物的赋《诗》；其（转下页）

《孟子》一书引《诗》除了具有其独特性外，还体现出了孔子以来儒家的引《诗》传统，这主要表现在三个方面：一是将《诗》作为经典来使用；二是偏好《大雅》；三是已经有相对固定的引用"套路"。

第一个方面不需要讨论，是历来公认的事实。值得略加论述的是后两个方面。

《孟子》一书中的引《诗》主要出自孟子，因此完全可以代表孟子的《诗》学。此书引用了35句诗，其中有19句《大雅》，7句《小雅》，6句《国风》，3句《颂》，其具体篇目如下：

《大雅·灵台》、《大雅·思齐》、《大雅·皇矣》、《大雅·绵》、《大雅·文王》、《大雅·文王》、《大雅·文王》、《大雅·文王》、《大雅·绵》（文王之大雅）

《大雅·下武》（武王之大雅）

《大雅·公刘》、《大雅·假乐》、《大雅·既醉》（以上正大雅）

---

（接上页）三，"君子曰"、"仲尼曰"等史评中的引《诗》。

其一和其二处于同一年代层面，但二者是不同的用《诗》方式，前者是引用《诗》句来论事，后者是赋《诗》言志，因此二者对《风》、《雅》、《颂》的选择上有很大不同。第一类重视使用《大雅》、《小雅》，第二类多选择《国风》和《小雅》，《国风》中又偏好二《南》和《邶》、《鄘》、《卫》。

《左传》中的"君子曰"一类史评清代以来被许多学者怀疑为后人附益，甚至有认为是刘歆所作者。但是随着近年来研究的深入，"君子曰"后人"附益说"基本被否定。虽然不排除个别材料为后人评述的羼入，但"君子曰"、"仲尼曰"这类史评多数是《左传》成书时附在史料之后的评论，与《左传》的写成者直接相关。基于《左传》依《春秋》而作，且成书于战国前期，可以认为其中的引《诗》反映的是孔子后学的《诗》学特点，时代也正在孟子之前。因此《左传》中的"君子曰"引《诗》是可以作为《孟子》一书的"传统"来看的。

除了《左传》"君子曰"之外，《礼记》中的《大学》、《中庸》、《表记》、《坊记》、《缁衣》五篇是此书引《诗》最多的五篇，其中除《大学》外，其他四篇又见于《子思子》。虽然《子思子》可能包含子思后学的著述，但它总体上应该能够反映子思的学术。所以《中庸》、《表记》、《坊记》、《缁衣》四篇在整体上也可以作为《孟子》用《诗》的"传统"文献。

《论语》虽然直接反映孔子及其弟子的《诗》学，但因引《诗》太少，无法与《孟子》作对比。郭店楚简《五行》、《缁衣》则提供了与孟子时代相差不远的文献，且不存在所谓后人附益问题。它们最初的成篇应该要早于孟子，因此也是本书研究的主要参照本。另外，上海博物馆所藏战国竹书《孔子诗论》，在形式上与战国儒家的引《诗》还是有所不同，因此不是本书研究的主要参考文献。

另外，本书是以《孟子》为中心向前的考索，所以时代处于《孟子》之后古书的引《诗》一般不涉及。

《大雅·板》、《大雅·荡》、《大雅·桑柔》、《大雅·桑柔》、《大雅·云汉》、《大雅·烝民》（变大雅）

《小雅·巧言》、《小雅·正月》、《小雅·大田》、《小雅·车攻》、《小雅·北山》、《小雅·大东》

《周颂·我将》、《鲁颂·閟宫》、《鲁颂·閟宫》

《豳风·鸱鸮》、《豳风·七月》、《齐风·南山》、《魏风·伐檀》、《邶风·柏舟》

提及：《小雅·小弁》、《邶风·凯风》

不难看出孟子在说理时更侧重于以《大雅》为经典依据。而《小雅》和《国风》所占比重则差不多，《小雅》略多于《国风》。

《孟子》的这种引《诗》比例，并非只属于孟子，而当是孔子以来的传统。《左传》"君子曰"、《礼记》的引《诗》类似比例就出现了，郭店楚简的引《诗》也与之接近。"君子曰"引《大雅》21句，《小雅》11句，《国风》10句，《颂》1句。《礼记》与子思有关的四篇引《大雅》30句，《小雅》20句，《国风》14句，《颂》3句。郭店楚简《缁衣》、《五行》两篇引《大雅》12句，《小雅》9句，《国风》8句，《颂》1句。不仅如此，从上述文献来看，《大雅》中的《文王》、《抑》、《皇矣》、《既醉》、《假乐》、《板》等，《小雅》中的《巧言》、《十月之交》、《节南山》、《北山》等，都是更多地被征引的名篇。如果依据郑玄《诗谱》，我们还会发现文王之《大雅》和厉王之《大雅》是孟子及孟子以前儒家文献征引频率最高的两部分《诗》。可见，《孟子》引《诗》是有传统渊源的。

《孟子》所引大多数诗句也被其他文献所引用，如：《公孙丑》引诗"镐京辟雍，自西自东，自南自北，无思不服"，见于《礼记·祭义》、《孝经》、《荀子·儒效》、《荀子·王霸》、《荀子·议兵》、《大戴礼记·曾子大孝》、《盐铁论·繇役》、《说苑·修文》、《新序·杂事五》。《离娄》引"不愆不忘，率由旧章"，此句又见于《春秋繁露·郊祭》、《淮南子·诠言训》、《韩诗外传》卷六、《说苑·建本》、《汉书·郊祀志》载杜邺《议郊祀制》等。《万章》引诗"周道如砥，其直如矢，君子所履，小人所视"亦见于《荀子·宥坐》、《墨子·兼爱》、《韩诗外传》卷三、《说苑·至公》、《盐铁论·刑德》。《尽心》引诗

"忧心悄悄,愠于群小"一句,又见于《荀子·宥坐》、《新语》、《韩诗外传》卷一、《说苑·指武》、刘向《上封事》、《孔子家语》。引诗"不素飧兮"一句,又见于《韩诗外传》卷二、《春秋繁露·仁义法》、《说苑·修文》、《列女传》卷一、《潜夫论》。《告子》引诗"既醉以酒,既饱以德"一句,见于《礼记·坊记》、《晏子春秋》、《说苑·修文》、《说苑·反质》,等等。可以说《孟子》引用的诗句,除了极少几条例外,几乎全部《诗》句都不是孤立的仅见于这一部典籍,而是也见引于其他战国秦汉文献中。从另一个角度看,这些诗句的使用是相对固定的,即引用某一篇《诗经》时,具体引用其中的哪几句诗,各战国秦汉典籍基本是相同的。如《卫风·淇澳》被引用的主要是"如切如磋,如琢如磨"一句,见于《论语》、《礼记》、《荀子》、《韩诗外传》、《说苑》等文献;《大雅·文王》被引的主要是"济济多士,文王以宁"一句,见于《左传》、《荀子》、《韩诗外传》及汉代的各种奏议中;《大雅·假乐》被引用的主要是"率由旧章"一句,见于《孟子》、《春秋繁露》及汉代奏议等。但这也仅仅是一种粗略印象,要将问题具体化,必须要有个范围。

这种稳定的引用范围主要体现于《左传》"君子曰"、《礼记》、《孟子》、《荀子》、《吕氏春秋》、《韩诗外传》、《说苑》、《新序》、《列女传》、《汉书》等文献中。它们主要属于六艺和儒家的范围,体现的是孔子之后的解释传统。

郭店楚简《缁衣》篇和《五行》篇的作者虽然不好准确判定为子思,但它们基本可以被认定为孔子后学的作品,年代至少不会晚于孟子,代表了孔子之后孟子之前的引《诗》传统。共引《诗》31句,其中只有7句仅见于郭店楚简,其他的24句在相近时代或后世其他的文献中也被引用过了(见附表)。可见至迟到子思的时代,早期儒家的引《诗》方式就基本上被后代继承了。从另一角度说,在子思的时代儒家的引《诗》方式已经相对成熟,所以才会通过某种途径被后人继承。后世对《诗》的引用传统确实可以追溯到七十子时期。

## 郭店楚简引《诗》与传世文献对比表①

| 诗句 | 出处 | 传世文献 |
|---|---|---|
| 仪型文王，万邦作孚（《大雅·文王》） | 《缁衣》1 | 《左传·襄公十三年》"君子曰"、《左传·昭公六年》"叔向曰" |
| 靖共尔位，好是正直（《小雅·小明》） | 《缁衣》2 | 《左传·襄公七年》、《韩诗外传》卷七、《礼记·表记》、《荀子·劝学》 |
| 淑人君子，其仪不忒（《曹风·尸鸠》） | 《缁衣》3 | 《大戴礼记·劝学》、《韩诗外传》卷二、《淮南子·诠言训》、《礼记·经解》、《列女传》、《吕氏春秋·先己》、《荀子·富国》、《荀子·君子》、《荀子·议兵》 |
| 上帝板板，下民卒瘅（《大雅·板》） | 《缁衣》4 | 《韩诗外传》卷五 |
| 非其止共，唯王之邛（《小雅·巧言》） | 《缁衣》4 | 《孔子家语·辩政》、《韩诗外传》卷四、《列女传》、《说苑·政理》 |
| 谁秉国成，不自为正，卒劳百姓（《小雅·节南山》） | 《缁衣》5 | 无 |
| 有觉德行，四方顺之（《大雅·抑》） | 《缁衣》6 | 《左传·襄公二十一年》叔向曰、《左传·昭公五年》仲尼曰、《孝经》、《孔子家语·正论解》、《韩诗外传》卷五、卷六、《春秋繁露·郊语》、《列女传》、《新序·杂事五》 |
| 成王之孚，下土之式（《大雅·下武》） | 《缁衣》7 | 《韩诗外传》卷五 |
| 赫赫师尹，民具尔瞻（《小雅·节南山》） | 《缁衣》8 | 《礼记·大学》、《孝经》、《春秋繁露·山川颂》、《汉书·成帝纪》永始四年诏、《汉书·董仲舒传》天人三策 |
| 其容不改，出言有训，黎民所信（《小雅·都人士》） | 《缁衣》9 | 无 |
| 彼求我则，如不我得。执我仇仇，亦不我力（《小雅·正月》） | 《缁衣》10 | 无 |
| 吾大夫恭且俭，靡人不敛（逸诗） | 《缁衣》12 | 无 |
| 慎尔出话，敬尔威仪（《大雅·抑》） | 《缁衣》14 | 《说苑·君道》泄冶曰 |
| 淑慎尔止，不愆于仪（《大雅·抑》） | 《缁衣》15 | 《仪礼·士冠礼》、《左传·襄公三十年》君子曰、《列女传》君子曰 |
| 穆穆文王，于缉熙敬止（《大雅·文王》） | 《缁衣》16 | 《礼记·大学》 |

---

① 释文采用李零《郭店楚简校读记》，今本《礼记·缁衣》不作对比文献。有关郭店楚简引《诗》论《诗》问题可参廖名春《郭店楚简引〈诗〉论〈诗〉考》，收入《新出楚简试论》，台湾古籍出版公司 2001 年版。

续表

| 诗句 | 出处 | 征引文献 |
|---|---|---|
| 白圭之玷，尚可磨也。此言之玷，不可为也（《大雅·抑》） | 《缁衣》17 | 《左传·僖公九年》君子曰、《孔子家语·弟子行》、《说苑·谈丛》、《大戴礼记·卫将军文子》 |
| 允也君子，展也大成（《小雅·车攻》） | 《缁衣》17 | 无 |
| 淑人君子，其仪一也（《曹风·尸鸠》） | 《缁衣》18 | 《荀子·劝学》、《韩诗外传》卷二、《大戴礼记·劝学》、《列女传》、《说苑·反质》、《淮南子·诠言训》、郭店楚简《五行》、马王堆帛书《五行》 |
| 服之无怿（《周南·葛覃》） | 《缁衣》19 | 无 |
| 人之好我，示我周行（《小雅·鹿鸣》） | 《缁衣》20 | 无 |
| 君子好逑（《周南·关雎》） | 《缁衣》21 | 《列女传》、《汉书·匡衡传》匡衡上书 |
| 朋友攸摄，摄以威仪（《大雅·既醉》） | 《缁衣》22 | 《左传·襄公三十一年》北宫文子曰、《孔子家语·困誓》、《荀子·大略》 |
| 我龟既厌，不我告犹（《小雅·小旻》） | 《缁衣》23 | 《潜夫论》 |
| 未见君子，忧心不能㤎㤎（《召南·草虫》） | 《五行》4 | 《孔子家语·五仪解》、《韩诗外传》卷一、《说苑·君道》、马王堆帛书《五行》 |
| 未见君子，忧心不能忡忡（《召南·草虫》） | 《五行》4 | 《盐铁论》文学曰 |
| 淑人君子，其仪一也（《曹风·尸鸠》） | 《五行》8 | 《荀子·劝学》、《韩诗外传》卷二、《大戴礼记·劝学》、《列女传》、《说苑·反质》、《淮南子·诠言训》、郭店楚简《缁衣》、马王堆帛书《五行》 |
| 瞻望弗及，泣涕如雨；差池其羽（《邶风·燕燕》） | 《五行》9 | 《列女传》、马王堆帛书《五行》 |
| 明明在下，赫赫在上（《大雅·大明》） | 《五行》16 | 《荀子·解蔽》 |
| 文王在上，于昭于天（《大雅·文王》） | 《五行》17 | 《墨子·明鬼下》、《吕氏春秋·古乐》、马王堆帛书《五行》 |
| 不强不绒，不刚不柔（《商颂·长发》） | 《五行》23 | 《左传·昭公二十年》仲尼曰、《孔子家语·正论解》、《韩诗外传》卷三(2)，卷五(2)、《春秋繁露·循天之道》、马王堆帛书《五行》 |
| 上帝临女，无贰尔心（《大雅·大明》） | 《五行》26 | 《左传·襄公二十四年》子产曰、《国语·晋语四》、《吕氏春秋·务本》、《春秋繁露·天道无二》、《汉书·贡禹传》贡禹奏、《列女传》、马王堆帛书《五行》 |

可见，在配合特定说理议论问题时，征引哪一篇、哪一句《诗》的

"规矩"在孟子之前就已出现。结合《左传》"君子曰"、《礼记》四篇、郭店楚简《缁衣》、《五行》与《孟子》的引《诗》组成比例一致的情况，可以这么说，在孟子之前，儒家已经有了相对固定的《诗》的引用"套路"。《孟子》对《诗》的使用是有大传统可循的。

《孟子》引《诗》的形式比较独特，主要是在孟子与诸侯王或弟子对话中完成的。《孟子》部分引《诗》语境显示，孟子和对方对《诗》义和某些历史已经比较熟悉，因此孟子在引述时只是简单提及《诗》所涉及的历史，类似提醒式或强调式的"用典"。这种情况下的引《诗》实际上是埋设了一定的故事情境。如《梁惠王下》有这样一段孟子和齐宣王的对话：

> 王曰："寡人有疾，寡人好货。"对曰："昔者公刘好货，《诗》云：'乃积乃仓，乃裹糇粮，于橐于囊，思戢用光，弓矢斯张，干戈戚扬，爰方启行。'故居者有积仓，行者有裹粮也，然后可以爰方启行。王如好货，与百姓同之，于王何有？"①

孟子引用的是《大雅·公刘》首章。他并没有对这一章作解释，说明对话的双方对这一章的意思都比较熟悉，对公刘是如何好货的也比较了解，所以孟子直接说"故居者有积仓，行者有裹粮也，然后可以爰方启行"。这段对话的背后，至少有两层与诗有关的语境：第一层是诗的基本义；第二层是公刘好货的某种"历史"。这两层都没有在实际对话中出现，但缺了这两层，交流就无法达成。

《公刘》这首诗和其他多数的《大雅》诗篇一样，它本身就是有故事、有历史的。《毛诗序》称："《公刘》，召康公戒成王也。成王将涖政，戒以民事，美公刘之厚于民，而献是诗也。"《史记·周本纪》的记载则是："公刘虽在戎狄之间，复修后稷之业，务耕种，行地宜，自漆、沮度渭，取材用，行者有资，居者有畜积，民赖其庆。百姓怀之，多徙而保归焉。周道之兴自此始，故诗人歌乐，思其德。"二者的说法虽然不太一样，但也并不矛盾，《毛诗序》所说的是诗的制作缘起和年代，《周本纪》则依据诗的内容阐述公刘的业绩。马银琴《两周诗史》考证这首诗写定

---

① 《四书章句集注·孟子集注》卷二，第218—219页。

于周宣王时期①，本书认为是可信的。它的内容主要是歌咏公刘的历史，孟子引用的首章就是如此，《毛传》解释作："公刘居于邰，而遭夏人乱，迫逐公刘。公刘乃辟中国之难，遂平西戎，而迁其民邑于豳焉。乃场乃疆，言脩其疆场也。乃积乃仓，言民事时和，国有积仓也。小曰橐，大曰囊。思辑用光，言民相与和睦，以显于时也。戚，斧也。扬，钺也。张其弓矢，秉其干戈戚扬，以方开道路去之豳，盖诸侯之从者十有八国焉。"孟子所说的公刘好货，其实是公刘率民避乱，从邰迁豳，"裹此粮食于此橐囊之中，委其馀而去"的历史。基于《公刘》诗的公刘历史，孟子和齐宣王应该都是熟悉的。《孟子》中的多数情况都是如此。

马银琴在《两周诗史》中详细排比了《诗序》和上海博物馆竹书《孔子诗论》，发现"《诗论》与《诗序》相互支持、相互补充与发明的情况占有压倒多数的明显优势"，由此判断《毛诗》首序"产生在孔子之前，与诗文本的形成过程相始终"②。那么，附属于《生民》、《緜》等诗的历史故事也当在孔子之前就已出现，只不过可能还没有后代的丰富。如《左传·僖公十九年》子鱼言于宋公曰：

> 文王闻崇德乱而伐之，军三旬而不降，退脩教而复之，因垒而降。复往攻之，备不改前，而崇自服。《诗》曰："刑于寡妻，至于兄弟，以御于家邦。"今君德无乃犹有所阙，而以伐人，若之何？盍姑内省德乎，无阙而后动？③

文王伐崇的历史见于《棫樸》、《皇矣》，但都没有提到"军三旬而不降"之类的事迹，可见这类有关文王伐崇的故事属于在《诗·大雅》基础上的衍生故事。这些故事的产生是早于孔子的。

《诗》及其所述、所指的历史自然是无法分开的。先秦文献引《诗》虽然多数都没有直接涉及背后的故事和历史，但不加解释的引用本身就说明作者、读者双方对《诗》义的理解有共同的基础，而《诗》义的理解是离不开《诗》的创作史和内容所指的历史的。如《国语·晋语四》载

---

① 马银琴：《两周诗史》，社会科学文献出版社2006年版，第221—222页。
② 同上书，第69—83页。
③ 杨伯峻：《春秋左传注》，中华书局1990年版，第1195页。

## 第六章　孟子的圣人系谱及其知识背景

晋大夫胥臣对晋文公说：

> 臣闻昔者大任娠文王不变，少溲于豕牢而得文王，不加病焉。文王在母不忧，在傅弗勤，处师弗烦，事王不怒，孝友二虢，而惠慈二蔡，刑于大姒，比于诸弟。《诗》云："刑于寡妻，至于兄弟，以御于家邦。"于是乎用四方之贤良。及其即位也，询于八虞，而咨于二虢，度于闳夭，而谋于南宫，诹于蔡、原，而访于辛、尹，重之以周、邵、毕、荣，亿宁百神，而柔和万民。故《诗》云："惠于宗公，神罔时恫。"是则文王非专教诲之力也。①

在这则对话中，胥臣引用了《思齐》一诗的第二章，他的引用就结合"文王之所以圣"（《毛诗序》）的历史。"刑于寡妻，至于兄弟，以御于家邦"这一句，孔颖达《疏》曰："毛以为，文王以母贤身圣，能协和神人。……能施礼法于寡少之适妻，内正人伦，以为化本。复行此化，至于兄弟亲族之内，言族亲亦化之。又以为法，迎治于天下之家国，亦令其先正人伦，乃和亲族。其化自内及外，遍被天下，是文王圣也。"这些毛说的历史与胥臣所述基本是相合的。"惠于宗公，神罔时恫"（《毛诗》作"惠于宗公，神罔时怨，神罔时恫"）一句，郑玄说和毛说有不同，《郑笺》作："文王为政，咨于大臣，顺而行之，故能当于神明。神明无是怨恚。其所行者，无是痛伤。其将无有凶祸。"这与胥臣的陈述也是相同的。可见从春秋至两汉，学者对这首诗的解释方式基本是相同的，所引述的文王事迹也基本相同。《诗》与历史相辅相成，使得胥臣的话更有说服力。可见《思齐》诗的流传中，"文王之所以圣"的历史是与它并行的。

具有史诗性质的《生民》、《緜》、《公刘》、《大明》、《皇矣》等诗也是后世早周历史叙述的主要资源。如《史记·周本纪》武王之前的历史几乎完全依靠上述几篇《诗》。这些细节、内容上都比较详细的历史事迹，应该就是《诗》的缘起、训义和衍生。目前最全面的对《诗》的历史缘起的记载来自《诗序》。《诗序》在整体上是一个有着道德判断的历史体系。它把《诗》的每一篇都赋予了一定的历史情境和价值。

---

① （清）徐元诰撰，王树民点校：《国语集解》，中华书局2002年版，第360—362页。

虽然它的作者还存在很大的争议，但是《诗序》整体上还是体现了西周以来对《诗》的历史情境的看法，有相当多的解释在孔子之前就存在了。如上文所引晋大夫胥臣的解释，就与《诗序》、《毛传》、《郑笺》相一致。另外《左传》记载的春秋诸侯、大夫之间的赋诗取义，杜预依据汉儒的解释所作的注释，基本都能符合当时的历史情境，说明春秋时代对《诗》大旨的理解与汉代之后基本相同。闻一多《歌与诗》一文依据先秦两汉文献判断"诗即史"，并说"《诗序》好牵合春秋时的史迹来解释《国风》，其说虽什九不可信，但那种以史读诗的观点，确乎是有着一段历史背景的"①。

---

① 参见《闻一多全集 10·文学史编》，湖北人民出版社 1993 年版，第 8—12 页。

# 第七章　刘歆援数术入六艺与其新天人关系的创建

## ——以《汉书·五行志》所载汉儒灾异说为中心

### 导　语

刘向、刘歆父子积二十余年校理中秘书，除了新书整理缮写的完成，《别录》、《七略》的编纂外，另一个重要的影响便是拧动了学术风气、思想方式转变的重要枢纽。直至刘向，整个西汉帝国的学术、思想性格还是与战国学术有着密切关联，总体上仍然是战国学术的延续。五经博士之学、天文律历数术之学、诗赋文章等均切于政治、日用，纯粹的知识与学术取向，是颇难寻觅的。但到了汉成帝时期，刘向父子接触秘府图书，勘校排比秘府古文，其校勘过程本身就已经与政治、日用趋远，而渐近于知识与学术了。由此，相对纯粹的以古书文本为对象的学问，在刘氏父子之后日见其重。刘向学问的风格，还有战国之风，存留有士的精神，这从其《上封事》诸篇奏议以及论灾异之文不难看出。至刘歆，则其学问风格已经以古文之学为主，虽然驳杂，但与后汉郑玄之学颇为类似，有着建立某种理论架构的雄心，故其《三统历》宁失准确，也要力求体系上、数学上的完美。刘歆的古学又是东汉经学学术极为重要的源头，反之，刘向的学问则类似战国秦汉学术的最后回响。中国早期学术的转型大体发生在两汉之际，而刘氏父子之间所存在的学术上的断裂，正是这个转型期最为清晰的界限。

最为集中的体现两汉之际学问转型的文本，乃是《汉书·五行志》，它表面上是洪范五行之学下的灾异志，但核心内容却是西汉诸儒以《春秋》说灾异的学说汇编，并以董仲舒、刘向、刘歆三人的学说为主，正是最集中体现公羊学、穀梁学、左氏学"师法"的最佳范本。可惜，前人径以灾异说观之，使其研究价值折损大半。本章即以西汉春秋学师法的辨析为始，去追索两汉学术裂变的学理意义。主要的结论乃是：《汉书·五行志》"五行传"之"说"的底本是刘歆的《洪范五行传》之论说，其特点是以五行相生次序改变了传统的《洪范五行传》的"五行"部分的文本结构，而与之相对的是刘向《洪范五行传论》采用的还是传统的五行相胜的行序。这种改变是刘歆采用《春秋左氏》学改造传统《春秋》灾异说的成果之一。刘歆《春秋》灾异说的师法新变主要表现为引数术方法入六艺之学，其基础是刘向、刘歆父子创立的五德相生德运说。刘歆统合《易》、《春秋》、数术、律历诸学，目的是创建新的天人系统。在其天人关系中，他的理论重心从重人事转向重天道。

《汉书·五行志》综录西汉儒生《洪范五行》之说，尤以董仲舒、刘向、刘歆三家为主。其内容除灾异论外，尚不乏《易》、《春秋》、数术、星历之学，可谓研讨西汉儒生学术范式、方法之重要文献。在利用此重要文献研讨汉儒学问路数方面，特别是有关董仲舒、刘向、刘歆三家学理之异同处，古今学人留意者恨少。三家中争议话题最多的是刘歆。刘歆哀、平时期推崇古学，在汉代学术史上占有很重要的位置，甚至成为近代以来汉代学术史叙事中具有转折意义的事件。他的作为，在当时被视为"毁师法"。《汉书·王莽传》记载公孙禄对刘歆的批评，即为"颠倒五经"和"毁师法"两项。① 这与哀帝时师丹批评刘歆"改乱旧章，非毁先帝所立"不同，前者是学理层面的批评，后者是制度层面的指责。刘歆的时代也是纬书大量出现的历史时期，他的"变法"与五德终始说的复振以及谶纬的流行实有密切关系。公孙禄从学理层面对刘歆的批评，也正与此有关。

一 《汉书·五行志》所录《洪范五行传》文本结构的调整

《汉书·五行志》所载灾异说是西汉诸种《洪范五行传》学说的混

---

① 公孙禄曰："国师嘉新公颠倒《五经》，毁师法，令学士疑惑。"（班固《汉书》卷九十九《王莽传》，中华书局1962年版缩印本，第4170页）

合，尤以董仲舒、刘向、刘歆三家为主，同时兼采眭孟、夏侯胜、京房、谷永、李寻诸家之说。《五行志》由"经曰"、"传曰"、"说曰"及诸儒灾异说之例证等四部分组成。前三部分构成其基本结构，也是其义理的部分。"经曰"是《尚书·洪范》之文，"传曰"是《五行传》之文，"说曰"则既是对"传曰"的阐发，亦为后文例证的序言。① 从整体结构看，"经"、"传"虽是纲领，但"说"才是《五行志》义理展开的主要部分。

《汉书·五行志》"说"是整合西汉各家学说，还是以某家为主？可由两个文本的细节略窥一二。

其一，《汉书·五行志》所录《洪范五行传》文本结构的调整。

《汉书·五行志》的"传"（即《洪范五行传》）乃由"五行传"、"貌传"、"言传"、"视传"、"听传"、"思心传"、"皇极传"几部分前后衔接而成。其中的"五行传"的五行次序相比《洪范五行传》的原始文本顺序，有明显调整。② 调整之后的"五行传"符合五行相生之次序。

《五行志》正文伊始载录曰：

经曰："初一曰五行。五行：一曰水，二曰火，三曰木，四曰金，五曰土。水曰润下，火曰炎上，木曰曲直，金曰从革，土爰稼穑。"

传曰："田猎不宿，饮食不享，出入不节，夺民农时，及有奸谋，则木不曲直。"

传曰："弃法律，逐功臣，杀太子，以妾以妻，则火不炎上。"

传曰："治宫室，饰台榭，内淫乱，犯亲戚，侮父兄，则稼穑不成。"

传曰："好战攻，轻百姓，饰城郭，侵边境，则金不从革。"

传曰："简宗庙，不祷祠，废祭祀，逆天时，则水不润下。"

"传"当附"经"。然"经"（《洪范》）中五行的次序是：水、火、木、金、土，而"传"却是木、火、土、金、水。若细析"传"之内容，

---

① 详参缪凤林《汉书五行志凡例》，《史学杂志》1929年第一卷第二期。
② 徐兴无《刘向评传》（南京大学出版社2005年版）认为此顺序的改变是夏侯始昌与刘向等人《五行传》的改变。事实上，夏侯始昌至刘向的《五行传》相比《洪范》确实有变动，但不是《五行志》中的变动，而是遵循邹衍相胜说的变动，详见下文。

我们会发现其原始顺序并非如此。与水相应的"传"的内容是宗庙祭祀，与火相应的是家国秩序，与木相应的是田猎农时，与金相应的是战争攻伐，与土相应的是宫室亲族，从政事角度正好是由大及小。故知"传"的原始顺序当与"经"一致。那么"传"的顺序为何出现了改动？乃因下文"说"之序也：

> 说曰："木，东方也。……"
> 说曰："火，南方，扬光辉为明者也。……"
> 说曰："土，中央，生万物者也。……"
> 说曰："金，西方，万物既成，杀气之始也。……"
> 说曰："水，北方，终臧万物者也。……"

"说"依《月令》的东、南、中、西、北的"自然轨迹"排列，"传"的次序正好与之应和。显而易见，上述五条"传"是反过来适应了"说"的结构。这亦可看出"说"乃是《汉书·五行志》文本结构的基础。

"说"的行序是所谓五行相生的次序。以五行相生之义说律历、灾异，始于刘向。《宋书·五行志》曰："逮至伏生创纪《大传》，五行之体始详；刘向广演《鸿范》，休咎之文益备。"《历志》又称："五德更王，唯有二家之说。邹衍以相胜立体，刘向以相生为义。据以为言，不得出此二家者。"那么，以五行相生之义为秩序的"说"，是否来自刘向，《汉书·五行志》是否以刘向著作为基础？《宋书·志序》曰："刘向《鸿范》，始自《春秋》。刘歆《七略》，儒墨异部。朱赣博采风谣，尤为详洽。固并因仍，以为三《志》。"可见沈约以为《汉书·五行志》据刘向《洪范五行传论》而成也。

果真如此？非也。《汉书》之后，众家史书多立《五行志》，然多以《汉志》为本，唯《隋书·五行志》（《五代史志·五行志》）不同，此《志》以刘向《洪范五行传论》为基础，故将其与《汉志》排比对勘，反可见《汉志》非以刘向《传论》为主。此即上文所谓第二个文本细节也。

刘向《洪范五行传论》于《隋书·经籍志》、《旧唐书·经籍志》、《新唐书·艺文志》均有载录，且是唐代可见的唯一与《洪范五行传》有关的汉儒著作，三《志》均作刘向著。故知李淳风等人著《五代史志》时所参《洪范五行传》即刘向所著。

验之文本，亦然。《隋书·五行志》"木冰"条引《洪范五行传》曰：

> 阴之盛而凝滞也。木者少阳，贵臣象也。将有害，则阴气胁木，木先寒，故得雨而冰袭之。木冰一名介，介者兵之象也。①

而《汉书·五行志》"《春秋》成公十六年正月雨木冰"条引刘向说曰：

> 刘向以为冰者阴之盛而水滞者也，木者少阳，贵臣卿大夫之象也。此人将有害，则阴气胁木，木先寒，故得雨而冰也。②

又，《隋志》"大雨雹"条引《洪范五行传》曰："雹，阴胁阳之象也。"《汉志》"僖公二十九年秋大雨雹"条引刘向说曰："雹者阴胁阳也。"

《隋志》"鼓妖"条引《洪范五行传》曰："雷霆托于云，犹君之托于人也。君不恤于天下，故兆人有怨叛之心也。"《汉志》"史记秦二世元年天无云而雷"条引刘向说曰："雷当托于云，犹君托于臣，阴阳之合也。二世不恤天下，万民有怨畔之心。"

《隋志》"鱼孽"条引《洪范五行传》曰："鱼阴类，下人象也。"《汉志》"史记秦始皇八年河鱼大上"条引刘向说曰："鱼阴类，民之象，逆流而上者，民将不从君令为逆行也。其在天文，鱼星中河而处，车骑满野。"

《隋志》"虫妖"条引《洪范五行传》曰："刑罚暴虐，食贪不厌，兴师动众，取城修邑，而失众心，则虫为灾。"《魏书·灵征志》引刘向《鸿范论》曰："刑罚暴虐，取利于下；贪饕无厌，以兴师动众；取邑治城，而失众心，则虫为害矣。"

故《隋书·五行志》所引《洪范五行传》即刘向《洪范五行传论》。以《汉书·五行志》五行"说"与《隋书·五行志》所引《洪范五

---

① （唐）魏徵：《隋书》第三册，中华书局1973年版，第628页。
② （汉）班固：《汉书》卷二十七《五行志》，第1319—1320页。

行传》略作对勘,即可发现《汉志》所据非刘向的《传论》,而是与之有承袭关系的著作。继承刘向《传论》且有发展,并为班固所征录者,自然唯刘歆之《传说》。比较见下表:①

| 《汉书·五行志》次序 | 《隋书·五行志》次序 |
|---|---|
| 说曰:木,东方也。于《易》,地上之木为《观》。其于王事,威仪容貌亦可观者也。故行步有佩玉之度,登车有和鸾之节,田狩有三驱之制,饮食有享献之礼,出入有名,使民以时,务在劝农桑,谋在安百姓;如此,则木得其性矣。若乃田猎驰骋不反宫室,饮食沉湎不顾法度,妄兴繇役以夺民时,作为奸诈以伤民财,则木失其性矣。盖工匠之为轮矢者多伤败,及木为变怪,是为木不曲直。 | 《洪范五行传》曰:"木者东方,威仪容貌也。古者圣王垂则,天子穆穆,诸侯皇皇。登舆则有鸾和之节,降车则有佩玉之度,田狩则有三驱之制,饮食则有享献之礼。无事不出境。此容貌动作之得节,所以顺木气也。如人君违时令,失威仪,田猎驰骋,不反宫室,饮食沉湎,不顾礼制,纵欲恣睢,出入无度,多繇役以夺人时,增赋税以夺人财,则木不曲直。" |
| 说曰:火,南方,扬光辉为明者也。其于王者,南面乡明而治。《书》云:"知人则悊,能官人。"故尧、舜举群贤而命之朝,远四佞而放诸野。孔子曰:"浸润之谮、肤受之诉不行焉,可谓明矣。"贤佞分别,官人有序,帅由旧章,敬重功勋,殊别适庶,如此则火得其性矣。若乃信道不笃,或耀虚伪,逸夫昌,邪胜正,则火失其性矣。自上而降,及滥炎妄起。灾宗庙,烧宫馆,虽兴师众,弗能救也,是为火不炎上。 | 《洪范五行传》曰:"金者西方,万物既成,杀气之始也。古之王者,兴师动众,建立旗鼓,以诛残贼,禁暴虐,安天下,杀伐必应义,以顺金气。如人君乐侵陵,好攻战,贪城邑之赂,以轻百姓之命,人皆不安,外内骚动,则金不从革。" |
| 说曰:土,中央,生万物者也。其于王者,为内事。宫室、夫妇、亲属,亦相生者也。古者天子诸侯,宫庙大小高卑有制,后夫人媵妾多少进退有度,九族亲疏长幼有序。孔子曰:"礼,与其奢也,宁俭。"故禹卑宫室,文王刑于寡妻,此圣人之所以昭教化也。如此则土得其性矣。若乃奢淫骄慢,则土失其性。亡水旱之灾而草木百谷不孰,是为稼穑不成。 | 《洪范五行传》曰:"火者南方,阳光为明也。人君向南,盖取象也。昔者圣帝明王,负扆摄袂,南面而听断天下。揽海内之雄俊,积之于朝,以续聪明,推邪佞之伪臣,投之于野,以通壅塞,以顺火气。夫不明之君,惑于逸口,白黑杂糅,代相是非,众邪并进,人君疑惑。弃法律,间骨肉,杀太子,逐功臣,以孽代宗,则火失其性。" |

---

① 采用两《志》各自原始文本顺序,正可见出二者依据文本的不同。

续表

| 《汉书·五行志》次序 | 《隋书·五行志》次序 |
|---|---|
| 说曰：金，西方，万物既成，杀气之始也。故立秋而鹰隼击，秋分而微霜降。其于王事，出军行师，把旄杖钺，誓士众，抗威武，所以征畔逆、止暴乱也。《诗》云："有虔秉钺，如火烈烈。"又曰："载戢干戈，载櫜弓矢。"动静应谊，"说以犯难，民忘其死。"如此则金得其性矣。若乃贪欲恣睢，务立威胜，不重民命，则金失其性。盖工冶铸金铁，金铁冰滞涸坚，不成者众，及为变怪，是为金不从革。 | 《洪范五行传》曰："水者，北方之藏，气至阴也。宗庙者，祭祀之象也。故天子亲耕以供粢盛，王后亲蚕以供祭服，敬之至也。发号施令，十二月咸得其气，则水气顺。如人君简宗庙，不祷祀，逆天时，则水不润下。" |
| 说曰：水，北方，终藏万物者也。其于人道，命终而行藏，精神放越，圣人为之宗庙以收魂气，春秋祭祀，以终孝道。王者即位，必郊祀开地，祷祈神祇，望秩山川，怀柔百神，亡不宗事。慎其齐戒，致其严敬，鬼神歆飨，多获福助。此圣王所以顺事阴气，和神人也。至发号施令，亦奉天时。十二月咸得其气，则阴阳调而终始成。如此则水得其性矣。若乃不敬鬼神，政令逆时，则水失其性。雾水暴出，百川逆溢，坏乡邑，溺人民，及淫雨伤稼穑，是为水不润下。① | 《洪范五行传》曰："土者中央，为内事。宫室台榭，夫妇亲属也。古者自天子至于士，宫室寝居，大小有差，高卑异等，骨肉有恩。故明王贤君，修宫室之制，谨夫妇之别，加亲戚之思，敬父兄之礼，则中气和。人君肆心纵意，大为宫室，高为台榭，雕文刻镂，以疲人力，淫泆无别，妻妾过度，犯亲戚，侮父兄，中气乱，则稼穑不成。"② |

这个列表给出了令人惊讶的对比。《汉书·五行志》中的"五行说"明显是继承刘向《洪范五行传论》。仅以"木传"说一条为例以作说明。《隋志》所据《洪范五行传》几为《汉志》所取，但《汉志》却增益了《易》卦的部分。故知《汉书·五行志》中的"五行说"明显是继承刘向《传论》，而又有所新说的一种，故其作者非刘歆莫属。

此外，《隋志》所引刘向《传论》遵循五德相胜行序，即木、金、火、水、土之序，这与刘向首倡五德相生终始之说似有扞格。然刘向的《传论》确未采用五德相生之次，《五行志》曰：

---

① 《汉书》卷二十七《五行志》，第 1318—1319 页。
② 《隋书》卷十七《五行志》，第 618 页。

孝武时，夏侯始昌通《五经》，善推《五行传》，以传族子夏侯胜，下及许商，皆以教所贤弟子。其传与刘向同，唯刘歆传独异。……于《易》，《震》在东方，为春为木也；《兑》在西方，为秋为金也；《离》在南方，为夏为火也；《坎》在北方，为冬为水也。……刘歆传曰……①

此段出于"貌传"之序，乃班固略陈《洪范》学史之文字。班氏谓自夏侯始昌至夏侯胜、许商，乃至刘向，其《五行传》全同，唯刘歆传独异。班氏还发现夏侯始昌至刘向之《洪范五行传》的结构，与《易》相关。《易》之《震》、《兑》、《离》、《坎》四卦与四方、四要素的排列顺序，即木、金、火、水的顺序，正是夏侯始昌至刘向所传《五行传》之次序，验之《隋志》所引《洪范五行传》，二者正好符合。故知刘向《洪范五行传论》依然采用五德相胜之序，而非其新创五德相生之序，于此可见西汉"师法"之大概也。《洪范》五行之学，虽基于伏生所传今文《尚书》，然其导源于邹子五德终始之说②，于此亦可见也。至于刘歆传独异之处，当即五行次序之变。

由此，刘歆"毁师法"的第一层含义可见矣。简言之，乃是刘歆以五行相生之新说改变了传统《洪范五行传》的文本结构，尤其是"五行传"部分。

《汉书·刘向传》曰："上方精于《诗》《书》，观古文，诏向领校中《五经》秘书。向见《尚书·洪范》，箕子为武王陈五行阴阳休咎之应。向乃集合上古以来历春秋六国至秦汉符瑞灾异之记，推迹行事，连传祸福，著其占验，比类相从，各有条目，凡十一篇，号曰《洪范五行传论》，奏之。"由此知刘向《洪范五行传论》之体例与《汉书·五行志》相类，其内容亦必多同，故沈约才谓《汉志》本之。然从上文考证来看，《汉志》"五行传"部分采用刘歆之传论，而非刘向之作。《汉志》此后之"貌传"、"言传"、"视传"、"听传"、"思心传"、"皇极传"是否亦

---

① 《汉书》卷二十七《五行志》，第1353—1354页。
② 《隋书》卷三十二《经籍志》曰："济南伏生之传，唯刘向父子所著《五行传》是其本法，而又多乖戾。"从这段记载甚至可以大胆判断，伏生所传今文《尚书》之学，与邹衍终始之学有着独特的关联。

用刘歆？检之，则"貌传"之后的"说"中，均直接引及刘歆《貌传》、《言传》等《传》，故知"貌传"之后并不以刘歆传论为主。联系沈约之说，可知《汉志》"貌传"后之文以刘向《传论》为主也。

## 二 刘歆引数术入六艺及其学术渊源

刘歆《左传》学"师法"的特点，亦可以从《汉书·五行志》略窥一二，其与董仲舒、刘向、京房、李寻等汉儒"正法"的区别，更是昭然可见。要之，刘歆在前儒以天人之应、阴阳消长等方法解释春秋灾异的基础上，引入了星占、五行等数术理论，即引数术入六艺。

《汉书·五行志》录董仲舒、刘向、刘歆、眭孟、夏侯胜、京房、谷永、李寻等人对春秋以来灾异的解释，虽称《洪范》五行之学，实亦《春秋》学也。董仲舒所主，自然是《公羊》学，刘向所本乃《穀梁》，刘歆治者为《左氏》。《五行志》有曰"歆治《左氏传》，其《春秋》意亦已乖矣；言《五行传》，又颇不同。是以揽仲舒，别向、歆"，又曰"《左氏》刘歆以为"云云，且其所收诸家中唯有刘歆习《左氏》，故《五行志》所引《左传》说，当为刘歆之学。通览《五行志》诸说，刘歆之"师法"确与西汉诸儒有着根本的不同，称其"毁师法"并不为过。

当然，师说相承，刘歆对灾异的解释与董仲舒、刘向等人亦有相同之处，此乃西汉诸儒诠释灾异的基础范式，即以阴、阳消长、天人感应为本，析论灾异之由。如《五行志》载：

> 《春秋》成公十六年"正月，雨，木冰"。刘歆以为上阳施不下通，下阴施不上达，故雨，而木为之冰，氛气寒，木不曲直也。刘向以为冰者阴之盛而水滞者也，木者少阳，贵臣卿大夫之象也。此人将有害，则阴气胁木，木先寒，故得雨而冰也。①

鲁成公十六年鲁国出现了一次冻雨，刘歆谓阳气不下通，阴气不上达，造成了此次冻雨，并致树木结冰。刘向则将树木视作卿大夫之象，属少阳，阴气之盛的冰冻结于上，预示某卿大夫将有害。

又如：

---

① 《汉书》卷二十七《五行志》，第 1319—1320 页。

桓公元年"秋,大水"。董仲舒、刘向以为桓弑兄隐公,民臣痛隐而贱桓。后宋督弑其君,诸侯会,将讨之,桓受宋赂而归,又背宋。诸侯由是伐鲁,仍交兵结雠,伏尸流血,百姓愈怨,故十三年夏复大水。一曰,夫人骄淫,将弑君,阴气盛,桓不寤,卒弑死。刘歆以为桓易许田,不祀周公,废祭祀之罚也。①

董仲舒、刘向、刘歆均持天人之应的思路,认为人间政治的问题造成了大水之灾。只不过董仲舒、刘向判断这次大水是桓公弑兄隐公或桓夫人骄淫致使阴气大盛的"天之应",而刘歆则认为造成此次大水的政治问题是鲁易许田,废弃了对周公祭祀。其主要思路也是天人相应。

刘歆在天人之应和阴阳消长的基础方法之外,还引入了五行、星占等方法,这是其新变。如:

九年"夏四月,陈火"。董仲舒以为陈夏征舒杀君,楚庄王讬欲为陈讨贼,陈国辟门而待之,至因灭陈。陈臣子尤毒恨甚,极阴生阳,故致火灾。刘向以为先是陈侯弟招杀陈太子偃师,皆外事,不因其官馆者,略之也。八年十月壬午,楚师灭陈,《春秋》不与蛮夷灭中国,故复书陈火也。

《左氏经》曰"陈灾"。《传》曰"郑裨灶曰:'五年,陈将复封,封五十二年而遂亡。'子产问其故,对曰:'陈,水属也。火,水妃也,而楚所相也。今火出而火陈,逐楚而建陈也。妃以五成,故曰五年。岁五及鹑火,而后陈卒亡,楚克有之,天之道也。'"《说》曰:颛顼以水王,陈其族也。今兹岁在星纪,后五年在大梁。大梁,昴也。金为水宗,得其宗而昌,故曰"五年陈将复封"。楚之先为火正,故曰"楚所相也"。天以一生水,地以二生火,天以三生木,地以四生金,天以五生土。五位皆以五而合,而阴阳易位,故曰"妃以五成"。然则水之大数六,火七,木八,金九,土十。故水以天一为火二牡,木以天三为土十牡,土以天五为水六牡,火以天七为金四牡,金以天九为木八牡。阳奇为牡,阴耦为妃。故曰"水,火之牡也;火,水妃也"。于《易》,坎为水,为中男,离为火,为中女,

---

① 《汉书》卷二十七《五行志》,第1343页。

盖取诸此也。自大梁四岁而及鹑火，四周四十八岁，凡五及鹑火，五十二年而陈卒亡。火盛水衰，故曰"天之道也"。哀公十七年七月己卯，楚灭陈。①

《春秋》"陈火"意味何在？董仲舒云"极阴生阳"以致火灾，刘向则归之于《春秋》笔法。《左传》经文与《公羊》、《穀梁》不同，曰"陈灾"，而刘歆《说》延续《左传》中裨灶之说，以五行理论解之，并杂以律历、象数之法。《汉书·艺文志·数术略》"五行"一类，有《四时五行经》、《阴阳五行时令》、《钟律灾异》等书，就属于以律历说灾异，其小序曰："五行者，五常之形气也。《书》云'初一曰五行，次二曰羞用五事'，言进用五事以顺五行也。貌、言、视、听、思心失，而五行之序乱，五星之变作，皆出于律历之数而分为一者也。其法亦起五德终始，推其极则无不至。而小数家因此以为吉凶，而行于世，寖以相乱。"可见刘歆所用解释方法，与之极近。

《五行志》也的确载有刘歆使用"五星之变作"方法之例：

（哀公）十三年"九月，螽；十二月，螽"。比三螽，虐取于民之效也。刘歆以为，周十二月，夏十月也，火星既伏，蛰虫皆毕，天之见变，因物类之宜，不得以螽，是岁再失闰矣。周九月，夏七月，故传曰"火犹西流，司历过也"。②

刘歆所谓"火星既伏，蛰虫皆毕，天之见变"的说法，正与《艺文志》叙述相符合，由此，刘歆《左传》灾异说纳入了五行一类的数术之法。

除此之外，星占之学也见于刘歆的灾异说。如：

隐公三年"二月己巳，日有食之"。《穀梁传》曰，言日不言朔，食晦。《公羊传》曰，食二日。董仲舒、刘向以为，其后戎执天子之使，郑获鲁隐，灭戴，卫、鲁、宋咸杀君。《左氏》刘歆以为正月二

---

① 《汉书》卷二十七《五行志》，第1327—1328页。
② 同上书，第1434页。

日，燕、越之分野也。凡日所躔而有变，则分野之国失政者受之。①

《五行志》所录刘歆解析"日食"之文，均用"分野"之说，即以日食月份对应某诸侯国，某月发生日食，则意味着分野之国在承受天之警告或惩罚。这属于星占一类的数术理论，与董仲舒、刘向以日食为主君遭厄之论迥异。《汉书·艺文志·数术略》有"天文"一类二十一家四百四十五卷，其内容即为"序二十八宿，步五星日月，以纪吉凶之象，圣王所以参政也"，其书如《常从日月星气》、《汉日旁气行事占验》、《汉日食月晕杂变行事占验》之类。从书名来看，与刘歆日食分野之说同类，都具占验性质。与之不同的是，董仲舒、刘向对日、月食的解释乃是据阴阳消长之理，对政治人文的推演，更多的倾向于寻找自然与人文的对应。

《汉书·五行志》引述董仲舒、刘向乃至京氏《易传》、李寻、翼奉等诸家灾异之说，虽称不上丰富，亦数量可观，限于篇幅，本书不再详细引证。综合看来，《五行志》所引汉代大儒的《春秋》灾异之说，乃是以天人之应为基本思路，以阴阳消长为主要的理论方法。刘歆《左氏》学灾异之说，则在此基础上引入了五行、星占等数术理论，在方法上显示出了很大不同。

刘歆引数术入六艺，与刘向有明显的渊源关系。《五行志》"九年夏四月陈火"条，刘歆说曰："颛顼以水王，陈其族也。今兹岁在星纪，后五年在大梁。大梁，昴也。金为水宗，得其宗而昌。"此以"金生水"为基础，采用的正是与刘氏父子密切相关的五行德运之说。

五行是非常古老的思想，被用于解释历史，据目前文献所知，创始于邹衍。② 秦统一后，始皇帝乃用邹衍五德相胜终始之说，以秦为水德，服色尚黑。刘邦建汉后，沿用秦制度，但服色却尚赤。至文帝时，公孙臣、贾谊始主张土德说，张苍则坚持水德说，讨论未明，此议搁置。直至武帝太初元年，始改元亦改德，遵土德，尚黄。西汉末世，五德终始理论遂盛行，刘向乃是此间在理论上最具创造性的人物。刘歆的变法，实有继承乃

---

① 《汉书》卷二十七《五行志》，第1479页。
② 参见陈槃《论早期谶纬及其与邹衍书说之关系》，《古谶纬研讨及其书录解题》，上海古籍出版社2010年版，第97—140页；杨向奎《五行说的起源及其演变》，《文史哲》1955年第11期。

父的方面。刘向在邹衍五德相胜的基础上，利用早已存在的五行相生学说，创立了五德相生的新终始理论。其创立背景，乃是西汉王朝对德运、服色、制度的讨论。

《汉书·郊祀志赞》曰："汉兴之初，庶事草创，唯一叔孙生略定朝廷之仪。若乃正朔服色郊望之事，数世犹未章焉。至于孝文，始以夏郊，而张仓据水德，公孙臣、贾谊更以为土德，卒不能明。孝武之世，文章为盛，太初改制，而倪宽、司马迁等犹从臣、谊之言，服色数度，遂顺黄德。彼以五德之传从所不胜，秦在水德，故谓汉据土而克之。刘向父子以为帝出于《震》，故包羲氏始受木德，其后以母传子，终而复始，自神农、黄帝下历唐虞三代而汉得火焉。故高祖始起，神母夜号，著赤帝之符，旗章遂赤，自得天统矣。"若汉为火德，那么就与邹衍五德相胜体系中的周为火德相悖，刘向因此新立五德相生体系，"合理的"安排汉王朝在大历史循环中的位置，并使之与尧联系起来。这个历史系统相比邹衍的五德相胜体系，要更加精细。邹衍是将黄帝作为五帝行序的代表，即五帝同为土德，然后夏、商、周分别为木、金、火，并预言下一王朝为水。在邹子理论中，汉人所见的一些古帝王如伏羲氏、神农氏、颛顼、帝喾、尧、舜等，并无相应的德运，显得粗糙。刘向创五德相生理论，将古之帝王系完整地纳入了其历史循环系统当中，其顺序如下：太皞——炎帝——黄帝——少皞——颛顼——帝喾——尧——舜——禹——汤——武王——刘邦。①

从尧至汉，在刘向的系谱中正好有一个循环，即尧与汉的行序是相同的。刘向首倡汉火德说，实为暗合《左传》刘氏乃是尧后的结论。班固《高帝纪赞》曰："刘向云战国时刘氏自秦获于魏。秦灭魏，迁大梁，都于丰，故周市说雍齿曰'丰，故梁徙也'。是以颂高祖云：'汉帝本系，出自唐帝。降及于周，在秦作刘。涉魏而东，遂为丰公。'……由是推之，汉承尧运，德祚已盛，断蛇著符，旗帜上赤，协于火德，自然之应，得天统矣。"刘向创五德相生之目的，从其《颂》可见一斑。王充《论衡》称刘向精通《左传》，确非虚言。②

---

① 见于《汉书》卷二十一《律历志》所附《世经》，《世经》是班固在刘歆《三统历谱》的基础上编成，其前身当是刘向《五纪论》。
② 《汉书》卷二十七《五行志》中亦载有多处刘向《左传》灾异之说。

然在刘向的历史系谱中，不管尧是什么行序，汉都会与之相同，即使采用邹子相胜学说亦然。那么，刘向何以弃之前的水德或土德于不顾，而将唐尧与汉归之于火德？或有以下三种缘由：

一则可能还是要应和"神母夜号"、"赤帝之子"的符应（这正好也与汉元年刘邦创立的服色制度相一致）。①

二则在战国以来颇为流行的《月令》里面，记有四季五行的主宰帝王和大神，其中四季之帝分别是太皞、炎帝、少皞、颛顼，中央之帝为黄帝，处于炎帝、少皞之间，这恰是刘向系谱的顺序，也是五行相生的顺序。据《礼记·月令》，太皞主宰春天，故于五行属木，推至颛顼属水。儒家的五帝中，颛顼之后为帝喾、帝尧和帝舜，按照相生顺序排列下来，依次正好是木、火、水。五行与季节、五星等的搭配早在战国时代已经固定，依据当时已被广为接受的五帝与天时的关系，刘向将帝尧推为火德，是十分自然的事情。因此，《月令》一类文献是五德相生说的重要基础。②

三则当与刘向对星历的推算有关。刘向著有《五行传记》、《五纪论》等与五行思想有关的著作。《汉书·律历志》曰："至孝成世，刘向总六历，列是非，作《五纪论》。向子歆究其微眇，作《三统历》及《谱》以说《春秋》，推法密要，故述焉。"《三统历》乃是刘歆深究《五纪论》之微妙而作，故其《世经》中的系谱当据《五纪论》之思想。如上文所论，刘向《五行传记》秉承相胜之说，故其相生理论当主要集中于《五纪论》（或《洪范五纪论》）。《五纪论》为历法之书，今佚。《续汉志·律历志》载贾逵论历引《五纪论》曰："日月循黄道，南至牵牛，北至东井，率日行一度，月行十三度十九分度七。"延光论历曰："《五纪论》推步行度，当时比诸术为近，然犹未稽于古。及向子歆欲以合《春秋》，横断年数，损夏益周，考之表纪，差谬数百。"汉安论历引《洪范五纪论》曰："民间亦有黄帝诸历，不如史官记之明也。"上述遗文均涉及星历或律历。《宋书·天文志》引《五纪论》曰："太白少阴，弱，不得专行，

---

① 此说前人多有讨论，如顾颉刚先生的《五德终始说下的政治和历史》讨论甚详，故从略。
② 钱穆先生《评顾颉刚五德终始说下的政治和历史》持此论。特别是《隋书·五行志》引刘向《洪范五行传论》曰："登舆则有鸾和之节，降车则有佩玉之度，田狩则有三驱之制，饮食则有享献之礼。无事不出境。此容貌动作之得节，所以顺木气也。如人君违时令，失威仪，田猎驰骋，不反宫室，饮食沉湎，不顾礼制，纵欲恣睢，出入无度，多繇役以夺人时，增赋税以夺人财，则木不曲直。"这一段的描述明显与《月令》有继承关系。

故以巳未为界，不得经天而行。经天则昼见，其占为兵，为丧，为不臣，为更王，强国弱，小国强。"又曰："《春秋》星孛于东方，不言宿者，不加宿也。"这些佚文均属星历之学。

星历之学自然要特别关注五星之运行。如《汉书·天文志》就有对五星运行的详细记载，其顺序与《月令》五行一致，分别是"岁星曰东方春木"、"荧惑曰南方夏火"、"太白曰西方秋金"、"辰星曰北方冬水"、"填星曰中央季夏土"，正与刘向五德相生顺序相同。刘向精通星历，因此其相生顺序的创立，反倒较相胜顺序更合"天道"。故刘向五德相生及汉火德说的提出，不仅仅是简单地要将汉和尧建立联系，还与刘向对星历的观测、推算有着直接的关系。

刘向创立的五德相生或五行相生主要用于星历或律历，若从后来的《汉书·艺文志》的书籍分类来看，属于"数术"之学。而《洪范五行传》则属于"六艺"之学，且有夏侯胜（甚至是伏生）以来的师法传统。即使刘向在撰述《洪范五行传论》之时，他已经有了五行相生的理论，他恐怕也不会贸然去改变有着"师法"规矩的《洪范五行传》之学，这也是刘向《洪范五行传论》依然沿用传统的相胜理论的原因之一。五行相胜是"六艺"之学，五行相生是"数术"之学，在刘向这里是有严格区分的，到了刘歆则沟通了二者。故刘歆引数术入六艺之法，有家学之渊源。[①]

## 三 《洪范五行传》与谶纬的兴起与流行

西汉成、哀之后写定的谶纬之书，大多与刘向、歆父子五德相生的体系一致。

日本学者安居香山云，"纬书，原本是经过许多人、在很长时期内形成的，因此从中找出体系性的、有组织的内容来极困难。但是就有关五德终始说的资料来说……却极有体系性和组织性"，"将它做个整理，可知根据相生的五德终始说，它也形成了体系"，"五德终始说将汉安排为火德。这是刘向、刘歆把各王朝配以五行相生说的结果"[②]。钟肇鹏

---

① 除此之外，西汉《左传》学者多精通天文历算之学，如张苍、尹咸、翟方进等，这可能是西汉《左传》学的一个重要特点。
② [日]安居香山、中村璋八：《纬书集成》，河北人民出版社1994年版，第74—76页。

《谶纬论略》亦曰:"谶纬中讲的五德之运,则按五行相生的顺序,就是虞土、夏金、殷水、周木、汉火。"① 陈苏镇汇集《河图始开图》等十七则涉及行序的谶纬佚文后,总结说,"按照上述说法,伏羲为木德,黄帝为土德,少昊为金德,颛顼为水德,尧为火德,舜为土德,夏为金德,商为水德,周为木德,秦为金德,汉为火德。……谶纬的五德终始说,整体上采用五行相生说,很可能是从董仲舒的'五帝迭首一色'说发展而来"②。

刘向创立五德相生说在汉成帝时期,之后的哀、平年间谶纬大兴。谶记或图谶古已有之,至哀、平而汉人遂以图谶解经,谶纬之书乃成。东汉张衡有疏曰:

> 谶书始出,盖知之者寡。自汉取秦,用兵力战,功成业遂,可谓大事,当此之时,莫或称谶。若夏侯胜、眭孟之徒,以道术立名,其所述著,无谶一言。刘向父子领校秘书,阅定九流,亦无谶录。成、哀之后,乃始闻之。……其名三辅诸陵,世数可知。至于图中讫于成帝。……至于王莽篡位,汉世大祸,八十篇何为不戒?则知图谶成于哀、平之际也。③

张衡"通《五经》,贯六艺","尤致思于天文、阴阳、历算","研核阴阳,妙尽璇机之正,作浑天仪,著《灵宪》、《算罔论》",因此他对于阴阳历算之学绝非外行。他考订图谶预言讫于成帝,不及王莽篡汉,故有图谶成于哀、平之论。张衡所言图谶乃指"河洛五九,六艺四九"等八十一篇谶纬之书。这批书写成于哀、平,并非意味着其中无更早之内容,张衡"谶书始出,盖知之者寡,自汉取秦……莫或称谶"之语,亦见张衡认为谶书出现于先秦,只不过成、哀之后才广为所称,最后写定。这也与现代学者的考证基本相符。

刘向父子创立新五德终始说在成、哀之际,谶纬成书约在哀、平之

---

① 钟肇鹏:《谶纬论略》,辽宁教育出版社1991年版,第90页。
② 陈苏镇:《谶纬与公羊学的关系及其政治意义》,《中国古代政治文化研究》,北京大学出版社2009年版,第30—31页。
③ 《后汉书》卷五十九《张衡列传》,中华书局1965年版缩印本,第1912页。

间，故谶纬之书所用五行理论，与刘氏父子新说不无关系。

略早于谶纬的大行，汉成帝时基于《洪范五行传》的灾异之说开始变得活跃。《汉书·刘向传》曰刘向成帝时奏《洪范五行传论》十一篇。《艺文志》除著录此书外，还有许商《五行传记》一篇。许商此书也是汉成帝时所著。《汉书·五行志》曰："孝武时，夏侯始昌通《五经》，善推《五行传》，以传族子夏侯胜，下及许商，皆以教所贤弟子。"《汉书·沟洫志》记载成帝初清河都尉冯逡"白博士许商治《尚书》，善为算，能度功用"，《儒林传》云许商"善为算，著《五行论历》，四至九卿"，其《五行传记》很可能就是《五行论历》。《李寻传》载李寻"治《尚书》，与张孺、郑宽中同师。宽中等守师法教授，寻独好《洪范》灾异，又学天文月令阴阳。事丞相翟方进，方进亦善为星历，除寻为吏，数为翟侯言事。帝舅曲阳侯王根为大司马票骑将军，厚遇寻。是时多灾异，根辅政，数虚己问寻。寻见汉家有中衰阸会之象，其意以为且有洪水为灾"，因此游说于王根，此时正当汉成帝之时。可见稍早于谶纬的大行，《洪范五行》学说已经颇为热闹了。

特别是刘氏父子的《洪范五行传》之论、说与谶纬非常接近。刘向《传论》已经比较接近图谶。所谓谶者，验言也。它作为图书的一种，乃是记录征验之言的著作，当有图像附之，故亦称图谶。① 简单地说，谶书就是一种"现象——预言"之书。《五行志》所载刘向所论火灾、赤祥、白祥、草妖、犬祸等，在秉承天人之应观念与阴阳消长的基本思路外，相当多的地方特别关注了灾异现象的"图像"寓意及由此推导出的预言。如刘向论火灾曰：

> 文帝七年六月癸酉，未央宫东阙罘思灾。刘向以为，东阙所以朝诸侯之门也，罘思在其外，诸侯之象也。②

论青祥、牛祸曰：

---

① 《汉书》卷四十八《贾谊传》颜师古注曰："谶，验也，有征验之书也。"马王堆出土的帛书《天文气象杂占》就是图像和预言相结合的数术之书，与图谶非常接近（或者可说是图谶之书）。图版请参傅举有、陈松长编著《马王堆汉墓文物》，湖南出版社1992年版，第154—160页。其释文与研究可参刘乐贤《马王堆天文书考释》，中山大学出版社2004年版。
② 《汉书》卷二十七《五行志》，第1331页。

成公七年"正月，鼷鼠食郊牛角；改卜牛，又食其角"。刘向以为近青祥，亦牛祸也……鼠，小虫，性盗窃，鼷又其小者也。牛，大畜，祭天尊物也。角，兵象，在上，君威也。小小鼷鼠，食至尊之牛角，象季氏乃陪臣盗窃之人，将执国命以伤君威而害周公之祀也。改卜牛，鼷鼠又食其角，天重语之也。①

论草妖曰：

元帝初元四年，皇后曾祖父济南东平陵王伯墓门梓柱卒生枝叶，上出屋。刘向以为王氏贵盛将代汉家之象也。②

上述刘向论各类灾异，特别重视图像意义和占验征效。
刘歆的学说与图谶的关系更为接近，以至等同。《五行志》载曰：

《书序》又曰："高宗祭成汤，有蜚雉登鼎耳而雊。"祖己曰："惟先假王，正厥事。"刘向以为雉雊鸣者雄也，以赤色为主。于《易》，《离》为雉，雉，南方，近赤祥也。刘歆以为羽虫之孽。《易》有《鼎卦》，鼎，宗庙之器，主器奉宗庙者长子也。野鸟自外来，入为宗庙器主，是继嗣将易也。③

贾谊《鵩鸟赋》云："单阏之岁，四月孟夏，庚子日斜，服集余舍，止于坐隅，貌甚闲暇。异物来萃，私怪其故，发书占之，谶言其度。曰：'野鸟入室，主人将去。'"④ 贾谊看到一只鵩鸟落在自己的屋中，拿出谶书（或策书）占之，得到了"主人将去"的预言。贾谊所见谶书（或策书）的描述，与刘歆对于《书序》记载"蜚雉登鼎耳而雊"的解释是如此相似，野鸟外来入宗庙器，乃是继嗣将易的征兆，与贾谊所占如出一辙。

---

① 《汉书》卷二十七《五行志》，第1372页。
② 同上书，第1412—1413页。
③ 同上书，第1411页。
④ 《汉书》卷四十八《贾谊传》，第2226页。《史记·屈原贾生列传》所载与《汉书》文微异，作"发书占之兮，策言其度"，《索隐》曰："《汉书》作'谶'。《说文》云'谶，验言也。'此作'策'，盖谶策之辞。"

刘歆对日食的解释更是直接采用了星占方法，而星占也是图谶的主要类型之一。《五行志》下之下刘歆对日食的解释均采用星占分野之说。安居香山称"从总体上看纬书，可以将它们大致分为谶类和纬类二类。所谓谶类，即预言未来的一类，在纬书中大半指天文占之类"。故知刘歆的五行传说与图谶关系更近，甚至纳入了许多图谶的方法或内容。

不仅如此，刘向父子很可能精通图谶之学。《隋书·经籍志》载梁时有《刘向谶》一卷，不知是刘向所作谶书，还是后人据刘向《洪范五行传论》所辑之谶。《汉书·五行志》刘向学说多有预言，故刘向当对谶书并不陌生。《后汉书·李通列传》载通父李守"初事刘歆，好星历谶记，为王莽宗卿师"。《汉书·王莽传》曰"甄丰、刘歆、王舜为莽腹心，宣导在位，褒扬功德"。王莽篡汉所颁《总说符命》中，陈说符命图谶等等，当有刘歆之参与。故知刘歆精通图谶之学。刘歆的律历之学就参考了图谶之说。《续汉志·律历志》载汉安论历边韶曰："刘歆研机极深，验之《春秋》，参以《易》道，以《河图帝览嬉》、《雒书干曜度》推广《九道》，百七十一岁进退六十三分，百四十四岁一超次，与天相应，少有阙谬。"

但是，刘向、刘歆父子并不认可纯粹的图谶之学。汉成帝之时，齐人甘忠可诈造《天官历》、《包元太平经》，并称"汉家逢天地之大终，当更受命于天，天帝使真人赤精子，下教我此道"。甘忠可传授于夏贺良、丁广世、郭昌等人。后刘向"奏忠可假鬼神罔上惑众，下狱治服，未断病死"。夏贺良等私下传授其学。汉哀帝时夏贺良数诏见，最终哀帝听从夏贺良的建议，以火德受命改元，称"陈圣刘太平皇帝"。甘忠可、夏贺良所传，在当时亦被视作谶书，《汉书·王莽传》载王莽奏议曰："前孝哀皇帝建平二年六月甲子下诏书，更为太初元将元年，案其本事，甘忠可、夏贺良谶书臧兰台。"从甘忠可伪称"天帝使真人赤精子，下教我此道"，到夏贺良"汉历中衰，当更受命"之说，可知甘忠可所造之术与图谶并无二致。刘向奏甘忠可"罔上惑众"，刘歆以为其学"不合《五经》，不可施行"，父子二人均不认可这类纯粹的方术。究其原因，刘氏父子参采律历、数术乃至图谶，目的还是统合六艺之学；而图谶纯以占验为目的，"不合《五经》"，故与刘氏父子治学路径、归旨皆不同。

不管是刘向还是刘歆，《汉书·五行志》中载录的学说均属于他们的《洪范五行传》之"论"或"说"。即使它们与图谶如何接近，这类学说还是属于六艺经学的范畴。当然，汉儒阴阳灾异之说总体上遵循天人感应的思路，其学说中会有占卜、预言的因素，这些因素也是图谶的基本要素。因此阴阳灾异之说本身就与图谶有诸多相通之处。

从刘向、刘歆到许商、李寻，汉成帝《洪范五行》之学甚为兴盛。五行灾异之说中，刘向、许商、刘歆都使用了律历、星占之学，且多通图谶占验。因此汉成帝时期的五行灾异之说与图谶的兴起亦大有关系。故而刘氏父子五行相生德运说的创立，《洪范五行传》的流行，是谶纬兴起的重要学术背景之一。

## 四　从重人事到重天道——刘歆新天人关系的创建

董仲舒、刘向的《春秋》灾异解释以天人之应为基础，而刘歆的《春秋》说则以五德相生为基础。这种转变的背后，是天人观念的调整。

天人关系是西汉学术的中心话题之一，董仲舒、司马迁、刘向、刘歆等大儒，其思考均不离此中心话题。刘歆对此话题的关注，在重心上与前儒不同。《汉书》所载董仲舒、刘向、刘歆的灾异说使我们能够比较容易地看清此问题。

董仲舒、刘向的灾异说多以人间政治得失为中心。董仲舒的《春秋繁露》多载《公羊》先师遗说，很难作为准确反映董氏思想、学术的著作。除了《汉书·五行志》所录仲舒说灾异之条目外，《董仲舒传》之仲舒三篇对策，也十分易于发现其天人关系之重心所在。汉武帝问："三代受命，其符安在？灾异之变，何缘而起？"董仲舒对曰若王政清明，天下人归之若归父母，则天降祥瑞，如周文王、武王之世；若王政淫佚衰微，则阴阳失调而灾异生。即天变乃缘之于人事。因此他对武帝说："故为人君者，正心以正朝廷，正朝廷以正百官，正百官以正万民，正万民以正四方。四方正，远近莫敢不壹于正，而亡有邪气奸其间者。是以阴阳调而风雨时，群生和而万民殖，五谷孰而草木茂，天地之间被润泽而大丰美，四海之内闻盛德而皆徕臣，诸福之物，可致之祥，莫不毕至，而王道终矣。"

又，武帝建元六年六月丁酉，辽东高庙灾。四月壬子，高园便殿火。董仲舒对曰：

陛下正当大赦之后，又遭重难之时，甚可忧也。故天灾若语陛下:"当今之世,虽敝而重难,非以太平至公,不能治也。视亲戚贵属在诸侯远正最甚者,忍而诛之,如吾燔辽东高庙乃可;视近臣在国中处旁仄及贵而不正者,忍而诛之,如吾燔高园殿乃可"云尔。在外而不正者,虽贵如高庙,犹灾燔之,况诸侯乎!在内不正者,虽贵如高园殿,犹燔灾之,况大臣乎!此天意也。辠在外者天灾外,辠在内者天灾内,燔甚辠当重,燔简辠当轻,承天意之道也。①

董仲舒借两次火灾,言说的还是外正诸侯,内正大臣的治道。

刘向与董仲舒对很多《春秋》灾异的看法相似,其基础思路更是一致,这从《汉书·五行志》的记载不难发现,本书不再征引。刘向言灾异之旨,从其著名的《上封事》中,最可晓见。此文系统的阐述了历史上的祥瑞、灾异所暗含的政治寓意。刘向将《诗》、社会政治、自然现象联系了起来。他说武王周公时代,政道宏大平正,因此天应报于上,有颂诗作;幽厉之时,朝廷不和,于是天降灾异,日月无光,三川皆震,祥瑞与灾异的缘起均在人间政治。在这篇《上封事》的最后,刘向更是将自己的目的交代了出来,即"推《春秋》灾异,以救今事一二"。这篇论章的最终归向,乃是"今事"。

在成帝元延年间,刘向对频繁出现的灾异忧心忡忡,在其论灾异之奏议中,他特别强调天命之可畏,希望成帝"兴高宗、成王之声,以崇刘氏"。其中虽然言及灾异与王朝命运的关系,但是其论述的基本思路正是如其奏议所言:"观乎天文,以察时变。"

相比董仲舒、刘向,刘歆所关注的天人关系有一个重要的变化。董仲舒、刘向的天人关系,其重心在人事;刘歆的天人关系重心则在天道,即他所努力创建的五德终始天道历史系统。

刘歆著《三统历》、《世经》,并其《左传》学说,均体现出了以律历、星占等数术理论与《易》、《春秋》二经相融合、相统一的特点,在理论上体现出了沟通天人之间的新思路。其《三统历》曰:

《经》曰春王正月,《传》曰周正月"火出,于夏为三月,商为四月,周为五月。夏数得天",得四时之正也。三代各据一统,明三

---

① 《汉书》卷二十七《五行志》,第1332—1333页。

统常合，而迭为首，登降三统之首，周还五行之道也。故三五相包而生。天统之正，始施于子半，日萌色赤。地统受之于丑初，日肇化而黄，至丑半，日牙化而白。人统受之于寅初，日孽成而黑，至寅半，日生成而青。天施复于子，地化自丑毕于辰，人生自寅成于申。故历数三统，天以甲子，地以甲辰，人以甲申。孟仲季迭用事为统首。三微之统既著，而五行自青始，其序亦如之。五行与三统相错。传曰"天有三辰，地有五行"，然则三统五星可知也。《易》曰："参五以变，错综其数。通其变，遂成天下之文；极其数，遂定天下之象。"太极运三辰五星于上，而元气转三统五行于下。其于人，皇极统三德五事。故三辰之合于三统也，日合于天统，月合于地统，斗合于人统。五星之合于五行，水合于辰星，火合于荧惑，金合于太白，木合于岁星，土合于镇星。三辰五星而相经纬也。天以一生水，地以二生火，天以三生木，地以四生金，天以五生土。五胜相乘，以生小周，以乘"干"、"坤"之策，而成大周。阴阳比类，交错相成，故九六之变登降于六体。三微而成著，三著而成象，二象十有八变而成卦，四营而成易，为七十二，参三统两四时相乘之数也。①

刘歆《三统历》最具开创意义的工作是将五行和三统结合了起来。不管是《春秋繁露·三代改制质文》所言黑、白、赤三统，还是太史公《高祖本纪》所言三王之道，汉儒称述三统、三正、三王，均相对独立，并不与五行相糅合。但是，《三统历》中的三统却含五行。刘歆将三统之赤、白、黑视作日色，在赤白之间，日色为黄；在日色黑之后，"日生成而青"。由此三统内含日之五色，换成五行顺序正好是：火、土、金、水、木，乃是相生次序。三统之运行，在刘歆的理论中，乃是遵循五行相生之道，即"三微之统既著，而五行自青始，其序亦如之"。可见，刘歆《三统历》将历法与德运、历史统合了起来，历法乃是遵循五行相生的次序运行。

从相关文献，尤其是《春秋繁露》的记载来看，三统是历法，是制度建设，又是不同的政治模式。② 刘歆将其赋予天、地、人之道，称之为天统、地统与人统。三统日色与日辰相组合，"历数三统，天以甲子，地

---

① 《汉书》卷二十一《律历志》，第984—985页。
② 参见《春秋繁露·三代改制质文》，(清) 苏舆《春秋繁露义证》，中华书局1992年版。

以甲辰，人以甲申"。此外，五行在汉代已经与五星结合，三统含五行、数术，因此亦与天文沟通。三统是历法，故日辰、数术是其基本形式，数的形式正好与《易》相统一，"三微而成著，三著而成象，二象十有八变而成卦"。《易》卦象与三统、五行因此被刘歆纳入一个理论系统之内。

《易》可以占验三统与五行，因此又与德运、历史相联系，故在历法、数术的帮助下，《春秋》与《易》在刘歆那里形成沟通，也成为其理论体系中的六艺资源，或基础。所以，刘歆才会在《三统历》中说，"夫历《春秋》者，天时也，列人事而因以天时"，"《易》金、火相革之卦曰'汤、武革命，顺乎天而应乎人'，又曰'历明时'治，所以和人道也"，"故《易》与《春秋》，天人之道也"。

《易》、《春秋》、五德相生、历法、数术、天文的统合，显示出刘歆欲将天人纳入一个"规律性的"、"不可逆转的"和"可预知的"循环系统之中的雄心。刘歆乃是要创建一套完美的、新的天人关系系统。这套系统的基础是刘氏父子所创立的五德相生终始体系。他用五德相生的体系改造了夏侯胜以来的《洪范五行传》的文本结构，并以之为基础撰述《三统历》。班固《汉书·律历志》曰："至孝成世，刘向总六历，列是非，作《五纪论》。向子歆究其微眇，作《三统历》及《谱》以说《春秋》，推法密要，故述焉。"

因刘歆作《三统历》的目的是"说《春秋》"，故其历法多力求与历史相符合。刘歆甚至为了使律历合于其五德系统，不惜更改夏代之年数，《续汉志·历志》引延光论历曰：

  五纪论推步行度，当时比诸术为近，然犹未稽于古。及向子歆欲以合《春秋》，横断年数，损夏益周，考之表纪，差谬数百。①

沈约《宋书·律历志》亦曰：

  向子歆作《三统历》以说《春秋》，属辞比事，虽尽精巧，非其实也。班固谓之密要，故汉《历志》述之。校之何承天等六家之历，虽六元不同，分章或异，至今所差，或三日，或二日数时，考其远

---

① 《后汉书》志第一《律历志》，第3035页。

近，率皆六国及秦时人所造。其术斗分多，上不可检于《春秋》，下不验于汉、魏，虽复假称帝王，只足以惑时人耳。①

可见刘歆《三统历》为了符合其五德相生之体系，并合理解释其《春秋》义理，对历法、年数作了不符合推算的改动。徐兴无《刘向评传》评述道，"由于《三统历》的撰作是以'说春秋'为归向的"，因此《三统历》"更注重的是历法的形而上学建构，甚至不惜迂回计算，曲解历史，以达到律历合一，德运符契，并可完全辑证于经典的目的"，"或者说，《三统历》的终极追求，不是精确的历法，而是完美的宇宙"②。完美的人文、历史、宇宙的统一性建构，确是刘歆的雄心所在。《钟律书》、《三统历》、《世经》、《洪范五行传说》，乃是从律至历，由历至史，再由史归论天人，背后的天人模式乃是五德相生。关于此点，前人论述颇多，本文无须赘论。

因此，董仲舒、刘向天人之应的思路基本一致，可以说是观乎灾异，以正得失。他们的天人关系中，王政、人事是其目的或归旨。刘歆雄心勃勃的天人历史系统的创建，目的是完善五德相生的循环系统。五德相生系统更接近"不可抗拒的历史规律（天道）"，人事是此循环中的重要因素，但这个"规律"或"天道"，才是刘歆致力完善的目标，是其天人关系的重心。这也可以说是刘歆变法的第三层含义，是最根本的意义。

## 五　结论

综上所述，本书认为公孙禄对刘歆的指责并非空穴来风，而是有所依据。如果我们不从今古之争的角度，而是从具体的"师法"层面，依据《汉书·五行志》及相关古文献，会发现刘歆以刘向首倡的五行相生德运说为基础，至少实施了以下三个层面的"毁师法"动作：

第一，以五行相生次序改变传统的《洪范五行传》的文本结构。

第二，引五行、星占等数术之学入六艺。

第三，统合《易》、《春秋》、数术、律历之学，创建新的天人系统；在天人关系中，从重人事转向重天道。

---

① （南朝）沈约：《宋书》卷十二《律历中》第一册，中华书局1974年版，第228页。
② 徐兴无：《刘向评传》，南京大学出版社2005年版，第327—350页。

刘歆的变法乃是汉成帝以来学术发展的结果之一，与董仲舒、夏侯胜、刘向等大儒有着学理上的渊源。刘歆努力完善的五德相生德运新说的确有"要为西汉末年政权危机寻求出路"的动机[①]，但又有深厚的学术历史资源作依托。虽然这套理论客观上的确有利于王莽的禅代，但我们也不应将其宏大的理论建设完全视为阿奉之作。

---

① 汪高鑫：《论刘歆的新五德终始历史学说》，《中国文化研究》2002年夏之卷。

# 参 考 文 献

## 一 古籍及其今校今注

（清）阮元校刻：《十三经注疏》，中华书局影印本1980年版，2009年版。

（清）李道平：《周易集解纂疏》，中华书局1993年版。

（清）孙星衍：《尚书今古文注疏》，中华书局1986年版。

（清）阎若璩：《古文尚书疏证》，《续修四库全书》本。

（清）皮锡瑞：《今文尚书考证》，中华书局1989年版。

（明）沈万钶：《诗经类考》，《续修四库全书》本。

（清）胡承珙：《毛诗后笺》，黄山书社1999年版。

（清）陈奂：《诗毛氏传疏》，中国书店据漱芳斋1851年版影印，1984年版。

（清）马瑞辰：《毛诗传笺通释》，中华书局1989年版。

（清）陈寿祺、陈乔枞：《三家诗遗说考》，《皇清经解》本。

（清）王先谦：《诗三家义集疏》，中华书局1987年版。

（清）魏源：《诗古微》，《魏源全集》，岳麓书社2005年版。

许维遹：《韩诗外传集释》，中华书局2005年版。

屈守元：《韩诗外传笺疏》，巴蜀书社1996年版。

（清）孙诒让：《周礼正义》，中华书局2000年版。

（清）朱彬：《礼记训纂》，中华书局1996年版。

（清）孙希旦：《礼记集解》，中华书局1989年版。

（清）王聘珍：《大戴礼记解诂》，中华书局1983年版。

（清）陈立：《公羊义疏》，上海商务印书馆1937年版。

杨伯峻：《春秋左传注》，中华书局1992年版。

（清）徐元诰：《国语集解》，中华书局2002年版。

（清）苏舆：《春秋繁露义证》，中华书局1992年版。

钟肇鹏主编：《春秋繁露校释》，河北人民出版社1994年版。

（清）顾栋高：《春秋大事表》，中华书局1993年版。

（清）毛奇龄：《春秋简书刊误》，皇清经解本。

（清）江藩：《公羊先师考》，收入《江藩集》，上海古籍出版社2006年版。

（清）康有为：《春秋董氏学》，中华书局1990年版。

（清）刘逢禄：《左氏春秋考证》，朴社出版社1933年版。

程树德：《论语集释》，中华书局1990年版。

（南朝梁）皇侃：《论语义疏》，中华书局2013年版。

（清）康有为：《论语注》，中华书局2012年版。

（清）焦循：《孟子正义》，中华书局1987年版。

（清）段玉裁：《说文解字注》，浙江古籍出版社影印经韵楼刻本1998年版。

（清）戴震：《方言疏证》，中华书局影印四部备要本。

（清）朱彝尊：《经义考》，中华书局影印四部备要本。

（清）戴震：《经考》，《续修四库全书》本。

（清）臧琳：《经义杂记》，《皇清经解》本。

（清）王引之：《经义述闻》，中华书局影印四部备要本。

（清）陈寿祺：《左海经辨》，《续修四库全书》本。

（清）俞樾：《茶香室经说》，《春在堂全书》本。

（清）皮锡瑞：《经学通论》，中华书局1954年版。

（清）皮锡瑞：《经学历史》，中华书局2004年版。

（清）张金吾：《两汉五经博士考》，《续修四库全书》本。

诸祖耿：《战国策集注汇考》，江苏古籍出版社1985年版。

缪文远：《战国策考辨》，中华书局1984年版。

《史记三家注》，中华书局点校本1982年版。

［日］泷川资言：《史记会注考证》，北岳文艺出版社影印本1999年版。

（清）梁玉绳：《史记志疑》，中华书局1981年版。

（清）崔适：《史记探源》，中华书局1986年版。

《汉书》颜师古注，中华书局点校本1962年版。

（清）王先谦：《汉书补注》，书目文献出版社影印本1995年版。

《后汉书》，中华书局点校本1965年版。

《三国志》，中华书局点校本1982年版。

（清）王先谦：《荀子集解》，中华书局1988年版。

吴则虞：《晏子春秋集释》，中华书局1962年版。

王利器：《新语校注》，中华书局1986年版。

阎振益、钟夏：《新书校注》，中华书局2000年版。

王利器：《盐铁论校注》，中华书局1992年版。

石光瑛：《新序校释》，中华书局2001年版。

赵善诒：《新序疏证》，华东师范大学出版社1989年版。

汪荣宝：《法言义疏》，中华书局1987年版。

（清）陈立：《白虎通疏证》，中华书局1994年版。

黄晖：《论衡校释》，中华书局1990年版。

向宗鲁：《说苑校证》，中华书局1987年版。

赵善诒：《说苑疏证》，华东师范大学出版社1985年版。

（汉）严遵：《老子指归》，中华书局1994年版。

《正统道藏》第17册，台湾艺文印书馆1977年版。

（清）王先慎：《韩非子集解》，中华书局1998年版。

（清）孙诒让：《墨子闲诂》，中华书局2001年版。

陈奇猷：《吕氏春秋新校释》，上海古籍出版社2002年版。

刘文典：《淮南鸿烈集解》，中华书局1989年版。

王利器：《风俗通义校注》，中华书局1981年版。

（宋）王应麟：《汉艺文志考证》，二十五史补编本。

（清）姚振宗：《汉艺文志拾补》，二十五史补编本。

（清）姚振宗：《汉书艺文志条理》，二十五史补编本。

（清）姚振宗：《隋书经籍志考证》，二十五史补编本。

（宋）晁公武：《郡斋读书志》，上海古籍出版社1990年版。

（宋）陈振孙：《直斋书录解题》，上海古籍出版社1987年版。

（元）马端临：《文献通考》，中华书局影印本2006年版。

（清）纪昀等：《四库全书总目》，中华书局影印本1965年版。

（清）邵懿辰撰，邵章续录：《增订四库简明目录标注》，上海古籍出版社1979年版。

（宋）王应麟：《困学纪闻》，辽宁教育出版社1998年版。

（宋）黄震：《黄氏日钞》，《文渊阁四库全书》本。

（宋）程大昌：《程氏考古编》，辽宁教育出版社2000年版。

（宋）叶大庆：《考古质疑》，李伟国点校，中华书局 2007 年版。
（宋）王楙：《野客丛书》，王文锦点校，中华书局 1987 年版。
（清）顾炎武：《日知录》，陈垣校注，安徽大学出版社 2007 年版。
（清）孙志祖：《读书脞录》，光绪丁亥秋醉六堂刻本。
（清）钱大昕：《十驾斋养新录》，江苏古籍出版社 2000 年版。
（清）钱大昕：《三史拾遗》，《嘉定钱大昕全集》第四册，江苏古籍出版社 1997 年版。
（清）赵翼：《陔余丛考》，中华书局 1963 年版。
（清）严可均：《铁桥漫稿》，道光戊戌四录堂刻本。
（清）赵绍祖：《读书偶记》，中华书局 1997 年版。
（清）章学诚：《文史通义》，中华书局 1985 年版。
（清）王念孙：《读书杂志》，江苏古籍出版社影印本 2000 年版。
（清）漆永祥编：《江藩集》，上海古籍出版社 2006 年版。
（清）姚鼐《惜抱轩全集》，中国书店 1991 年版。
（清）孙诒让：《札迻》，中华书局 1989 年版。
（清）陈澧：《东塾读书记》，生活·读书·新知三联书店 1998 年版。
（清）李慈铭：《越缦堂读书记》，中华书局 2006 年版。
（清）皮锡瑞：《师伏堂笔记》，杨氏积微居刻本 1930 年版。
（清）唐晏：《两汉三国学案》，中华书局 1986 年版。
（清）俞樾：《春在堂全书》（《读书余录》、《湖楼笔谈》、《曲园杂纂》），光绪十五年刻本。
（清）李耀仙主编：《廖平选集》，巴蜀书社 1998 年版。

## 二 近人论著

《明代书目题跋丛刊》，书目文献出版社影印 1994 年版。
《清人书目题跋丛刊》，中华书局影印 1993 年版。
《日本藏汉籍善本书目集成》，北京图书馆书版社影印 2003 年版。
《宋元版书目题跋辑刊》，北京图书馆出版社影印 2003 年版。
《中国历代书目题跋丛书》，上海古籍出版社排印本 2005 年版。
白寿彝：《中国史学史》第一卷，上海人民出版社 2006 年版。
北京大学出土文献研究所、朱凤瀚编：《北京大学藏西汉竹书（2）》，上海古籍出版社 2012 年版。

边家珍：《汉代经学发展史论》，中国文史出版社 2003 年版。

曹道衡、刘跃进：《先秦两汉文学史料学》，中华书局 2005 年版。

晁岳佩选编：《民国期刊资料分类汇编之春秋学研究》，国家图书馆出版社 2009 年版。

陈国庆：《汉书艺文志注释汇编》，中华书局 1983 年版。

陈梦家：《汉简缀述》，中华书局 2004 年版。

陈梦家：《尚书通论》，中华书局 2005 年版。

陈槃：《秦汉间之所谓"符应"论略》，《中央研究院历史语言研究所集刊》，第十六本。

陈槃：《左氏春秋义例辨》，商务印书馆 1947 年版。

陈伟、彭浩：《楚地出土战国简册合集 2 葛陵楚墓竹简长台关楚墓竹简》，文物出版社 2012 年版。

陈伟等：《楚地出土战国简册（十四种）》，经济科学出版社 2009 年版。

褚斌杰、谭家健：《先秦文学史》，人民文学出版社 1998 年版。

邓骏捷：《刘向校书考论》，人民出版社 2012 年版。

董治安：《两汉文献与两汉文学》，上海古籍出版社 2005 年版。

杜钢百：《公羊榖梁为卜商或孔商讹传异名考》，《国立武汉大学文史季刊》三卷一号。

段熙仲：《春秋公羊学讲疏》，南京师范大学出版社 2002 年版。

范文澜：《中国通史简编》，人民出版社 1958 年版。

方诗铭：《中国历史纪年表》，上海人民出版社 2007 年版。

冯胜君：《从出土文献谈先秦两汉古书的体例（文本书写篇）》，《文史》第六十九辑。

傅增湘：《藏园订补郘亭知见传本书目》，中华书局 1993 年版。

傅增湘：《藏园群书题记》，上海古籍出版社 1989 年版。

甘肃省博物馆、中国科学院考古研究所编：《武威汉简》，中华书局 2005 年版。

顾颉刚、刘起釪：《尚书校释译论》，中华书局 2005 年版。

顾颉刚、罗根泽编著：《古史辨》第一册、第四册、第六册，海南出版社影印本 2005 年版。

顾颉刚：《春秋三传及国语之综合研究》，巴蜀书社 1988 年版。

顾颉刚：《汉代学术史略》，东方出版社 2005 年版。

顾颉刚：《秦汉的方士与儒生》，上海古籍出版社1998年版。

顾颉刚：《史林杂识初编》，中华书局2005年版。

顾颉刚：《中国上古史研究讲义》，中华书局1988年版。

顾实：《汉书艺文志讲疏》，上海古籍出版社1987年版。

过常宝：《先秦散文研究：早期文体及话语方式的生成》，人民出版社2009年版。

过常宝：《原史文化及文献研究》，北京大学出版社2008年版。

何直刚：《〈儒家者言〉略说》，《文物》1981年第8期。

河北省文物研究所定州汉墓竹简整理小组：《定州汉墓竹简论语》，文物出版社1997年版。

洪业：《春秋经传引得序》，《洪业论学集》，中华书局1980年版。

洪业：《洪业论学集》，中华书局1981年版。

侯外庐：《中国思想通史》，人民出版社1995年版。

胡念贻：《〈左传〉的真伪和写作时代问题考辨》，《文史》第十一辑。

胡平生：《〈阜阳汉简·诗经〉简册形制及书写格式之蠡测》，《出土文献研究续集》，国家文物局古文献研究室编，文物出版社1989年版。

胡平生：《阜阳双古堆汉简与〈孔子家语〉》，《国学研究》第七卷。

胡平生等：《阜阳汉简简介》，《文物》1982年第4期。

胡玉缙：《四库全书总目提要补正》，上海书店出版社1998年版。

湖北省荆州市周梁玉桥遗址博物馆：《关沮秦汉墓简牍》，中华书局2001年版。

湖北省文物考古研究所编：《江陵凤凰山西汉简牍》，中华书局2012年版。

湖南省文物考古研究所：《里耶秦简（1）》，文物出版社2012年版。

黄怀信：《上海博物馆藏战国楚竹书〈诗论〉解义》，社会科学文献出版社2004年版。

黄觉弘：《左传学早期流变研究》，中国社会科学出版社2010年版。

黄丕烈：《荛圃藏书题识》，缪荃孙整理，1919年金陵刻本。

江侠庵编译：《先秦经籍考》，上海文艺出版社1990年据商务印书馆1931年版影印。

姜广辉主编：《中国经学思想史》第一卷、第二卷，中国社会科学出版社2003年版。

姜寻编：《中国古籍文献拍卖图录年鉴（2004）》，中华书局2005年版。

蒋善国：《尚书综述》，上海古籍出版社1988年版。
金德建：《古籍丛考》，中华书局、上海书店1986年联合出版。
金德建：《经今古文字考》，齐鲁书社1986年版。
金德建：《司马迁所见书考》，上海人民出版社1963年版。
金德建：《先秦诸子丛考》，中州书画社1982年版。
李奎耀：《史记决疑（四）记事年限》，《清华学报》第四卷第一期。
李零：《上博楚简三篇校读记》，中国人民大学出版社2007年版。
李零：《郭店楚简校读记（增订本）》，中国人民大学出版社2007年版。
李零：《简帛古书与学术源流》，生活·读书·新知三联书店2004年版。
李盛铎：《木樨轩藏书题记及书录》，张玉范整理，北京大学出版社1985年版。
李学勤、清华大学出土文献研究与保护中心编：《清华大学藏战国竹简（壹）》，中西书局2010年版。
李学勤、清华大学出土文献研究与保护中心编：《清华大学藏战国竹简（贰）》，中西书局2011年版。
李学勤、清华大学出土文献研究与保护中心编：《清华大学藏战国竹简（叁）》，中西书局2012年版。
李学勤、清华大学出土文献研究与保护中心编：《清华大学藏战国竹简（肆）》，中西书局2013年版。
李学勤：《简帛佚籍与学术史》，江西教育出版社2001年版。
李学勤：《走出疑古时代》，长春出版社2007年版。
李学勤：《周易经传溯源》，巴蜀书社2006年版。
李致忠：《宋版书叙录》，北京图书馆出版社1994年版。
连云港市博物馆、东海县博物馆、中国社会科学院简帛研究中心编：《尹湾汉墓简牍》，中华书局1997年版。
梁启超：《汉书艺文志诸子略考释》，《饮冰室合集·专集》。
梁启超：《汉志诸子略各书存佚真伪表》，《饮冰室合集·专集》。
梁启超：《阴阳五行之来历》，《古史辨》第五册，上海古籍出版社1982年版。
廖名春：《郭店楚简引〈诗〉论〈诗〉考》，收入《新出楚简试论》，台湾古籍出版公司2001年版。
廖名春：《新出楚简试论》，台湾古籍出版公司2001年版。

林庆彰：《我研究经学史的一些心得》，《中国思想史通讯》2006年第1辑。
刘起釪：《尚书学史》，中华书局1989年版。
刘汝霖：《汉晋学术编年》，商务印书馆1935年版。
刘汝霖：《周秦诸子考》，北平文化学社1929年版。
刘师培：《左盦集》、《左盦外集》，收入《刘申叔先生遗书》，宁武南氏校印本1934年版。
刘咸炘：《刘咸炘学术论集》子学编，广西师范大学出版社2007年版。
刘跃进：《秦汉文学编年史》，商务印书馆2006年版。
柳诒徵：《中国文化史》，上海古籍出版社2001年版。
卢南乔：《论司马迁及其历史编辑学》，《文史哲》1955年。
卢云：《东汉时期的文化区域与文化重心》，《中国文化》第4辑。
卢云：《西汉时期的文化区域与文化重心》，《历史地理》第5辑。
逯耀东：《抑郁与超越：司马迁与汉武帝时代》，生活·读书·新知三联书店2008年版。
罗根泽：《诸子考索》，人民出版社1958年版。
罗伟国、胡平编：《古籍版本题记索引》，上海书店1991年版。
吕思勉：《中国制度史》，上海世纪出版集团2002年版。
吕思勉：《先秦学术概论》，中国大百科全书出版社1985年版。
马承源主编：《上海博物馆藏战国楚竹书》（1—9），上海古籍出版社。
马衡：《凡将斋金石丛稿》，中华书局1996年版。
马银琴：《两周诗史》，社会科学文献出版社2006年版。
马宗霍：《中国经学史》，商务印书馆影印1936年版。
毛起：《春秋总论初稿》，贞社1935年版。
蒙文通：《经学抉原》，上海世纪出版集团2006年版。
蒙文通：《儒学五论》，广西师范大学出版社2007年版。
蒙文通：《先秦诸子与理学》，广西师范大学出版社2006年版。
蒙文通：《中国史学史》，上海世纪出版集团2006年版。
缪荃孙、吴昌绶、董康：《嘉业堂藏书志》，复旦大学出版社1997年版。
聂石樵：《先秦两汉文学史》，中华书局2007年版。
庞朴：《思孟五行新考》，《文史》第七辑。
彭林主编：《中国经学》第二辑，广西师范大学出版社2007年版。
骈宇骞：《二十世纪出土简帛综述》，文物出版社2006年版。

钱存训：《书于竹帛》，上海书店出版社 2006 年版。
钱穆：《国史大纲》，商务印书馆 1996 年版。
钱穆：《两汉经学今古文平议》，商务印书馆 2001 年版。
钱穆：《先秦诸子系年考辨》，河北教育出版社 2002 年版。
裘锡圭：《中国出土古文献十讲》，复旦大学出版社 2004 年版。
裘锡圭主编：《长沙马王堆汉墓简帛集成》，中华书局 2014 年版。
屈万里：《史记殷本纪及其他记录中所载殷商时代的史事》，《台大文史哲学报》第十四期。
瞿冕良：《中国古籍版刻辞典》，齐鲁书社 1999 年版。
瞿同祖：《中国封建社会》，上海人民出版社 2003 年版。
阮芝生：《司马迁的史学方法与历史思想》，台湾大学，博士学位论文，1973 年。
阮芝生：《太史公怎样搜集和处理史料》，《书目季刊》第七卷第四期。
沈文倬：《略论宗周王官之学》，《菿闇文存》，商务印书馆 2006 年版。
沈玉成、刘宁：《春秋左传学史稿》，江苏古籍出版社 1992 年版。
史景成：《考工记之成书年代考》，《书目季刊》第五卷。
苏莹辉：《略论五经正义的原本格式及其标记"经""传""注"文起讫情形》，《书目季刊》第六卷第三、四期合刊。
孙启治、陈建华：《古佚书辑本目录（附考证）》，中华书局 1997 年版。
孙钦善：《论语本解》，生活·读书·新知三联书店 2009 年版。
谭其骧主编：《中国历史地图集》，中国地图出版社 1982 年版。
汤用彤：《汉魏两晋南北朝佛教史》，北京大学出版社 1997 年版。
童书业：《春秋史》，山东大学出版社 1987 年版。
童书业：《春秋左传研究》，上海人民出版社 1980 年版。
王葆玹：《今古文经学新论》，中国社会科学出版社 1997 年版。
王国维：《观堂集林》，河北教育出版社 2001 年版。
王国维：《观堂集林》，河北教育出版社 2001 年版。
王国维：《简牍检署考》，上海古籍出版社 2004 年版。
王绍曾、崔国光等：《订补海源阁书目五种》，齐鲁书社 2002 年版。
王叔岷：《〈淮南子〉与〈庄子〉》，《清华学报》新二卷第一期。
王树民：《国语的作者和编者》，《国语集解》附，中华书局 2002 年版。
王树民：《中国史学史纲要》，中华书局 1997 年版。

王欣夫：《文献学讲义》，上海古籍出版社1986年版。

王肇文：《古籍宋元刊工姓名索引》，上海古籍出版社1990年版。

王重民：《中国善本书提要》，上海古籍出版社1983年版。

魏启鹏：《简帛文献〈五行〉笺证》，中华书局2005年版。

席涵静：《周代史官研究》，台湾福记文化图书有限公司1983年版。

夏传才：《诗经学四大公案的现代进展》，《河北学刊》1998年第1期。

熊铁基：《汉代对先秦典籍的全面改造》，《光明日报》2005年7月19日第7版。

熊铁基：《刘向校书析论》，《史学月刊》2006年第7期。

熊铁基：《再谈汉人改造先秦典籍》，《光明日报》2009年8月4日第12版。

徐复观：《两汉思想史》，华东师范大学出版社2001年版。

徐复观：《徐复观论经学史二种》，上海书店出版社2002年版。

严耕望：《战国学术地理与人才分布》，《严耕望史学论文选集》，中华书局2006年版。

严灵峰编著：《周秦汉魏诸子知见书目》，中华书局1993年版。

阎步克：《士大夫政治演生史稿》，北京大学出版社1996年版。

杨鸿年：《汉魏制度丛考》，武汉大学出版社2005年版。

杨宽：《战国史料编年辑证》，上海人民出版社2016年版。

杨树达：《春秋繁露用穀梁传义疏证》，收入《积微居小学述林》。

杨树达：《汉代婚丧礼俗考》，上海古籍出版社2000年版。

杨树达：《汉书管窥》，上海古籍出版社1984年版。

杨树达：《积微居小学金石论丛》，中华书局1983年版。

杨树达：《积微居小学述林》，中华书局1983年版。

姚曼波：《〈春秋〉考论》，江苏古籍出版社2002年版。

姚名达：《中国目录学史》，上海古籍出版社2002年版。

叶德辉：《书林清话》，北京燕山出版社1999年版。

叶长青：《汉书艺文志问答》（此版署名为：正中书局编审委员会，实叶氏之作也），台湾正中书局1969年版。

于茀：《金石简帛诗经研究》，北京大学出版社2004年版。

于迎春：《秦汉士史》，北京大学出版社2000年版。

余嘉锡：《四库提要辨证》，云南人民出版社2004年版。

余嘉锡：《太史公亡篇考》，《余嘉锡文史论集》，岳麓书社1997年版。

余嘉锡：《余嘉锡说文献学》，上海古籍出版社2001年版。

余英时：《士与中国文化》，上海人民出版社1987年版。

袁行霈、严文明、张传玺、楼宇烈主编：《中华文明史》，北京大学出版社2006年版。

袁行霈：《〈汉书艺文志〉小说家考辨》，《文史》第七辑，中华书局1979年版。

袁行霈：《〈山海经〉初探》，《中华文史论丛》第七辑，上海古籍出版社1978年版。

袁行霈主编：《中国文学史》，高等教育出版社1999年版。

张培瑜、陈美东、薄树人、胡铁珠：《中国古代历法》，中国科学技术出版社2013年版。

张舜徽：《汉书艺文志通释》，华中师范大学出版社2004年版。

张舜徽：《文献学辑要》，陕西人民出版社1985年版。

张舜徽：《中国文献学》，华中师范大学出版社2004年版。

张元济：《张元济古籍书目序跋汇编》，商务印书馆2003年版。

张政烺：《论易丛稿》，中华书局2012年版。

章太炎：《春秋左氏疑义答问》，《章太炎全集》（六），上海人民出版社1986年版。

章太炎：《章太炎全集》（三）（《訄书》初刻本、《訄书》重订本、《检论》），上海人民出版社1984年版。

章太炎：《章太炎全集》（一）（《膏兰室札记》、《诂经札记》、《七略别录佚文征》），上海人民出版社1982年版。

赵伯雄：《〈左传〉无经之传考》，《文史》第四十九辑。

赵伯雄：《春秋学史》，山东教育出版社2004年版。

赵生群：《〈春秋〉经传研究》，上海古籍出版社2000年版。

郑鹤声、郑鹤春：《中国文献学概要》，上海古籍出版社2001年版。

郑良树：《论孔子讲〈春秋〉》，《中国经学》第二辑，广西师范大学出版社2007年版。

郑良树：《诸子著作年代考》，北京图书馆出版社2001年版。

郑良树：《竹简帛书论文集》，中华书局1982年版。

中国文物研究所等编：《龙岗秦简》，中华书局2001年版。

周予同：《周予同经学史论著选集》（增订本），上海人民出版社1996年版。

朱渊清、廖名春主编:《上博馆藏战国楚竹书研究》,上海书店出版社 2002 年版。

[瑞典]高本汉:《左传真伪考及其他》,陆侃如译,商务印书馆 1936 年版。

[美]艾兰:《关于中国早期文献的一个假设》,《光明日报》2012 年 1 月 9 日第 15 版。

[美]柯马丁:《秦始皇石刻:早期中国的文本与仪式》,刘倩译,上海古籍出版社 2015 年版。

[美]孙康宜、宇文所安主编:《剑桥中国文学史》,刘倩等译,生活·读书·新知三联书店 2013 年版。

[美]夏含夷:《重写中国古代文献》,上海古籍出版社 2012 年版。

[日]内藤虎次郎:《宋刊单本尚书正义解题》,钱稻孙译,《国立北平图书馆馆刊》第四卷第四号。

[日]本田成之:《中国经学史》,孙俍工译,上海书店出版社 2001 年版。

[日]池田知久:《马王堆汉墓帛书五行研究》,王启发译,中国社会科学出版社、线装书局 2005 年版。

[日]高木智见:《先秦社会与思想:试论中国文化的核心》,何晓毅译,上海古籍出版社 2011 年版。

[英]雷蒙·威廉斯:《关键词:文化与社会的词汇》,刘建基译,生活·读书·新知三联书店 2005 年版。

# 后　　记

　　2007年5月份的一个夜晚，在理顺了刘向校书和《汉书·艺文志》的问题之后，那些原本无序且让人苦恼的文献，以两汉之际为界，一下子具有了结构性的美感。那种对称性的文本演化如此迷人，书籍的物质形态在两汉之际呈现出一条清晰的折痕。也就是在那一刻，我突然意识到自己的选题无意间落在了一个事关学术史全局的关键位置了。

　　但是，我并没有很清晰地在博士论文中把那晚的顿悟完全表达出来，甚至在论文的最后一章遇到了词穷的困顿，终至于草草收尾，虽意犹未尽，但也无法再多写一句话了——只是窥见了那个关键的折痕，却还没有足够多的坚实考证来支撑。另外，因为自己数年荒于文字训练，论文中那些支离的语句，亦难以有效地传递考证的细密，这是至今仍深以为憾的地方。

　　于是就有了这本书。

　　2008年博士毕业后，我有幸供职于中国人民大学文学院，并在第一年到了新疆的阿勒泰支教。阿勒泰是一个特别美丽的地方，满足了我对边地的一切想象。那一年中，我延续了博士期间的研究计划，开始细读《孟子》。原计划在《孟子》之后，再对《吕氏春秋》、《韩诗外传》和《春秋繁露》作一番细密的知识史的考证。通过这几部书的考察，我希望展现的是战国中期至西汉晚期的知识史和书籍史。

　　但在2009年回到北京后，这部分研究就被我一直搁置了下来。因为我的兴趣逐渐转移到《毛诗》、《左传》、《史记》、《汉书》四部典籍上了，眼下这本书中的相关章节也多与之有关。至于《孟子》的研究，虽然重要，但在战国秦汉时代，它毕竟是一部学术边缘的书，除了《诗》、《书》诸问题外，确实也难以找到更多的牵涉学术全局的问题，故而我最终再也没有提起兴趣来。《吕览》、《繁露》虽然非常重要，但随着原计划的荒芜，我对它们的研究也就更无从谈起了。

此书的研究中，我差不多是把"刘向校书"作为基础的方法论（或者可以叫作"元方法"）来使用的。这是一个很古怪的说法，但却最为直观。西汉以前的古书多经过了刘向父子的校勘与整理。我们可以设想在刘氏父子所处的两汉之际画一条虚拟的线。在这条虚拟的界线前后，存在不同的书籍形态，也存在不同的知识型。可以说，在公元前一世纪晚期，中国上古文献的文本形式发生了一次革命性的裂变，其剧烈程度甚至超过了孔子时代。同一部书，比如《左传》、《论语》，在此界线前后，我们需分别对待，而非等而视之。这不仅关乎我们对传世文献的认知，也会左右我们对出土文献价值的评判。若混同这种前后的变化，以东汉以来的传世文本为基础，以《汉书·艺文志》为叙事结构，来描述先秦学术或文学，我们勾勒出的只是先秦的镜像，而非早期知识世界的真实图景。

　　此书的研究差不多有四五年，期间遇到了发表的困境。从我读到的评阅意见来看，早期文献物质形态的转折，并未进入学者们的常识词典，虽然我是以常识视之的。故在2014年的夏天，我用了整整一个暑假，把没有必要说出的"元方法"，有条理地、认真地写了出来，这就是此书的上编。

　　或许因为自己曾长期沉溺于绘画的原因，我特别在意问题选择的美感。在斟酌题目时，总要考量"经营位置"，希望所落笔墨可以呼应全局，这便有了一股匠气。自然，小小的折枝，即使苦心经营，终究难以撑起一片大宇宙。下编的几章，差不多就像水墨的折枝，虽然有着境界塑造的雄心，最终还是落入了细节的描摹，并不令人满意。

　　只能期待下一本书了。

2017年4月1日于通州藏山室